대한민국
탕수육 만유기

대한민국 탕수육 만유기
새콤달콤 접시 위 140년 이야기

초판 1쇄 발행 | 2026년 4월 15일

지은이	신인철

펴낸곳	도서출판 따비
펴낸이	박성경
편집	신수진, 정우진
디자인	김종민

출판등록	2009년 5월 4일 제2010-000256호
주소	서울시 마포구 월드컵로28길 6(성산동, 3층)
전화	02-326-3897
팩스	02-6919-1277
메일	tabibooks@hotmail.com
인쇄·제본	영신사

ISBN 979-11-92169-62-0 03900

책값은 뒤표지에 있습니다.

大韓民國

대한민국
탕수육 만유기
糖醋肉
漫遊記
새콤달콤 접시 위 140년 이야기
신인철 지음
따비

일러두기

- 한국에서 중국에서 유래한 요리를 내는 식당을 일컫는 단어는 과거 '청요리淸料理집', '중국中國집' 이후 '중화요리점中華料理店', '중식당中食堂', '차이니스 레스토랑' 등 무척 다양하다. 식당마다 본토 중국요리를 내는 식당도 있고, 한국식으로 재해석된 중국요리를 내는 식당도 있는 등 조금씩 다른 느낌이긴 하나, 표기의 편의성을 위해 이 책에서는 '중화요리집'으로 통일했다.

- 고유명사 중 한국 화교의 인명은 한자의 한국어 발음을 사용하고 한자를 병기하는 것을 원칙으로 했으나 한자를 확인하지 못한 분이 있음을 미리 밝힌다. 일본 등 제3국 화교의 인명은 현지 발음을 우선으로 표기하고 한자, 혹은 현지의 표기를 병기했다. 현지 발음을 확인하지 못한 경우는 한자의 한국어 발음으로 표기했다.

- 중국의 인명은 신해혁명을 기준으로, 그 이전 인물은 한자의 한국어 발음으로, 이 이후의 인물은 중국어 발음으로 표기했다. 지명은 중국어 발음으로 표기하는 것을 우선했으나 독자의 이해를 위해 한국어 발음으로 표기한 경우도 있다.

- 한자는 이 책의 주제를 살리는 의미에서(또한, 이 책의 집필에 도움을 주신 대다수 화교 선생님들께 익숙한) 정체자正體字를 기본으로 표기했다. 다만, 현대 중국의 문물에 대한 이야기나 정체자로 표기가 어려운 경우 부분적으로 간체자簡體字를 사용한 경우도 있다.

- 한국에서 널리 먹고 있는 중화요리는 우리에게 익숙한 표기를 사용했으며, 한자의 한국어 발음과 한자, 필요한 경우 중국어 발음을 병기했다. 중국 본토의 요리는 보다 쉬운 이해를 위해 한자의 한국어 발음으로 표기하되, 한자와 중국어 발음을 병기했다.

- 부 표지, 노래 가사 등 한문 번역은 저자가 직접 한 것이다.

원래 탕수육은 찍먹부먹 논쟁이 필요 없는,
잘 튀긴 돼지고기에 맑고 새콤달콤한 소스가 코팅되어 서빙되는 음식이다

한국에서 '찹쌀 탕수육'으로 불리는 궈바오러우는
동북3성, 그중에서도 헤이룽장성에서 탄생한 요리다.

탕수육과 동일한 뿌리를 가진 음식이지만,
일본에서 스부타는 한국에서 탕수육과는 다른 취급을 받는 음식이다.

한국 화교의 주류를 이루는 이들의 고향인 산둥 지방에는 막상 탕수육과 동일한 음식은 없다.
하지만 이 요리 탕초리어의 조리법과 소스의 구성을 보면 탕수육의 뿌리를 더듬어볼 수 있다.

한국 탕수육의 뿌리 혹은 친척으로,
중국 북부에 탕초리어 및 궈바오러우가 있다면, 중국 남부에는 초육이 있다.

한국에서 과일 탕수육이라고 불리는 짝퉁 탕수육 혹은 탕수육의 친척인 고로육.

第三次席
바다 건너에서 찾은,
우리 음식 탕수육의 비밀

사부님, 진짜 탕수육이
미친 듯이 먹고 싶어요

탕수육이 만들어준 특별한 하루

똑똑히 기억난다.

　인천 자유공원에서 내려와 어느 골목길(이라기엔 조금 넓고 대로라기엔 조금 부족한)에 면한 중화요리집이었다. 일반적인 상가 두 칸 정도 될까 말까 한 크기의 평범한 식당이었다. 독일 유학을 마치고 한국으로 돌아와 신문기자로 근무하시던 작은아버지 댁에 겨울방학을 맞

* 개위채. '위를 열어주는 음식'이라는 글자의 뜻대로 중국 연회에서 식전요리(애피타이저) 역할을 하는 음식들. 주로 새콤달콤한 채소 무침이나 볶음, 냉채 등으로 구성된다.

은 사촌 형제들이 모여 며칠을 함께 놀았는데, 춥다고 집에서만 노는 조카들이 안쓰러워 보였는지, 평생 바쁘기로 둘째가라면 서러워할 작은아버지가 세 조카와 외아들, 도합 네 명의 어린이를 데리고 인천 관광을 나선 것이었다.

그날 분명히 작은아버지 손에 이끌려 인천 시내 곳곳을 구경했고, 마지막 여정이 문제의 그 중화요리집이었던 것만은 분명한데, 신기하게도 인천 어디를 구경했는지가 전혀 기억 속에 남아 있지 않다. 다만 허름한 외관과 더 허름한 내부, 식당 한복판에 덩그러니 놓인 구형 연탄난로와 그 위에서 끓고 있는 주전자, 손님이 들어오자 "어서 오세요."라는 말 대신 '턱' 하고 소리 나게 테이블에 놓인 싸구려 도기 컵, 그리고 그 안에 담긴 방금 전까지 난로 위 주전자에서 펄펄 끓고 있던 엽차… 이런 것들만이 지금까지도 너무나 생생하게 머릿속에 남아 있다.

조카들이 자리에 다 앉기 무섭게 작은아버지는 음식 주문을 했다.
"여기 짜장면 다섯 개요. 그리고…"
그리고
"탕수육 하나요."
탕수육糖醋肉! 내 어린 시절 탕수육은 소 자니, 중 자니, 대 자니 하는 구분이 없었다. 그냥 탕수육이었다. 그걸로 끝이었다. 당시 누군가 탕수육을 시켜준다는 것은, 그래서 탕수육을 먹을 수 있다는 것은, 중화요리집에서 할 수 있는 최상의 대접을 받는다는 의미였고,

받을 수 있는 최고의 대우를 받았다는 얘기였다. 금사오룡해삼金絲鳥龍海蔘이니 불도장이니 샥스핀이니 하는 것들은 물론이거니와 팔보채나 유산슬 정도의 요리마저도 아폴로 13호 우주인이 지구 대기권 밖에서 먹는 유동식과 같은 수준의—존재는 알고 있지만 평생토록 접하지 못할 거라 생각한—음식이라 여기던 당시 소년의 미식 수준에서, 탕수육을 먹을 수 있다는 것은 적어도 '오늘은 특별한 날'임을 알려주는 상징과도 같았다. 내 어린 시절 탕수육은 곧 '잔치 음식', '축제의 맛'이었다.

당시의 탕수육은 지금과는 판이하게 달랐다.

우선 부먹찍먹(탕수육의 튀긴 고기에 소스를 부어 먹느냐, 고기튀김을 소스에 찍어 먹느냐) 논쟁 따위가 애당초 나올 수 없었던 것이, 원래 탕수육은 튀긴 돼지고기에 소스를 부어 먹는 음식이 아니었다. 주방에서 튀긴 고기에 아예 소스를 부어 불 위에서 한 번 더 굴려 얇게 코팅을 해서 내거나 바삭한 고기튀김 위에 소스를 덮밥처럼 자작하게 얹어서 내는 음식이었기 때문이다. 우리가 흔히 먹는 맛탕인 빠스拔絲나 난자완스, 유린기 등을 생각하면 이해가 쉬울 것이다(아니, 이렇게 글로 쓰고 있자 하니 다시금 부아가 치밀어 오르는 것이, 난자완스나 유린기를 주문할 때는 아무 말 않으면서 도대체 왜 탕수육에게만 '내용물 따로 소스 따로'를 강요하는 것인가? 아무튼!). 소스 역시 마찬가지였다. 일부 중화요리집에서 내는 것처럼 캔에 든 과일을 넣은 모습은 찾아볼 수 없었고 토마토케첩이나 간장 혹은 굴소스 등을 넣어 과하게 붉거나 검은 소스 역시 찾아보기 힘들었다. 유산슬이나 울면의 그것처럼 투명할 정도로 맑은 소스에 오이와 당근 그리고 양파를 기본 채소로 하고, 거기에 가게에 따라 대파, 배추나 목이버섯 정도를 넣거나 빼는 것이 정석이었다.

간은 단맛과 새콤한 맛이 주를 이뤘다. 거기에 감칠맛을 더해주는 것이 바로 '고춧가루 간장'의 존재! 지금이야 고추기름, 흑초 등을 기본으로 내는 중화요리집이 흔해졌지만, 당시에는 무조건 흰 뚜껑이 얹힌 빨간 플라스틱 통에 든 고춧가루와 붉은 꼭지가 달린 호리병 모양의 투명한 통에 담긴 간장, 그리고 식초가 테이블에 놓인 양념의 전부였다.

탕수육과 함께 나온 종지에 고춧가루를 듬뿍 덜고 식초 몇 방울로 잘 갠 다음 질걱한 덩어리를 간장으로 살살 풀어가며 만든 고춧가루 간장. 소스로 코팅된 튀긴 고기를 이 고춧가루 간장에 살짝 찍어 입 안에 넣었을 때, 혀 위 1만 개의 맛봉오리에서 골고루 달고, 시고, 고소하고, 구수하며, 감칠맛과 상큼함이 동시에 느껴지는 그때가 진정 '제대로 된 탕수육이 탄생하는' 바로 그 순간이었다! 일본 드라마 〈고독한 미식가孤独のグルメ〉의 열 번째 시리즈 에피소드9에 등장한 한국식 중화요리집 주인은 바로 그 순간 '아지헨요味変よ'를 외치며, 이때가 탕수육의 '맛이 (극적으로) 변하는 순간'이라 정의 내리기도 했다. 동의!

진짜 탕수육이 사라졌다

그런데 어느 때부터인가 '그 하루'가 사라졌다. 아니, 정확하게 얘기하자면 진짜 탕수육을 맛볼 기회가 사라져버린 것이다. 예전 탕수육의 소스는 달콤새콤하지만 그 맛이 자극적이지 않고, 소스 맛만으로도 맛있을 만큼 충분히 짭짤한 것도 아니어서, 언제나 간장에 식초 조금과 고춧가루 왕창 넣은 양념장을 찍어 먹어야 했다. 그런데 어느새 멀건 소스에 토마토케첩이 좀 과하게 섞인다 싶더니 금방 토마토소스 스파게티처럼 붉은 탕수육이 등장하며 인기를 끌기 시작했다. 탕수육 소스 맛의 핵심을 이루던 단맛과 신맛의 균형은 급격하게 신맛 쪽으로 기울어졌고, 어른스러운 음식, 제대로 된 요리로 대접받던 위상 역시 급속도로 무너져버렸다.

그러나 소스의 적화통일赤化統一 시도는 이후 벌어질 소스의 흑역사黑歷史에 비하면 그나마 양반이었다. 초저녁 나절의 노을처럼 붉은 소스가 순백의 하얀 소스를 탕수육 세계에서 퇴출시킬 무렵 갑자기 엉뚱하게도 거무튀튀한 소스가 등장했다. 나는 처음 이 소스를 봤을 때 주방장이 실수로 간장과 녹말물을 쏟은 줄 알았다. 짙은 색깔의 소스에서는 간장과 굴소스 맛이 짙게 났고, 이런 색깔의 소스들은 녹말물 농도를 짙게 한 것인지 아니면 양 자체를 많이 넣은 것인지, 하나같이 젤리처럼 진득거렸다. 소스의 맛이 너무 진해 고춧가루 간장 양념장은 더 이상 필요가 없어졌고, 고기튀김의 맛 또한 아무런 의미가 없어졌다.

풍부한 육향과 육즙, 소스와 튀김옷과 고기가 각자 층을 이뤄 입안에 선사하는 단계적인 맛의 변주는 느낄 수가 없게 되었고, 그저 바삭한 식감만이 고기튀김의 존재 이유가 되었다. 고기튀김은 끝까지 자신의 새로운 정체성인 '바삭함'을 유지해야 했고, 새로운 정체성인 바삭함에 모든 것을 건 이들의 도발에 의해 '부먹'(소스를 고기튀김에 부어서 제공), '찍먹'(소스가 별도로 제공, 고기튀김을 찍어서 먹음) 논쟁이 벌어지게 된 중요한 요인 중 하나가 되었다.

그보다 이전 시기부터 슬금슬금 소스에 섞여 들기 시작한 '괴이한 친구'들도 내게서 제대로 된 탕수육을 빼앗아 간 공범이었다. 과거 탕수육 소스에는 채소와 균류菌類만 들어 있었다. 그것도 푹 끓이기보다는 소스가 완성될 무렵 들어가 살짝 온기만 쐰 정도였다. 아삭한 식감과 청량한 맛과 향이 그대로 살아 있는 채소는 기름진 고기튀김과 달콤새콤한 소스의 맛을 살려주었다. 들어가는 채소 종류는 어느 지역을 가든 오이, 양파, 당근 이 세 가지는 거의 빠지지 않았고, 목이버섯 역시 의외로 소스에 자신을 기꺼이 내던진 단골 멤버였다. 일부 지역에서 배추나 부추(평창), 대파(단양), 적양배추 또는 완두콩(남원) 등이 추가되기도 했지만, 소스의 맛이나 식감을 크게 바꾸는 정도는 아니었다.

그런데 어느 날부터인가 할머니 병문안을 가거나 아버지의 오랜 친구가 만취한 상태로 집에 찾아올 때 먹을 수 있었던 통조림 속 열대과일이 탕수육 접시 위에 등장하기 시작했다. 처음에는 파인애플 단독으로 등장했다가(가장 먼저 등장한 선수가 파인애플이라는 것은 상당히 시사하는 바가 크다. 이는 이후 이 책에서 언급되는 주요 사건들과도 끊임없이 연결된다) 나중에는 성의 없이 통조림으로 나오는 모든 과일이 들어간 소스가 등장하는 지경에 이르렀다. 그것도 한데 뒤섞어 푹 끓여진 형체로. 압권은 체리였는데, 맛 자체가 탕수육에 전혀 어울리지 않을뿐더러 디저트가 아닌 메인 디시급 요리에 반쪽으로 썬 깡통 체리가 든 소스를 얹는 음식이 우리나라 몇몇 식당의 탕수육 말고 또 있을까!

거기에 결정타를 먹인 것은 중화요리 매출의 한 축을 이루는, 아니 일부 지역을 제외하고는 중화요리집 매출의 거의 대부분을 차지하는 배달문화의 확산이었다(물론 이런 영업 방식 자체에 대한 문제제기가 아니라 순수하게 탕수육의 맛에만 집중해서 볼 때다). 가장 맛없는 튀김은 튀긴 지 오래된 것이고, 오래된 튀김이 맛이 없는 것은 튀김옷이 눅눅하기 때문이고, 튀김옷을 눅눅하게 만드는 것은 습기다. 탕수육을 배달할 때 주방에서 소스를 미리 끼얹어 내보내면 튀김은 당연히 눅눅해질 수밖에 없다. (사실, 상당수의 내공 있는 사부들은 소스를 부어도 한참 동안 바삭함을 유지하며, 일정 시간이 지나면 오히려 쫄깃한 식감까지 제공하는 튀김을 만들 수 있다. 그러나 일반적인, 저렴한 동네 중화요리집에 그런 실력까지 바라는 것은 당연히 무리!) 결국, 점차 배달 탕수육의 고기튀김은 바삭바삭한 수준을 넘어 쿠키와 비슷한 정도로 딱딱하게 튀겨지게 되었다. 그 위에 소스를 끼얹고 10분 남짓 배달을 해도 좀 덜 눅눅해지라는 배려 혹은 꼼수(혹은 고뇌)의 산물이었다. 그러다 그 '바삭바삭함'을 유지한 다는 빌미로 아예 소스와 고기튀김을 분리한 채 배달하게 되면서 탕 수육은 드디어 부먹이니 찍먹이니 하는 쓸데없는 논쟁의 주인공이 되었다.

그 밖에도, 특별한 날에야 겨우 먹을 수 있었던 대단한 음식을 대 중화한다는 핑계로 몇몇 개그맨의 이름을 빌린 탕수육 프랜차이즈 가 등장했고, 이내 '싸구려 음식의 대명사' 격인 초등학교 앞 분식집 의 메뉴판에도 '미니 탕수육', '컵 탕수육'이라는 것이 보이기 시작했 다. 그렇게, 제대로 된 탕수육과 그 탕수육이 연상시키는 즐거운 사 연들은 우리에게서 사라져버렸다.

탕성병자, 진짜 탕수육을 찾아 나서다!

그럴수록 나는, 옛날에 맛보았던 전통의 탕수육 맛이 사무치도록 그 리웠다. 첫 맛은 간장과 고춧가루의 짜고 자극적인 맛으로 시작해, 이내 기름에 튀긴 전분 특유의 구수고소한 맛, 뒤이어 달콤새콤함이 연달아 밀려들다가 이내 고기의 육즙이 툭 터지며 그 모든 것이 입 안에서 한데 어울려 향연을 벌이는 진짜 '축제의 맛', 그 맛을 한 번 만이라도 다시 경험하고 싶었다. 하지만 기회는 쉽사리 오지 않았다.

탕수육을 병적으로 좋아했던 나는 대학교 3, 4학년 시절 내내 지금은 사라진 '청궁반점'이라는 곳에서 주 3회 이상 탕수육 한 접시에 이과두주 두 병을 달고 살았다. 청궁반점은 안암동 고려대학교 이공계 캠퍼스로 들어서기 직전에 위치한 건물 2층에 자리하고 있었는데, 혼자 갈 때면 중 자에 두 병, 일행이 붙으면 대 자에 인원수 곱하기 두 병이 될 뿐, 메뉴는 늘 탕수육이었다. 당시에 중·고등학생을 가르치는 개인과외를 두 개 정도 했는데, 과외비로 벌어들인 돈의 약 80퍼센트가 탕수육 값으로 나갔다. 그런 식습관은 사회인이 되어서도 이어졌다. 대학생 시절에 비해 수입이 급상승했기에 탕겔계수도 급속도로 상승했다.

탕겔계수는 엥겔계수Engel Coefficient[*]에서 착안해 식비 중 탕수육 섭취에 쓴 비용의 비중을 나타낸 나만의 신조어다. 내게는 이런 나만의 신조어가 꽤나 많은데, 정치인이나 고위 관료 중 방송 인터뷰에서 "탕수육을 찍먹으로 먹는다."고 말한 이들을 지칭하는 '탕관오리', 나처럼 주기적으로 탕수육을 먹지 않으면 일상생활이 힘들어질 정도의 병적 애호가를 일컫는 '탕성병자', 우리나라 인구의 50퍼센트쯤 될 탕수육 찍먹파들에게 붙인 별명인 '탕노스'(탕수육+타노스[**])등이 있다.

[*] 독일의 통계학자 에른스트 엥겔Ernst Engel이 발표한 법칙으로, 저소득층일수록 가계소비지출 중 식비가 차지하는 비중이 높다고 한다. 탕겔계수는 소득과는 상관이 없다. 전적으로 취향 문제다.
[**] 타노스Thanos는 '마블 시네마틱 유니버스'에 등장하는 가상의 악당 캐릭터로, 만화와 영화에서 스톤들을 모아 그 힘으로 전 우주 생명체의 절반을 소멸시켜버린다.

직장생활을 하면서도 평균 주 3회 이상이라는 탕수육 섭취 횟수는 변함이 없었다. 평균이 주 3회였다는 얘기지, 실제로는 그 이상이었다. 30대 초반에는 3일 내내 아침 두 끼는 굶고 여섯 끼 연속으로 탕수육을 먹었던 기록도 세웠다.

그렇게 오랜 기간, 여러 차례, 무수히 많은 탕수육을 먹었음에도, 어린 시절 내 '인생 최고의 순간에 늘 함께했던', '최상의 파티 음식'이었던 탕수육, 바로 그 맛의 탕수육은 만날 수가 없었다. 죽기 전에, 단 한 번 만이라도 예전의 그 탕수육을 맛보고 싶다는 생각은 시간이 갈수록 절실해졌다. 이 책의 주된 내용이 되는 여정은 그렇게 시작되었다. 어린 시절 맛보았던 진짜 탕수육의 맛을 찾고 싶다는 생각, 그를 통해 대한민국에서 (지극히 주관적인 판단이 될 수밖에 없겠지만) 가장 맛있는 탕수육을 맛보고 싶다는 욕망, 더 나아가 도대체 탕수육은 어디에서 생겨나 우리에게 도래했으며 그 원형은 어떤 음식이었을까라는 호기심.

그런 생각과 욕망과 호기심이, 무려 27년이 넘는 시간 동안 탕수육 하나만을 쫓아 전국은 물론 세계 곳곳을 누비게 만든 원동력이 되었다. 이제부터 그중 20년간의 여정을 이야기해볼까 한다.

대륙의 부엌에서
시작된 요리,
경성의 화려한
잔치 메뉴로 꽃피우다

第一次席

무릇 '예禮'라는 것은 모두 음식으로부터 시작되었는데, 그들(조상들)은 기장과 돼지고기를 요리했으며, 땅에 파묻어 빚은 술을 마시고, 흙을 빚어 북채와 북을 만들어 쳤지만, 오히려 (그런 것들이) 귀신에게 존경을 표하는 방법이 될 수 있었다.

夫禮之初, 始諸飲食, 其燔黍捭豚, 汙尊而抔飲, 蕢桴而土鼓,
猶若可以致其敬於鬼神.

─〈예운禮運〉* 5장

* 공자와 그 제자들이 예법禮法을 정리해 편찬한 고대 중국 유교 경전 《예기禮記》를 이루는 총 49편의 책 중 아홉 번째 편.

최초의 탕수육을 찾아보자

최고인지는 모르겠지만 최초의 탕수육을 찾아서

내 기억 속에 남아 있는 '인생 최고의 순간에 늘 함께했던', '최상의 파티 음식' 탕수육. 그 본래의 맛을 찾기 위한 여정을 우리나라에서 처음으로 탕수육을 만들어 판 '원조' 식당을 찾는 것으로 시작했다. 원조 식당에서 원조의 맛을 찾을 수 있을 것 같아서다.

도대체 탕수육의 원조집은 어디일까? 적어도, 대한민국에서 가장 먼저 탕수육을 만들어 판 집은 어디일까? 탕수육을 가장 처음으로 맛본 손님은 누구일까? 그는 그 탕수육을 부먹으로 먹었을까, 아니면 찍먹으로 먹었을까? (나중에 알게 될 일이지만, 이는 전혀 쓸데없는 의문이다.) 어차피, 아주 오래전 과거에 탕수육만을 만들어 파는 식당이 존재하지는 않았을 터이니, 아마도 가장 오래된 중화요리집에서 가장 먼저 탕수육을 만들어 팔았을 것이고, 그 식당을 드나들었던 손님들이 처음으로 탕수육을 맛본 손님들이지 않았을까?

그렇다면, 한반도에서 가장 오래된 중화요리집이 문을 연 것은 언제였을까?

문헌 자료 등을 살펴보면, 한국 사람(물론 '한국'이 없었으니 '한국 사람'이라고 하는 것이 어폐가 있으나, 한반도에 거주했던 우리 조상 정도로 받아들여주시길 바란다)이 중국 음식을 맛본 역사는 의외로 오래되었다고 한다. 신라시대부터 당나라와 빈번하게 교류하며 양국의 사람들이 서로 상대방의 국가에 거주하거나 그곳에서 상업에 종사했다 하니, 당연히 그 무렵부터 중국 음식을 경험한 사람들이 있었을 것이다. 최치원崔致遠, 설총薛聰 등이 나처럼 중국 음식에 술잔을 기울였으리라 생각하니 조금은 감개가 무량해지기도. 고려 중엽 이후로는 중국의 차茶가 전래되어 찻집이 성행했다 하니, 차와 함께 먹는 중국 음식 역시 국내에 널리 퍼지지 않았을까 추론해볼 수 있겠다. 거란으로부터 강동 6주를 빼앗아 우리 영토로 만든 서희徐熙는 소손녕蕭遜寧과 담판을 지을 때 어떤 음식(서희가 상대 진영으로 가서 담판을 지었으니, 아마도 중국 음식을 먹었겠지?)에 무슨 술을 먹었을지 궁금하기만 하다. 혹시, 서희 장군이 소손녕보다 술이 좀 셌던 것이 아니었을까? 아니면 소손녕이 안주를 잘 안 챙겨 먹었거나.

조선시대 역시 마찬가지였다. 명나라에서 청나라로 중원의 주인은 바뀌었지만, 그들과 교류하며 찾아가 중국 음식을 대접받기도 하고 찾아온 이들의 입맛에 맞춰 중국 음식을 만들어 대접하기도 했을 것이다. 조선시대에 (주로 황제의 형제 또는 그에 준하는 심복이었던) 국빈급 사신이 방문하면, 처음 말을 내리며 개회식 격으로 하마연下馬宴을, 첫 숙박을 한 것을 기념하며 익일연翌日宴을 개최했다. 사신이 공식적으로 알현을 청하면 왕이 대전에서 직접 청연請宴을 베풀었고, 며칠 사이에 다시 한 번 사신에게 예를 갖춰 회례연會禮宴을 열었다. 사신이 조선을 떠나는 날짜가 정해지면, (속내야 어찌됐든) 이별을 애달파하며 별연別宴을 마련했고, 말을 타고 출발하기 전 폐막식 격으로 상마연上馬宴을 개최했으며, 사신이 국경을 넘을 때는 전연餞宴을 열어 마무리했다. 총 일곱 번이나 연회를 열었던 것이다. 해당 연회의 잔치 음식을 담당하는 부서였던 연향색宴享色*의 기록을 살펴보면, 이때 연회 음식은 조선의 궁중요리를 베이스로 하되 중국 사신들의 입맛에 맞춘 요리를 내었다고 한다. 어찌 보면 우리나라 최초의 퓨전 음식이자 진정한 의미의 '중화요리'가 탄생한 순간이었다고 볼 수 있을 것 같다. 일반적인 중국 음식보다 기름을 적게 쓰고, 우리 전통 음식보다 간을 약하게 해서 오랜 이동으로 약해져 있을 사신들의 소

---

* 영접도감의 한 부서. 국빈을 대접하는 잔치를 맡아보던 직임이다.

화기관까지 세심하게 배려했다고 기록되어 있다.

문득, 2000년대 중반 서울에서 뉴욕까지 14시간 비행기를 타고 온 나를 픽업해 곧바로 뉴저지에 있는 한인 식당으로 데려가 낙지볶음에 소주로 성대한 환영식을 치러준 선후배 친구들이 생각난다. 고작 14시간 전에(아니지, 비행기 기내식으로 비빔밥을 먹었으니까 11시간 전에) 한식을 먹은 사람에게 "한식 오랜만이지? 외국 나오면 한식이 그립지."라며 자기들끼리 신나게 먹었던 걸로 기억한다.

아무튼, 최초의 중화요리집이 어디였는지와는 별개로 우리 조상들은 꽤 오래전부터 중국 음식을 맛보았을 것이고, 그를 만들어 파는 요릿집 역시 우리 예상보다는 훨씬 오래전부터 존재했으리라는 것은 미루어 짐작할 수 있다. 그래서, 우리나라에서 가장 먼저 탕수육을 만들어 판 식당은 도대체 어디였을까?

혹시, 이곳에 최초의 탕수육이?

일단 범위를 좁혀, 내가 사는 서울에서 가장 먼저 탕수육을 만들어 판 중화요리집을 찾아보기로 했다. (진위 여부를 떠나) 그 식당을 찾는 것은 어렵지 않았다. SNS는 물론이고 각종 언론매체 기사를 검색해봐도 한 집을 '서울에서 가장 오래된 중화요리집'이라 지목하고 있었다. 물론, 서울에서 가장 오래되었다고 해도 한국에서 가장 오래된

20여 년 전의 안동장.
삼엄한 쇠창살은 은행 거래조차 할 수 없었던 한국 화교의 처지를 보여준다.

집은 아닐 수 있지만, 일단은 가능성이 높은 곳에서부터 시작하기로 했다. 하회마을과 세도정치 하면 늘 함께 언급되는 김씨 일가 집성촌으로 유명한 경상북도 안동과 한글은 물론 한자까지 똑같은, 을지로 '안동장'이 첫 목적지였다. 이 집은 사실 어떤 음식이 맛있다는 평가보다는 '서울에서 가장 오래된 중화요리집'이라는 타이틀로 더 큰 유명세를 탄 곳이다. 평상시 그런 기네스북스러운 타이틀을 앞세운 식당을 그리 좋아하지 않는 터라 썩 내키지는 않았지만, 그렇다고 해서 빤히 눈앞에 보이는데 건너뛰고 다른 집으로 갈 수는 없는 노룻이었다.

　20여 년 전 내가 안동장을 처음 갔을 때는 지금과는 사뭇 달랐다. 하얀 타일과 시뻘건 타일이 번갈아 붙어 있는 낡은 건물 위쪽에 빨간 메인 간판이 달려 있었으며, 그 옆 스테인리스 현관 입구에 한자로 안동장이라고 쓴 양각 글씨가 부착되어 있었다. 인상적이었던 점은 외부로 난 창이 삼엄하게 쇠창살로 막혀 있었다는 것이었다. 나중에 한 화교 어르신께 여쭤보고 들은 대답은 짠했다. 한때 한국 정부가 화교들을 심하게 박해해 은행 거래를 할 수도 없었고 본국의 가족에게 돈을 보내기도 쉽지 않은 탓에 현금을 식당 내부에 보관하는 경우가 많았다고 한다. 때문에 '중화요리집을 털면 현금이 짭짤하다.'는 소문이 퍼져 늘 도둑이 들끓었다. 하는 수 없이 당시의 중화요리집은 창문에 쇠창살은 기본이요 여러 개의 자물쇠를 달고, 주인장과 그의 아들들이 식당에서 번갈아 자면서 보초를 서는 일도 비일비재했다고 한다. 안동장의 쇠창살도 그런 이유에서 설치된 것인지는 알 수 없으나, 그 설명을 들은 뒤로는 크게 눈에 거슬리지 않았던 것으로 기억한다.

　당시에는 가게 문을 열고 들어서면 평균연령 65세 이상의 나이 지긋한 손님들이 주로 자리를 차지하고 있었다. 이후 몇 차례 방문할 때마다 조금씩 손님의 연령대가 낮아지는 듯싶더니, 이내 식당 내부를 배경으로 사진을 찍거나 요리가 나올 때마다 "SNS에 올릴 사진을 찍기 전에 젓가락 대지 말라."며 아웅다웅하는 소리가 들리기 시작했다. 그 뒤 내부 인테리어 개선을 위한 리모델링 공사를 위해 당분간 문을 닫는다는 안내문이 나붙더니 얼마 후 지금의 모습으로 재개관했다. 아마도 3세 경영으로 인한 변화의 바람인 듯하다.

안동장은 국공내전*을 피해 인천으로 이주한 왕충요 선생이 그곳에서 요리를 배운 뒤 1948년 종로3가 단성사 맞은편에 창업했다고 한다. 안동장 측에서는 이해를 기준으로 자신들이 서울에서 가장 오래된 중화요리집이라 이야기한다. 6.25전쟁을 겪으며 식당 주변이 초토화돼 부득이하게 원래의 자리에서 조금 남쪽으로 내려와 현재의 자리에 새롭게 가게 문을 열었고, 그 뒤 아들 왕용성 선생이 대를 이어 운영하다가, 현재는 3대인 왕홍덕 씨가 대표를 맡아 운영하고 있다.

한 가지 흥미로운 사실이 있다. 1921년 서울 시내에서 중화요리 전문점을 운영하는 점주들이 경성중화요리음식조합京城中華料理飲食組合 조합원 명부를 발행한 적이 있었다. 그 명부에 손화분孫華芬이라는 사람이 이미 을지로3가에 안동장과 글자 하나만 다른 '안동루安東樓'라는 이름의 중화요리집을 운영 중이라는 기록이 나온다. 이 안동루가 이후 어떻게 되었는지, 혹시 안동장이 처음 문을 열었을 때 인근 을지로에 있던 안동루를 의식해 이름을 그렇게 지은 것은 아닌지, 나중에 원래 자리에서 이동해 현재의 위치로 이전할 때 안동루

---

*1927년 8월부터 1950년 5월까지 중국 대륙의 패권을 두고 장제스가 이끄는 국민당과 마오쩌둥이 이끄는 공산당 간 벌어진 전쟁.

와의 관계는 어땠는지, 1948년에 안동장이라는 이름으로 시작한 것이 아니라 안동루 자리를 그대로 이어받으면서 안동장이라는 이름이 탄생한 것은 아닌지 등등 궁금한 점이 하나 둘이 아니다. 하지만 우리나라 중화요리집에 대한 자료가 너무나도 부족하고, 대답을 해줄 만한 화교 어르신들은 이미 돌아가신 터라 아쉽기만 하다.

가장 최근 안동장을 들른 것은 비 오는 토요일 오후였다. '서울 최고最古'라는 타이틀을 전면에 내세운 뒤로는 유명세를 타기 시작해 점심 저녁 가릴 것 없이 손님이 많은데, 주말에는 더하다고 들었다. 다만, 이날은 점심시간대를 약간 지나서인지 아니면 날씨가 궂어서인지 다행히 손님이 아주 많지는 않았다(줄을 서지 않고 입장할 수 있었다는 얘기지, 손님이 적었다는 얘기는 아니다). 일행과 한쪽 테이블을 차지하고 앉아 요리 몇 가지와 식사 몇 개를 주문했다. 채소 요리로 동구배추冬菇白菜, 해산물 요리로는 가이바시와 깐풍새우, 식사로는 각각 굴짬뽕과 볶음밥 등을 주문했다. 그.리.고 탕수육!

동구배추는 배추와 각종 버섯을 기름에 재빠르게 볶은 뒤 녹말물과 간단한 양념만 끼얹어 먹는 음식인데, 기름진 중화요리를 먹을 때 (그 식당의 메뉴에 있으면) 내가 꼭 주문하는 요리다. 그런데 한국 사람에게는 별 인기가 없는지, 다른 테이블에서 이걸 먹는 모습을 본 적은 거의 없는 듯하다. 아무래도 반찬도 아니고 요리도 아닌 듯한 맛과 재료 때문일 듯. 한 가지 재미있는 건, 이 요리의 이름은 들어간 메인 재료 두 가지의 이름에서 따왔는데, 한자로 버섯을 뜻하는 '동

고채菇'는 중국어 발음인 '동구'로 표기하는데, '백채白菜'는 중국어 발음인 '바이차이'로 표기하지 않고 한국어로 '배추'로 표기한 한중 짬뽕 단어라는 것이다. 가이바시라는 요리 이름도 재미있다. 원래 이름인 청초천패靑炒千貝 대신 재료가 되는 키조개 패주貝柱의 일본어 발음인 가이바시라かいばしら에서 파생된 이름이 더 흔하게 통용되고 있기 때문이다. 중화요리가 한국에 정착하는 과정의 우여곡절을 보여주는 사례일 듯.

아무튼, 탕수육을 포함해 안동장의 요리는 '적당함과 과하지 않음'이 맛의 특징이지 않을까 싶다. 음식의 맛과 향이 세지 않아 서울 사람들에게 친숙한 중화요리 맛이다. 탕수육 역시 잘 손질한 고기를 적당한 크기로 잘라 적절한 두께의 튀김옷을 입혀 가볍게 튀겨냈는데, 크게 임팩트는 없지만 그렇다고 맛이 없느냐 하면 그건 아니다. 최근 '등심 탕수육'이니 '안심 탕수육'이니 해서 설렁탕집 깍두기마냥 고기를 큼직하게 썰어 튀겨내는 집들이 있다. 사람마다 호불호가 갈리겠지만, 내 입에는 많이 과하다. 그래서 안동장의 탕수육 맛이 과하지 않은 적당함으로 기억되는 듯하다. 대단히 맛있게 먹은 기억은 아니지만, 그렇다고 안 갈 이유도 없는 그런 맛 말이다.

사람이 느끼는 맛이란 지극히 개인 취향이기에 생각이 다 다르겠지만, 나는 순수하게 탕수육 하나만을 먹기 위해서라면 인근에 위치한 '오구반점'을 더 즐겨 찾는다. 알려진 바로는 안동장보다 5년 뒤인 1953년에 창업했다고 하는데, 마찬가지로 3대째 이어진 노포 중화요리집이다. 원래는 군만두로 더 유명한 집인데, 군만두도 좋지만 탕수육 역시 훌륭하다. 하지만 두 군데의 탕수육 모두 내 기억 속에 남아 있는 '인생 최고의 순간에 늘 함께했던', '최상의 파티 음식'의 맛과는 거리가 다소 멀었다.

자칭 원조집에서의 비밀결사

하지만 희망이 완전히 끝난 것은 아니었다. 동대문에는 (왠지 모르겠지만) '서울에서 가장 오래된 중화요리집'이라는 타이틀을 단 또 다른 노포가 있었다. 2024년 넷플릭스에서 방영한 〈흑백요리사〉라는 프로그램을 통해 큰 화제가 되었던 팔보완자八寶丸子를 거의 최초로 대중에게 선보인 '동화반점'인데, 이곳 요리사(이자 주인장)가 이 독특한 음식으로 지상파, 케이블 가리지 않고 TV에 꽤나 출연했던 것으로 기억한다. (내 부모님이 알면 뒷목 잡으실 이야기지만) 대학 신입생 시절, 야구광이었던 나는 자주 수업을 빼먹고 동대문야구장에 가서 춘계와 추계 대학야구연맹전을 관람했다. 지금은 DDP라는 요상한 약칭으로 불리는 동대문디자인플라자가 들어선 자리에 있었던 동대문야구장은, 2000년대 중후반까지도 아마추어 야구 경기가 자주 열렸던 곳이다. 일제강점기였던 1925년 경성운동장으로 문을 연 이래, 1982년 잠실야구장이 문을 열기 전까지 국가대표 경기를 포함해 주

대한민국
탕수육 만유기

동대문디자인플라자의 전신인 동대문야구장의 전신 경성운동장.

요한 야구 경기 대부분이 열렸던 곳이고, 대학야구를 비롯한 학원야구, 특히 프로야구 출범 전까지 최고의 전성기를 구가했던 고교야구 경기 개최를 전담했던 야구장이었다.

　내가 동화반점의 탕수육을 처음으로 맛본 것은 대학을 졸업하고도 한참이 지나, 광화문과 서대문 사이에 위치한 LG광화문 빌딩에서 근무할 무렵이었다. 어느 날 얼굴도 잘 모르는, 소속 부서와 이름 정도만 어렴풋이 아는 타 부서 선배가 갑자기 나를 찾아오더니 다짜고짜 "저녁식사나 같이 하자."고 했다. 다소 의외라 무슨 일인지 궁금해하며 퇴근 후 오라는 곳으로 찾아갔는데, 앗! 그 선배가 예약한 약속 장소가 바로 동화반점이었다. 먼저 도착한지라 자리를 잡고 앉아서 대학 시절 추억에 잠겨 있는데, 약속 시간보다 10분쯤 늦게 선배가 도착했다. 자리에 앉은 선배는 다짜고짜 "신 대리가 탕수육에 그렇게 조예가 깊다면서요?"라고 도발적으로 물었다. 대략 뒤에 이어질 대화 또는 상황이 예상됐다. 선배는 자신도 과거부터 탕수육을 포함한 중화요리를 엄청나게 좋아하고, 많이 먹어왔으며, 이른바 '제법 한다는 집'들의 탕수육은 모두 섭렵했다며, '이 집 탕수육은 어떤지'를 내게 물었다. 아마도 자신이 알고 있는 최고로 맛있는 탕수육이었다거나 가장 오래된 집의 탕수육이니 오리지널리티가 있지 않겠냐는 생각에서 나와 은밀하게 그 맛을 나누고 싶었던 듯하다. 이런 걸 보면, 모르긴 몰라도 비밀리에 탕수육 맛집을 발굴하거나 그에 관한 정보를 공유하는 모종의 세력 또는 비밀결사단이 대한민국에 여럿 존재할 것만 같다.

사실, 이 동화반점이 '서울에서 가장 오래된 중화요리집'이라는 주장은 조금 신빙성이 떨어진다. '현존하는'이라는 수식어 하나를 앞에 붙이더라도 안동장과 누가 더 형님뻘인지를 다퉈야 하고, '같은 주방장(또는 같은 주인)이 해온 식당들 중'이라고 범위를 좁히더라도 조금 따져봐야 할 것들이 있기 때문이다. 하지만 그 햇수를 세는 것이 무의미할 정도로 오래된 집인 것만은 틀림이 없다. 내가 대학 시절에 갔을 때도 꽤 오래된 풍모를 보였는데, 그때 뵈었던 주인이 계속 카운터에 앉아 계셨으니 말이다.

이 집의 탕수육 역시 안동장의 그것과 비슷한 느낌이다. 무난하지만 기대 이상은 아닌, 딱 그 맛이다. 당연히 내 기억 속에 존재하는 과거의 맛과도 상당히 거리가 있었다. 회사 선배에게 이끌려갔던 그날도 입에 발린 칭찬으로 대충 나쁘지 않게 자리를 마무리했던 것 같다. 다만, 이 집에 대해서는 한 가지 아쉬운 마음이 있다. 만일 대학 시절처럼 동대문야구장에서 열심히 응원하며 야구를 본 뒤, 허기진 배로 와서 먹었다면 그 맛이 조금은 달리 느껴지지 않았을까 하는 생각이 들어서다. 혹은, 아마도 내가 대학 시절에 간짜장에 빼갈을 마시며 곁눈질로 군침을 흘리던 그 탕수육의 맛은 이 맛이 아니었을 텐데 하는 생각도 드는 것이고(심지어 지난 코로나 시기의 어려움을 포함해 여러 어려움이 겹쳐 2023년 겨울, 동화반점은 완전히 문을 닫아버렸다). 앞으로 구구절절 몇 번이고 지겹도록 이야기하겠지만, 대한민국 탕수육 맛이 참 많이 변했다.

역사의 성지,
역사 속으로 사라지다

아름다운 풍경이 펼쳐져 있는 곳

현존하는 최초, 최고最古의 중화요리집(이라고 주장하는 식당)에서 찾지 못한 '바로 그 맛의 탕수육'을 찾기 위해, 이번에는 수많은 사람에 의해 서열이 매겨진 네임드 식당을 염두에 두게 되었다. 이른바 '사대문파四大門派'라고 불리는 네 곳의 중화요리집이 그 대상이었다. 다들 잘 알다시피, '문파'라고 함은 중화요리와는 전혀 무관하게 중국 무협지에서 같은 무술을 익힌 무리들 혹은 통상 문주門主 또는 장문인掌門人이라 불리는 특정한 우두머리를 모시는 일당을 가리키는 단어다. 그런데 다시 생각해보면 또 은근히 중화요리가 무공과 잘 어울리기도 한다. 무술 수련을 하는 이가 자신의 스승을 부르는 호칭도 사부이고, 중화요리집 주방을 책임지는 이를 부르는 호칭도 사부이니까. '소림사 주방장' 같은 말도 있으며, 만화책《신 중화일미》만 봐도, 이건 요리를 하는 건지 무술을 하는 건지 알 수 없는 지면 구성과 내용 전개가 전혀 이질감 없이 잘 어울린다.

아무튼, 몇몇 언론매체에서 특정 요리사를 중심으로, 또는 과거 명성을 떨친 몇몇 중화요리집에서의 근무 경력을 기준으로 중식 요리사들을 그룹 지었고, 그 그룹이 크게 네 덩어리로 분류되면서 '사대문파'라는 단어가 형성되었다. 최근 수십 년간 대한민국에서 중화요리 사대문파라 하면 을지로에 있었던 '아서원', 명동에 있었던 '호화대반점', 동부이촌동에 있었던 '홍보석', 그리고 현재까지도 영업을 하고 있는 장충동의 '팔선' 출신들을 일컫는다.

시간을 한참 전으로 거슬러 올라가 1925년 11월 어느 날 늦은 저녁. 신의주에서 가장 유명한 연회장 중 한 곳이었던 경성식당 2층에서는 신만청년회新灣靑年會 회원 중 한 사람의 결혼식 피로연이 진행되고 있었다.

신만청년회는 신의주를 중심으로 왕성하게 활동 중이던 청년단체로, 회원 대부분이 조선의 독립을 간절히 원하고 있었는데, 그들 중 일부는 조선공산당 소속이었다. 스물여덟 명의 남녀 젊은이는 대부분 만취한 상태였고, 일부는 노래를 부르고 나머지 대다수는 젓가락을 두드려 장단을 맞추거나 덩실덩실 춤을 추고 있었다. 그런데 공교롭게도 같은 식당의 1층에서는 신의주에서 힘깨나 쓴다고 알려진 친일 인사들이 스즈키 도모요시鈴木友義 경부 등 일본인과 한국인 순사들을 접대하고 있었다. 여기까지는 신만청년회나 친일 인사들의 증언이 일치한다. 그런데 이 이후의 얘기는 양쪽 증언이 미묘하게 엇갈린다.

신만청년회 측에서는 1층의 사람들이 "시끄럽게 놀지 말라."고 먼저 시비를 걸어오면서 다툼이 시작되었다고 당시의 상황을 전했다. 그러나 1층 사람들의 증언은 그와 정반대였다. 술에 취해 몸도 제대로 가누지 못하던 2층의 청년 몇몇이 다짜고짜 "내 동지의 결혼을 축하하는 자리니 당신들도 한잔 받으라."면서 억지로 술을 권해 "그러지 마시라."고 점잖게 타일렀는데, 갑자기 뒤에 서 있던 10여 명이 몰려 내려와 "일본 순사를 때려잡아라", "일제 앞잡이 자산가를 타도하자!"며 무차별적으로 주먹을 퍼부었다고 증언했다.

누가 먼저 시작했든지 간에 싸움은 일방적으로 흘러갔다. 흥분한 신만청년회 회원들은 1층에 있던 신의주의 유력 인사들을 피곤죽이 되도록 두드려 팼다. 유력 인사 대부분이 중노년의 의사, 변호사였기에 애초에 혈기왕성한 청년들과 힘으로 겨루는 싸움이 될 리가 없었다. 승기를 잡은 청년들은 일본인 상점에 몸을 피하고 있던 스즈키 경부를 찾아냈다. 그러고는 거리 이곳저곳을 질질 끌고 다니며 린치를 가했다. 그들의 폭행은 식당 종업원과 인근 상점 주인의 신고를

받고 일본인 경찰들이 출동할 때까지 이어졌다. 바로 그때! 청년들 중 우두머리 격이었던 김득린이 자신의 오른팔에 감겨 있는 붉은 천을 가리키며 짧게 한마디 했는데, 이 말이 이후 조선 전체의 운명을 바꿔버린 그 '한마디'일 줄은 아마 말을 한 그도, 그 말을 들은 이도, 그 말을 전한 이도 몰랐을 것이다. "세이코시타成功した!"

우리말로 '성공했다'는 이 짧은 한마디는 신의주경찰서는 물론 조선총독부를 발칵 뒤집어놓았다. 술에 취한 청년들의 치기 어린 음주 추태 정도로 생각하고 수사에 나섰던 경찰은, 폭행을 주도한 청년들이 팔뚝에 붉은 완장을 차고 있었고, 경찰들을 보며 "데키가 기타!(敵が来た!)"*라고 외쳤으며, 신의주 유력 친일 인사들과 스즈키 경부에 대한 폭행을 마친 뒤 문제의 '세이코시타'라는 말을 했다는 점을 들어 이들이 의도를 갖고 계획적으로 테러를 가한 공산 혁명 세력이라고 단정했다.

결국, 사달이 나고 말았다. 조선총독부는 공산 혁명 세력 색출을 위한 대대적인 수사에 착수했다. 그런 그들의 손에 사진 한 장이 쥐여졌다. 경성부 황금정 1정목(지금의 을지로1가)에 위치한 고급 중화요리집을 찍은 사진에 그곳에서 회합을 한 인물들의 이름이 적혀 있었다. 신의주에서 그 난리가 난 때로부터 7개월 전, 이 중화요리집에서는 조선공산당 창당대회가 비밀리에 개최되었다. 조선 땅에서 공산

* '적이 왔다'라는 뜻의 일본어.

주의 활동을 벌이던 4개 파 중 3개 파의 수장이 모인 이 회합에는 그 이름도 유명한 박헌영과 조봉암을 비롯한 '화요파' 13명, 독립운동을 이끌다 해방 이후 제헌국회의원까지 지낸 김약수를 비롯한 '북풍파' 3명, 중앙집행위원을 지내며 조선공산당의 사상적 기초를 다진 주종건을 비롯한 '상해파' 3명 등 총19명이 조선공산당 대표로 참석했다. 이날 이들은 김찬이 제안한 '조선공산당'을 당명으로 채택하고, 김재봉을 책임비서(현재의 당수 또는 당 총재)로 선출하며 조직을 구성하고, 조동호와 조봉암을 모스크바 코민테른에 보내 조선공산당을 지부로 승인해줄 것을 요청하기로 했다.

사실, 이날의 조선공산당 창당대회와 신의주에서의 결혼식 피로연은 아무런 연관이 없는 행사였다. 하지만 수사가 본격화되며 전격 투입된 경성 종로경찰서 소속 형사들의 생각은 달랐다. 사상범을 잡는 데 특화되어 있던 형사들은 바로 이해 개정된 본국(즉 일본제국)의 '치안유지법'을 근거로 대대적인 공산당원 체포에 나섰다. 이는 단순히 공산당을 문제 삼는 것이 아니었다. 당시 대부분의 공산당원이 독립운동에서도 중추적인 역할을 하고 있었으므로 사고를 친 공산당을 수사한다는 빌미로 독립운동가들을 잡아들이려는 속셈이었다.

이 사건의 중심에 있는, 조선공산당 창당대회가 열린 고급 중화요리집이 바로 1918년 2월 19일 황금정 1정목 181번지에 개점한 '아서원'이었다. 아서원雅敍園이라는 상호는 '아름다운 풍경이 펼쳐져 있는 곳'이라는 뜻이다. 남서쪽 7시 방향으로는 지금의 웨스턴조선호텔 자리에 있던 환구단圜丘壇이 훤히 내다보였고, 길 건너편 북쪽으로는 일본 미쓰이물산 경성사무소를 마주하고 있었다. 골목길 하나를 끼고 바로 서쪽으로는 임오군란 때 구식군인에게 붙잡혀 맞아 죽은 이조판서 민창식의 대궐 같은 집이 있었다고 전해진다. 지금으로 치면 아름다운 정원과 해외 선진기업의 서울지점 그리고 부총리가 사는 저택을 끼고 있는 엄청난 입지였던 셈이다. 사실, 해방 이전까지의 중화요리집(당시 호칭으로는 청요릿집) 대부분의 입지 또는 사회적 위상이 이 정도였다.

아름다운 연회장에서 역사의 성지로

아서원의 명성은 해방 이후에도 지속되었다. 그 명성이 정점에 달했을 때 또 하나의 사건이 일어났는데, 그 이름도 유명한 '민권의 밤 대회전'이다.

1979년 새해가 밝아 오르자 유신정권에 대한 시민들의 민주화 요구가 이곳저곳에서 강력한 저항운동으로 분출되기 시작했다. 당시 야당 신민당의 유력 정치인들은 그 중심에서 자신이 주도권을 잡고자 치열한 기싸움을 벌였다. 그 하이라이트가 될 이벤트인 전당대회가 1979년 5월 30일 신민당 마포당사에서 개최될 예정이었다. 향후 신민당을 이끌 총재를 선출하기 위한 선거였다. 후보는 모두 다섯 사람. 대표최고위원을 지냈으며 당권파의 강력한 지지를 받고 있던 이철승, 40대 기수론을 앞세우며 1970년대 내내 신민당을 대표하는 스타 정치인이었던 김영삼, 대한체육회장 서리와 신민당 최고위원 등을 역임한 신도환, 4.19 혁명의 도화선이 된 4.18 고대생 학생의거를 주도한 청년 정치인 이기택, 그리고 지금도 생소하지만 당시로서는 엄청나게 센세이셔널했던 '남장여성 정치인' 김옥선. 이 다섯 사람이 치열한 경쟁을 예고했다.

하지만 이 선거는 암암리에, 이미 사전에 짜인 시나리오대로 흘러가고 있었다. 신민당 내 노회한 당권파 원로 정치인들은 젊은 혈기를 앞세워 입바른 소리를 일삼는 김영삼이 내심 불편했다. '저렇게 정권에 맞서 강경하게만 나가면 앞으로 더 모진 탄압을 받을지 모른다.'는 불안감 역시 팽배했다. 여당인 공화당과 박정희 정권의 생각도 같았다. 야당으로서의 선명성을 강조하는 '대가 센' 김영삼보다는 온건 노선에 어느 정도 타협할 여지가 있는 이철승이 대하기 한결 수월한 상대라 판단했다. 때문에 여러 경로를 통해 신민당 내외부에 이철승을 당선시키라는 무언의 압박을 전달하고 있었다. 후보 중 한 사람이었던 신도환에게도 고위급 정부 인사가 "1차 투표를 지켜보고, 가망이 없다 싶으면 2차 결선투표 직전 이철승 지지 선언을 하고 후보를 사퇴하라."는 메시지를 전달할 정도였다.

물론 정반대의 움직임도 있었다. 한 계파의 수장은 "그래도 박정희 정권에 맞서 싸울 만한 강단이 있는 인물은 김영삼밖에 없다."며 자신의 계파 소속이던 총재 후보 출마자 세 사람을 설득해 눌러앉히기도 했다. 그러나 여전히 대세는 이철승 후보에게 있는 듯했고, 민주당 당권파와 박정희 정권의 노골적인 이철승 편들기는 이어졌다.

그런 가운데, 전당대회 하루 전 날인 1979년 5월 29일, 을지로4가 삼풍상가 건물에 입주한 한 중화요리집에서 김영삼 후보가 '민권의 밤'이라는 이름의 행사를 개최했다. 신민당 내에서 자신을 지지하는 세력을 규합하는 한편, 총재 투표 전 마지막으로 민주 진영에게 선명 야당의 중요성과 그런 야당을 만들 수 있는 인물이 자신임을 어필하는 자리였다. 그런데 놀라운 일이 일어났다. 사전에 공지된 행사 식순에 없던 인물이 축사를 위해 식당 안으로 다리를 절뚝거리며 들어선 것이다.

행사장은 난리가 났다. 탄성과 환호가 엄청난 굉음으로 터져 나온 것은 물론, 야당의 활동을 감시하기 위해 잠입해 있던 정보과 경찰들은 혼비백산해 본청에 보고하기 위해 전화기를 찾거나 어찌할 바를 모르고 발만 동동 굴렀다. 행사장에 등장한 인물은 가택연금 중이었던 김대중 전 의원. 그는 3.1 민주구국선언 사건을 주도했다는 이유로 긴급조치 제9호에 의해 구속되었다가 풀려나 가택연금을 당한 상태였다. 언론이 거의 완벽하게 통제된 상황에서, 대중은 그가 살았는지 죽었는지조차 몰랐다. 그런 그가 목숨을 걸고 자택을 탈출해 행사장에 등장한 것이었다. 그것도 김영삼 후보의 지지를 선언하기 위해.

8년 전 제7대 대통령 선거 신민당 후보를 선출하기 위한 투표에서 치열한 경쟁 끝에 단단히 틀어졌던 김영삼과 김대중 두 사람의 관계를 생각하면 놀라운 일이 아닐 수 없었다. 불편한 다리 탓에 힘겨운 걸음으로 단상에 오른 김대중은 오랜 가택연금으로 지친 기색이 완연했지만 칼칼하고 꼿꼿한 목소리만큼은 여전했다.

"여러분, 김대중이외다. (…) 나는 오늘, 반독재의 선두에 서서 박정희 정권뿐만이 아니라 이철승의 당권파로부터 온갖 박해를 받고 있는 김영삼 동지가 이번 경선에서 당선되는 것만이 신민당을 살리는 길이고 우리 국민을 살리는 길이기 때문에, 김영삼 동지 지지를 선언합니다!"

김대중의 등장 덕분에, 당시 최대 규모를 자랑하던 중화요리집 내부를 쩌렁쩌렁 울린 이 연설 덕분에, 신민당 총재 선거의 판도는 완벽하게 뒤집혔다. 다음 날 펼쳐진 선거 결과, 김영삼 후보는 267표를 얻어 당권파의 전폭적인 지지를 받은 이철승 후보와 불과 25표 차이로 2위를 했다. 이철승 후보의 압도적인 승리를 예견했던 모두의 예상을 뒤엎는 파란이었다. 하지만 이변은 여기서 그치지 않았다. 과반을 넘은 후보가 없었기에 결선투표에 돌입했고, 김대중은 이때 이기택 후보에게 서한을 보내 "민주주의를 위해 용단을 내려달라, 김영삼 후보를 지지해달라."고 호소했다. 3위였던 이기택 후보는 이 서한과 전날 '민권의 밤' 행사에서 있었던 일들을 전해 듣고 감동해, 당권파의 숱한 구애와 정보기관의 회유와 협박을 떨치고 김영삼 후보에 대한 지지를 선언했다. 결국, 결선투표에서 김영삼 후보는 신민당의 새로운 총재로 선출됐다.

이 드라마틱한 일이 벌어진 장소가 바로 아서원으로, 을지로1가(일제강점기 황금정 1정목)에서 을지로4가로 옮긴 후였다. 원래 있던 자리를 포함한 부지에 반도호텔이 들어서면서, 아서원은 그 옆으로 옮기며 더욱 규모를 키워 약 460평 크기의 땅에 4층짜리 건물을 세웠다. 그런데 아서원은 반도호텔 때문에 자리를 한 번 더 옮겨야 했고,

1936년 세워진 후 최고의 호텔로 군림했던 반도호텔.
반도호텔의 부침에 따라 아서원도 자리를 옮겨야 했다.

그렇게 옮긴 곳이 을지로4가였다.

아서원이 있던 자리로 들어가 아서원의 이웃이 된 반도호텔은 1936년 세워진 후 오랫동안 최고의 호텔로 군림했으나 해방 후 여러 기관 소유로 전전하며 쇠락했다. 이에 선진 호텔 경영 기법을 도입하고자 재일교포 기업 롯데에 호텔 운영을 맡겼다. 서울에 대형 호텔 수요가 증가할 것이라 예측한 롯데그룹은 아예 반도호텔을 인수해 운영하고자 했다. 결국 반도호텔 건물을 허물고 그 자리에 수백 개 객실과 호화로운 연회장을 갖춘 초대형 호텔을 짓는 계획을 수립했고, 서울시의 허가를 받자마자 인근 부지까지 사들여 규모를 더욱 늘려 잡았다. 그 과정에서 아서원은 또 한 번 땅을 팔았고, 그 자리에 1979년 지금의 롯데호텔 본관이 탄생했다. 아서원은 을지로4가에 자리 잡은 삼풍상가에 들어가 초대형 규모로 새로 문을 열었고, 대한민국 민주주의의 역사를 뒤바꿨다는 평가까지 받고 있는 1979년의 그날 '민권의 밤' 행사까지 치른 것이다. 그러나 이를 정점으로 아서원은 어느새 소리 소문 없이 사라졌다.

이제는 부를 수 없는 이름이 되어

과거 서울 사대문 안에는 아서원만큼은 아니지만 엄청난 규모의 연회장을 여러 개 갖춘 초대형 중화요리집이 드물지 않았다. 6.25전쟁

이전, 김성호라는 갑부가 지금의 청계천 초입 광화문우체국 부근에 '조선관'이라는 고급 요릿집을 운영했다. 요릿집이라고는 하지만 실제로는 요정이었다. 하지만 김씨는 전쟁통에 인민군에 의해 납북되었고, 졸지에 남편을 잃은 김씨의 부인 김상숙 씨가 요정 운영을 이어갔다. 그러다 혼란을 틈타 당시 여당이던 자유당이 조선관을 통째로 전세 내 사용하게 되었고, 이후 자산가 김주일과 김태홍이 동업으로 자금을 끌어와 조선관을 매입했다.

그들은 객단가는 비싸지만 고객층이 얇았던 요정 대신 조금 더 대중적인 식당을 운영하고자 했고, 전부터 알던 중국인 식당업자 진경선陳慶選 씨를 불러들여 조선관을 연회까지 열 수 있는 대규모 중화요리집으로 탈바꿈시켰다. 한때 종로, 광화문, 을지로 일대의 회사원과 은행원들의 공식 연회와 공직자들의 밀담 장소로 각광을 받았던 '태화관'이 그 주인공이나, 지금은 사라졌다.

한편, 1950년 크리스마스 날, 전쟁을 피해 몰려든 피난민들로 가득했던 부산에서 문을 연 '대려도' 역시 아서원, 태화관과 함께 1960~70년대를 주름잡았던 초대형 중화요리집이다. 1953년 휴전 직후 부산에서 서울시청 앞으로 업장을 옮긴 대려도는 시청, 종로 등지에 본사 사옥을 갖고 있던 재벌 회장들과 고위 정치인들의 사랑을 받으며 이름을 날렸다. 특히 '장군의 아들' 김두한 씨가 국회의원 시절 자주 들러 식사를 하고 국회로 출근했다고 한다(당시 국회의사당은 여의도가 아니라 서울시청 인근에 있는 현 서울시의회 건물을 사용하고 있었다).

하지만 한창 장사가 잘될 무렵 주인 모옥당毛玉堂 사장과 부인이 잠을 자다 연탄가스에 중독돼 사망하는 어처구니가 없는 사고가 일어나고 만다. 대만에서 유학 중이던 장남 모종희毛鍾熙 씨가 급거 귀국해 식당을 물려받았지만 장사는 예전만 못했다.

특히 문제는, 사망한 모옥당 씨와 합자회사 계약을 맺고 자금을 댄 동업자들이었다. 그들은 모옥당 씨를 믿고 거금을 투자했지만, 그 아들에게는 전혀 신뢰를 갖지 않았다. 양측은 사사건건 대립했고, 결국 모종희 씨가 동업관계 파기를 선언하고 간판을 떼어 들고 나와 종로구 관철동에 새로운 대려도를 열었다. 하지만 여러 가지 문제가 발생했고, 중화요리집 운영에 만정이 다 떨어진 모 사장은 1972년 대려도의 문을 닫고 미국으로 이민을 가버렸다. 현재 대려도는 원래의 위치가 아닌 강남 땅에, 호화로운 인테리어로 치장한 채 성업 중이다. 다만, 1972년에 문을 닫은 원래의 사장이 다시 문을 연 것이 아니라 1983년 9월 섬유 사업가이자 전설적인 강남 땅부자로 유명한 장 모 씨가 같은 이름으로 새롭게 문을 연 식당이다(물론 홈페이지에는 1950년부터 역사가 이어진 것처럼 표현되어 있다).

태화관과 대려도에서 멀지 않은 종로 관수동에는 '대관원'이라는 중화요리집도 있었다. 한때 '어르신들의 홍대'라고 불리던 국일관 건물이 있던 곳의 인근이다. 중국 산둥성山東省 출신의 왕씨 성을 가진 주인장이 문을 열었다. 이곳은 부유한 사업가들이 고급 연회를 개최하거나 고관대작을 접대하는 장소로 자주 쓰인 앞선 두 업소와 달리, 지역 주민들이나 인근 회사원들이 주로 찾는 '밥집' 성격이 더 강했다. 그러나 당시 대관원의 주방을 책임지고 있던 요리사들은 장안에서 손꼽히던 최고의 실력자들이었다. 불판장*은 진학부陳學富 사부가, 칼판장**은 오배상吳培湘 사부가, 면판장***은 왕선명王善明 사부가 맡았는데, 그들 모두 업계에서 알아주는 스타급 요리사였다. 게다가 그들을 총괄하는 주방장은 당시 중화요리계에서 '전설'로 통하던 장수주張壽主 사부였다. 때문에 대관원은 단순한 식당이 아니라 일종의 중화요리사 사관학교 대접을 받았고, 대관원 출신이라고 하면 업계에서 서로 데리고 가려고 난리였다.

처음 문을 연 주인장 왕씨는 이후 이 식당을 왕서무王瑞武 씨에게 팔았다. '팔았다'고 한 것은 같은 왕씨 성을 가지고 있지만 두 사람은 인척관계가 아니었기 때문이다. 물론 동향 출신이라는 공통점은 있었지만. 왕서무 사장이 이끄는 대관원은 계속해서 성업을 이어갔지만 1977년 관수동 일대가 도시계획구역에 포함돼 대규모 철거가 이뤄지면서 문을 닫고 말았다.

전쟁의 상흔을 딛고 산업화의 길로 내달리기 시작했던 시기에 활

---

* 중식당 주방에서 화구 앞을 지키며 재료를 볶고, 튀기고, 삶아내서 요리로 완성시키는 직원들을 일컫는 '불판'을 이끄는 책임자로, 주방의 이인자 역할을 담당한다. 주방장이 겸직을 하는 경우도 많다.
** 재료를 다듬고 칼질을 해 조리 직전의 상태로 만들어 제공하는 직원들을 일컫는 '칼판'을 이끄는 책임자로, 재료의 구입과 메뉴 변경 등 주방 안살림을 책임지는 업무까지 담당해 은근히 실세로 인정받는다.
*** 면을 뽑아내고 만두를 빚는 직원들을 일컫는 '면판'을 이끄는 책임자다.

약했던 아서원, 태화관, (원조)대려도, 대관원 등은 이제 그 명맥이 완전히 끊기거나 다른 주인의 손으로 억지로 이어지고 있다. 자리했던 곳을 가봐도 새로운 건물들이 들어서는 바람에 당시의 흔적을 찾아보기가 쉽지 않다. 하지만 을지로1가와 4가로 이어지는 아서원의 주방을 지켰던 요리사들은 지금도 중식계에서 눈부신 활약을 하고 있다. 몇 해 전 SBS의 중화요리 프로그램에 출연해 넘치는 입담을 자랑했고, 현재는 중식 프랜차이즈와 밀키트 사업 등으로 중식 대중화에 힘쓰고 있는 유방녕劉方寧 사부, 긴 팔다리를 이용한 수타면 뽑기와 현란한 웍wok* 다루기가 일품이었던 주대흥朱大興 사부, 지금은 중식 전문 식재료상으로 더 맹활약하는 조창록趙昌祿 사부 등이 바로 아서원 출신이다. 태화관, 대려도와 대관원 출신 요리사들도 저마다 새로운 업장에서 조리 솜씨를 뽐내고 있거나 본인의 중화요리집을 내고 여전히 맹활약 중이다.

어찌됐든, 사대문파에 속하는 중화요리집에 가면 원하는 바로 그 맛의 탕수육을 맛볼 수 있을 거라 믿었던 내 기대는, 사라진 첫 번째 식당에서부터 난관에 봉착하고 말았다. 내가 원하는 바로 그 맛의 탕수육은 어디서 만나볼 수 있을까? 언젠가 만날 수는 있을까? 물론 사대문파 중 이제 겨우 한 곳을 알아본 것에 불과하긴 하지만.

* 중화요리집에서 다용도로 쓰이는 철냄비를 뜻하는 한자 확鑊을 광둥어로 읽은 발음. 대륙에서는 '후에'라고도 부른다.

화려한 성공과
소리 소문 없는 퇴장

나머지 사대문파를 찾아서

그렇다면, 사대문파의 두 번째 중화요리집은 어떻게 되었을까?

십 수년 전의 일이다. 꽤 큰 일본 기업의 기술고문인 M선생을 한국으로 모셔야 할 일이 있었다. 일본에서 가장 큰 종합상사에서 임원으로 퇴임했고 통상산업성(현재의 경제산업성) 산하 기관장으로도 근무했던 거물급 인사였다. 의전을 담당하는 입장에서 당연히 신경이 많이 쓰일 수밖에 없었다. M선생의 비서에게 '선생님께서 한국을 방문하실 때 애용하는 항공사와 숙박업체가 있는지' 확인했고, 다행히

늦지 않게 답신을 받아 비서가 전달해준 정보대로 항공사는 JAL, 호텔은 사보이호텔로 예약했다. 그런데 초청행사 준비 상황을 최종 점검하는 날, 전체 행사 운영을 책임지는 분이 갑자기 화를 버럭 냈다. "야, 사보이호텔은 그 옛날에 뭐냐, 조폭들 드나들며 난투극이나 벌이던 그 호텔 아냐?"

예약한 호텔이 마음에 안 든 듯했다. 역시 그는 "인근에 다른 대형 특급 호텔들도 많은데, 왜 하필 그런 작은 호텔로 예약을 했냐?"며 노발대발했다. 하지만 해당 호텔은 M선생이 직접 지목한 숙소였다. 이전에 종합상사에서 근무할 때도 한국에서 숙박을 해야 하면 무조건 사보이를 숙소로 정했다는 이야기 역시 M선생의 비서로부터 직접 들은 얘기였다. 해당 내용이 담긴 이메일을 보여주고서야 겨우 상황이 종료되었던 것으로 기억한다.

행사 운영 책임자가 우려했던 것도 이해는 간다. 사보이호텔은 한때 주먹깨나 쓰는 이들이 드나들며 난투극을 벌인 곳으로 유명세(?)를 떨쳤던 적이 있다. 1974년 말 서울에서 활동하던 호남 출신 건달 중 중간간부급 한 명이 결혼식장에서 집단폭행을 당했다. 폭행을 가한 이들은 명동을 중심으로 전국을 주름잡던 건달 '신상사파'의 조직원들이었다. 자신들이 모시는 형님이 망신을 당했다는 생각에, 급성장하고 있던 조양은을 비롯한 호남 출신 젊은 건달 20여 명이 신상사파를 습격하기로 했다. 마침 1975년 1월 2일 사보이호텔에서는 신상사파의 간부급 건달이 모두 모이는 신년 행사가 계획되어 있었다. 조양은 패거리는 수적 열세를 우려해 일식집에서 쓰는 칼과 몽둥이 등으로 중무장한 채 사보이호텔을 습격했고, 결과는 대성공이었다. 소란의 크기에 비해 부상을 입은 신상사파의 인원이 비교적 소수였고, 두목 격이었던 '신상사' 신상현은 사전에 몸을 피해 아예 마주치지도 못했지만, '감히' 신상사파를 습격했다는 사실만으로 주먹 세계에서 조양은의 위상이 급상승한 것이다. 이후 그는 1980년대 대한민국 3대 조직폭력배 중 하나의 대장이 되는데, 많은 이가 공식적으로 이때가 주먹으로 승부를 겨루던 '조금은 낭만적인' 건달의 시대가 저물고 회칼과 쇠파이프를 사용하고 '배신과 보복이 난무한' 조폭의 시대로 전환한 계기였다고 말한다.

한편, 사보이호텔은 M선생처럼 한국을 잘 아는 일본인이 한국을 방문할 때 첫손에 꼽는 호텔이기도 했다. 1930년대에 '조선의 주식 왕'이라 불리던 조준호가 영국 유학 시절 경험했던 런던의 고풍스러운 호텔들을 벤치마킹해 1957년 명동 한복판에 세운 호텔이 바로 사보이다. 6.25전쟁의 상흔이 채 가시지 않았던 서울은 해외에서 온 손님들을 맞이할 만한 여건이 부족했다. 그런 가운데 모던한 외관에 유럽풍 인테리어를 갖춘 사보이호텔은 삽시간에 장안의 인기를 끌어모았다. 특히, 일본인 관광객과 비즈니스맨들이 사보이호텔의 청결한 관리 상태와 편리한 교통 등을 높이 사 단골로 숙박했고, 서울에서 좀 산다는 사람들 역시 이 호텔을 즐겨 이용했다.

그런 이들을 타깃으로, 1975년 호텔 지하 1층에 '호화대반점'이

문을 열었다. 장홍기張洪基 사부를 필두로 16명의 요리사들이 베이징요리를 기반으로 산둥풍과 쓰촨풍을 가미해 독특한 음식 맛을 정립해나갔다. 호텔을 찾는 부유층의 입맛을 사로잡으려면 평범한 중화요리로는 힘들었다. 호화대반점이 집중적으로 개발한 것은 중국 보양식이었다. 중국의 진귀한 요리를 모두 모아 만든 연회 음식 만한전석滿漢全席의 주요 메뉴이면서 전설의 중국요리로 대접받아온 '곰 발바닥 찜蒸熊掌'을 처음으로 제대로 구현해낸 곳이 바로 호화대반점이다. 또한 일본인들이 환장하는 자라 요리를 제공하기 위해 자라 전용 수족관까지 마련할 정도였다.

당연히, 당대 최고의 요리사들이 호화대반점에서 일하기 위해 몰려들었는데, 대표적인 인물로 호화대반점은 물론 전체 중화요리계에서도 맏형으로 꼽히는 장홍기 사부, 전직 대통령들이 사랑했던 맛의 주인공 장립화張立華 사부, 현재의 중화요리계에서 실질적인 따거大哥(큰 형님) 역할을 하고 있는 '진진'의 왕육성王育城 사부, 코리아나 호텔 중화요리집 '대상해'의 총주방장을 지낸 학복춘郝福春 사부, 여러 특급 호텔 주방을 거쳐 고 김대중 대통령과 수많은 재벌 회장의 입맛을 책임졌던 왕기명王其明 사부, 그리고 명실공히 현재 우리나라에서 가장 유명한 중화요리사이자 방송을 통해 중식을 대중화한 공이 혁혁한 이연복李連福 사부가 있다.

그러나 승승장구하던 호화대반점에도 먹구름이 끼기 시작했다. 대한민국 경제가 급성장하고 1988년 서울 올림픽을 앞두고 특급 호텔들이 속속 문을 열면서, 그 호텔들에 고급 중화요리집 역시 경쟁적으로 들어섰다. 이들이 화려한 시설을 갖추고 좋은 대우를 약속하며 요리사들을 스카우트하기 시작하자 천하의 호화대반점도 버텨낼 재간이 없었다. 어렵게 몇 해를 더 버티다가 결국 소리 소문 없이 문을 닫고 말았다. 마침 그 무렵 영화 홍보차 한국을 방문했던 홍콩 스타 성룡成龍(청룽)이 자신의 단골이었던 호화대반점이 문을 닫았다는 소리를 듣고 크게 애석해했다는 후문이 그나마 위안이 되었을까. 아무튼 사대문파의 두 번째 중화요리집에서 내가 찾던 그 맛의 탕수육을 만나볼 수 있을까 했던 기대 역시 물거품이 되고 말았다.

원조 부촌에 들어선 중화요리 강자

이제는 사대문파의 세 번째 식당에 기대를 거는 수밖에 없다. 1972년 동부이촌동에 문을 연 '홍보석'이다. 그런데 홍보석을 찾아가기 전에 이 식당이 자리 잡고 있는 이촌동부터 좀 살펴보자면, 알면 알수록 참 흥미로운 동네다.

과거 일제강점기 이촌동을 찍은 사진을 보면 동네가 보일 때도 있고 보이지 않을 때도 있다. 곁을 타고 흐르는 한강 탓이다. 이촌동은 낮고 평탄한 지형에, 한강과 맞닿은 면은 죄다 고운 강모래 벌이었던 터라 조금만 큰비가 내리면 동네의 절반 이상이 물에 잠기고 말았다. 때문에 조선시대에는 큰물이 지고 나면 풀이 새로 자라나고 마을의 집들도 새로 짓는 동네라는 의미에서 신촌동新村洞 또는 신초리新草里라 불렀고, 그 지역보다 더 강 쪽으로 붙어 대부분이 모래벌판이었던 동네는 '모래 사' 자를 써서 사촌동沙村洞이라 불렀다. 그러다 구한말이 되어서는 사람들 사이에서 '비만 오면 만날 짐 싸서 이사를 가야 하는 동네'라는 뜻에서 이촌동移村洞이라 불리게 되었다. 상당히 자조적인 표현이었음에도, 이촌동이라는 지명은 사람들 사이에서 인기를 끌었다. 결국 신촌동이나 사촌동이라는 지명 대신 압도적으로 자주 사람들의 입에 오르내리게 되었다(신촌동은 이후 상당 기간 이촌동의 동남쪽 지역의 행정지역명으로 남아 있기는 했다). 일제강점기에 들어와서는 '떠난다'는 의미가 있는 이移 자를 마을 이름에 사용하는 것이 부적절하다는 의견이 팽배해졌다. 결국 1914년, 한글 이름은 그대로 두고 한자만 바꿔 '이촌동二村洞'이라 읽고 쓰게 되었다.

이촌동은 이촌1동과 이촌2동으로 나뉘는데, 사실 주민들조차도 집을 사고 파느라 등기부등본을 떼어볼 때나 아이들 진학을 위해 학군 구분할 때, 또는 선거철에 투표소 위치를 확인할 때나 자신이 1동에 사는지, 2동에 사는지를 인지할 뿐이다. 평상시에는 그곳에 사는 사람에게나 방문한 사람에게 이촌동은 동부와 서부로 나뉠 뿐이다. 대략적으로 이촌1동 지역인 동네를 동부이촌동이라 하는데, 강북에서 손에 꼽히는 부촌으로 알려져 있다. 특히 일본인들이 많이 거주해 '일본인 마을' 또는 '리틀 도쿄'라고도 불리는데, 이곳에 일본인들이 집단을 이뤄 거주하게 된 유래에 대해서는 사람들마다 설이 분분하다.

많은 사람이 믿는 가장 유력한 설은 일본인 가정의 (주로) 남편들이 많이 근무하던 사대문 안쪽 지역과 가깝고 아이들이 다니던 일본인학교와의 접근성도 좋아 자연스럽게 일본인 집단 거주지가 형성되었다는 것이다. 그런데 과거 일본인학교는 개포동에 있었다(지금은 상암동으로 옮겼다). 한 번이라도 동부이촌동에서 개포동을 가본 이라면 쉽게 수긍하지 못할 설이다.

다른 설로는, 일본대사관과 가깝고 미군기지와도 가까워 유사시 (예를 들자면 아베, 고이즈미, 도조 히데키 같은 인간들이 한꺼번에 등장한다거나 해서 한국과 일본이 제대로 한판 붙는 상황이 발생했을 때) 신변보호를 받기 좋은 위치여서 이곳에 거주하게 되었다는 설이 있다. 동부이촌동이 자리 잡은 용산 지역은 현대에 와서는 미군 주둔지로 널리 알려져 있지만, 그 이전부터도 군대의 주둔지로 유명했던 곳이다. 임오군란을 진압하기 위해 쳐들어온 청나라 군사들이 군영을 설치했던 곳이 현재의 미군기지 터인데, 그곳은 이후 일제강점기에는 일본군의 주둔지로 변모했다.

사람들에게 서울역이 속한 행정구역을 물어보면 "잘은 모르지만 중구가 아닐까?"라는 대답을 많이 하는데, 중구에서 용산구에 걸쳐 있다. 역 전체 면적의 상당 부분을 차지하는 남쪽 구역과 역으로부터 남쪽으로 뻗어 나온 철로변은 거의 전체가 용산구 남영동이다. 남영동南營洞은 동네의 이름에서 그 기원을 찾을 수 있듯 '남南쪽 군영軍營이 있던 동네洞'다. 그런데 여기서 말하는 '군부대'는 '미군기지'가 아니다. 조선시대에는 군부대가 제식 훈련을 하던 연병장이었고, 일제강점기에는 태평양전쟁 패망 직전까지 이 일대에 주둔했던 조선군관구사령부朝鮮軍管區司令部다. 때문에 대대로 용산구 남영동은 물론이거니와 인근 청엽정(현재의 청파동), 불룩배기(현재의 갈월동), 신촌리(현재의 이촌동) 인근에는 일본 군인과 군속, 그 가족이 많이 살았다. 이후 외교관이나 주재원으로 한국에 오게 된 일본인들도 기왕이면 예전부터 일본인들이 거주해온 동네에 거처를 알아보게 되면서 일본인 집단 거주 동네가 생겼다는 주장이다.

마지막 설이자 가장 신빙성이 있는 설은, 한강변 정비 작업의 결과 1960년대 말에는 동부이촌동, 1970년대 중반에는 압구정동 인근에 현대적인 개념의 고급 아파트들이 들어섰는데, 그곳에 일본인들이 집중적으로 이주하면서 일본인 마을이 형성되었다는 것이다. 경제개발5개년계획에 따라 중화학공업을 집중 육성하려는 목적에서 인접 국가 일본에서 기술자를 대거 영입할 때, 한국의 부족한 주거 인프라에서 그나마 현대적인 새 아파트가 있던 곳이 동부이촌동이었으므로 그쪽에 일본인이 몰리게 되었다는 것이다.

그 유래가 어떻게 됐든, 동부이촌동은 당시만 하더라도 우리보다 훨씬 선진국이었던 일본인들의 소비 취향에 맞춰 장안의 비싸고 좋은 물건이 몰려드는 곳 중 하나였다. 본토의 맛을 강조해 다른 곳보다 훨씬 비싸게 받았지만 맛 하나만큼은 인정할 만했던 우동집도 그곳에 있었고, 유학파들에게 현지의 맛을 제대로 구현했다는 평가를 받았던 케이크 전문점도 그곳을 가면 만날 수 있었다. 사대문파 중 한 곳인 홍보석도 그런 동부이촌동의 분위기에 딱 맞는 중화요리집이었다.

연예인이 키워준 쓰촨요리의 메카

강남이 본격적으로 개발되기 이전에는 연예인이나 정관계 주요 인사들이 강북의 고급 주택가에 주로 거주했다. 동부이촌동에 들어선 고급 맨션 역시 유명인, 특히 연예인들이 선호하는 거주지였다. 1971년부터 입주에 들어간 한강맨션은 '최초의 고급 아파트'라는 타이틀을 달았다. 한강맨션은 가장 좁은 88.93제곱미터에서부터 가장 넓은 180.10제곱미터까지 다양한 평면을 가진 가구들로 이뤄졌는데, 당시로서는 최신의 고급 주거시설로 명성이 자자했다. 특히, 과거에는 55평형으로 불렸던 180.10제곱미터의 가구는 "사치 풍조를 조장한다."며 손가락질을 받을 정도였다. 지금의 타워팰리스나 롯데시그니엘을 능가하는 이름값이었다. 원로가수 패티김, 국민배우 강부자 등이 대표적인 한강맨션 거주자였다.

당대 최고의 고급 아파트로 꼽혔던 한강맨션(1973년).
1층과 2층은 상가로 쓰였다.

인근에 들어선 다른 아파트와 맨션도 사정은 마찬가지였다. 게다가 당시 이촌동의 입지가 한국 사람들이 사족을 못 쓰는 '배산임수背山臨水'를 가장 그럴듯하게 현실화한 모습이었던지라 난다 긴다 하는 권력자, 학계 유명인, 가수나 배우 등이 이촌동으로 몰려들었다. 1960년대 최고의 청춘 스타였던 배우 신성일, '한국의 앨비스 프레슬리'라 불리던 가수 남진을 비롯해 선우용녀, 박원숙, 태현실, 김창

대한민국
탕수육 만유기

숙 같은 유명 연예인들이 이촌동 주민이었고, 노신영 국무총리, 김재춘 중앙정보부장을 비롯해 수많은 고위 관료와 유명 정치인들도 이촌동에 적을 두었다. 그러다 보니, 고급스러운 그들의 입맛에 맞는 수준 높은 요릿집에 대한 수요가 있었고, 크고 작은 행사에 적합한 연회장이 딸린 고급 식당에 대한 수요 역시 무척이나 컸다. 그에 딱 맞는 답은 고급 중화요리집이었고, 1972년 홍보석이 동부이촌동에서 문을 열었다.

고급 맨션인 리버뷰 1층에서 영업을 시작한 홍보석은 쓰촨요리에 특히 강점을 보였다. 중국이라 하면 아직 베이징北京, 상하이上海밖에 모르던 시기에 쓰촨四川은 그저 중국의 삼국시대에 유비劉備 무리가 촉한蜀漢을 건국했던 지방 정도로만 알려져 있었다. 한창때는 서른 명에 육박했던 홍보석의 요리사는 쓰촨요리의 특징인 마麻(얼얼한 맛)하고 라辣(화한 매운맛)한 맛에 아직 익숙지 않았던 한국 사람들의 입맛에 맞춰 매콤칼칼하면서도 어색한 맛은 누그러뜨린 음식들을 개발해 각광을 받았다. 쓰촨식 쇠고기 요리인 금전우육金錢牛肉과 매콤하게 볶아낸 쓰촨식 새우튀김 요리 깐쇼새우乾燒蝦 등이 홍보석이 자랑하는 대표적인 음식이었다.

당시로서는 이색적인 요리를 선보이는 고급 중화요리집이 문을 열었다는 소문이 퍼지자 인근에 거주하는 수많은 유명인이 찾아왔고, 그곳에서 연회를 베풀었다. 대표적인 인물이 미식가이자 따르는 사람이 많기로 유명했던 가수 남진, 역시 미식가이자 문화 애호가였

1972년 신문에 실린 홍보석의 광고.
한강쇼핑센터가 리버뷰맨션의 노선상가다.

던 디자이너 앙드레 김이었다. 그들은 이곳을 아지트 삼아 수시로 연회를 열었고, 그들의 초대를 받아 홍보석에 한 번이라도 들러본 사람은 누구라도 단골이 되지 않을 수 없었다. 이때 '쓰촨 요리의 명가' 홍보석을 만들어낸 이들 중에는 '소스를 붓고 아무리 오래 있어도 눅눅해지지 않는 탕수육'으로 방송에서 화제가 되었던 '대가방'의 오너셰프 대장리戴長利 사부, 대한민국 중화요리계에서 칼을 가장 잘 쓰기로 유명했던 왕춘량王春亮 사부, 산하에 자신만의 중식요리사 사단을 거느리고 다녔던 놀라운 카리스마의 이종복李宗福 사부, 그리고 형제 요리사면서 최근에는 중화요리 유튜버로 대중의 인기를 한 몸에 받고 있는 여경옥呂敬玉 사부까지, 쟁쟁한 스타급 요리사가 바글거렸다.

탁월한 실력으로 무장한 개성 넘치는 요리사들은 위계질서가 엄격하기로 유명했던 주방에서도 넘치는 끼를 주체하지 못했다. 서열은 분명했지만, 저마다 묘한 경쟁의식이 있었다. 때문에, 홍보석은 기존부터 있었던 메뉴들은 물론 창의적인 음식, 독창적인 맛을 새롭게 잘 만들어내는 것으로도 유명했다. 장안의 주방장 지망생들 사이에서 "중화요리를 제대로 배우려면 홍보석으로 가라."는 말이 돌 정도였다. 후에 홍보석은 이촌동을 떠나 당시 서울에서 최고의 오피스 빌딩으로 꼽히던 서울역 앞 대우빌딩으로 이전했지만 몇 해 안 가 문을 닫고 말았다.

이제는 간판을 내리고 사라졌기에 (물론 그 명맥을 이어가는 사부들은 전국 곳곳에 계시지만) 호화대반점, 홍보석에서 내 기억 속 축제의 음식, 탕수육을 찾을 수 있을지 모르겠다는 기대도 접어야 했다. 하지만⋯ 아직 신에게는 열두 척의 배가, 아니 한 곳의 생존한 사대문파가 남아 있었다. 마지막으로 찾아갈 사대문파의 중화요리집은 특급 호텔 신라호텔의 '팔선'이다.

호텔 탕수육이라면
조금은 다르지 않을까

선덕여왕보다도 더 신라를 잘 관리하신 회장님

한때 이런 얘기가 있었다.

꽤 오래전, 아직 한국이 식량 자급을 이루지 못했을 때였다. 식량 도입 업무를 맡은 한국의 관리가 미국에서 온 관리들과 미국대사관에서 회의를 하게 되었다. 미국 관리들은 개발도상국에 대한 차관 제공 업무를 담당하는 부처의 고위급 직원들이었다. 한국 관리는 수개월간 준비해온 자료를 토대로 이듬해 우리나라의 예상 곡식 수확량과 필요한 곡물 수량, 그리고 미국으로부터의 지원이 필요한 식량

용 곡물 규모를 제시했다. 그러자 미국 대표단 중 한 명이 씨익 웃더니 한국 대표단의 차관급 인사에게 "헤이, 미스터 정. 계산이 틀린 것 같아요. 요청하신 양보다 5만 톤은 더 필요할 것 같은데요?"라고 말하는 것이 아닌가.

아무리 초강대국 미국의 관리들이라지만, 한국의 농업 정책을 입안하는 공무원보다 한국의 농업 현실을 더 잘 알 리가 없을 터. 이 회의에 참석하기 위해 한국 공무원들이 전국의 곡창지대와 정부미 비축창고 등을 샅샅이 뒤져 계산해낸 결과를 믿지 못하고 비웃는 듯한 모습에 한국 대표단은 단단히 빈정이 상했다. 미국 관리의 의견을 일축하고, 원래 준비했던 규모의 식량 지원만을 요청했다. 결과는? 이듬해 한국에는 냉해와 가뭄이 심하게 들어 수확량은 급감했고, 미국에게 추가적인 식량 지원을 요청해야 했다고 한다. 그리고 그 규모는 아주 조금 모자란 5만 톤이었다. (가까운 친구라면서 자꾸 몰래 엿들으려 해서 좀 추저분하기는 하지만) 미국의 정보력은 예나 지금이나 놀라운 수준인 듯하다.

그로부터 얼마 뒤, 삼성의 주요 임원들이 미국 기업과 협상을 벌이게 되었다. 상대는 당시 세계 직물 직조용 기계 시장을 석권하고 있던 미국 회사의 영업 담당 임원들이었다. 그리고 해당 미국 기업을 이병철 회장에게 소개해준 인물은, 과거 우리나라가 미국과 식량 원조 논의를 할 때 "5만 톤이 부족할 거"라고 정확히 지적했던 바로 그 미국 대표단원이었다. 그의 이름은 엘리스 브릭스Ellis Ormsbee Briggs.

얼마 전 승진해 주한미국대사로 임명된 터였다. 브릭스 대사는 한국 정부의 요청과 삼성의 적극적인 부탁에 마지못해 미국 기업들을 연결은 시켜줬지만, 미국 회사 경영진에게 과거 자신의 경험을 들려주며 "한국(기업)의 정보력과 분석 능력을 너무 믿지는 말라."고 조언해 둔 터였다. 때문에 미국 회사 임원들은 삼성과 이병철 회장의 설명과 제안에 다들 시큰둥해했다. '현실성이 부족한', '불가능한' 계획이라는 노골적인 반응이었다. 기본적인 정보 분석 능력과 관리 스킬이 부족한 한국 기업들이 하는 얘기는 들어보나마나 뻔할 거라는 생각이 이미 표정에 드러나 있었다.

하지만 몇 개월 뒤, 해당 교섭에 참여했던 미국 기업의 임원들은 깜짝 놀랄 만한 소식을 듣게 되었다. 자신들이 불가능할 거라 예상했던 결과를 한국 기업이 현실로 이뤄냈는데, 그 결과값이 애초 자신들에게 이야기했던 계획안과 거의 차이가 나지 않았던 것이다. 놀란 미국 측 임원들은 테이블에 나와 적극적으로 협력을 하자고 요청했고, 이 기업과 삼성은 기술협력을 통해 제일모직이라는 회사를 설립했다. 제일모직은 이후 유럽 명품 원단업체를 위협하는 거의 유일한 아시아 기업으로 성장하게 된다. '관리의 삼성'이라는 신화가 시작되는 순간이었다. 이후로도 삼성의 관리 역량이 빛을 발한 순간은 수도 없이 많았는데, 그중 많은 경우에서 주인공이 뜻밖에도 신라호텔이었다.

일제강점기 조선총독부는 이토 히로부미伊藤博文를 기리기 위해 남산 기슭에 박문사博文寺라는 사찰을 짓고 조선인들에게 강제로 참배토록 했다. 해방 직후 분노한 군중은 박문사를 불태워버렸다. 잿더미 흉물 신세가 된 박문사 터에 이승만 정부는 외국 사절을 맞이하는 영빈관을 짓고자 했다. 그러나 재정 부족으로 건립에 실패했고, 그대로 방치되다가 박정희 정부가 들어서고 나서야 공사가 재개돼 1967년 겨우 완공할 수 있었다. 그러나 '쿠데타로 정권을 잡은, 정당성이 부족한 정부'가 집권하는 '제대로 된 산업이라고는 찾아보기 힘든 가난한 분단국'을 찾아오는 해외 정상은 많지 않았다. 영빈관은 운영되는 날보다 비어 있는 날이 훨씬 더 많았고, 결국 1973년 정부는 삼성 이병철 창업주를 불러 영빈관을 인수해달라고 부탁(?)했다. 서슬 퍼런 독재정부의 '부탁'이었기에 어차피 영빈관을 인수할 수밖에 없었던 이병철 회장은 이참에 영빈관을 개조해 한번 제대로 호텔 사업을 추진해볼 결심을 했다. 그 결과로 탄생한 것이 오늘날의 신라호텔, 아니 호텔 신라다. (아니, 당시 느낌으로 다시) 신라호텔이다.

신라호텔은 시작부터 '관리의 삼성' 정신이 제대로 발휘된 호텔이었다. 그를 상징하는 대표적인 사건이 (2022년 말 인기리에 방영된 드라마 〈재벌집 막내아들〉에도 등장했던) 초밥 밥알 개수 해프닝이다. 신라호텔의 객실은 물론이거니와 내부 식당도 최고로 만들고 싶었던 이병철 회장은 당시 아시아 최고였던 일본의 호텔(주로 본인이 애용했던 오쿠라호텔)과 노포 식당에 신라호텔 직원들을 파견해 한 수 배우도록 했는데, 그중에는 젊은 일식 요리사 이병환 조리부장도 있었다. 당시 업

신라호텔 자리에 있던 박문사.
해방 직후 분노한 군중이 불태워버렸다.

계에서 가장 초밥을 잘 쥐는 요리사 중 한 사람으로 명성이 높았던 그였기에 일본에 가서도 배울 것은 그다지 많지 않았다. 어느 날, 이 회장이 삼성그룹 중역들과 함께 신라호텔을 찾아 회의를 한 뒤 초밥을 주문했다. 이 조리부장은 실력을 발휘해 정성껏 초밥을 쥐어 냈다. 그런데 얼마간의 시간이 지나고 주방으로 급한 연락이 왔다. 회장께서 초밥을 쥔 주방장을 오라 하셨다는 것이었다. 허겁지겁 달려갔더니 이 회장이 다짜고짜 물었다. "이 군아, 초밥 한 점에 밥알이 몇 개고?"

이 조리부장은 당황해서 배운 대로 답할 수밖에 없었다. "예, 회장님. 일본 최고 요리사들로부터 생선 15그램, 밥 15그램, 합쳐서 30그램이라고 배웠지만, 밥알은 미처 헤아리지 못했습니다."

그러자 이 회장은 초밥 하나를 젓가락으로 들어 올리며, "초밥 한 점에 밥알은 320개."라고 답했다. 여기까지도 놀랍지만 정작 더 놀라운 것은 이후 이어진 이 회장의 설명이었다. "점심에는 식사용으로 초밥을 먹으니까 한 점에 320알이 맞고, 저녁에는 술안주로 먹으니 280알이 적당할 기다."

이처럼 밥알 개수까지(그것도 식사자리와 술자리가 다를 정도로 세심하게) 따지는 철저한 관리 덕분에 신라호텔은 단기간에 국내 최고의 호텔이 되었고, 그 안에 자리 잡은 식당들 역시 그냥 식당이라 부르기 송구스러울 정도로('식당 님'이라고라도 불러야 하나? 확실히 가격대는 '식당 님'이 맞는 듯) 수준 높은 업장으로 성장할 수 있었다.

회장님 공인 짜장면집

이 호텔의 중화요리집이자 사대문파의 마지막 식당인 팔선이 바로 그런 경우다. 사대문파의 중화요리집 중에서 가장 늦게 문을 열었지만, 최고의 인재를 영입하고 철저한 관리와 훈련을 통해 단기간에 서울에서 꼽히는 중화요리집으로 성장했다. 거기에 화룡점정이 된 것은 지금까지도 사람들 입에 오르내리는 천재 요리사 '그분'의 영입이었다. 신의 한 수가 된 그 영입 덕분에 팔선은 날개를 달았고, 지금까지도 대한민국 최고의 중화요리집으로 군림하고 있다. 이 얘기는 뒤에서 조금 더 하기로 하자.

지금이야 넘사벽 대한민국 넘버원 중식당의 자리를 굳건하게 차지하고 있지만, 개업 초기까지만 하더라도 팔선의 지위는 다소 불안했다. 신라호텔이라는 브랜드 자체도 조선호텔이나 롯데호텔에 비해 덜 알려진 편이었고, 호텔 중식당계의 넘버원 지위는 이미 서울프라자호텔(지금의 더플라자)의 '도원'이라는 최강자가 확고하게 차지하고 있었다.

1976년 문을 연 도원의 기틀을 잡은 이는 아서원 출신 요리사들이었다. 수석주방장 유방녕 사부를 비롯해 불판장, 칼판장, 면판장은 물론, 하다못해 싸완*까지도 대부분 아서원에서 넘어온 이들이었다. 당연히 솜씨가 출중하고 팀워크가 척척 맞아떨어질 수밖에 없었다. 게다가 서울시청과 당시 돈이 몰리던 무교동이 지척인 입지도 한몫 톡톡히 했다.

전두환, 노태우 그리고 김영삼까지 1980~90년대 한국을 통치했던 세 명의 대통령이 모두 도원의 음식을 좋아했지만, 도원 하면 빼놓을 수 없는 사람은 두 명의 재벌 총수다. 한 사람은 현대그룹을 창업한 정주영 명예회장이고 다른 한 사람은 LG그룹의 구본무 회장이다. 정 명예회장은 한창때는 일주일에 여덟 번을 들러 식사를 했

---

* '찻잔을 씻다'는 뜻의 한자어 쇄완涮碗의 중국어 발음으로, 중화요리집 주방에서 설거지 등을 담당하는 막내.

다는 말이 나올 정도로 도원을 좋아했다. 경영 일선에서 물러나 건강이 별로 좋지 않았던 시기에, 점심때 들러 짜장면을 먹고 간 정 명예회장이 저녁에 다시 들러 짜장면을 주문했다. 이를 목격한 사람들이 "정 회장 건강이 좋지 않다던데, 진짜인가? 낮에 짜장면 잡순 걸 그새 잊고 또 잡수러 오셨네."라며 수근거렸다. 그러자 수행비서가 "명예회장님께서 낮에 먹은 짜장면이 또 생각난다, 저녁에도 먹으러 가야겠다고 하셔서 모시고 왔다."라고 해명을 한 일도 있었다고 할 정도.

그래서일까? 현대가 사람들의 도원에 대한 애정은 현재까지 이어지고 있다. 가족 모임이나 비즈니스 모임을 할 때 도원을 즐겨 이용할 뿐 아니라, 도원이 사업 영역을 넓히고자 론칭한 브랜드 '도원스타일'은 서울역점을 제외한 나머지 지점 식당들이 모두 현대백화점에 입점해 있다. 알다시피 현대백화점을 운영하는 현대백화점그룹의 정지선 회장은 도원 마니아 정주영 명예회장의 셋째아들인 정몽근 명예회장의 큰아들이다. 도원과 더플라자를 계열사로 두고 있는 한화그룹에도 갤러리아라는 경쟁 백화점이 있는 걸 고려하면, 조금은 의외이면서도 놀라운 협업관계다.

정주영 회장에 못지않은, 아니 어떤 면에 있어서는 정 회장을 뛰어넘은 도원 마니아는 LG 구본무 회장이었다. 그는 도원과 같은 호텔에 있는 일식집 '고토부키'도 즐겨 찾았다. 하지만 도원은 구 회장 전용 메뉴가 생길 정도로 자주 찾았다. 이곳에서 그는 좋아하는 중국요리와 함께 술을 즐겼는데, 술은 언제나 발렌타인 17년산이었다. 술자리가 있을 때마다 구본무 회장이 발렌타인 17년산을 꺼내놓으니 계열사 임원 중 한 사람이 그에게 "회장님 정도의 재력이면 발렌타인보다 훨씬 고급 술을 드시거나, 발렌타인을 드셔도 숙성 연도가 더 긴 좋은 제품을 드셔도 될 텐데, 왜 매번 17년산만 고집하시는지?"를 물었다고 한다. 그러자 구 회장은 "재벌 회장인 내가 싸구려 양주나 발렌타인 12년산을 마시면 '쇼한다'고 할 거고, 그렇다고 꼬냑 같은 비싼 술이나 발렌타인 30년산을 마시면 '사치한다'고 할 테니, 발렌타인으로 해서 17년산 정도 마시면 손가락질은 안 받지 않겠나?"라고 대답했다고 한다. 생전에 주변 사람들을 배려하는 소탈한 경영자로 알려졌던 구 회장의 풍모가 잘 드러나는 주종 선택이라 할 만하다. 안 그래도 단골이었던 그가 도원과 고토부키를 한층 더 자주 찾았던 때는 1997년 말 '아시아 금융위기' 사태 무렵부터 1998년 초 김대중 정부가 야심차게 추진했던 재벌 기업 구조조정, 이른바 '빅딜'이 마무리되던 시기까지였다.

'국가 부도'라는 무시무시한 이야기가 소설 제목이 아닌 일간지 기사 타이틀로 수시로 등장했던 시기, IMF에 굴욕적인 취급을 받으며 구제금융을 신청했던 시기에, 정부는 한국 경제를 대대적으로 구조조정하겠다는 계획의 일환으로 재벌 그룹 간에 기업을 주고받는 거대한 Big 거래 Deal를 추진했다. 예를 들어, 부진을 면치 못하는 삼성자동차는 대우그룹에 넘겨줘 대우자동차와 함께 시너지를 창출하도록 하고, 대신 대우전자를 떼어내 삼성전자를 잘 운영하고 있는 삼성그룹에 계열사로 편입시키도록 하겠다는 것이었다. 그를 통해 기업의 전문성을 강화할 수 있고, 덩치를 키워 글로벌 경쟁력도 갖출 수 있으며, 문어발식으로 확장된 재벌 그룹의 사업 영역도 깔끔하게 정리할 수 있다는 것이 정부의 생각이었다. 이에 따르지 않는 재벌 그룹이 있다면 은행 여신을 중단시켜 가뜩이나 말라 있던 돈줄을 아예 끊어버리겠다는 엄포도 잊지 않았다.

정부가 LG에게 권한 빅딜의 대상은 (지금은 사라진) LG반도체였다. 반도체 사업을 (역시 지금은 사라진) 현대전자에 넘겨주고, 대신 통신사업자인 데이콤(현재의 LG유플러스 유선서비스 부문)을 받으라는 요청을 받은 구 회장은 깊은 시름에 빠져들었다. 선친인 구자경 명예회장이 그룹의 중요한 미래 먹거리로 생각하고 '금성일렉트론'이라는 사명으로 1989년 설립한 이래, LG반도체는 착실하게 성장을 지속해 이제 막 그 결실을 맺을 참이었다. 더군다나 그룹의 주축인 LG전자 그리고 반도체용 웨이퍼 제조 기업인 LG실트론(현재 SK실트론)과의 사업 연관성을 생각해서라도 LG에게 반도체는 포기할 수 없는 사업이었다.

그러나 정부의 방침은 확고했다. 청와대에서 수시로 구 회장을 찾아와 "반도체를 내놓으라."며 협박 아닌 협박을 계속했다. 이때 구 회장이 얼마나 깊은 고민에 빠졌던지, 알코올 도수 40도의 그 독한 발렌타인 17년산 위스키를 날마다 반 병 이상 마시지 않으면 잠을 이

룰 수 없었다는 이야기가 널리 회자되었다. 그 위스키에 곁들일 안주를 냈던 곳이 바로 도원이었다. 그리고 결국 이헌재 당시 금융감독위원장을 만나 마지막 담판을 지을 때 마셨던 술도 발렌타인 17년산이었다. 담판 때의 장소는 도원이 아니라 같은 호텔 내의 고토부키였지만.

스님을 화나게 만든 신선들

이런 대단한 도원을 꺾겠다는 일념으로, 팔선은 시작부터 엄청난 투자를 퍼부었다. 일반 식사를 할 수 있는 홀과 비즈니스 미팅을 할 수 있는 룸을 적절히 갖춘 실내는 중화요리집의 분위기를 잃지 않으면서도 지나치게 중국 색채를 띠지 않도록 해 호텔 이미지가 잘 녹아들도록 인테리어를 했다. 장식재 하나하나는 모두 최고급 소재를 사용했다. 근무하는 직원들에 대해서도 최상의 교육과 훈련을 제공했다. 앞서 이야기했던 것처럼, 오픈하기 몇 해 전부터 중화요리계에서 일 잘하기로 소문난 사람들을 뽑아 다시 해외 유명 중찬팅中餐廳*, 차이니스 레스토랑, 중화반점 등으로 보내 집중 훈련을 받게 한 것이다.

* 중화권에서 간판 등에 '중식당'을 표기한 단어와 그 발음이다.

하지만 뭐니 뭐니 해도 팔선이 가장 아낌없는 투자를 쏟아부은 분야는 식재료 확보였다. 모 그룹인 삼성은 삼성전자를 필두로 거의 모든 계열사가 '바잉 파워buying power'를 자랑한다. 즉 구매력이 좋기로 유명하다. 그들의 구매력은 단순히 자금력이 좋아서 대량으로 구매해주니 자연스럽게 생겨난 파워가 아니라 구매해야 하는 대상에 대한 치밀한 분석, 시장 전반에 대한 폭넓은 시야, 집요할 정도로 품질을 따지고 가격을 묻는 열정 등이 합쳐져 만들어진 진짜 '실력'이었다. 신라호텔, 특히 팔선의 요리사들과 구매 담당자들의 실력은 대한민국 최고라고 해도 과장이 아니었다. 그들은 전국 방방곡곡은 물론, 최상의 제비집 연와燕窩를 구하기 위해 말레이시아로, 질 좋은 말린 사슴 힘줄을 구하기 위해 중국 지린성吉林省으로, 최상품 말린 전복 포어간鮑魚干을 구하기 위해 일본 홋카이도로 날아갔다. 그리고 그런 재료들이 후발주자였던 팔선이 쟁쟁한 선배들을 제치고 최고의 호텔 중화요리집으로 급부상하는 데 일조했다.

원래 '팔선八仙'이라는 이름은 중국 도교에서 믿는, 혹은 각종 서적과 그림 등에 등장하는 여덟 명의 신선*을 일컫는 단어다. 팔선의 요리는 이름의 유래가 된 '여덟 신선'의 모습처럼 친숙하면서도 때

---

* 술병을 허리춤에 차고 다니는 걸인의 모습을 한 철괴리鐵拐李, 목어木魚를 손에 들고 당나귀를 타고 다니는 장과로張果老, 등에 검을 차고 다니며 악당들을 해치우는 여동빈呂洞賓, 피리를 불고 다니는 한상자韓湘子, 유일한 여성 신선 하선고何仙姑, 평소에는 조용하지만 옥으로 만든 허리띠를 풀면 괴력을 발휘하는 조국구曹國舅, 연꽃을 들고 다니며 노래를 부르는 거지인 남채화藍采和, 뚱뚱한 몸집에 부채를 든 우스꽝스러운 모습이지만 팔선 중 우두머리인 한종리漢鍾離.

로는 이 세상에 없는 듯한 최고의 맛을 보여줬다. 팔선의 주방에서는 광둥廣東식 요리를 기반으로 200가지에 이르는 다양한 요리를 만들어냈다고 하는데, 대부분의 요리가 국내 최고 수준을 자랑하지만 특히 '불도장'은 팔선의 명성을 국내를 넘어 세계에 알린 대표 메뉴다.

상어 지느러미와 입술, 말린 전복과 해삼, 사슴 힘줄, 멧돼지고기, 산비둘기 알, 송이버섯 등 진귀한 재료를 사골과 오골계 뼈로 우려낸 육수에 넣고 소흥로주紹興老酒(샤오싱라오주)를 붓고 간장으로 연하게 간을 해 약불에 하루 이상 푹 고아서 만드는 불도장은, 들어가는 재료 탓에 어느 중화요리집에서든 메뉴판에서 가장 비싼 자리를 지키는 고급 보양식이다.

음식 이름을 누가 지었는지 알 수 없는 대부분의 중화요리와 달리, 이 불도장만큼은 누가 언제 어떻게 만들었고, 이름이 붙여진 유래가 어떻게 되는지가 명확하게 기록에 남아 있다. 2019년 말 코로나 팬데믹이 시작되기 직전 중국 푸젠성福建省 일대를 탐방했던 적이 있다. 요리에 조예가 깊은 중국인 지인의 추천을 받아 푸젠성 성도省都인 푸저우福州 시내에 있는 '주춘위안聚春園'을 방문한 적이 있는데, 이곳이 바로 처음으로 불도장을 만들어 판 것으로 알려진 식당이다. 이곳에 가면 불도장의 유래를 정확하게 알 수 있는 각종 안내 자료들을 찾아볼 수 있다.

그 자료들에 따르면, 청나라 시기인 19세기 중엽 지방에서 중앙은행이나 조폐공사 역할을 하는 관전국官錢局 소속의 한 관원이 푸저우 지방을 다스리는 행정관청인 포정사布政司로 부임한 고위 관료 주련周蓮을 자신의 집으로 모셔 접대를 했다. 관원의 부인은 자신의 친정에서 배운 조리법을 활용해 구할 수 있는 최고의 재료를 죄다 끌어모아 탕 요리를 만들어냈다. 그 맛에 푹 빠져버린 주련은 포정사로 돌아와 전속 요리사였던 정춘발鄭春發에게 그 음식을 배워오도록 했고, 이후로도 종종 즐겼다고 한다. 1865년 정춘발은 관청을 나와 두 명의 친구와 동업으로 식당을 개업하며 '세 친구가 운영하는 곳'이라는 의미에서 '삼우재三友斋'라는 상호를 내걸었다. 이후 1905년 동업관계를 청산한 뒤 '봄을 거두는 정원'이라는 뜻의 '취춘원聚春园(주춘위안)'으로 상호를 바꾸고 독자적인 영업에 들어갔는데, 이때 그가 내건 대표 메뉴가 바로 불도장이었다.

물론 이전까지 불도장을 팔지 않은 것은 아니고, 복수전福壽全이라는 이름으로 팔았다. 중국 사람들이 좋아하는 '복福'과 '장수壽'가 한 그릇에 모두 담긴 음식이라는 뜻이었다. 그러고 보니 불도장보다 복수전이라는 이름이 더 그럴듯하고 의미도 좋아 보인다. 아무튼, 원래 복수전이었던 이 음식이 불도장이라는 이름으로 뒤바뀌게 된 것은, 만한전석에서 이 요리를 맛본 청나라 8대 황제 도광제道光帝가 남긴 다음과 같은 시구 때문이다.

단지를 열면 향이 사방으로 퍼지니, 승려도 수행을 멈추고 담을 넘어오

도다

[壇啟葷香飄四鄰 佛聞棄禪跳牆來]

정춘발이 이 시구에서 착안해 복수전이라고 부르던 메뉴의 이름을 불도장으로 바꾸어 현재에 이르렀다는 것이 주춘위안의 주장이다. 여러 역사적 사실을 조합해보면 다소 아귀가 맞아떨어지지 않는 부분이 군데군데 눈에 띄지만, 그냥 재미로 여기며 불도장을 주문했다. 주춘위안은 원조 식당답게 다양한 종류의 불도장을 팔고 있었는데, 들어가는 재료에 따라 극품極品, 지존至尊, 전존全尊의 세 등급으로 나뉜다. 2019년 기준으로 극품이 398위안, 지존이 598위안, 그리고 전존이 798위안이었다. 나는? 당연히 전존을 주문했다. 당시 환율 기준 한국 돈으로 한 그릇에 14만 원이 넘는 가격이었지만, 이때가 아니면 언제 또 원조집에서 불도장을 먹어보겠느냐는 생각에서였다. 느낌은? 나라면 몇 만 원 더 보태서 팔선의 불도장을 먹겠다. 아, 중국 원조집의 불도장이 별로라는 뜻이 아니라 팔선의 불도장이 그만큼 맛있다는 뜻이다. (개인적으로는 웨스틴조선호텔의 '홍연'과 롯데호텔의 '도림'에서 내는 불도장도 훌륭하다고 생각한다. 물론 그 어떤 것도 탕수육을 대신할 수 없지만.)

끝내주는 맛, 끝내주는 가격

팔선은 한국에서 불도장이라는 음식 자체를 정식 메뉴에 올린 최초의 중화요리집이다. 1987년도의 일이었다. 당시 86 서울 아시안게임을 훌륭하게 마무리하고 88 서울 올림픽까지 성공적으로 개최하기 위해 온 나라가 골머리를 싸매고 있었다. 아직 부족한 인프라에 글로벌화도 덜 이루어진 상태라 내세울 것이 많지 않았다. 정부가 앞장서서 호텔급 숙박업소를 대폭 늘렸고, 해외 관광객을 유치할 수 있는 초대형 식당에 대한 인허가를 거의 무제한으로 내주었다.

이 같은 움직임 속에서 팔선 역시 고민에 빠져들었다. 10여 년간의 노력 끝에 어느덧 최고의 자리에 올라서긴 했지만, 팔선만의 독보적인 이미지를 심어줄 수 있는, 그런 메뉴가 부족했다. 팔선을 이끌던 요리사들은 연일 신메뉴 개발을 위한 회의를 거듭했다. 그러다가 누군가 광둥성 사람들이 최고의 보양식이라 손꼽는 음식을 이야기했고, 재료와 육수, 양념 등을 한국 사람의 입맛에 맞춰 더하거나 빼내는 시도를 수십, 수백 번 거듭한 끝에 탄생(이라기보다는 도입)한 메뉴가 불도장이었다. 조리 방식은 전통을 따르되 바닷가재와 돼지 힘줄 등이 재료로 추가되었고 대신 조리 시간은 세 시간 남짓으로 단축시켰다.

얼마 뒤, 신라호텔의 경영진과 팔선의 운영진은 마지막 회심의 역작을 하나 더 준비했다. 아직 불도장이 한국 사람들에게 생소할 테니 메뉴를 소개할 겸 호텔 개관 10주년도 기념할 겸 신문에 광고를 한 것이었다. 1989년 4월 17일자 《매일경제신문》에 '호텔 新羅 개관 10주년 기념 佛跳牆料理(불도장요리) 特選(특선)'이라는 제목으로 다음과 같은 광고를 냈다. 그것도 1면 가장 잘 보이는 곳에.

佛道(불도)에 전념하던 高僧(고승)도 그 기막힌 향기에 끌려 담을 넘어가
음식을 먹고 파계승이 되었을 정도로 소문난 佛跳牆料理(불도장요리)
— 中食堂(중식당) 八仙(팔선)에서 즐겨보십시오'

그 밑에 친절하게도 다시 한 번 '佛跳牆: 高僧이 담을 넘는다는 뜻'이라고 써놓아 확인사살까지 하는 치밀함을 보였다. 이튿날 난리가 났다. 불교 종단 중 가장 대규모였던 조계종에서 호텔 측에 공식적인 항의 메시지를 보낸 것이다. 당시 불교계는 안팎의 이런저런 이슈로 많이 시끄러웠다. 국민들은 "자꾸 속세에 들락거리지 말고 불자면 불자답게 산문에 틀어박혀 수행에 힘쓰라."고 요구했다. 그런 비난 탓에 가뜩이나 심기가 불편했는데, 수행 수준이 높은 고승이 한낱 음식 냄새에 홀려 담을 뛰어넘었다는 광고 문구는 불난 집에 기름을 끼얹은 격이었다. 결국 신라호텔의 최고 경영진이 사죄를 하고, 신문에 공식적으로 사과 광고를 내고 나서야 소란은 일단락되었다. 그런데 이로 인해 팔선의 불도장은 오히려 유명세를 떨치게 되었다. 수많은 사람이 "그 유명한 불도장 한번 맛보러 가자."며 신라호

텔 팔선으로 몰려든 것이다(물론 그중 많은 분이 가격을 듣고 발길을 돌리셨 겠지만).

팔선은 한때 '본토보다 맛있는 중식당'이라는 칭호를 얻기도 했는 데, 보도하는 언론매체에 따라 어떤 매체는 주룽지朱鎔基 전 총리가 그 말을 했다 하고, 또 다른 매체는 장쩌민江澤民 전 국가주석이 그 말을 했다고 하는데, 대략 추정해보면 장쩌민 전 주석이 한 말 같다. 팔선은 우리로 치면 청와대 격인 댜오위타이釣魚臺(조어대) 국빈관의 조리 가이드를 가장 철저하게 지키는 중화요리집이다. 2004년부터 는 아예 협업계약을 맺고 상호 교류를 이어오고 있다.

그런 팔선의 탕수육은? 맛있다. 아니, 이런 표현만으로 부족할 정 도로 정말 맛있다. 스님뿐 아니라 중화요리를 그다지 좋아하지 않는 사람이라도 담장을 넘는 수고쯤은 충분히 감내할 정도로 맛있다. 자 주까지는 아니지만 기회가 있어 간단하게 몇 번, 제대로 몇 번 음주를 곁들인 식사를 한 일이 있었지만, 단 한 번 도 만족하지 못한 경우가 없 었다. 사실 그 정도 표현으로 는 부족하고, 매번 환상적이 거나 더 환상적이거나 둘 중 하나였다.

불교계의 반발과 대중의 호기심을
함께 불러일으킨 신라호텔의 불도장 광고.

하지만 문제는, 역시 비싸다는 것. 비싼 것을 감안하고서라도 맛보겠다고 하면 (아니, 보태주지도 못하는 마당에) 말릴 생각은 없지만, 어찌 됐든 아주 큰 마음을 먹어야 할 만큼 비싼 가격이 발목을 잡는다. 뒤에 '0' 자리 하나만 좀 빼주면 크게 부담 없이 자주 들러 탕수육을 시켜 먹을 수 있을 텐데…. 그나마 사대문파 중 유일하게 남은 식당이라 하니 앞으로도 가끔은 식사를 하러 방문할 것 같다. 그러나 우리 삶의 파티 음식이었던 탕수육이 이 가격이어서는 곤란하다. 즐거운 파티 한 번 여는 데 굳은 결심과 비장한 지갑을 준비해야 한다면 음식을 제대로 즐길 수나 있을까. 그렇다면 과연 어디에서 내가 원하는 그 탕수육을 '가벼운 마음으로' 만나볼 수 있을까?

청출어람을 기대하며 후계자를 찾다

전설 속, 거대 중찬청의 시대

신라호텔의 '여덟 신선'을 제외한 나머지 사대문파 중화요리집은 모두 문을 닫았다. 그러나 호랑이는 죽어서 가죽을 남기고, 사람은 죽어서 이름을 남기며, 사대문파는 문을 닫으며 위대한 요리사들을 남겼다. 아서원, 호화대반점, 홍보석에 근무했던 유수의 요리사들은 저마다 특기를 살려 다른 중화요리집에 재취업하거나 자신의 이름을 내건 중화요리집을 개업해 새로운 전설을 써 내려가고 있다. 비록 사대문파의 탕수육을 맛보지는 못하게 되었지만, 그곳에서 조리 실력을 연마한 요리사들이 개업한 곳에서 그 맛을 찾아보면 될 일이었다. 그 전에 잠시만 다른 얘기를 하자.

1970년대 후반에서 1980년대 후반까지, 사대문파를 비롯한 기존 중화요리계 강자들이 사라져가던 시기. 바로 이 시기에 '문파'라고까지 말하긴 힘들어도 저마다의 세력 혹은 일가를 이뤘던 중화요리집들이 있었다. 대표적인 곳이 종로의 '하림각', 강남의 '만리장성', 서초의 '함지박'이다. 이곳들의 특징은 하나같이 대형 연회가 가능한 연회장을 갖췄다는 점과 대표의 이름은 잘 알려져 있으나 이곳을 지킨 요리사들의 이름은 잘 알려지지 않았다는 점이다(함지박은 조금 경우가 다르다). 1960년대 말부터 시작된 대한민국의 폭발적인 경제성장은 중화요리계에 '식당을 좀 고급화하라.'는 압박으로 작용했다. 거기에 수시로 열리는 회동과 행사에 필요한 연회장을 갖출 것을 주문했다. 대규모 연회장과 소규모 내실을 두루 갖추고 간단한 식사부터 술에 곁들이는 고급 연회 음식까지 자유자재로 낼 수 있는 초대형 중화요리집의 등장은 시장의 간절한 요구였다. 거기에 불을 지핀 것은 1970년대 말 본격화된 강남 개발 붐이었다. 만리장성, 만다린, 중국성, 함지박 등 건물 하나를 통째로 쓰면서(심지어 몇 곳은 별관 건물까지 따로 두고), 별도의 대규모 주차장도 갖춘 초대형 중화요리집이 이때 등장했다. 그런 곳의 창립 멤버로 사대문파 등에서 내공을 쌓은 요리사들이 대거 이동했다. 자, 이제 그런 곳들을 찾아 내가 그렇게 애타게 찾던 바로 그 맛의 탕수육을 맛보면 될 일이었다. 기왕 애기가 나온 김에 조금 더 얘기를 하면 이렇다.

산업화를 거쳐 민주화로 이어지던 시기의 중화요리집은 크게 두 갈래로 나눠볼 수 있다. 하나는 우리가 익히 잘 알고 친근하게 이용했던 '동네 중국집'이다. 주방장을 겸하는 사장(주로 남편)이 있고, 홀과 카운터를 담당하는 점장(주로 아내)이 있고, 배달을 하는 김 군, 이 군과 주방 보조를 하는 최 군까지, 네댓 명이

초대형 중식당 시대의 주역 중 하나인
'함지박'의 신문 광고(1979년).

일하던 작은 동네 식당이었다. 또 다른 하나는 당시 이곳저곳에 들어선 대형 상가 건물과 호텔에 입점한 대규모 연회장을 갖춘 거대중찬청巨大中餐廳(주따중찬팅), '초대형 중식당'이다. 앞서 이야기했던 아서원, 태화관, 하림각, 함지박이 바로 그 예다. 특히, 1960년대 이후 서울 중심가에 들어선 대규모 상가 건물에 그런 대형 중화요리집들이 집중적으로 입점했다.

1657년 3월, 흔히 '메이레키의 대화재明暦の大火'라고 불리는 에도 대화재를 겪은 뒤 일본은 일정 규모 이상의 주거지가 형성되면 반드시 넓은 불모지를 조성해 간격을 띄운 뒤 다시 주거지를 만들도

록 했다. 이를 '방화대防火帶'라고 불렀는데, 대규모 화재를 막기 위한 조치였다. 일제강점기 경성에도 여러 곳에 방화대가 조성되었다. 해방 이후 일제가 물러가자 방화대로 쓰였던 땅을 차지하려는 사람들이 몰려들었고, 일부 방화대 부지에는 무허가 판자촌이 난립했다. 1960년대에 과감한(이라고 쓰고 '무모할 정도로 우악스럽게'라고 읽는) 개발을 밀어붙여 '불도저 시장'이라는 별명으로 불렸던 김현옥 당시 서울시장의 눈에 그러한 방화대 부지 중 한 곳인 '종삼 지역'이 들어왔다. 그는 그곳에 미래지향적인 첨단 주상복합 건물을 짓고자 했다. 단 몇 달 만에 엄청난 계획이 수립됐고, 불과 2년 만에 거대한 건물이 지어졌다.

지금의 종로3가와 4가 사이의 북쪽 지역에서 출발해 남쪽으로 1킬로미터가량 이어진 부지에 무려 8개의 상가 건물이 동시다발로 지어졌다. 1층에서 4~5층까지는 상가가 조성되었고, 그 위로 다시 5개 층에는 아파트나 호텔이 들어섰다. 3층 상가 앞쪽으로는 공중 보도를 조성해 가장 북쪽에 위치하고 있던 현대상가에서부터 세운, 청계, 대림, 삼풍, 풍전, 신성, 그리고 가장 남쪽 끝에 있는 진양상가까지, 땅을 밟거나 길을 건너지 않고 공중 보도만을 이용해 쭉 걸어갈수 있도록 계획되었다(해당 계획은 이후 건설사들의 비협조와 지구 계획의 변경 등으로 인해 실현되지 못했다).

지금의 쇠락한 모습을 떠올리면 전혀 상상할 수 없지만, 1968년 첫 상가 건물인 세운상가가 준공되었을 때만 하더라도 이 프로젝트는 국가 차원에서 추진하는 대단한 기획이었고, 세운상가는 지금의 타워펠리스나 롯데시그니엘 못지않은 초호화 최첨단 주상복합 건물이었다. 고위 공직자, 저명한 대학교수, 중견 영화배우 등이 현금보따리를 들고 먼저 입주하려고 난리였다. 당연히 저층부에 위치한 상가에도 위층에 거주하는 부유층과 건물의 유명세를 노리고 비싸고 고급이거나 초대형 업장이 속속 들어섰다. 대표적인 것이 대형 중화요리집들이었다.

여덟 개의 상가 중 가장 중심부에 위치하고 있던 삼풍상가 4층에는 소공동에서 넘어온 아서원이 입점했다. 2,900제곱미터라는 어마무시한 넓이에 주방에서 요리를 담당하는 직원만 40명이 훌쩍 넘었고, 그보다 더 많은 수의 직원이 홀과 카운터에서 서비스를 담당했다. 삼풍상가의 바로 위쪽 대림상가에도 '외백'이라는 중화요리집이 들어섰다. 상가 4층 거의 전부를 홀로 사용한 대형 업장이었다. 홍콩식 얌차飲茶를 표방하며 당시 가장 많은 종류의 딤섬點心을 제공했다. 외백은 요리도 요리였지만 접대 방식에서 일대 파란을 일으켰는데, 큰 그릇에 음식을 가져와 손님 수에 맞춰 작은 접시에 옮겨 담아 제공하는, 지금은 대중화된 중화요리 서빙 방식을 국내에서 체계화한 곳이 바로 외백이다. 이런 중화요리집들 덕분에 한동안 이 일대는 새로운 중화요리의 구심점 역할을 했다.

이제 사라진 사대문파의 명맥을 잇고 있는 요리사들 이야기로 돌아가자.

최연소 대사각하의 요리사* 탄생!

1980년 어느 날, 명동 한복판에 자리 잡은 중국대사관** 내빈 식당에 대사와 대사 부인, 그 외 대사관의 주요 직원들이 자리를 잡고 앉아 요리가 준비되기를 기다리고 있었다. 이윽고 조리복을 입고 조리모를 눌러쓴 요리사가 자신이 만든 동파육東坡肉(둥퍼러우)을 들고 식탁으로 찾아왔다. 요리사는, 얼핏 보면 나이가 들었지만 자세히 살펴보면 이제 갓 스물이 됐을까 말까 한 앳된 모습이었다. 일일이 음식을 덜어주고 물러선 젊은 요리사의 표정에는 긴장감이 역력했다. 미식가로 유명했던 대사는 조심스럽게 음식을 입에 넣고 한참 동안 아무 말도 하지 않았다. 그저 천천히 씹고 잠시 맛과 향을 느끼다 다시 음식을 집어 입에 넣고 그다음 맛을 음미하기만 했다. 다른 사람들도 마찬가지였다. 마치 무슨 성스러운 의식을 치르는 듯했다. 이윽고 대사를 포함한 참석자들이 하나같이 만족스럽다는 듯 입가에 미소를 흘리며 외쳤다. "타이하오러太好了!"

대사의 이 말을 신호로 다른 이들도 찬사를 쏟아냈다. 서울에 중국대사관이 문을 연 이래 임명된 최연소 주방장이자 한국 중화요리계에 큰 족적을 남길, '목란'의 오너셰프 이연복의 신화가 탄생하는 순

---

* 일본 작가 가와스미 히로시의 요리 만화 《大使閣下の料理人》의 한국어판 제목인 '대사각하의 요리사'에서 차용했다.
** 당시는 중화인민공화국과의 한중수교 이전이었으므로, 중국대사관이라 하면 현재의 대만 외교를 대리하는 기관이었다.

간이었다.

한때 내가 근무했던 회사가 광화문역 교차로에서 서대문역 교차로까지 뻗은 길의 정확히 중간 지점에 위치하고 있었다. 회식이 있으면 직원들은 크게 두 파로 갈렸다. 하나는 동쪽으로 이동해 광화문에서 무교동까지 이어지는 지역의 식당으로 가자는 파, 다른 하나는 서쪽으로 이동해 서대문에서 아현동으로 이어지는 지역의 식당으로 가자는 파였다. 초반에는 양쪽 파가 팽팽했지만, 이후 조금씩 동진東進 루트의 무교동 회식파가 다소 우세해졌던 걸로 기억한다. 남쪽인 회사 건물 뒤편은 덕수초등학교와 미국대사관 등이 있어 별다른 식당이 없었기에 고려 대상이 아니었다. 건물 정면 길 건너인 북쪽은? 서울역사박물관이 있고 그 옆으로 조선 5대 궁궐 중 한 곳인 경희궁慶熙宮이 위치하고 있어 상점이 많지는 않았다. 저녁 회식 장소로는 크게 각광받지 못했지만, 점심식사 장소로는 제법 직원들이 몰렸던 걸로 기억한다.

그러나 대부분의 직원이 그때까지 간과했던 것이 하나 있었다. 소풍 가서 보물찾기를 할 때나 맛집을 찾을 때나, 진짜 보석은 큰길의 뒤편, 골목길 안쪽, 주차하기 어려운(접근이 어려운) 곳에 위치한다는 것! 회사 건물의 북쪽 경희궁 옆길로 빠져 서울시교육청으로 넘어가는 길에서 꺾어 들어가는 골목길 안쪽에 목란이 있었다. 물론 이때의 목란은 지금처럼 유명하거나 예약이 어려운 집은 아니었다. 오너셰프 이연복 사부 역시 일반인은 이름도 들어본 적이 없을 정도로 철저히 무명에 가까운 인물이었다. 그러나 우리가 몰라서 그렇지, 이 사부는 이미 1980년대부터 향후 수십 년간 한국 중화요리계를 이끌어나갈 실력파 요리사로 꼽히던 인물이었다.

그의 아버지는, 뒤에 이야기할 인천 '공화춘'의 창업자 우희광于希光 선생과 동향인 산둥성 무핑현牟平縣 출신이었다(무핑현은 옌타이시로 편입돼 무핑구가 되었다). 같은 성 라이양萊陽 출신 여성과 결혼해 한국에 정착했고, 살림을 차렸던 왕십리에서 이연복 사부를 낳았다. 그러나 안타깝게도, 이 사부가 태어난 뒤로 가세가 급격하게 기울기 시작했다. 게다가 학교에 가면 동급생 친구들이 '짱깨'라면서 놀리고 따돌리기 일쑤였으니, 어린 이연복은 자연스럽게 위축될 수밖에 없었다. 결국 열세 살 나이에 학교를 중퇴하고 배달 가방 드는 것을 시작으로 중화요리계에 발을 들여놓았다.

대성각, 연경 등의 중화요리집에서 중식 조리의 기초를 다진 뒤, 열일곱 살이 되었을 무렵 장안의 화제였던 사보이호텔의 고급 중화요리집 호화대반점에 입성했다. 그럴듯하게 표현해 입성이지, 허드렛일을 돕는 막내 보조 자리였다. 그러나 중화요리 조리에 대한 본능적인 감각과 어린 시절 아버지, 외할아버지가 운영하던 중화요리집에서 어깨너머로 배워 익힌 경험, 거기에 타고난 독기와 승부욕이 어우러지면서, 그는 불과 2년 만에 재료 손질을 담당하는 칼판이 되었다. 왜 이연복 사부가 좋은 칼을 마련하는 데 애착을 갖고, 친한 방송 출연자들에게 꼭 이름이 새겨진 중식도를 선물하는지 그 이유를 여기에서 추측해볼 수 있다.

그렇게 칼판 생활을 3년간 더 하고 5년차에는 조리 전반을 담당하는 중견 요리사가 되었다. 당시로서는 초고속 승진인 셈이다. 그리고 1980년도에 선배의 추천으로 중국대사관 조리장 선발 공모에 참여했다. 그 자리에서 이 사부는 자신의 대표 메뉴 동파육으로 쟁쟁한 경쟁자들을 제치고 중화요리사라면 한 번쯤 탐을 낼 최고의 자리인 '중국대사관 조리장'의 자리에 오르게 된 것이다.

광화문과 서대문 사이 그 어딘가에 있을 때의 목란은 조금만 서두르면 어렵지 않게 원하는 날짜에 예약할 수 있었고, 예약을 하지 않아도 당일 방문해서 식사하는 것이 지금처럼 불가능한 수준은 아니었다. 게다가 당시는 이 사부가 방송에 재미를 들이기 전이었으므로, 원한다면 거의 늘 이 사부가 직접 조리한 음식을 맛볼 수 있었다. 그래서 광화문 근방에 근무할 때는 주 2회 이상은 반드시 목란에 들러 탕수육을 먹었다. 이연복 사부의 탕수육은 바삭함이 특징이다. 소스는 예전의 맛에 비해서는 다소 강해진 편이지만, 요즘 흔한 배달 탕수육보다는 그래도 담백한 편이다.

하지만 서대문 목란의 전성기는 그리 오래가지 못했다. 인근 지역이 '돈의문 뉴타운'으로 선정되면서 철거의 운명을 맞은 것이다. 이후 시장이 바뀌고 뉴타운 계획이 변경되면서 해당 지역은 한양도성 정비사업의 일환으로 '돈의문 박물관 마을'로 재탄생하게 되었지만 이미 목란은 이곳을 떠나 연희동으로 이전한 뒤였다. 연희동 시기

**최연소 대사각하의 요리사였던 이연복 사부의 목란(2010년대 초반).
이제는 그의 손맛을 직접 맛보기가 어려워졌다.**

이연복 사부가 〈냉장고를 부탁해〉라는 JTBC 프로그램을 통해 완전히 스타의 반열에 오르고 수많은 지상파, 케이블TV의 프로그램에 출연해 엄청난 유명세를 얻으면서, 자연스럽게 목란은 맛집 유튜버, 인스타그래머라면 꼭 방문해야 할 성지가 되었다. 예약은 힘들어졌고, 애써 찾아가도 이 사부의 손맛을 직접 맛보기란 하늘의 별 따기가 되었다. 자연스럽게 발길이 뜸해질 수밖에 없었다. 그러나 가끔씩

이 사부의 그 탕수육 맛이 생각날 때가 있다.

식당보다 더 유명한 요리사

앞서 신라호텔 팔선을 이야기할 때 설명을 하다 말았는데, 오늘날의 팔선을 만든 신의 한 수가 된 영입의 주인공이자 팔선이 유명세를 떨치도록 만든 인물은 후덕죽侯德竹 사부다. 중화요리 좋아하는 사람들 사이에서 농담처럼 전해지는 이야기가 있다. 어떤 식당을 상징하는 인물 중 해당 식당보다 더 유명한 인물이 전 세계적으로 딱 세 사람 있는데, KFC의 'KFC 할아버지', 놀부보쌈의 '놀부', 그리고 팔선의 '후덕죽'이라는 이야기다. 당연히 웃자고 지어낸 이야기지만, 중화요리 좋아하는 이들에게는 단순히 농담만은 아닌 것이, 팔선뿐 아니라 한국 중화요리계 전체에서 후 사부가 이룬 업적과 그의 위상이 만만치 않기 때문이다.

후덕죽 사부가 처음으로 요리를 배운 곳은 의외로 서양식 레스토랑이었다. 어린 나이에, 지금의 신세계백화점 본점 뒤편에 위치하고 있던 UN센터호텔 레스토랑에 아버지 친구의 권유로 입사한 것이다. 그런데 말이 레스토랑이지 한식, 일식, 중식 메뉴와 정체불명의 혼종 요리까지 만들어내야 하는 호텔 부설 푸드코트 수준이었다. 요리가 적성에 맞고, 특히 자신의 뿌리이기도 한 중화요리를 하는 게 가장 재미있다는 것을 깨달은 후 사부는 당대 최고로 꼽히던 중화요리집에 도전장을 내밀었다. 반도호텔 지하에 있던 '용궁'이라는 중화요리집이었다. 쓰촨요리를 베이스로 다양한 연회 음식을 만들어내는 곳이었는데, 정재계 인사들로 늘 붐비던, 한마디로 말해 대한민국을 대표하는 돈과 힘이 몰려 있는 곳이었다. 다짜고짜 찾아가서 월급은 한 푼도 안 줘도 좋으니 일만 하게 해달라, 중화요리를 배울 수만 있게 해달라 졸랐지만 퇴짜를 맞았다. 공짜 일손을 탐내지 않아도 될 만큼 당시 용궁의 규모와 위세는 대단했다. 그러나 거기서 포기할 그가 아니었다. 몇 번이고 다시 찾아간 끝에 (진짜로 무보수로) 용궁의 요리사 보조로 일할 수 있게 되었다.

타고난 배포와 성실함으로 선배들의 신임을 받으며 4개월째부터는 용돈 수준이었지만 급여도 받게 되었고, 이후 차근차근 중화요리의 기초를 습득할 수 있었다. 그러나 불과 얼마 뒤 반도호텔이 문을 닫고 말았다. 앞서 아서원을 소개하며 이야기한 것처럼, 당시 국내 사업을 본격적으로 확장하고 있던 롯데그룹이 반도호텔을 허물고 그 자리에 지상 42층, 지하 3층의 초대형 호텔을 짓기로 한 것이다. 그리고 그 계획은 거의 그대로 실현돼 1979년 3월 지상 38층, 지하 3층의 롯데호텔 서울 본관(현재의 이그제큐티브 타워)가 들어서게 되었다.

호텔 자체가 문을 닫으며 일자리를 잃은 후 사부는 누나가 살고 있던 일본으로 건너갔다. 일단 직장이 사라졌으니 일본어나 배우다가 기회가 되면 일본에서 자리를 잡을 생각이었다. 그런데 아르바이트로 일하던 도쿄의 중화요리집에서 그는 재미있는 경험을 하게 되었다. 출신도 출신이고 서울에서 하던 일도 일이니만큼 중화요리에 관해서는 잘 안다고 생각했는데, 일본의 중화요리집에서 파는 것 중에는 난생처음 보는 음식이 꽤 많았다. 선배들에게 물어보니 광둥요리라고 했다. 당시만 하더라도 한국에는 산둥에서 온 화교가 많았고, 중화요리도 산둥요리 또는 베이징요리나 상하이요리가 주를 이루고 있었다. 그에 더해 매콤한 맛이 우리나라 사람의 입맛에도 맞았기에 쓰촨요리 정도를 맛볼 수 있었다. 일부 광둥요리를 내는 식당이 있기는 했지만, 홍콩이나 마카오를 거쳐 들어온, 재해석된 요리가 대부분이었다.

후 사부는 새콤달콤한 아열대 과일을 비롯한 다양한 식재료를 사용해 담백하면서도 풍부한 맛을 내는 것이 특징인 정통 광둥요리를 접하며 다시금 요리에 대한 호기심과 열정이 불타오르는 것을 느꼈다. 또다시 용궁 시절처럼 바닥을 쓸고 쓰레기를 버리는 막내 생활을 자청해 광둥요리를 차근차근 배워나갔다. 사실, 1970~80년대 일을 배우고 성장한 중화요리계의 유명 요리사 중에는 앞서 얘기한 이연복 사부와 후덕죽 사부를 포함해 광둥요리가 발달한 일본에서 처음 요리를 배우거나 요리의 기본을 다진 경험이 있는 사람이 제법 많다. 그 같은 분위기가 우리나라의 중화요리, 특히 탕수육 맛에 미친 영향이 매우 크다.

그런데 이때 마침 신라호텔이 막 문을 열려 하고 있었다. 신라호텔은 객실 관리와 식당 운영을 비롯한 호텔 운영 전반을 일본 오쿠라 호텔에서 벤치마킹하고 있었는데, 화교 출신으로 일본어에 능통하고 일본 생활 경험도 있는 중식 요리사였던 후덕죽 사부가 영입 1순위였다. 이렇게 팔선의 오픈 멤버로 합류한 후 사부는 이후 40년이 넘는 기간 동안 그곳 주방에서 일하며 팔선을 대표적인 호텔 중화요리집으로 성장시킨 것은 물론, 대한민국 중화요리계에 새로운 지평을 연 것으로 평가받는다. 특히 여러 차례 외국 정상을 모셨는데, 그중에는 공교롭게도 중국 지도자가 여럿이었다. 자칫 민감한 외교문제가 빚어질 수도 있는 긴장감 넘치는 식사자리 준비를 맡을 때마다 후 사부의 실력은 빛을 발했고, '본토보다 나은 중국요리'라는 극찬을 듣게 되었다. 그런 공을 인정받아 1994년에는 삼성그룹 최초로 요리사 출신 임원이 되었고, 2019년에는 새롭게 문을 연 르메르디앙호텔의 부사장으로 영입되며 자신이 세운 한국 요리계가 배출한 최고위급 직장인 기록을 스스로 갱신해내는 위엄을 선보였다.

이제 후 사부의 요리를 팔선에서는 맛볼 수 없다. 물론, 그의 수제자들이 여전히 그곳에 남아 사부가 고안하고 정리한 음식 맛을 선보이고 있지만, 현재 그의 손맛을 가장 생생하게 맛볼 수 있는 곳은 앰배서더서울풀만호텔The Ambassador Seoul-A Pullman Hotel의 중화요리집 '호빈'이다. 과거 그랜드앰배서더서울호텔로 영업하던 곳이 대대적인 리뉴얼을 거쳐 새로운 브랜드의 호텔로 거듭나게 되었는데, 리뉴얼 작업을 하며 가장 공을 들였던 것이 식음료장 업그레이드였다.

덕분에 앰배서더서울풀만호텔에서는 다채로운 레스토랑들을 만나볼 수 있는데, 그중 압권이 호빈이다. 아예 호텔에서는 리뉴얼에 들어가기 전부터 이곳에 서울을 대표하는 중화요리집을 들여놓겠다고 공표했고, 그런 수준의 중화요리집을 단시간 내에 만들어낼 수 있는 실력자는 대한민국에 많지 않았다. 그중에서도 일순위는 당연히 후덕죽 사부였다. 호빈의 총괄셰프로 취임한 그는 단숨에 호빈을 최고의 중화요리집 반열에 올려놓았다. 그의 시그니처 메뉴라고 할 수 있는 불도장의 위력적인 맛은 예전 그대로였고, 그 외에도 다양한 요리를 새롭게 선보였다. 덕분에 호빈은 《미슐랭 가이드 서울 2024년판》에 자랑스러운 이름을 올릴 수 있었다. 사실, '그 가이드'의 불성실, 부정확함에 대해 할 말이 참 많은데, 후 사부의 맛을 리스트에 등재하는 바람에 함부로 깔 수가 없게 되었다.

호빈을 가면 당연히 그의 성을 딴 '후불도장'을 먹어야 한다. 그때그때 재료가 조금씩 달라지기는 하지만, 진귀한 재료를 푹 고아내면서도 물러지거나 재료 본연의 맛을 잃지 않게 만들어내는 실력은 팔선에서나 호빈에서나 다르지 않았다. 거기에 당연히 주문해야 하는 것은? 탕수육! 호빈의 메뉴판에서는 팔선의 메뉴판에서와 거의 동일한 '탕수소스 흑돼지고기糖醋黑猪肉(탕초흑저육)'라는 조금 긴 이름으로 만나볼 수 있다. 그런데 나는 호빈에서는 그 바로 아래에 있는 '갈비튀김椒鹽燒排骨(초염소배골)'을 더 추천한다. 흔히 구워 먹는 돼지갈비를 프라이드치킨 튀기기 전 염지鹽漬하듯 특유의 양념에 재웠다

호빈과 후덕죽 사부의 시그니처 '갈비튀김'.

튀겨내는 요리다. 광둥성과 푸젠성을 중심으로 사랑을 받고 있는, 탕수육과 흡사한 돼지고기 요리 초육醋肉(추러우)과 이 요리 사이에는 떼려야 뗄 수 없는 연관성이 있다. 별 양념을 안 한 듯 보여서 '이걸 뭔 맛에 먹지?' 하고 한입 베어 물면 이제껏 쉽게 맛보지 못했던 놀라운 맛의 향연이 입속에서 펼쳐진다.

팔선만큼은 아니지만 이곳 역시 호텔 중화요리집이기에 가격대가 만만치 않다. 뒷자리에 0 하나가 없어지기 전까지는 맘 편히 드나들기가 쉽지 않겠지만, 기분 내서 제대로 만든 중화요리, 특히 탕수육 한 입 먹고 싶을 때는 일순위로 꼽을 만한 곳이다.

중화요리계의 용감한 형제

그런데 사실 호빈이 들어서기 전, 아직 앰배서더서울풀만호텔이 아닌 그랜드앰배서더서울호텔이었던 시절에도 이곳에는 엄청난 실력의 중화요리집이 성업 중이었다. 그 주인공은 여경래呂敬來 사부의 '홍보각'이다. 여경래 사부는 동생 여경옥 사부와 함께 여러 중화요리집을 운영하는 성공한 사업가이자 경기대학교 등 여러 학교에서 교수를 역임하며 후세를 양성한 교육자이며, 한국중식연맹 회장은 물론 세계중국요리협회 부회장을 오래 맡아 한국 중화요리의 세계화와 선진화를 앞서 이끈 탁월한 행정가다. 하지만 여경래, 여경옥 형제의 어린 시절은 그다지 순탄하지 못했다.

아직 도심보다 논밭이 더 넓었던 1965년의 수원, 어느 동네 찻길로 사람들이 모여들었다. 교통사고가 난 터였다. 40대 중반의 남성이 쓰러져 있었고 그 옆에는 이제 막 다섯 살이 되었을까 말까 한 어린아이가 울고 있었다. 두 형제 중 맏이였던 여경래 사부였고, 쓰러져 있는 중년 남성은 그의 아버지였다. 결국 아버지는 숨을 거두었고, 한순간에 가장을 잃은 여 사부의 가족은 순식간에 극빈층으로 전락하고 말았다. 천장에 구멍이 숭숭 뚫린 판잣집으로 쫓겨나 나라에서 배급받은 저질 밀가루로 하루하루를 연명해야 했다. 형제의 어머니는 무허가 노점을 운영해 겨우 생활비를 마련했다. 그런 가정형편에 상급학교 진학은 언감생심 꿈도 못 꿀 일이었다. 여 사부는 열여섯 살이 되자마자 직업소개소장의 손에 이끌려 서울의 한 중화요리집 싸완으로 취직했다.

그러던 어느 날 주방에서 그릇을 닦다 잠시 홀에 나와 보니 익숙한 얼굴이 앉아 있었다. 중학교 동창이었다. 알고 보니 식당 사장의 아들이라 했다. 동창생은 말끔하게 고등학교 교복을 차려 입고 있었다. 그 모습을 본 순간 음식 찌꺼기가 덕지덕지 붙은 조리복을 입은 자신의 모습이 한없이 부끄러웠다. 지금이라도 고등학교에 진학하고 싶었지만, 그럴 수 없다는 것을 너무나도 잘 알고 있었다. 원하는 걸 좇기에는 그가 짊어져야 하는 삶의 무게가 너무나도 무거웠다. 그가 선택할 수 있는 것은 오로지 현재 몸담고 있는 분야에서 빨리 성공해 돈을 버는 것이었다. 그는 밤잠을 줄여가며 조리 기술 연마에 매진했다. 스마트폰도, 디지털 카메라도 없었던 시기다. 그는 선배들의 요리를 어깨너머로 몰래 본 뒤 퇴근하면 기억 속의 조리 방법을 노트에 그림으로 남기고, 선배들이 퇴근하고 나면 노트 속 그림을 보며 그대로 따라 만들어보는 식으로 요리를 익혔다.

그러던 중 한남동 한 중화요리집에 자리가 나 이동을 하게 되었지만, 칼판 막내가 그에게 주어진 역할이었다. 그동안 갈고 닦은 솜씨를 선보일 기회는 그에게 좀처럼 주어지지 않았다. 그럼에도 그는 끊임없이 조리 기술을 갈고 닦으며 새로운 요리를 창안하는 일을 게을리하지 않았다. 그러던 차에 그에게 스카우트 제의가 들어왔다. 당시 한창 신흥 부촌으로 떠오르고 있던 강남구(지금의 행정구역으로는 서초구) 방배동에 문을 연 중화요리집 '함지박'이었다. 새로운 기회를 찾아 나선 그는 그곳에서도 수련을 게을리하지 않았다.

그런 그의 성실함과 서글서글한 사교성을 눈여겨본 이가 있었다. 당대 최고의 칼판장으로 손꼽히던 오학지吳學志 사부였다. 어릴 적 마마를 앓아 얼굴에 심한 곰보자국이 있었던 오 사부는 카리스마가 대단한 인물이었다. 어린 요리사들은 그가 두려워 감히 곁에도 가지 못했다. 하지만 여경래에게는 달랐다. 오 사부는 퉁명스러우면서도 세심하게 기술을 전수해주었다. 오 사부가 사정이 있어 함지박을 떠난 뒤 새롭게 칼판장으로 부임한 왕춘량 사부 역시 여경래를 각별히 아꼈다. 홍보석의 전성기를 이끈 인물 중 한 사람인 왕 사부는 오학지 사부와 마찬가지로 신기에 가까운 칼 솜씨를 자랑하던 인물이었다. 그는 여경래에게 재료 고르는 법부터 최고의 식감을 낼 수 있게 손질하는 법, 음식의 간을 잡는 법 등을 가르쳐주었다. 두 사부의 가르침 덕분에 여경래의 실력은 일취월장했다. 결국 그는 1983년 팔래스호텔에 문을 연 '서궁'으로 옮겨 자신만의 요리세계를 펼쳐갈 수 있었다. 이후 그는 그랜드앰배서더서울호텔에 자신의 가게 홍보각을 열고 호텔 리모델링 직전까지 운영하며 수많은 미식가를 팬으로 끌어모았다.

한편, 여경래 사부의 동생 여경옥 사부 역시 중화요리계에 큰 족적을 남겼다. 몇 곳의 중화요리집을 거쳐 신라호텔 팔선에 입사한 그는, 특히 요리 경진대회에서 발군의 실력을 뽐냈다. 후덕죽 사부 밑에서 기본부터 제대로 배우고는 수많은 경진대회에 나가 단체전과 개인전을 휩쓸었다. 그 실력과 명성을 토대로 롯데호텔 도림의 총괄이사로 부임해 한동안 침체기를 겪었던 도림의 부활을 도왔으며, 형과 함께 자신들의 성씨인 '여呂'의 중국어 발음을 그대로 가게명으로 쓴 중화요리집 '루이'를 광화문에 열어 성업 중에 있다. 여담이지만, 루이의 시그니처 메뉴 중 하나인 '한알 탕수육'은 형인 여경래 사부가 스승 허인許仁 사부에게서 배운 레시피를 토대로 만들었다고 알려져 있는데, 팔선에서 20년 이상 요리한 여경옥 사부의 솜씨가 더해져서인지 팔선의 맛과 퀄리티에 가장 근접한 탕수육으로도 유명하다. 놀라운 것은 불과 절반도 안 되는 가격이라는 점!

이렇게 사대문파의 후계자들을 찾아간 덕분에 적어도 세 곳의 중화요리집은 확보했다. 과거 즐겨 먹었던 우리 시대의 잔치 음식, 전통의 맛과 흡사한 탕수육을 맛볼 수 있는 집들로 말이다. 하지만 일상의 파티 음식으로 즐기기에는 왠지 거리감이 느껴진다. 가격대도 그렇고, 예약의 편의성도 그렇고 말이다. 다른 곳은 또 없을까? 이런 미련과 욕구들이 더해져, 원하는 탕수육을 찾기 위한 여정은 계속 이어졌다.

중국의 동쪽,
서울의 서쪽

구한말을 주름잡았던 두 사람

이쯤 되면 "아니, 제대로 된 탕수육을 찾아 나섰다면서 왜 '이 동네' 얘기를 여태 안 하냐?"고 항의하는 분이 있을 수 있다. 물론이다. 탕수육을 이야기하는데 당연히 '그 동네'를 안 찾아갈 수 없지! 제대로 된 탕수육을 만나고 싶어 떠난 여정의 다음 목적지는 연희동 그리고 연남동이다.

시원하게 벗겨진 머리가 트레이드 마크였던 전직 대통령의 퇴임 후 거주지로 더 잘 알려져 있지만, 연희동과 인근의 연남동은 꽤 오

청나라 사람 오장경을 기리는 사당인 정무사.
고종 22년(1889)에 세운 것이다.

래전부터 서울의 대표적인 중식가로 유명했다. 1909년 화교 어린이들을 위한 한국한성화교소학교韓國漢城華僑小學가 이곳에 문을 열면서 수도권에 살던 화교들이 자녀교육을 위해 몰려들면서 집단 거주지가 형성됐다. 비슷한 사례로 대구화교소학교가 개교하며 형성된 대구 종로 일대의 중화요리 전문점 거리가 있다. 사실 대구는 약재상 등에 종사하기 위해 화교들이 먼저 모여들고 그들의 자녀를 교육시키기 위해 화교들이 돈을 모아 소학교를 개교한 사례라 선후관계가 좀 복잡하긴 하지만, 아무튼 그렇다. 그 연희동 한성화교소학교 뒤편 언덕을 조금 오르다 보면 '정무사靖武祠'라는 사당이 나온다. 한 가지 재미있는 것이 있다. 근처에 가서 이곳의 이름을 물었을 때 앞서 말한 정무사 대신 '오무장공사吳武壯公祠'라는 엉뚱한 이름을 대는 사람이 있다면, 그 사람은 아마도 90퍼센트 이상의 확률로 화교일 것이다. 이곳은 구한말 청나라 사람 오장경吳長慶(우창칭)을 기리는 사당으로, 원래는 동대문(현재의 동대문디자인플라자 인근)에 있었던 것을 1969년 현재의 위치로 옮겨 왔다.

한국 근현대사에 대한 지식이 제법 있다고 자부하는 이들 중에서도 '오장경'이라는 사람의 존재를 잘 아는 사람은 그다지 많지 않을 듯싶다. 다만, 이름이 널리 알려지지 않은 것에 비해 이 인물은 의외로 우리나라 역사, 특히 중화요리 역사에 끼친 영향이 지대한 편이다. 1882년, 훈련도감에서 해고된 구식 군인들이 체불임금을 먹지도 못할 썩은 쌀로 받으면서 촉발된 시위는 갈수록 격화되어 임오군란이라는 거대한 사건으로 비화했다. 상황이 심상치 않은 방향으로 전개되자 조선 왕실의 후견인을 자처하던 청나라 조정은 군대를 파견하기로 했다. 빠른 시일 내에 수도 한성으로 파병하기 위해 제물포항에서 직선거리로 가장 가까운 항구가 있는 산둥성의 병력이 차출 대상이 되었다. 당시 산둥성 군무 보좌역이었던 해군 제독 오장경이 자연스럽게 청나라 파병 사령관 임무를 맡았다.

그는 자신을 보좌하는 장교들 중 특히 한 인물을 총애했는데, 능력이 특출나지는 않았지만 쾌활하고 놀기 좋아하고 늘 시끌시끌한 친구였다. 이 인물은 이후 오장경을 도와 반란을 일으킨 조선 구식 군인들을 진압하고, 임오군란의 배후로 지목된 흥선대원군 세력을 일망타진하는 공을 세우며 승승장구했다. 그 공 덕분에 오장경마저도 어찌하지 못할 만큼 거물로 성장한 그는, 반란이 진압되고서도 한참 동안이나 사실상 청나라 조정의 대리인으로 조선 국정을 뒤흔들었다. 조선에서 체급을 올린 그는 이후 중국 대륙으로 다시 건너가 쇠락할 대로 쇠락한 청나라의 문을 닫고 중화제국이라는 새로운 나라를 건국하고 스스로 황제의 자리에 앉았다. 그의 한자 이름은 원세개袁世凱, 우리가 역사책에서 '위안스카이'로 자주 접한 바로 그 인물이다.

비록 말년에는 두 사람의 사이가 썩 좋지 못했지만, 조선으로 출병할 무렵만 해도 오장경과 원세개는 찰떡궁합을 자랑했다. 그럴 수 있었던 것은, 두 사람 모두 전형적인 무장武將이라기보다는 사업 수완과 정치적인 감각을 갖춘 인물이었기 때문이다. 오장경은 조선에 주둔하며 자신의 고향인 안후이성安徽省과 정치적 근거지인 산둥성 사람들을, 원세개는 고향 허난성河南省과 역시 산둥성의 이웃 사람들을 대거 이끌고 와 제물포와 한성 등지에서 마음껏 장사와 무역을 할 수 있도록 주선했다. 산둥 사람 중심의 1차 화교 세력이 이 땅에 자리 잡게 된 계기다. 이때 이주한 사람들 중 상당수가 현재까지도 명맥을 잇고 있는 전통적인 중화요리집의 문을 열었다.

초코파이와 중국의 인연

당시 이주한 중국인들 중에는 담걸생譚傑生이라는 인물도 있었다. 사실, 담걸생은 산둥 사람이 아니었다. 그렇다고 안후이성이나 허난성 출신도 아니었다. 그의 고향은 세계 4대 벼루 중 하나로 꼽히는 단계연端溪硯을 만드는 원석이 출토되는 것으로 유명한 광둥성 가오야오高要였다. 그런 그가 조선으로 넘어와 장사를 하게 것은 그의 매형 덕분이었다. 상하이에서 동태호同泰號라는 큰 상점을 경영하던 매형과 누나의 주선으로 원세개를 알게 된 담걸생은 조선으로 건너와 청나라군의 비호 아래 본격적인 조청 무역을 벌일 수 있었다. 그는 청계천 수표교 인근에 무역회사의 문을 열고 조중 무역을 거의 독점하다시피 했다. 중국(청에 이어 신해혁명 이후 탄생한 중화민국)에서 비단과 각종 사치품, 피아노나 오디오 같은 서양 물품 등을 들여와 거액의 웃돈을 붙여 조선의 갑부들에게 팔았다. 욕망은 크지만 그에 걸맞은 돈은 가지지 못했던 이들에게는 우선 물건을 보내주고 고리의 사채를 사용해 대금을 지불하도록 했다. 돈을 빌려준 고리대금업체 역시 담걸생의 소유였다. 그는 증기선을 구입해 한강을 오가는 사람들을 태우고, 남는 자리에는 세곡을 실어 나르며 말 그대로 돈을 쓸어 담았다.

담걸생이 조선 제일의 부자가 되었다는 소식은 그의 고향 광둥성, 푸젠성 및 바다 건너 대만의 담씨 일가에게 금방 퍼져나갔다. 그들

'지세 1천 원 이상 납입하는 자'라는 제목으로 게제된 게재된 기사(《매일신보》 1923년 3월 10일).
왼쪽에서 다섯 번째 이름이 담걸생이다.

중 몇몇이 '코리안 드림'을 꿈꾸며 조선으로 넘어와 정착했다. 당시 조선은 아직 허술한 의료체계 탓에 서민들은 아파도 의료 서비스를 제대로 받을 수 없었고, 자연스럽게 예전부터 애용했던 한방 의료에 기대고 있었다. 한약재에 대한 수요는 나날이 급증했고, 그에 대한 수입, 보관, 유통, 처방 등을 화교들이 상당 부분 담당했다. 대도시를 중심으로 화교 약재상들이 급증한 배경이다. 조선으로 넘어온 담씨 대부분은 한성으로 들어와 담걸생의 일을 돕거나 약재상을 차렸다. 극히 일부의 담씨들이 부산과 대구에 정착했다. 그중 대구에 정착해 아들 담연성譚連城과 함께 약재상을 운영한 담씨 노인이 있었다. 부자지간에 손발이 척척 맞아서 그들의 약재상은 대구는 물론 인근 경북 지방까지 명성이 자자했는데, 여담이지만 담씨 노인의 손자이자 담연성의 아들이 바로 동양그룹 가문의 사위이자 오리온그룹을 이끌고 있는 담철곤 회장이다.

한편, 홍인문(지금의 동대문) 밖 약 3리 지점에는 보제원普濟院이라는 기관이 있었다. 조선시대에는 30리마다 역驛을 두어 공문을 운송하는 파발마들을 먹이고, 출장 가는 관원들을 지원했다. 또한 그 역의 곁에는 늘 원院이라는 숙박기관을 두어 출장 관원들에게 식사와 숙박을 제공했다. 원이 출장자들의 숙소 역할만 한 것은 아니었다. 조정에서는 가뭄이나 홍수가 심하게 들면 이곳 원에서 집 잃은 사람들을 재우고, 그들에게 음식을 제공하는 구휼 활동까지 병행하도록 했다. 배를 곯다 보면 몸이 축나게 마련이었다. 애민愛民을 강조했던 조선 왕조는 의원을 급파해 아픈 이들을 진료하고 돌봐주게 했다. 그 원들 중 대표적인 곳이 보제원이었는데, 한자 뜻 그대로 어려운 이들을 두루 살피고 구제하는 역할을 톡톡히 했다.

이곳에 가면 무료로 진료를 받을 수 있다는 소식이 전해지자 한성 각지에서 아픈 이들이 몰려들었고, 그런 이들에게 한약재를 팔기 위해 약초상들도 몰려들었다. 거기다 우리나라 약초의 주산지인 경기 동부와 충청 북부 그리고 강원도에서 한성으로 들어가는 길목이 바로 보제원이었다. 자연스럽게 이곳은 조선 최대의 한약재 시장 중 한 곳으로 성장했고, 조선 땅으로 찾아든 화교들 역시 이 지역에 자리 잡고 약재상을 열었다.

바로 이곳이 현재 경동시장 부근이다. 정확히는 고려대학교 이공계 캠퍼스로 들어가는 안암오거리에 위치하고 있지만, 그곳에서 멀지 않은 곳으로부터 제기동 약재시장이 시작되어 경동시장으로 이어지게 된다. 물론 경동시장이 약재 전문 시장으로 자리 잡기 시작한 것은 1960년대이고, 현재와 같은 모습으로 거대해진 것은 1990년대 이후이기에 보제원과 화교 약재상이 현재의 경동시장 전부를 만들어냈다고 이야기하기는 어렵다. 하지만 조선시대 보제원이, 그곳으로 몰려든 경기도와 강원도의 약재상이, 그리고 그런 시장성을 보고 몰려든 화교 상인들이 일정 부분 영향을 미치지 않았다고 보기는 어렵다. 그래서 은근히 이쪽 지역의 화교 인구 비율이 높은 편이다. 덕분에 과거에는 제법 괜찮은 중화요리집이 성업하기도 했다.

서울 서쪽에 자리 잡은 서울식 중화요리의 메카

얘기가 너무 엉뚱한 곳까지 흘러갔다. 다시 오무장공사가 있던 연희동으로 돌아가자.

그 의도야 어찌됐든 오장경 덕분에 한반도에 터전을 잡고 생업을 이어갈 수 있었다고 생각한 화교 후손들은 오장경을 추모하고 숭앙하는 일에 공을 들였다. 그를 '개산비조開山鼻祖'라 칭하고 사당을 지어 제사를 올리는 것은 물론이거니와 몇몇 노인은 거의 반신반인半神半人 수준으로까지 그를 치켜세우며 길흉화복을 점칠 때나 집안에 우환이 깃들 때면 사당을 찾아와 향을 피우고 절을 했다. 덕분에 오무장공사, 현재의 정무사는 한성 화교들의 정신적 고향이자 메카가 되었다. 한성화교소학교라는 교육기관 때문에 혹은 조선 땅에 화교의 시작을 일궈낸 이를 기리기 위한 사당이 위치한 덕분에, 연희동과 인근 연남동은 한국 중화요리계에서 빼놓을 수 없는, '드러나지 않은' 차이나타운의 역할을 톡톡히 했다.

연희동과 연남동은 경의중앙선 철도를 사이에 두고 바로 닿아 있고, 화교들이 많이 거주했으며, 그 때문인지 동네 안에 유명 중화요리집을 다수 보유하고 있다는 공통점이 있지만, 몇 가지 차이도 있다. 우선, 이름이 비슷하지만 연희동은 서대문구에 속하고 연남동은 마포구에 속한다. 연희동은 주택가가 중심이고 연남동은 작은 업소들로 이뤄진 상권이 중심이다. 연희동은 대체로 나이대가 좀 있는 분들이 거주하거나 왕래를 하고, 연남동은 비교적 젊은 세대 중심이다. 그에 따라 중화요리집도 연희동을 중심으로 한 업소들은 역사와 전통을 자랑하는 곳이 많은데, 이화원, 진보, 이품, 아미산 그리고 지금은 '잠시' 문을 닫은 걸리부 등이 대표적이다. 반면, 연남동은 실력파 신진 요리사들이 야심 차게 문을 연 신생 업소, 또는 유명 요리사들이 젊은 고객층의 감각에 맞춰 새롭게 단장해 문을 연 '젊은' 업소가 많은 편이다. 조원, 중화복춘 등은 중식을 좋아하는 젊은이 사이에서 핫플레이스가 된 지 오래고, 진생용陳生龍 사부의 '진가'는 "중화요리 고수가 중식 선술집을 만들면 이 정도다!"라는 자부심 듬뿍 담긴 안주요리로 젊은 중식 마니아들을 사로잡고 있다. 연남동에서 조금 떨어져 있지만 바로 인근인 서교동에는 왕육성 사부의 '그 유명한' 진진이 맹활약 중이고, 역시 연남동은 아니지만 범연남동 권역으로 볼 수 있는 곳에 평택 영빈루 왕기봉 사부의 큰아들이 운영하는 '송탄 영빈루 홍대점'과 셋째아들이 운영 중인 '초마'가 큰 인기를 끌고 있다.

나름대로 실력을 갖추고 저마다 대표하는 메뉴를 내건 내공 있는 중화요리집이 많기로 유명한 이들 동네이지만, 그중에서도 내가 좋아하는 곳은 '편의방'이라는 중화요리집이다. 이 식당의 인테리어는 참 독특하다. 아니 정확히는 인테리어에 전혀 신경을 쓰지 않았다. 신경을 쓰지 않아도 너무 쓰지 않아서 오히려 더 정감이 느껴진다. 원래는 다른 가게였던 것으로 보이는 건물 하나의 벽을 터서 두 칸을 차지하고 영업을 하는데, 두 칸이라고 해봐야 그다지 넓은 공간이 아니다. 게다가 온갖 식재료와 잡동사니가 공간을 차지하고 있어 가뜩이나 넓지 않은 공간이 더 좁게 느껴진다. 손님이 적은 시간대에 방문해보면 손님이 앉은 테이블 위에 다 빚은 만두를 가득 담은 쟁반들이 놓여 있어 '내가 식당에 와 있는 것인지, 분식집 납품 만두 공장에 와 있는 것인지' 헷갈리는 분위기가 조성되기도 한다.

이렇게 구구절절 말한 건, 이 중화요리집에 가서 분위기, 안락함, 조용함 같은 건 기대하지 말라는 뜻이다. 하지만 음식을 서빙해주는 주인장은 엄청나게 친절하다. 보다 정확히는 친근하다고 표현하는 것이 맞을 듯한데, 특히 여 사장님의 사람 좋아 보이는 넉넉한 웃음은 왜 "산둥 가서 인물 자랑 하지 마라."는 이야기가 나오는지 짐작이 가게 한다.

편의방에서는 산둥 지역 음식을 기반으로 한 다채로운 메뉴를 맛볼 수 있다. 하나같이 만족스러운 퀄리티를 자랑하는데, 그중에서도 많은 사람의 사랑을 받는, 그리고 이곳을 방문한 사람들 대부분이 주문하는 메뉴는 '산동쇼기'다. 한자로 山東燒鷄(산둥소계)라 적는 일종의 닭찜 요리인데, 우리가 아는 '찜닭'은 당연히 아니다. 과거부터 산둥 지역에서는 노두유와 오향분을 넣은 소흥주에 닭을 한 시간쯤 담가두었다가 꺼내 한 번 살짝 튀긴 뒤 대파, 양파, 생강, 팔각, 화자오를 얹어 다시 한 시간 동안 찜기에 쪄서 완전히 익힌 뒤 한 번 뜨거운 김을 빼내고, 식은 상태의 닭살을 잘게 뜯고 그 위에 양념한 닭 육수와 큼직하게 썬 파를 얹어 먹었다. 완전하게 매칭이 되지는 않지만 오향장육五香醬肉의 닭고기 버전이라고 생각하면 이해가 쉬울 것 같다. 업소에 따라서는 양념장을 최대한 마일드하게 만들어 마치 우리의 닭백숙과 같은 비주얼로 내는 곳도 있다.

닭이 식으면 몸 전체를 둘러싸고 있는 껍질(기름기)이 식어서 맛이 없을 거라 생각하기 쉽다. 하지만 제대로 양념해 살짝 한 번 튀겨서 적절히 잘 쪄낸 닭고기는 양념의 은은한 향을 머금은 살코기가 바삭하게 튀겨진 겉껍질 안에 갇혀 육즙을 그대로 머금고 있다. 이게 살짝 식으며 살코기가 한층 쫄깃해져 멋진 닭고기 요리가 만들어진다.

산동쇼기와 더불어, 아니 사실은 편의방의 진정한 시그니처 메뉴는 중국 현지에서는 빠위자오즈鮁魚餃子라고 불리는 '삼치만두'다. 주위 사람들에게 이 음식을 먹으러 가자고 하면 열에 아홉은 바로 인상을 찌푸린다. 삼치는 고등엇과의 등푸른 생선이다. 그러다 보니 '그걸로 만두를 빚으면 비려서 어떻게 먹겠냐.'는 걱정이 있는 듯하다. 그러나 일단 한번 맛보면 다시 그 아홉에 아홉은 이 만두의 팬이 돼 역으로 내게 "삼치만두 먹으러 가자!"고 연락하고는 한다.

맛은 산둥에서[*]

산둥요리는 다시 크게 지난차이濟南菜, 쿵푸차이孔府菜, 자오랴오차이膠遼菜의 세 종류로 구분된다. 첫 번째인 지난차이는 지난濟南, 더저우德州, 타이안泰安을 중심으로 한 내륙 산간지역에서 발달한 음식이다. "산둥성의 성도가 어디냐?"라고 물으면 많은 분이 별다른 고민 없이 "칭다오 아냐?"라고 대답한다. 그러나 지난이 바로 산둥성의 성도로, 인구 920만 명을 자랑하는 거대 도시다. 산하 도시의 하나인 칭다오青島의 명성에 밀려 유명세는 좀 떨어지지만, 수많은 역사서 및 역사소설에서 주된 배경으로 등장한, 오랜 역사를 자랑하는 도시다.

이 지역은 과거 난징南京에서 베이징을 오가던 길목에 위치했던 교통의 요지였고, 황실에서 근무한 요리사를 여럿 배출한 덕분에 지

---

* 서양의 오래된 격언이자 라틴어 문구인 '빛은 동방에서Ex Oriente Lux'를 차용한 표현이다.

방 도읍치고는 다양하고 화려한 요리 기술을 받아들일 수 있었다. 때문에 지난차이의 특징은 다채로움이다. 식재료 본연의 맛과 향은 그대로 살리면서도 기교를 부려 빠르게 볶고 굽고 데치거나 튀겨내는 식으로 멋진 요리들을 만들어낸다. 대표적인 지난차이로는 북경오리(베이징덕)로 잘 알려진 카오야의 오리지널 버전인 제남고압濟南烤鴨(지난카오야), 왕실에 바치는 닭 요리로 유명한 덕주배계德州扒鷄(더저우빠지), 그리고 탕수육 역사에 있어 중요한 일부분이 될 잉어 요리인 탕초리어糖醋鯉魚(탕추리위) 등이 있다.

두 번째 산둥요리인 쿵푸차이는 공자孔子 가문의 본향인 취푸曲阜 지역을 중심으로 발전한 공씨 가문 고유의 종갓집 음식이다. 2010년대 이후로는 아예 노골적으로 유교를 국가 사상의 일부로 내세우면서 공자를 중국을 대표하는 사상가로 포장해 홍보 활동을 전개하고 있지만, 실상 공자의 사상 그리고 유교적 가르침과 마오쩌둥毛澤東을 중심으로 한 중국 공산당의 사상은 오랜 기간 상극이었다.

문화대혁명 시기에는 각 지역에 있는 공자의 사당들이 파괴되거나 불태워졌고, 1974년에는 비림비공운동批林批孔運動이라 하여 당시 마오쩌둥의 정적과도 같았던 린뱌오林彪와 공자를 한데 묶어 둘 다를 중국에서 축출하자는 운동이 벌어질 정도였다. 일반인이 자발적으로 벌인 군중운동의 성격을 띠었으나 실제로는 문화혁명을 일으킨 4인방이 배후에서 움직여 벌인 일이라는 것은 모두가 알고 있었다. 심지어 실제 타깃은 린뱌오가 아니라 온 중국 인민의 신뢰와 존경을 한 몸에 받고 있던 저우언라이周恩來였다는 사실까지 말이다. 아무튼, 중국은 개화기 이후부터 시작해 공산당이 집권한 시기까지 내내 공자와 그의 사상인 유학 또는 유교를 중국의 발전을 가로막은 구악·구습의 메인 빌런처럼 여겨왔다.

하지만 중국인들의 의식 저변의 공자는 전혀 다른 대접을 받는다. 취푸에 가면 공자와 그 제자의 위패를 모신 사당 대성전大成殿이 있다. 사당의 메인 건물은 기둥이 모두 대리석으로 되어 있는데, 황제를 상징하는 용이 새겨져 있다. 건물의 구조 또한 정면이 아홉 칸, 측면이 다섯 칸인데, 이는 과거 황제가 머무르는 공간을 설계할 때 따라야 했던 기본 철학 중 하나인 '구오지존九五之尊'에서 따온 숫자다. 또한 2층 팔작지붕 위는 황제가 거하는 궁에만 사용할 수 있었다는 황금빛 유리기와로 치장했다. 말 그대로 시대와 국가를 막론하고 중국인의 머리와 가슴 속에는 공자가 황제로 자리 잡고 있다는 것이 맞을 듯하다. 중국 정부도 그를 마뜩잖아했지만 대놓고 박해하지는 못한 채 불편한 동거를 해왔다.

이런 대단한 가문에서 대대로 내려오는 요리는 단순한 요리가 아니라 하나의 기준이자 문화이며, 흉내 내고 싶은 트렌드였다. 쿵푸차이에서 가장 중요하게 여겨지는 정찬은 모두 196가지의 요리로 구성되는데, 요리 하나하나마다 재료를 손질하고 조리하는 방법이 다 정해져 있으며 차리는 순서와 먹는 방법까지 세세하게 정리되어 있다. 쿵푸차이를 대중 식당에서 맛보기는 어렵고, 주요 요리들만 모아 특선 행사 식으로 선보이는 이벤트가 개최되고는 한다. 가장 유명한 음식은 청나라 건륭제乾隆帝가 벼슬을 내린(우리로 치면 정이품송正二品松과 비슷한) 음식인 당조일품과當朝一品鍋(당차오이핀궈)가 있다. 하지만 쿵푸차이는 요리보다도 그에 곁들여 마시거나 제사용 제례주로 쓰기 위해 빚었다는 공씨 집안의 술, 공부가주孔府家酒(쿵푸자주)가 훨씬 더 유명세를 떨치고 있다.

마지막이자 세 번째 산둥요리인 자오랴오차이는 산둥반도의 동쪽 지역에서 주로 발전했기에 자오둥차이膠東菜라고도 불린다. 칭다오, 옌타이煙臺, 웨이하이威海를 중심으로 해안 지역에서 발전해온 음식이다. 옌타이시를 가로질러 흐르는 청양하清洋河(칭양허)(우리에게는 청양'강江'이 익숙하지만, 중국 현지에서는 청양'하河'로 표기한다)은 예로부터 발해만渤海灣에서 잡힌 생선을 내륙으로 실어 나르는 물길이자 산과 들에서 수확한 것들을 항구로 실어 나르는 이동통로였다. 때문에 그 강의 딱 중간에 위치한 푸산福山은 물산이 풍부하고 사람과 돈이 몰리는 지역이었다. 그들을 불러들이기 위해 유명 요리집들이 문을 열었고, 실력 있는 요리사들로 붐볐다. 당연히 요리문화가 발달해, 푸산은 국가가 공인한 '중국요리의 본향本鄕'으로 대접받으며 높은 평가를 받았다. 실제로, 중국의 오래된 문헌에 따르면, 우리가 좋아하는 수타면 역시 푸산에서 처음으로 만들어졌다고 한다.

푸산을 중심으로 발전한 자오랴오차이는, 해산물을 많이 사용하고, 단순히 굽기보다는 구워서 찌고, 조리기보다는 튀겨서 조리는 등

복합적인 조리법을 사용하는 것으로 유명하다. 양념 역시 다양한 재료를 섞어서 다채로운 맛을 내는 것을 선호한다. 편의방에서 맛볼 수 있는 삼치만두, '빠위자오즈'는 바로 이 자오랴오차이의 대표적인 음식이다. 그런데 자오랴오차이에는 삼치만두 이상으로 유명한 음식이 있다. 그리고 나는 그 음식에서, 내가 그토록 찾아 헤매는 우리 전통 음식으로서의 탕수육, 바로 그 탕수육을 찾을 수 있는 중요한 단초를 발견했다.

황제의 마차를 탄 요리사

명나라 융경隆慶* 시기 병부상서兵部尚書 벼슬을 하던 곽충고郭忠高라는 사람이 있었다. 그는 유달리 과시욕이 강한 자였는데, 시간이 나면 수시로 고향 마을에 내려가 자신의 지위와 권세를 자랑하고 사람들의 민원을 들어주는 일을 즐겼다. 그런 그가 또 한 번 고향 마을을 방문했을 때, 기가 막힌 음식 냄새에 이끌려 한 요릿집에 들어갔다. 냄새를 만들어낸 주인공은 주방에서 요리를 하던 한 요리사였는데, 불을 다루는 솜씨가 가히 축융祝融**과도 같았다. 곽충고는 그 냄새에 홀려 "내가 돈은 얼마든지 줄 테니 나를 따라 우리 집에 가서

* 명나라 제12대 황제 목종의 연호로, 1567년부터 1573년까지를 일컫는다.
** 중국 신화 속 삼황오제 가운데 하나이자 불의 신.

대한민국
탕수육 만유기

음식을 만들어주시오!"라고 말하고는, 실제로 거금을 주고 그를 '스카우트'했다.

요리사의 음식 솜씨는 훌륭했다. 하지만 그를 자랑할 수가 없어 곽충고는 속이 상했다. 요리사의 음식 솜씨를 자랑하려면 대규모의 연회를 열어 손님들을 불러 모아야 할 텐데, 돈도 돈이지만 병부상서 신분에 그런 연회를 열면 혹시라도 출세길에 지장이 있을까봐 염려해서였다. 그러던 그의 귀에 반가운 소식이 들려왔다. 황제가 아끼는 후궁의 생일을 맞아 연회를 대규모로 열기로 했다는 것이다. 곽충고는 고향에서 데리고 온 요리사에게 얼른 조리 도구를 챙기라고 지시한 뒤 자신도 관복을 차려 입고 궁으로 함께 들어갔다. 그리고는 어선방御膳房* 책임자에게 손을 써 자신이 데리고 온 요리사가 연회 음식을 담당하도록 했다.

이윽고 연회가 시작되었다. 황제와 문무백관은 제공되는 음식에 술을 곁들여 흠뻑 취했다. 특히 연회의 주빈이자 만인지상이던 황제 융경제가 가장 즐거워했다. 예상대로 곽충고가 데리고 온 요리사의 음식은 극찬을 받았다. 그가 만든 음식은 평상시 황실의 음식과 크게 다르지 않은 듯하면서도 그 맛이 과하지 않아 물리지도 않았고, 술과 함께 하는데도 속이 부대끼거나 헛배가 부르지 않아 편안했다. 기름진 듯하면서도 입안이 개운한 것이 얼마라도 더 먹을 수 있을

* 명나라와 청나라 시절 황제의 식사를 책임지던 궁내 관청.

것 같았다. 실제로 역사서에 기록된 이날의 연회는 모두가 만족해서 자정을 훌쩍 넘어 새벽이 되어서야 끝났다고 한다.

수많은 요리 중에서도 연회 참석자들, 특히 황제에게 큰 사랑을 받은 것은 한 생선 요리였다. 생선찜이라고 하기에는 식감이 무척이나 특이했고, 맛 역시 고소한 기름짐이 있었다. 그렇다고 튀김 요리라고 하기에는 폭신하고 쫀득한 식감이 남달랐다. 또한 기름진 맛을 잡아주는 슴슴한 소스는 달짝지근하면서도 너무 달지 않았고, 담백하면서도 짭조름한 간이 되어 있었다. 황제는 연회가 끝나고도 한동안 그 음식을 그리워했다.

몇 해가 지났다. 그사이 곽충고는 권세를 잃었고 그가 데리고 온 요리사 또한 일자리를 찾아 고향으로 돌아가버렸다. 당시 황제는 젊은 나이에 알 수 없는 병에 걸려 심하게 배앓이를 했다. 맛있는 음식을 먹고 싶지만, 먹고 나면 반드시 탈이 나는지라 산해진미를 쌓아 두고도 손을 댈 수 없었다. 때문에 매번 끼니때가 되면 황제의 신경질은 극에 달했다. 모시던 후궁들은 그런 황제에게 "혹시라도 드시고 싶은 음식이 있는지?" 물었다. 하지만 황제는 매번 "없소."만을 되풀이하며 돌아누울 뿐이었다. 그러던 황제가 어느 날인가는 갑자기 화색을 띤 얼굴로 후궁과 어선방 책임자를 불렀다. 그러고는 "내 몇 해 전에 연회에서 먹었던 생선 요리가 먹고 싶구나! 그 요리라면 배탈도 없을 듯하다!"라고 외쳤다. 후궁 역시 당시 자신의 생일날 황제가 과식과 과음을 하고서도 멀쩡했던 것을 기억했다. 당시에도 배앓

이가 심했던 황제였다.

후궁은 서둘러 요리사를 찾았다. 하지만 이미 그는 고향으로 돌아간 지 오래였다. 마음이 급해진 후궁은 당대 가장 빠르고 정확하고 안전한 운송 수단을 요리사가 살고 있다는 고장으로 급파했다. 황제와 자신만 탈 수 있는 마차 '어가御駕'였다. 자그마치 어가로 모시고 온 요리사는 몇 해 전 자신이 연회에서 선보인 그 생선 요리를 그대로 재현해냈고, 그 음식을 받아 든 황제는 맛있게 그릇을 싹싹 비운 뒤 얼마 안 가 편안히 눈을 감았다. 이후 이 생선 요리는 황실 메뉴의 하나로 자리 잡았고, 요리사의 고향 사람들은 대대로 황실 요리사로 특채되었다. 이 요리사의 고향이자 그를 발탁한 병부상서 곽충고의 고향이 바로 '중화요리의 본향'이자 '자오랴이차이의 고장' 산둥성 푸산이다. 실제로 이때 황제에게 진상되었다는 요리 조류어편糟熘魚片(자오류위펜)은 자오랴이차이, 넓게는 산둥요리의 특성을 가장 잘 살린 요리다. 잘 손질한 청어를 달걀흰자와 녹말물을 입혀 땅콩기름에 튀긴 뒤 닭육수에 소금, 설탕, 술지게미 등을 넣고 끓인 소스에 조리듯이 다시 한 번 볶아내 복잡한 듯하면서 단순하고, 재료 본연의 맛은 살리면서 다채로운 향미를 더한 요리다.

현재 조류어편 혹은 그와 비슷한 음식은 베이징 중심가에서 성업 중인 여러 궁중요리 전문 레스토랑에서 맛볼 수 있다. 제법 잘 재현해놓았다. 나 역시 중국 여행길에 몇 차례 그런 식당에서 맛보았던 기억이 있다. 그런데 이 조류어편, 고기나 생선의 살코기를 잘 손질

해서 밑간하고 녹말물을 씌워 튀긴 뒤 담백한 소스에 조리듯 볶아
내는 이 음식의 맛과 느낌은 내 기억 속 추억의 탕수육과 거의 흡사
하다. 실제로 편의방을 비롯해 산둥 출신 화교 요리사들이 운영하는
중화요리집에서 마주하는 음식들은 조류어편을 비롯한 역사 속 산
둥요리 혹은 자오랴이차이에 대한 수많은 이야기 속 음식들과 무척
이나 흡사해, 접할 때마다 놀라곤 한다. 연희동 또는 연남동을 방문
할 때마다 우리 중화요리계에 산둥요리, 조금 더 좁혀서는 자오랴이
차이와 푸산 출신의 요리사들이 미친 영향이 얼마나 큰지에 대해 새
삼 놀람과 동시에 조금 더 깊이 있는 연구를 해봐야겠다는 생각을
하게 된다.

하지만 코로나가 막바지에 이르렀을 무렵 또 다른 비보가 들려왔
다. 대표적인 산둥 출신 화교 요리사가 운영하던 '걸리부'가 문을 닫
았다는 소식이었다. 비록 "다시 다른 곳에서 문을 열 수도 있다."는
단서가 달리기는 했지만. 마음이 점점 더 급해졌다.

중국에서는 빠위자오즈라고 불리는 삼치만두.
한국 중화요리의 뿌리가 산둥요리임을 보여주는 음식 중 하나다.

부먹으로, 찍먹으로,
배달통에 실려
반도 곳곳으로
퍼져나가다

第二次席

학업을 이루기 위해서는 먼저 익히고 행하여야 하듯, 음식 역시 그러하다. (…) 무릇, 사람이 저마다의 타고난 인성이 있듯이, 사물 또한 제각각 타고난 본성이 있다. 타고난 인성이 잘못된 인간은 공자와 맹자가 가르쳐도 소용이 없듯이 불량한 재료는 요리하기는 쉬워도 맛을 내는 것은 불가능하다. (…) 대부분의 경우 좋은 음식에 요리사가 기여하는 영향력은 여섯 번째쯤 되는데, 재료를 구입한 비용은 네 번째가 된다.

學問之道, 先知而後行, 飲食亦然. (中略)
凡物各有先天, 如人各有資稟.
人性下愚, 雖孔孟教之, 無益也;
物性不良, 雖易牙烹之, 亦無味也. (中略)
大抵一席佳餚, 司廚之功居其六,
買辦之功居其四.

— 〈원매袁枚〉*

공화국의 봄이
인천에 찾아오다

인부들의 손에 쥔 희한한 사발 하나

1909년 제물포항.

"헤이, 츠완판짜이지슈嘿, 吃完饭再继续!"

'밥 먹고 계속하라'는 동료의 말에 청년은 등에 지고 있던 아마 포
대를 땅에 던져 내려놓았다. 쿵 소리와 함께 자욱한 먼지가 날릴 정
도로 무거운 포대였다. 목에 두르고 있던 수건으로 흐르는 땀을 대
충 닦으며 식당으로 향했다. 식당이라고는 했지만 차마 식당으로 보
기 힘든 간이 좌판 수준의 공간이었다. 바다 물기 한껏 머금은 나무

판자로 대충 만든 식탁 위에는 숭덩숭덩 썰어놓은 양파와 껍질도 안 깐 생마늘이 한 그릇 넘치게 놓여 있었다.

"따이*! 우판츠섬머大姨! 午饭吃什么?"

자리에 털썩 앉으며 '점심 메뉴가 무엇인지'를 물었지만 큰 솥에 펄펄 끓고 있는 무언가를 휘젓고 있던 '따이'는 무심한 표정으로 아무런 답이 없었다. 잠시 후 나란히 앉아 있던 인부들 앞으로 사발이 하나씩 놓였다. 싸구려 밀가루로 빚은 푸석푸석한 넓은 면 위에 덜 삭은 콩알의 형태가 그대로 남아 있는 황갈색 양념장을 얹어놓았다. 고명이라고 해봐야 형편없는 모양이라 성의 없이 대충 채 썰었다는 것이 절로 느껴지는 오이뿐이었다. 하지만 오전 내내 무거운 포대를 항구에서 배로 나르느라 허기가 질 대로 진 인부들은 맛을 따질 여유가 없었다. 슥슥 비벼서는 무서운 기세로 입안에 밀어 넣었다. 그 사이 양파를 집어 먹었고, 마늘을 까서 우걱우걱 씹어 먹었다. 한참을 말없이 흡입하듯 면을 먹던 그들 중 가장 먼저 식사를 마친 이가 동료들에게 물었다. "진티엔완샹주오섬머今天晚上做什么?"

'오늘 밤 뭐 할 거냐?'라는 물음에 무리 중 제일 어려 보이는 이가 "산동회관이나 갈까요?"라 답했다. 그러자 다른 편에 앉아 있던 무리까지 대화에 합세했다. "거기 음식이 그렇게 좋다던데", "우리도 맨날 이런 거나 먹을 게 아니라 제대로 된 요리에 술 한잔해야지", "거

＊ 나이 든 여성을 편하게 부르는 중국어 호칭.

대한민국
탕수육 만유기

기 가면 미인도 그렇게 많다고 하더라고." 등등의 이야기가 쏟아졌다. 이런 대화가 늘 그렇지만, 누구도 실제 산동회관을 가본 적은 없었다. 그렇게 한참 들뜬 분위기 속에서 대화가 무르익어갈 때쯤 무리 중 제일 나이가 많아 보이는 이가 방금 전 가장 먼저 '산동회관이나 갈까'라고 말한 젊은 후배의 뒤통수를 가볍게 치며 "쓸데없는 소리 하지 말라."고 타박했다. 그에 덧붙여 "산동회관에서 한 끼 하려면 자네들 한 달치 일당을 다 써도 모자랄 것"이라며 먹던 면을 마저 먹기 시작했다. 그러자 다들 현실을 깨닫고는 고개를 푹 숙이고 사발을 입에 대고 남은 면을 마저 긁어 입안으로 밀어 넣기 시작했다.[*]

이들이 말한 산동회관은 이날로부터 1년 전쯤 인천, 제물포항에서 그리 멀지 않은 곳에서 문을 연 호텔이다. 이 호텔이 이곳에 문을 열게 된 사연에는 조선을 가운데 둔 청과 일본의 경쟁이 있다.

1884년 제물포에 청나라인들을 위한 거류지가 설치되긴 했지만 중국인들은 늘 일본인들의 기세에 밀렸다. 거류지 형성도 1883년에 설치 완료한 일본인에 비해, 한발 늦어 알짜배기 땅은 죄다 일본인들에게 빼앗겼다(이쪽이나 저쪽이나 다 우리 땅인데, 자기들 멋대로…). 항구를 중심으로 해안가 요지에 거류지를 마련한 일본에 비해, 청나라는 그로부터 조금 물러나 있는 산기슭 마을(지금의 선린동 부근)에 거류지

---

[*] 이상은 당시 생활상을 담은 기록을 토대로 필자가 상상력을 동원해 재현해본 상황 묘사다.

를 형성할 수밖에 없었던 것이다. 1883년 일본제1은행 인천지점 개설을 시작으로, 1888년에는 일본제18은행, 1892년에는 일본제58은행이 인천에 지점을 개설했다. 1894년 청일전쟁에서 청나라가 충격적인 패배(라고는 하지만, 청나라 빼놓고는 곱을 대로 곱은 청나라가 질 거라고 모든 나라가 예측했다는 것이 함정)를 당한 뒤로는 일본의 우세가 더 확고해졌다.

이렇게 기세등등해진 제물포 일본인 거류지에 1901년 벽돌 구조에 양철지붕을 얹은, 당시로서는 최신식 양옥 건물이 세워졌다. 제물포구락부회관濟物浦俱樂部會館이라는 간판이 붙은 이 건물은, 명목상으로는 독일, 러시아, 미국, 일본 4개 국 주요 인사들의 중립적인 사교 공간임을 내세웠지만, 실제 주인도, 드나드는 사람도 대부분 일본 사람이었다. 즉, 제물포를 중심으로 활동하던 일본인들이 친교를 나누고 거래를 성사시키는 공간이자 이익단체가 일본에 유리한 여론을 형성해 대한제국을 압박하기 위해 로비를 벌이는 공간이었다. 실제로 이곳은 1913년 정방각精芳閣이라는 일본풍 이름으로 바뀐 채 일본군 재향군인회 인천연합회 건물로 사용되었고, 1934년에는 일본부인회관日本婦人會館으로 사용되었다. 그에 더해, 일본은 1908년에 인천축항기성회仁川築港期成會를 세우고 아예 제물포항 전체를 일본인의 관장 범위 안에 두려는 시도를 연달아 이어갔다.

이를 두고만 볼 수 없었던 청나라 출신 이민자들이 뜻을 모으기 시작했다. 특히, 그들의 다수를 이루던 산둥성 출신이 분위기를 주도했다. 열두 사람의 원로와 유력 사업가가 거액을 갹출했다. 그러고는 벽돌과 타일 등을 사용해 청나라 거류지 내에 일본인들의 제물포 구락부회관 못지않은 2층 건물을 올렸다. 이것이 바로 산동회관이었다. 음식과 잠자리를 제공하는 중국식 호텔인 객잔客棧으로 운영되었는데, 날이면 날마다 제물포의 청나라 사람, 특히 산둥 출신들이 몰려들어 연회를 개최했다.

인천에서 꽃핀 공화국의 봄

산동회관의 운영은 스물두 살 청년 우희광于希光이 맡았다. 산둥성 무핑 사람이었는데, 젊은 나이였음에도 산둥 사람답게 기질이 호방하고 서글서글하면서도 성실해 주위의 평판이 좋았다.

산둥성은 과거 춘추전국시대 노魯나라와 제齊나라가 위치했던 지역인데, 노나라는 다들 알다시피 인류 역사상 몇 안 되는 사상과 철학계의 '먼치킨' 공자를 배출한 나라이고, 제나라는 시황제가 각성하기 전까지의 진秦나라 정도는 한 수 아래로 접고 보던 대단한 강국이었다. 그래서였을까. 산둥은 예로부터 호탕한 사내, 의협심 넘치는 협객의 고장으로 유명하다. 우리에게도 익숙한 중국 고전소설 〈수호전水滸傳〉의 배경이 되는 양산박梁山泊의 실제 위치가 산둥성 지닝濟寧이고, 앞서 이야기한 공자 이외에도 지혜로운 책략가의 대명사로 여겨지는 제갈량諸葛亮, 《손자병법》을 지은 손무孫武, 《삼국지연의》 등장인물 중 최강의 신궁神弓으로 명성이 높았던 태사자太史慈 등이 모두 산둥 사람이다. 때문에, 중국 사람들 사이에서는 '산둥호한山東 好漢(산둥하오한)'이라는 사자성어가 널리 쓰이는데, "예부터 훌륭한 사내는 산둥에서 나온다[自古山東出好漢]."라는 문구에서 유래된 말이라고 한다. 또한 이 지역 남자들이 중국 다른 지역 남자들에 비해 덩치도 크고 배포도 크다고 알려져 '산둥대한山東大漢(산둥따한)'이라는 말 역시 즐겨 사용된다.

청년 우희광 역시 전형적인 산둥 사람이었다. 제물포에서 활동하던 다른 산둥 사람들보다 한참 늦은 1907년 인천으로 이주해 온 고작 스물두 살의 청년이었지만, 듬직한 풍모와 성실한 자세로 먼저 와 있던 고향 선배들의 사랑과 믿음을 한 몸에 받았다. 산둥 출신 원로들의 전폭적인 지지 속에 우희광은 산둥회관을 제물포 최고의 명소로 성장시켰다. 그러던 중 중국 대륙에서 쑨원孫文 등이 주도한 신해혁명辛亥革命이 발발했다. 회복 가능성이 전무한 청나라를 무너뜨리고 삼민주의三民主義를 기반으로 한 공화국을 세우려는 시도였다. 이는 2,000년 이상 이어진 황제, 천자 등에 의한 왕정이 종식되고 중국 역사상 최초의 근대적 공화국이 세워지는 역사적 순간이었다. 그간 서태후의 폭정으로 곪을 대로 곪은 데다 아편전쟁, 청일전쟁 등의 전쟁을 치를 때마다 제대로 힘 한번 써보지 못하고 번번이 얻어터지는 꼴만 보아왔던지라, 한국에 나와 있던 중국인들에게 본국은 비록 고향이지만 감추고 싶은 존재, 멀리해야 할 존재였다.

그랬던 고국이 모처럼 정신을 차리고 과거의 위대했던 국가를 다시금 세우려 한다는 소식에 제물포 지역 화교들은 환호했다. 특히 민족에 대한 자부심과 애국심이 넘쳤던 우희광에게는 그 의미가 각별했다. 그 영향이었을까. 1912년 그는 산동회관의 이름을 '공화국에 찾아온 봄'이라는 뜻의 '공화춘'으로 변경했다. 그리고 1917년부터는 숙박업과 회의 및 사무실 용도의 공간 대여를 확 줄이고 연회와 식사 제공에 주력해, 중화요리집 공화춘으로의 대대적인 변화를 꾀했다. 실질적인 경영은 우희광에게 맡겨놓은 상태였지만, 어찌됐든 사장이었던 왕심보王心甫 선생과 부사장이었던 필명향畢明香 선생도 이를 적극 지지했다.

공화춘이 '최초'라는 타이틀에 더불어 지금까지도 사람들의 기억에 대표적인 중화요리집으로 남을 수 있었던 것은 우희광 선생의 하나밖에 없는 아들이자 공화춘의 2대 사장이었던 우홍장于鴻章 사부 덕분이다. 그는 아버지의 뜻에 따라 조상이 살던 옌타이로 건너가 지금은 옌타이시립제2중학교煙臺市立第二中學로 바뀐 익문상업전과학교益文商業專科學校에 입학했다. 덕분에 셈법에 능하게 되었고 당시 상업의 기본이었던 단식부기와 복식부기도 익힐 수 있었다. 이는 이후 공화춘이 음식 맛은 물론이거니와 상업적인 측면에서도 인천 차이나타운을 대표하는 대형 업소로 성장하는 데 큰 도움이 되었다.

1949년 우희광 선생이 작고하자 우홍장 사부는 아버지로부터 경영권을 물려받는 데 더해 수십 명으로 불어난 공동 출자자들로부터 공화춘의 주식과 채권을 모두 사들였다. 이로써 공화춘은 완전하게 우씨 일가 소유의 개인 식당으로 탈바꿈했다. 이때부터 공화춘의 눈부신 발전이 이어졌다. 다양한 메뉴가 개발되었고, 연회장은 늘 행사에 참여한 손님들로 가득했다. 우홍장 사부는 자신의 장남 우심진 于心辰 사부에게 주방을 맡겼다. 어려서부터 할아버지와 아버지를 비롯한 수많은 고수의 솜씨를 어깨너머로 배워온 우심진 사부 덕분에 '공화국의 봄'이었던 공화춘은 '인천의 봄'을 상징하는 중화요리집이 되었다.

하지만 시대가 흘러 '인천의 봄'에 갑자기 겨울이 찾아왔다. 인천역과 연안부두를 중심으로 발달해온 상권이 급격히 쇠퇴한 것이다. 서울과 보다 가까운 위치, 주요 지하철역 인근의 신도심 상권에 고객을 모두 빼앗긴 탓이었다. 1980년대 초반 주안역 일대에 새로운 상권이 형성되고 인천시청이 구월동으로 이전한 것이 결정타였다. 대형 연회는 새롭게 단장한 관광호텔 내 초대형 연회장의, 가족 식사는 시내 곳곳에 들어선 다양한 식당의 몫이 되었다. (당시만 하더라도) 아무런 볼거리, 놀거리 없던 차이나타운 한가운데 있었던 노후한 식당 공화춘은 더 이상 사람들의 선택지에 들어가지 못했다. 경영 상황은 급격히 악화됐고, 사장이었던 우홍장 사부의 몸과 마음 역시 지쳐버렸다. 결국 1983년 우 사부는 공화춘을 폐업하고, 고향은 아니지만 같은 민족이 있는 자유민주주의 국가 대만으로 이민을 떠나

대한민국
탕수육 만유기

게 되었다.

그때까지도 공화춘의 주방을 지키고 있었던 아들 우심진 사부는 아버지를 따라 이민 가는 대신 한국에 남는 것을 선택했다. "문 닫은 공화춘집 아들이 한국에 남아 있다."라는 소문이 돌자 여기저기서 영입하겠다거나 동업하자는 제안이 빗발쳤다. 그중에 양감민楊鑑珉이라는 사람이 있었다. 인천 화교계에서 손꼽히는 부자였던 양복주楊福州 회장의 조카로, 화교협회를 이끌던 거물이었다. 양복주 회장은 옌타이에서 인천으로 건너온 화교로, 우희광 선생과는 산둥성 출신이라는 공통점이 있었다. 양 회장은 형제, 조카들과 함께 당면 제조, 무역선 운영, 방직공장과 기름집 운영 등으로 떼돈을 벌었는데, 평상시 화교들의 안정적인 정착과 삶의 질 향상에 많은 관심을 쏟았다. 그 관심을 실제 행동으로 옮기는 것을 조카였던 양감민 선생이 담당하고 있었다. 그는 우심진 사부를 설득하고 다른 한국인 투자자를 끌어들여 공화춘, 더 나아가 인천 화교 요식업계의 명맥을 다시 이을 제대로 된 중화요리집을 열기로 했다. 그들이 눈여겨본 것은 '중화루'라는 중화요리집이었다.

부처님은 묵지 않으시는 큰 부처님 호텔

공화춘과 우희광 선생 일가 이야기는 잠시 접어두고, 다시 개항기

인천으로 돌아가자.

1883년 개항 이래, 제물포에 입항하는 배들은 한낮에 부두에 도착하도록 시간을 맞추는 것이 일반적이었다. 입항 수속과 통관 절차를 진행하는 조선인 관리들의 업무 시간에 맞추고 하역에 동원될 인부들을 좀 더 쉽게 구하기 위해서였다. 문제는 그렇게 배에서 내려 다시 한성으로 가려면 마차로 12시간이 꼬박 걸린다는 점이었다. 때문에 심야에 사대문이 닫힌 후 한성에 도착하는 낭패를 겪지 않기 위해, 외국인들은 입항한 뒤 제물포에서 1박을 하고 다음 날 새벽 일찍 마차를 타고 한성으로 향하는 것이 룰 아닌 룰로 통했다. 하지만 그때까지 제물포에는 제대로 된 숙박시설이 거의 없어 방은 늘 부족했고 바가지까지 횡행했기에, 외국인 투숙객들은 항상 불만을 늘어놓았다.

그런 난리법석을 흐뭇한 눈길로 바라보는 한 사람이 있었다. 그의 이름은 호리 히사타로堀久太郎. 나가사키長崎 출신의 일본인 해운업자였다. 그가 태어나고 자란 나가사키는 에도 시대 일본에서 유일하게 외국인들의 왕래 및 거주가 허용된 지역이었다. 그래서 호리는 어린 시절부터 네덜란드와 중국 사람들을 자주 보아왔기에 서양인의 여행문화와 중국의 객잔문화에 친숙했다. 그는 서둘러 제물포의 일본 조계지 내에 운영 중이던 2층짜리 료칸旅館을 사들여 호텔로 개조했다. 호텔은 문을 연 그날부터 대박을 쳤다. 넘쳐나는 손님들로 비명을 질러야 할 정도였다.

호리 히사타로에게는 호리 리키타로掘力太郎라는 아들이 있었다. 그는 어렸을 때부터 아버지를 도와 선박으로 물건을 실어 나르는 해운과 무역업에 몸담았고, 여기서 더 나아가 아예 선박에 필요한 연료, 식료품, 심지어 은밀한 그 무언가까지 닥치는 대로 손을 댄 젊은 나이에 큰돈을 벌었다. 매사에 늘 야심만만했던 그는 아버지의 호텔 운영 방식이 마음에 들지 않았다. 아버지를 설득해 1887년 기존의 2층 건물을 헐고 대대적인 공사를 진행해 3층짜리 서양식 벽돌조 건물을 지었다. 1888년, 그곳에 레스토랑과 11개의 객실을 보유한 최초의 완벽한 서양식 호텔이 문을 열었다.

호리 리키타로는 당시로서는 몸집이 매우 비대한 편이었다. 그 모습이 마치 절에 있는 큰 불상과도 흡사해 친구들은 리키타로를 '대불大佛'이라는 뜻의 일본어 '다이부쓰'라고 불렀다. 그는 이 별명을 싫어하지 않았다. 아니, 오히려 좋아했다. 자신의 호텔에 아예 '다이부쓰 호텔'이라는 간판을 내걸었다. 대불호텔이라는 이름이 이렇게 탄생했다. 대불호텔은 여러모로 한국 근대사에서 빼놓을 수 없는 곳이다. 호러스 언더우드Horace Grant Underwood, 헨리 아펜젤러Henry Gerhard Appenzeller, 앨버트 테일러Albert Wilder Taylor 등 구한말 우리 역사에 깊은 흔적을 남긴 외국인치고 대불호텔에 묵어보지 않은 이가 드물고, 커피를 포함해 각종 외국산 식료품들이 국내에 첫 선을 보인 곳 역시 이곳 대불호텔이었기 때문이다.

하지만 폭발적인 인기와 화제성만큼이나 대불호텔의 퇴장도 급작스러웠다. 호텔의 경영은 어느덧 호리 리키타로의 아들에게 이어지며 안정적으로 이뤄지고 있었지만, 청일전쟁과 러일전쟁에서 일본이 청나라와 러시아에 연달아 압승을 거두며 분위기가 묘하게 돌아가기 시작했다. 을사늑약(1905)을 통해 대한제국의 외교·국방을 일본이 강탈하자, 더 이상 한반도에서는 재미 볼 거리가 없다고 판단한 서구 열강은 그날로 제물포로 향하던 발길을 끊었다. 늘 외국인과 그들이 부리는 짐꾼, 통역관, 돈벌이를 찾아 몰려든 거간꾼, 청나라 상인 등으로 바글대던 거리에 정적이 내려앉았다. 매일 만실을 기록했던 호텔에 수시로 빈방이 생겨났다.

하지만 진짜 직격탄은 따로 있었다. 1899년 노량진역과 제물포역(현재의 인천역) 사이에 경인선 철도가 부설된 것이었다. 총 33.2킬로미터의 구간을 미국 브룩스 열차 제작소Brooks Locomotive Works에서 들여온 증기기관차가 시속 20킬로미터의 속도로 달렸다. 사람이 전력질주하는 속도보다 느렸지만 당시로서는 엄청난 고속이었다. 제물포역에서 노량진역까지 1시간 40분이면 도달할 수 있었고, 그곳에서 마차 또는 임대 자가용 등을 이용하면 넉넉잡고 2시간 30분이면 한성(이후에는 경성) 어느 곳이든 도착할 수 있었다. 더 이상 제물포에서 하룻밤을 묵을 필요가 없어진 것이다.

대불호텔이 경영난에 빠졌다는 소문이 돌자 산둥성 푸산 출신의 뇌문조賴文藻라는 사람이 접근했다. 그는 1915년부터 대불호텔 인근에서 '중화루'라는 중화요리집을 운영하고 있었다. 평상시 눈여겨보

2018년 복원한 대불호텔.
지금은 전시관으로 사용된다.

던 목 좋은 대불호텔이 문을 닫는다는 소식을 듣고, 그곳을 식당으로 이용하면 좋겠다는 생각에 연락을 한 것이었다. 그의 계획은 대불호텔 자리에 다수의 중국인과 화교, 일부 일본인과 한국인을 받는 고급 중화요리 주점을 열겠다는 것이었다. 뇌 사장은 40여 명의 화교와 일부 한국인 주주를 끌어모아 약 1만 6,000원의 자본금을 마련한 뒤 1918년 호리 부자로부터 호텔 건물을 매입했다. 그러고는 업종을 숙박업에서 음식점업으로 변경했다. 중화요리집 중화루의 역사가 본격적으로 시작하는 순간이었다.

사실, 훨씬 이전부터 대불호텔이 자리 잡은 곳 인근은 여성 접객원을 부를 수 있는 성인 대상 업소들로 불야성을 이루던 곳이었다. 그곳을 찾은 이들을 손님으로 불러들이겠다는 뇌문조의 아이디어는 대박을 쳤다. 대불호텔, 아니 중화루 1층 식당과 객실을 개조한 2, 3층 룸들은 식사와 술을 하러 온 이들로 바글거렸다. 개업한 지 불과 1년 만에 중화루는 인근의 공화춘 그리고 동흥루와 함께 '인천 3대 청요릿집'으로 꼽혔고, 몇 년이 더 지나자 인천에서 가장 잘나가는 중화요리집이 되었다.

그러나 중화루 역시 공화춘이 맞이했던 그 파고를 넘지 못했다. 아니, 오히려 먼저 얻어맞고 더 빨리 넘어졌다. 뇌 사장의 아들 뇌성구賴盛久씨가 물려받을 무렵까지만 해도 사정이 그렇게 나쁘지는 않았다. 하지만 해방 이후 식당 주인이 뇌씨에서 서씨로 바뀌면서 사정은 급격히 나빠졌다. 거리 전체의 유동인구가 줄어들면서 식당을 찾는 손님들의 발길 역시 뜸해졌고, 씀씀이가 큰 술손님 대신 어쩌다 한 번 들러 간단히 식사만 하고 가는 뜨내기 손님이 대부분을 차지하게 되었다. 결국 1970년대 초반 중화루는 문을 닫았고, 건물에는 몇몇 상점이 입점했다 폐점하기를 반복하더니 어느새 사람들의 관심에서 멀어졌다. 그리고 건물마저 1978년 허물어져버렸다.

앞서 이야기했던 것처럼, 화교사회의 구심점 역할을 하던 양감민 선생은 바로 이 중화루의 전통을 우심진 사부와 함께 다시 이어가고 싶었다. 오랜 설득과 준비 작업 끝에, 원래의 자리(대불호텔이 있던 자리, 현재는 '대불호텔 전시관')에서 그리 멀지 않은 곳에 과거를 능가하는 대규모의 중화요리집을 재탄생시킨 것이 1985년이다. 과거 인천을 대표하는 중화요리집이었던 중화루의 전통과 상호를 그대로 계승했다는 홍보 문구에 공화춘의 적통 자손이 합류했다는 소문이 나면서, 중화루는 과거의 영광을 되찾은 정도는 아니지만 현재까지도 잘 운영되고 있다.

다만 2003년 우심진 사부가 작고하면서 3인 동업체계는 깨지게 되었고, 현재는 과거의 공화춘과 중화루 모두와 인연이 있는 손씨 성을 가진 이가 경영을 맡고 있다. 한편, 우심진 사부의 막내고모인 우란영于蘭英 여사는 같은 화교인 왕씨 집안 사람과 결혼했는데, 그렇게 우씨 집안의 막내 사위가 된 왕입영王立永 사부는 한동안 공화춘에서 일하다가 1980년 '신승반점'을 세워 독립했다. 현재는 신승반점이 공화춘의 정통성 있는 후계자를 자처하며 각종 복원과 기념사업, 역사 정리 등의 작업을 주도하고 있다.

인천에서, 냉면이 탕수육을 만났을 때

그런데, 아이러니하게도 우리나라 중화요리를 부흥으로 이끌었던 '귀인'과 탕수육으로만 보자면 가장 큰 위기를 불러일으켰던 '원흉'

이 모두 인천 차이나타운으로부터 유래한다.

아는 이가 아직까지는 그다지 많지 않은 듯한데, 인천은 꽤 오래전부터 역사와 전통을 자랑하는 냉면집들이 즐비했던 지역이다. '6.25전쟁 시절 이북에서 피난을 떠나 인천항을 통해 들어온 이들이 냉면집을 차려서 그런 거겠지?'라고 추측했는데, 이미 냉면은 그 이전부터 인천에서 유행하던 음식이었고, 유명한 냉면집은 그보다 훨씬 이전부터 호황을 누렸다. 지금의 동인천역에서 답동사거리까지 쭉 뻗은 신작로 주변이 대표적인 냉면 거리였다. 지금은 사라졌지만 인천에서 가장 오래된 평양냉면집으로 유명했던 '평양관'과 그 뒤를 잇는 '경인관'이 용동(현재의 인현동) 인근에 있었고, '풍성관'과 '인천관'이라는 냉면집은 금곡동에 자리 잡고 있었다. 답동에서 문을 열었던 '사정옥'이라는 냉면집은 '중머리'라 불리던 자전거 배달부만 10명 넘게 고용했던 대규모 업소였다. 이들 업소는 식사 시간이면 손님으로 가득 차고 밖에 줄까지 서야 할 정도로 큰 인기를 끌었다.

인천의 냉면집이 특히 유명했던 것은 배달에 특화되어 있다는 점 때문이었다. 물론 냉면 자체가 원조 격인 평안도와 함경도에서도 끼니보다는 추운 겨울밤의 야식으로 사랑받았기에, 간단히 포장해 사 오는 음식 또는 배달시켜 먹는 음식으로 발달해왔다. 이에 다른 지역에서도 자연스럽게 배달음식으로 포지셔닝되었다. 조선 후기 실학자인 황윤석黃胤錫이 53년간 쓴 일기를 모아 편찬한 《이재난고頤齋亂藁》에, 1768년 7월 과거시험을 본 다음 날 점심에 일행과 함께 냉면을 시켜 먹었다는 기록이 남아 있다. 무려 250여 년 전에 이미 냉면은 배달음식으로 인기를 끌었던 것이다.

한반도 남부에서 냉면으로 유명한 진주에서는 냉면 배달의 가장 큰 고객이 교방敎坊에 재직 중인 관기들이었다. 조선시대 궁중 행사 등에서 연주되는 음악 및 무용 등에 관한 모든 것을 책임지는 장악원掌樂院이라는 관청이 있었다. 장악원은 연회나 잔치에서 음악을 연주하는 악공들이 소속된 우방右坊과 제례의식 등에서 음악을 연주하는 악공들이 소속된 좌방左坊으로 구성되었다. 흥을 돋우거나 행사를 더욱 화려하게 만드는 데 동원된 춤추는 아이들인 무동舞童과 기예를 보유한 아리따운 여성을 일컫는 여기女妓 역시 우방과 좌방에 각각 소속되어 있었다. 이 우방과 좌방을 합쳐서 교방敎坊이라 불렀는데, 평양교방과 진주교방이 특히 유명했다. 진주교방이 문을 닫은 것이 1909년 무렵인데, 교방에 속한 기녀들이 진주냉면의 주된 고객이었다는 것은 이미 1900년대 초반 진주에도 냉면 배달문화가 자리 잡고 있었다는 얘기가 되겠다.

하지만 그런 점을 감안하더라도 인천 냉면의 배달문화는 조금 독특했다. 인천 지역을 중심으로 활동했던 사진작가 김석배 선생의 회고에서 이를 엿볼 수 있다. 1938년 선생의 나이 열네 살 무렵에 서울 을지로에 사는 부유한 삼촌 댁에서 일주일간 머물 기회가 있었다고 한다. 그중 하루 삼촌의 손님 세 분이 방문해 함께 마작을 두다가, 출출했는지 어딘가로 전화를 걸어 냉면 열다섯 그릇만 보내달라고 했단다. 어디에다 전화를 한 건지 궁금해하다 보니 몇 시간이 흘렀고, 냉면 배달을 온 점원은 자신이 인천에 있는 '경인관'에서 왔다고 소속을 밝혔다.

주문전화 이후 냉면이 배달된 경로는 이랬다. 주문을 받은 주방장은 먼길을 가야 할 냉면의 면은 조금 덜 삶고 육수를 담은 주전자는 새어 나가지 않게 보자기로 꽁꽁 동여맸다. 준비가 다 되면 목판에 싣고 미제 올즈모빌Oldsmobile 택시를 타고 동인천역까지 간 뒤 경인선 기차를 타고 서울역에 내려 다시 택시를 타고 주문한 곳인 을지로의 저택에 도착하면 배달이 완료된다. 이후 손님들이 냉면을 다 드실 때까지 기다렸다가 그릇을 회수한 후 온 순서를 되짚어 식당으로 되돌아갔다고 한다.

냉면 한 그릇이 당시 돈으로 15전이었기에, 15그릇이라고 해봐야 2원 25전이다. 하지만 왕복 기차 요금이 1원 16전, 택시비가 4번 타는 데 도합 3원, 배달한 인부에게 지불한 수고비가 1원 해서 5원 16전이었다고 하니, 배보다 배꼽이 훨씬 큰 배달이었다. 그럼에도 당시 서울의 부자나 세도가치고 인천의 냉면 한 번 안 시켜 먹은 사람이 없었다고 한다.

이처럼 일찍이 배달문화에 대한 거부감이 없었던 인천에 배달하기 딱 좋은 중화요리가 더해지면서 배달음식으로서 중화요리가 본격적으로 각광받기 시작했다. 앞서 이야기했던 중화루 역시 배달을 운영했는데, 당시로서는 거의 이리듐 위성전화* 수준이었던 유선전화기를 자그마치 두 대나 두고 배달을 돌렸다고 한다. 물론, 최초로 중화요리를 배달한 음식점이 인천의 중화요리집이라는 명확한 근거가 있는 것은 아니다. 이미 인천이 아닌 다른 지역에서도 나무 배달통에 음식을 담아 배달하는 중화요리집이 등장했음을 짐작할 수 있는 기사들을 당시 신문 여러 곳에서 찾아볼 수 있다. 인천이 중화요리 배달이 가장 활성화되었던 곳이라고 하기도 어렵다. 오히려 대규모 식당이 많아서 배달보다는 연회요리 중심으로 발달해왔다. 그럼에도 불구하고, 배달음식에 너그러울 수밖에 없었던 인천의 분위기가 중화요리 배달문화 발달에 적지 않은 영향을 미쳤던 것은 틀림없어 보인다.

내가 이처럼 배달에 민감한 것은, 적어도 우리나라 탕수육의 맛을 변질시키고, 최근 수십 년간 가장 가치 없는 소모적 논쟁이 벌어지도록 만든 것이 바로 배달이(라고 생각하)기 때문이다.

탕수육은 고기에 반죽을 묻혀 튀긴 후 양념을 한 요리다. 튀김 요리의 맛을 좌우하는 것이 여러 가지 있겠지만, 가장 대표적인 것이 바삭함이다. 그런데 튀김의 바삭거림에 가장 큰 장애물이 되는 것은 바로 수분이다. 물기가 묻고 시간이 조금만 지나면 튀김은 순식간에 눅눅해져 가장 대표적인 맛 하나를 잃게 된다. 그러다 보니, 제법

---

* Iridium satellite constellation project. 777개의 인공위성을 쏘아 올려 전 세계를 커버하는 위성통신 기반 휴대폰을 만들려는 계획이었으나 로밍 서비스의 등장, 과도한 비용, 낮은 효율 등으로 인해 극히 일부 영역에서만 쓰이는 희귀 서비스가 되었다.

먼 거리로 탕수육을 배달해야 하는 경우가 발생하자 고기튀김과 수분을 머금은 소스를 분리해 포장하는 방법이 등장할 수밖에 없었다. 멀쩡한 음식이었던 탕수육이 고기튀김과 소스로 나뉘어 준비된 미완성 요리로 전락한 것이다. 그리고 우리에겐(최소한 나에겐) 재앙과도 같은 '부먹찍먹 논쟁'이 시작되었다.

배달 탕수육이 우리의 건전한 탕수육문화를 망쳐놓은 만행에 대해서는 뒤에서 더 분노할 기회가 있을 테니, 이쯤에서 놓았던 끈을 다시 잡을까 한다.

비단 없는 비단장수 왕 서방

1970년대 말 이후 쇠퇴를 거듭하던 인천 차이나타운과 그곳에 자리 잡았던 중화요리집들은 2000년대 초반부터 반전의 기회를 얻었다. 대륙과 관계 개선이 이뤄지고 교역 규모도 크게 성장하면서 '중국문화의 영향을 받은 지역', '중국인 집단 거주지' 등이 더 이상 감춰야 할 사실이 아니라 관광객을 유입시키는 요소이자 지역 홍보의 중요한 소재로 변모한 것이다. 화교학교의 시설 개선과 증설, 도교 사원 건축, 각종 역사관 및 문화관의 건립이 줄을 이었다. 당연히 중화요리집들도 다시 문을 열거나 이전에 비해 규모를 대폭 확장했다. 물론, 인천 차이나타운에 거주하는 화교의 상당수는 중국이 공산화되기 이전 산둥성에서 이주해 온 사람들의 후손 또는 대만에서 넘어온 사람들이다. 현재의 중화인민공화국과는 큰 연관이 없거나 심지어 적대시하는 이들도 많다. 그래도 중국과 사이가 좋아진 것이 인천 차이나타운의 재도약에 긍정적인 영향을 미친 것만은 틀림없어 보인다.

인천 차이나타운 내에는 당연히 중화요리집들이 즐비하다. 서너 평 크기의 작은 화덕 호떡집부터 4, 5층짜리 건물을 통째로 사용하는 대형 중화요리집까지 그 종류도 다양하다. 그 정통성에 있어서는 이견이 분분하지만 어찌됐든 옛 이름 그대로 다시 문을 연 공화춘을 시작으로, '하얀짜장'을 내세워 큰 인기를 끌었던 장군유張君瑜 사부의 '연경대반점', 음식보다 탁월한 입지 선정과 엄청나게 신속하고 과감한 상호 선점으로 홍보 효과를 톡톡히 보고 있는 '청관淸館'*을 꽤 여러 블로거가 '인천 차이나타운 3대 중국집'이라고 적어놓았던 데, (미안하지만) 말도 안 되는 헛소리에 불과하다.

인천 차이나타운에는 '백년짜장'을 시그니처 메뉴 삼아 크게 성장한 서학보 사부의 '만다복'도 있고, 우희광 선생의 직계 손주 부부가 운영하는 터라 공화춘의 실질적인 적통 계승자로 인정받는 신승반점도 있다. 산둥성 출신의 부모에게서 태어난 화교 2세 범연강范延强 사부가 무역업에 종사하다가 차이나타운의 발전 가능성을 보고

**공화국의 봄이
인천에 찾아오다**

2002년에 문을 연 '태림봉'도 성업 중이고, 만두로 차이나타운을 평정했다는 평가를 받는 '원보'는 주말이면 타지에서 몰려든 손님들로 긴 줄이 늘어선다. 다만, 원보는 탕수육을 내지 않기에 나는 이곳을 갈 때면 홀에서 먹기보다는 늘 포장으로 만두만 사 오곤 한다. 명성으로만 치면 원보를 이기기가 쉽지 않지만, 짧은 업력에도 맛만큼은 가히 전국구급으로 인정받고 있는 화덕 만둣집인 곡창준曲昌俊 사부의 '십리향'도 있다. 이외에도 동보성, 향래객, 중국성, 복림원 등 수많은 중화요리집이 인천 차이나타운의 완벽한 부활을 꿈꾸며 열심히 손님들을 받고 있다.

하지만 나에게 인천의 탕수육 맛을 상징하는 공간은 차이나타운에서 조금(아니, 굉장히 멀리) 떨어진 부평에 위치했던 '덕화원'이다. 과거 손님이 들끓던 시기, 덕화원은 외관에서부터 방문하는 이들의 기를 완벽히 눌렀다. 흰색 바탕에 파란색 글씨로 쓰여진 간판은 한글은 한 글자도 없이 굵직한 한자로 '傳統中華料理 德華園(전통 중화요리 덕화원)'이라 쓰여 있었으며, 그 밑으로 전화번호 일곱 숫자가 무심하게 달려 있었다. 기둥에는 오래된 중화요리집에서 공통적으로 발견할 수 있는 목간판이 달려 있었는데, 얼마나 오래 썼던지 네 귀퉁이가 모두 닳아 있는 상태였다. 가게 안으로 들어가면 예전 중화요리집에서 주로 볼 수 있던, 세로쓰기한 차림표가 벽에 걸려 있었고, 내부에 있는 거의 모든 것은 그 처음이 언제부터였을지 짐작조차 가지 않을 만큼 오래된 것투성이였다.

덕화원의 탕수육은 내가 이상적으로 생각하는 전통의 맛에 거의 근접했다. 돼지고기튀김은 너무 무르지도 너무 단단하지도 않아, 첫 식감은 바삭하면서도 안은 쫄깃했다. 튀김옷과 고기의 양념이 담백해 밍밍한 듯하지만 듬뿍 얹혀진 소스를 묻혀 고춧가루를 아끼지 않고 넣은 간장에 찍어 먹으면 그 맛이 기가 막혔다. 깡통 통조림 따위는 전혀 쓰지 않고 설탕, 식초, 소금을 탄 물에 오이, 당근, 배추, 대파, 목이버섯을 넣고 볶다 녹말물을 살짝 끼얹은 소스는 굴소스, 간장, 토마토케첩 범벅이 된 요즘의 시커멓거나 벌건 소스에 비해 덜 자극적이면서도 훨씬 깊은 맛을 냈다. 특히, 고춧가루 간장과 만나면 그 맛이 한 번 더 업그레이드되는 경이로운 일이 일어났다. 어쩌면 제대로 된 맛의 탕수육을 찾기 위해 떠도는 내 여정을 끝마쳐도 되는 수준의 맛이었다.

하지만 문제점이 하나 있다. 내가 덕화원 이야기를 하며 문장을 자꾸 과거형으로 쓰는 것에서 이미 짐작한 독자도 있겠지만, 이 글을 쓰는 현재 덕화원은 폐업을 한 상태이기 때문이다. 화교 출신 마조운馬兆雲 사장이 거의 60년간 영업을 이어왔지만, 가게가 위치한 지역이 '산곡도시환경구역'으로 지정되면서 겸사겸사 문을 닫게 되었다.

문득 서글퍼진다. 시대가 변한 것인지, 세대가 바뀐 것인지, 과거 우리의 '진짜 중화요리'를 내던 집들이 이런 저런 이유로 점점 문을 닫고, 식당을 물려받아야 할 후손들은 다른 직업을 갖거나 아예 한국을 떠나 다른 나라로 가버리고 없다. 그와 함께, 내 인생 초반기의 파티 음식이었던 '우리 음식 탕수육'을 맛볼 수 있는 기회 역시 확연하게 줄어들고 말았다. 어디선가 이런 노래가 들려오는 듯하다.

비단이 장사 왕서방~ 명월이한테 반해서~

비단이 팔아 모은 돈~ 통통 털어서 다 줬어~

명호와 명호와 돈이가 어버서도 명호와~

명월이하고 살아서 왕서방 기분이 좋구나~

우리가 반해서 아아아~ 비단이 팔아도 명호와~

– 〈왕서방연서〉, 김정구 노래, 1938년

비단 팔아 모은 돈 통통 털어서라도 제대로 된 중화요리집에서 내 기억 속 바로 그 맛, 그 탕수육을 맛볼 수만 있다면 정말로 좋겠다. 이제는 어디로 또 떠나봐야 할까.

당나라 때부터
이어진 인연

왜 당진에 맛있는 중화요리집이 적은 걸까?

영국으로부터 독립한 미국과 캐나다에는 (당연히) 영국 문화나 역사에서 유래한 지명이 많다. 심지어 세 나라에 있는 전혀 연관성이 없는 각각의 도시가 똑같은 이름을 쓰고 있는 경우도 제법 된다. 요크York, 셰필드Sheffield, 헌팅턴Huntington 같은 지역명이 대표적이다. 그런데 이런 경우가 우리나라와 일본에도 존재한다. 물론 우리나라 역시 지난 20세기 초반 35년간 일제의 식민 지배를 받았고, 이후로도 상당 기간 일본으로부터 경제·문화적 영향을 받아왔기에 그럴 수 있으려니 싶겠지만, 그와는 전혀 상관없는 이유로 두 나라가 같은 지명을 사용하는 경우가 있다. 바로 '당진'이다.

충청남도 서북쪽에 당진시가 있다. 대형 제철소가 들어서고 주요 고속도로와 산업도로 여러 개가 뚫리면서 빠르게 성장하고 있는 도시 중 한 곳이다. 그런데 일본 서남쪽 규슈九州 사가현佐賀県에도 똑같이 당진시가 있다. 물론 한자 표기가 우리나라의 '당진唐津'과 동일하다는 얘기고, 일본어 발음으로는 '가라쓰からつ'라고 읽는다. 재미있는 것은 미국의 경우 영국의 지명을 그저 흉내 내서 혹은 아무 의미 없이 그대로 가져다 쓴 경우가 대부분인데, 한국과 일본의 '당진'은 해당 지명이 붙게 된 사연이 있고, 그 사연까지 똑같다는 점이다.

가라쓰가 일본 사람들에게 그 이름을 본격적으로 알리게 된 것은 대륙에서 당나라가 사회적 안정을 이루고, 무역을 통해 세계와 적극적인 교류를 시작하면서부터다. 가라쓰는 규슈섬에서 서쪽으로 쭉 삐져나온 지리적 이점을 바탕으로, 한반도 및 당나라와의 무역에서 전초기지 역할을 톡톡히 해냈다. 날이면 날마다 당나라 상인과 물자를 실은 배들이 항구로 몰려들었고, "이곳의 이름이 뭐냐?"고 묻는 당나라 상인들에게 왜인들은 "이곳은 당신들과 거래하기 위한 곳이다. 때문에 '가라쓰唐津'라는 이름을 붙였다."라고 답했다.

당나라 시대부터 가라쓰는 일본 대중 무역의 주된 창구였고, 지금도 이 도시의 곳곳에는 당나라 상인들이 남기고 간 흔적들이 넘쳐난다. 반면, 한자가 똑같은 우리나라 당진은 사정이 좀 다른 듯하다. 분명 같은 한자를 쓰고, 도시의 이름에 '당'이라는 글자가 들어가게 된 연유가 당나라와 연관이 있고, 이후로도 중국 대륙과 직선거리로 가장 가까운 항구 중 하나로 당진항이 발전해왔음에도, 당진에서는 당나라는커녕 중국의 흔적을 발견하기가 쉽지 않다. 맛있는 중화요리집 찾기도 어렵다. (몇 곳 있긴 있다. 다만, 그 이름에 비해 수가 많지 않다는 얘기다.) 대신 탕수육, 아니 우리나라 중화요리는 그 인근의 '다른 곳'에서 엄청난 성장을 이뤄냈다.

송탄 중화요리계를 지켜온 왕씨 일가

송탄(아니, 1995년 5월 송탄시와 평택시가 통합되며 평택시 송탄동이 되었으니 이제는 평택인가?)에는, 도시 규모와 이름값에 비해 오랜 역사와 놀라운 실력을 자랑하는 중화요리집들이 즐비하다.

'인화루'은 1967년 왕진민王振民 선생이 창업한 뒤 외조카 왕충복王忠福 사장이 물려받으면서 현재 위치로 이전해 2대째 운영 중인 중화요리집이다. 부추즙을 넣어 반죽한 면을 사용한 식사류가 좋다. '소락천'은 역사가 조금 복잡하다. 1940년대 중반 주학문朱學文 선생이 창업한 '경화원'을 아들 주전영朱傳英 사장이 물려받았고, 미국 유학까지 다녀온 손녀 주경봉朱慶鳳 사장이 또 물려받아 상호부터 인테리어까지 완전히 다른 분위기의 중화요리집으로 탈바꿈시켰다. 그렇기에 소락천이 경화원의 역사를 이었다고 해야 할지 말아야 할지 잘 모르겠다. '태화루'는 1963년 손성린孫成麟 선생이 창업해 운영하다가 자신의 동생인 손성기孫成基 사장에게 물려준 중화요리집이다. 이를 손성기 사장의 아들인 손덕위孫德瑋 사장이 물려받았고, 2012년 현재의 위치로 이전했다. 고기짬뽕으로 한때 전국구급 인기를 끌었다.

'홍태루'는 1966년 왕민지王敏智 여사가 창업해 운영하다가 셋째 아들인 여덕정呂德正 사장에게 물려준 중화요리집이다. 여 사장의 취미가 녹아든 젊은 취향의 인테리어가 인상적인 식당으로 유명하다. '쌍홍원'은 송탄, 아니 평택 중화요리계의 맏형 격인 식당으로, 개업 시기는 무려 1927년으로 거슬러 올라간다. 당시 임일홍林一紅 선생이 '쌍성원'이라는 식당의 문을 열었고, 이를 아들인 임장록林長祿 선생이 물려받으면서 1961년 현재의 이름으로 상호를 변경했다. 1993년부터 3대인 임연봉林蓮蓬 사장이 물려받아 운영하고 있다.

하지만, 뭐니 뭐니 해도 송탄 중화요리의 이름을 대내외에 널리 알린 최고의 공은 '영빈루'에 돌려야 할 듯하다. 1930년대 초반 왕영경王永慶 선생이 압록강을 건너와 신의주에 자리를 잡고 호떡집을 차렸다. 이때의 호떡집은 현재와 같은 간식용 먹거리만이 아니라 만두, 찐빵, 국수 등을 함께 파는 일종의 중화 분식집이었다. 1945년 해방이 되자 왕 선생은 한창 돈이 몰리던 인천으로 내려와 중화요리집을 창업했고, 아들 왕기봉王基鳳 사부가 아버지를 도왔다. 이후 성인이 된 왕기봉 사부가 송탄으로 이주해 1970년 영빈루를 창업했다.

송탄에서 맛으로 유명세를 떨치게 된 영화루가 전국구로 도약하게 된 데에는 정체불명의 ‘전국 5대 짬뽕’ 리스트가 한몫 톡톡히 했다. 해당 리스트를 보고 송탄에 몰려와 이 집 짬뽕을 맛본 이들이 “송탄에 가면 ‘불맛’이 나는 고기 듬뿍 든 짬뽕이 있는데, 그 맛이 기가 막히다!”라는 입소문을 냈고, 몰려든 사람들로 가게는 인산인해를 이뤘다. 영빈루의 명성이 높아지고, 늘어난 손님들을 감당하기 어렵게 되자 왕 사부의 아들들이 제각각의 방식으로 가업을 도왔다. 먼저 셋째아들인 왕석천王錫泉 사부가 독립해 나와 홍대 인근에 ‘초마’라는 중화요리집을 개업했다. 문을 열 때부터 조짐이 예사롭지 않더니, 삽시간에 짬뽕 좋아하는 이들 사이에 ‘제대로 된 짬뽕을 먹을 수 있는 곳’으로 인정받으며 엄청난 인기를 모았다. 현재는 곳곳에 분점을 내고 밀키트를 출시할 정도로 크게 성장했다. 큰아들인 왕석보王錫寶 사부 역시 독립하기는 했으나 ‘영빈루’라는 상호는 그대로 들고 나왔다. 일종의 분점을 내는 방식으로 홍대와 합정동 인근에서 중화요리집을 운영하고 있다. 넷째아들인 왕석중王錫中 사부는 송탄에 남아 아버지를 대신해 본점을 운영하고 있다.

그러나 짬뽕에 국한된 시야를 조금 넓혀 살펴보면 송탄을 대표하는 진정한 중화요리 가문은 단연 ‘홍행원 왕씨 일가’다. 1928년 왕기무王基茂 선생이 ‘홍행원’이라는 이름으로 중화요리집을 개업했다. 식당은 아들들의 도움으로 크게 번창했다. 특히 인근에 평택경찰서

송탄 홍행원 왕씨 일가의 중화요리집 중 하나인 개화식당의 탕수육.

가 있었던 덕분에 손님이 끊일 새가 없었다. 1960년에는 일을 돕던 큰아들 왕본동王本東 사부가 독립해 '개화식당'을 차렸다. 개화식당 역시 큰 인기를 끌었다. 왕본동 사부는 송탄 화교사회에 많은 기여를 한 것으로도 유명하다. 평택화교협회장으로 재직했고, 1971년 이래로 평택화교소학교 교장을 맡아 학교를 이끌어왔다. 왕 사부의 딸인 왕원옥王遠玉 씨가 화교소학교의 유일한 교사로 오랜 기간 봉사하기도 했다. 현재 개화식당은 왕 사부의 아들인 왕원성王元成 사부가 운영을 이어가고 있다.

한편 홍행원은 셋째아들인 왕본희王本熙 사부가 물려받았는데, 1983년 가게를 이전하며 이름을 '동해장'으로 바꿨다. 동해장의 대표 메뉴는 매콤한 유니짜장과 가지튀김인데, 처음에는 송탄과 인근 지역 사람들에게만 유명했던 것이 이내 수도권 전역으로 명성이 퍼져나갔다. 이후 몇몇 정보 소개 프로그램과 음식 맛을 겨루는 버라이어티쇼 프로그램에 소개되었는데, 그를 시청한 사람들이 전국에서 몰려들었다. 결국 왕본희 사부는 동해장을 아들에게 물려주고 자신은 평택종합운동장 인근에 새로운 식당을 열었다. 새로운 식당의 상호는 아버지 왕기무 선생이 시작했던, 그리고 자신들의 뿌리가 되었던 '홍행원'이었다. 여기에 인척관계인 홍태루, 쌍흥원까지 더해, 왕씨 일가는 송탄 중화요리업계에서 중추적 역할을 하고 있다.

당나라와 친한 도시에서만 맛볼 수 있는 탕수육

그런데 유독 송탄에서 중화요리업이 발달하고, 또 유명한 화교 요리사들이 몰려든 이유는 무엇일까?

근대에 아시아 국가들이 외국 문물을 받아들이는 창구는 조계租界*였다. 조계가 설치되면 외국인들이 몰려들고, 그들을 상대로 장

* 영어로는 Concessions in China라고 일컬을 정도로 동아시아, 특히 중국에서 흔하게 이루어졌던 조차의 한 형태 또는 그러한 형태의 조약에 따라 설정·임대된 지역을 말한다.

사를 하려는 이들이 찾아오면서 자연스럽게 상권이 발달하고 외국 문물이 스며들었다. 중국에서는 아편전쟁 이후 영국과 맺은 불평등 조약에 따라 처음으로 조계가 설치되었다. 이후 19세기 후반 영국, 미국, 일본 등 8개 국이 중국 대륙을 침략하는 근거지로 삼기 위해 개항 도시를 중심으로 추가 설치해, 한때 무려 28개 소에 달하는 조계가 운영되었다. 조계에서는 해당 조계를 설치한 국가가 행정력과 경찰력을 행사하며 국가 속 작은 식민지처럼 지배했다. 한국의 경우에도 개항장을 중심으로 비슷한 구역들이 설치됐다. 처음에는 우리가 '강화도조약'이라고 부르는 조일수호조규朝日修好條規 이후 일본의 압박으로 인해 조계 설치에 대한 논의가 본격적으로 시작됐다. 당연히 조선 왕실은 강하게 거부했지만, 이미 기울어진 국력으로는 오래 버틸 재간이 없었다.

1877년 부산항조계조약釜山港租界條約을 통해 부산에 조계가 설치된 이후 원산, 인천, 마산에 일본의 전관조계專管租界*가 설치·운영되었다. 목포, 남포, 군산, 청진에도 추가적으로 조계가 들어섰다. 대부분의 조계가 일본의 압박으로 설치되었기에, 당연히 일본의 입김과 영향력이 가장 컸다. 하지만 의외로 청나라의 영향도 많이 받았는데, 이곳에 돈이 몰린다는 소식을 듣고 청나라 노동인력이 대거 이주해 왔기 때문이다. 당연히 이들을 상대하는 식당도 속속 들어섰고, 그들

---

* 하나의 국가가 전적으로 관리하는 조계. 이와 달리 여러 국가가 함께 관리하는 공동조계共同租界도 있다.

을 중심으로 한 음식문화가 형성되었다. 부산과 인천의 차이나타운, 군산 개항장 인근의 여러 중화요리집은 그래서 납득이 된다. 그런데 송탄을 포함한 평택은 좀 특이하다. 도대체 왜 이곳에 이토록 활발하게 화교들이 몰려들고 중화요리집들이 생겨나고, 오랜 세월 사랑을 받으며 승승장구할 수 있었을까?

여러 설이 있지만, 나는 그 중요한 요인 중 하나로 아산만을 가운데 두고 이웃한 당진에서 찾고자 한다. 원래 당진은 오랫동안 '벌수지伐首只'라는 이름으로 불렸다. 예당평야를 비롯한 넓은 들판이 곳곳에 펼쳐져 있기에 붙은 이름으로 보인다. 실제로 옛 지명을 보면 '벌伐' 자가 붙은 곳은 땅이 넓고 평평한 평야지대인 경우가 많다. 그랬던 것을 통일신라 시기 경덕왕景德王이 '당나라와 교통하는 나루'가 있는 마을이라는 의미의 '당진'으로 바꾸도록 지시했고, 이 지명이 지금까지 이어졌다.

그 이름이 무리가 아닌 것이, 중국 대륙에서 한반도로 툭 튀어나온 산둥반도에서 한반도를 오갈 때 이용할 수 있는 나루터 중 가장 유리한 곳이 당진이었다. 일단 이동 거리가 짧았다. 비록 지금은 쏙 들어갔지만, 한때 산둥성과 당진을 잇는 해저터널 건설이 선거 공약으로 큰 화제를 불러 모았던 적이 있다. 물론 그 거리가 서울에서 부산까지의 고속도로 길이보다도 긴 357킬로미터로, 현실성 측면에서는 부정적인 반응이 주를 이뤘지만, 그런 이야기가 상당히 의미 있게 오고 갈 정도로 두 지역의 거리는 멀지 않다. 또한 해류 등이 유리하게 작용하는 안전한 뱃길로, 양국 뱃사람들이 선호했다. 과거 노와 돛에 의지해 배를 띄워야 했던 시기, 산둥반도 뱃사람들 사이에는 "바람이 안 불면 인천, 서북풍이 불기 시작하면 당진, 삭풍이 세차게 불면 군산"이라는 말이 있었다. 즉, 배 띄우기 가장 적당한 날씨에 나서면 자연스레 당진에 닿았다는 얘기였다.

당진은 청나라 말기까지도 조선에서 중국을 오가는 가장 중요한 관문 역할을 했지만, 1992년 한중수교 이후로는 아산만 건너 평택항이 중국을 오가는 교역 물량과 관광객을 담당하는 주요 항구로 급부상했다.

일제강점기에 그 역할을 인천(사람과 물자)과 군산(물자)에 잠시 빼앗기면서 사람들 사이에서 잊혔지만, 사실 한반도가 바닷길로 중국과 교류하던 주된 창구는 당진, 그리고 그 곁의 평택이었다. 그러고 보면 송탄을 포함한 평택에 화교생활권이 형성되고 멋진 중화요리집이 많은 것이 일면 이해가 되면서, 왜 당진에는 화교사회가 크게 형성되지 않았고 눈에 띄는 중화요리집도 없는지가 잘 이해되지 않는다. 물론 당진화교협회가 활발히 활동 중이고 몇몇 맛있는 중화요리집도 성업 중이다. 다만 '당나라와 교통하는 나루'라는 마을 이름에 비해서는 미약한 편이다. 그런 아쉬운 마음을 갖고 틈날 때마다 송탄에 있는 여러 중화요리집을 순례하며 탕수육을 맛보았다.

송탄 중화요리집에서 내는 탕수육은 내가 사랑하는, 내 기억 속 전통의 맛을 비교적 잘 유지하고 있다. 짬뽕으로 명성을 날리고 있는 영빈루의 탕수육은 요즘 트렌드를 반영해 고기튀김 따로, 소스 따로 제공된다. 거의 맹물처럼 보일 정도로 투명한 소스에는 슬프게도 통조림 과일 몇 개가 둥둥 띄워져 있다. 소스는 적당히 걸쭉한데, 식초와 설탕 맛밖에 나지 않는다. 소금과 후추로 양념을 한 고기튀김은 과하게 바삭하지 않은 폭신한 식감이다. 그런데 영빈루의 마법은 고기튀김 위에 소스를 부어 제대로 된 탕수육으로 만든 뒤, 간장에 식초와 고춧가루를 듬뿍 넣어 만든 양념장에 찍어 먹을 때 벌어진다. 이제까지 눈으로 확인했던 것에서는 기대할 수 없었던, 엄청난 맛의 향연이 입속에서 펼쳐진다. 고기에 묻은 후추와 소스에 들어 있는 식초, 거기에 간장과 고춧가루가 더해지면서, 씹으면 씹을수록 혼연의 감칠맛이 살아나는 놀라운 경험을 하게 되는 것이다.

홍행원의 탕수육은 다행히도(?) 소스와 고기튀김이 한데 어우러진, 제대로 된 요리로 서빙된다. 물론 곳곳에서 "고기 따로, 소스 따로 주세요."라 주문하는 안타까운 어린양들을 목격하게 되지만. 알맞은 크기로 손질된 고기에 적당한 두께의 반죽을 입혀 튀겨낸 뒤 양파와 양배추의 비중이 압도적으로 큰 소스를 끼얹어 나오는데, 소스의 맛은 역시 과하지 않고 달콤함과 새콤함이 강조되었다. 당연히! 간장에 식초와 고춧가루를 나만의 비율로 배합해 만든 소스가 필요한 맛이다. 그들이 더해지면? 역시 환상적인 맛이 만들어진다.

통복시장 한복판에 위치한 개화식당의 탕수육도 빠질 수 없다. 2대째로 이어지면서 맛이 약간 달라졌다는 평을 듣기도 하지만, 그래도 실력 어디 가지 않는다. 고기튀김은 홍행원과 흡사하고 소스에서 조금 차이가 있지만 그 다름의 정도가 크지는 않다. 양배추가 빠지고 양파의 비율이 크게 줄어들고 거기에 오이의 비중이 더 늘어난 정도? 소스는 역시 거무튀튀하지 않고 달콤함과 새콤함이 주를 이루는 맛이다. 이외에도 대부분의 중화요리집이 맛있는 탕수육을 내는 송탄은, 나 같은 탕성병자들에게는 성지와도 같은 곳이다. 그나저나 당진에서는 언제쯤 맛있는 탕수육을 맛볼 수 있을까?

또 한 번의 디아스포라

아니, 주윤발 따거가 그런 분이었다고?

고대 그리스에서는 고향을 지키고 사는 것이 쉽지 않은 일이었다. 자의로 자신이 태어난 폴리스polis를 떠나서 새로운 지역에 새로운 도시국가를 세우는 것이 유행이기도 했지만, 도편추방제陶片追放制* 를 포함한 다양한 추방, 기타 징벌적 파견 등이 성행하면서 평생 고향 땅을 밟아보지 못한 채 눈을 감는 이가 많았다. 그런 현실을 일컬

---

* 아테네 민주정을 위협할 우려가 있는 사람을 사전에 제거하기 위해 도자기 파편 조각을 이용한 투표로 뽑힌 인물을 국외로 10년간 추방하던 제도.

어 비유적인 표현으로 '우수한 그리스 문명을 전 세계(당시로서는 지중해 연안)에 파종한다.'고 했다. 여기서 '파종'이라는 뜻의 그리스어 '스포라'가 유행어처럼 쓰이게 되었고, 이후 '대규모로 고향(고국)을 떠나 타지(타국)에 가서 사는 행위 또는 그런 행위를 하는 집단'을 일컬어 '디아스포라diaspora'*라 부르게 되었다.

디아스포라는 인류 역사 전체를 거쳐 수시로 일어나던 일상적인 행위에 가깝지만, 그중에서도 역사의 물꼬를 바꾸고 문명의 변화에 영향을 준 디아스포라 몇 건이 있다. 가장 대표적인 건은 구약성경에도 등장하는 유대인들의 디아스포라다. 유대인들은 종교적·정치적 이유로 여러 번의 디아스포라를 겪었기에 '디아스포라=유대인'이라고 생각하는 이도 적지 않다. 그중에서도 가장 유명한 디아스포라는 제1차 유대-로마 전쟁이 유대인들의 참패로 끝난 뒤 일어났는데, 분노한 로마 황제가 예루살렘의 성전을 파괴하고 거주를 금지하면서 많은 유대인이 이스라엘을 떠나 지금의 이집트, 튀르키예, 시리아 등지로 떠났다. 유대인에 의한 최초의 자발적인 대규모 디아스포라였으며 이후 수많은 디아스포라의 본보기가 되었다는 점에서 역사적으로 중요한 사건이었다.

유대인들의 디아스포라를 유발했던 로마의 멸망 역시 또 다른 디아스포라와 관련이 있다. 무시무시한 전투력을 자랑하던 훈족Huns

* 현재는 특정 민족이 자의 또는 타의로 기존의 생활 터전을 떠나 다른 지역에 집단적으로 정착하는 것을 의미하게 되었다.

이, 살고 있던 초원을 떠나 서기 370년경 유럽 남동부 지역을 대대적으로 침공했다. 그들의 공격을 받은 게르만 계열 일파인 고트족Goths이 로마 영토로 디아스포라를 하면서 로마 국경선이 무너졌고 국가 기강이 흔들리기 시작했다. 물론 집권층의 부패, 일반 시민들의 사치와 향락, 국방 의무 회피 풍조 만연 등 다양한 원인이 더 있었지만, 어찌됐든 고트족을 주축으로 한 게르만족의 디아스포라가 로마 제국의 멸망을 앞당긴 것만큼은 틀림없어 보인다.

아메리카 대륙을 발견한 뒤, 유럽인들의 집단이주 역시 역사적으로 중요한 디아스포라였다. 영국 국교회가 주류를 이뤘던 권력층의 박해를 피해 배에 몸을 실은 청교도들과 대기근을 피해 배를 띄운 아일랜드인, 그리고 새로운 삶의 기회를 찾아 목숨을 건 항해를 택한 스페인, 폴란드, 이탈리아인들은 신대륙에 터를 잡고 저마다 새로운 터전을 만들어갔다. 하지만, 뭐니 뭐니 해도 우리에게 가장 많은 영향을 미친 디아스포라는, 특히 중화요리계와 탕수육의 변천에 큰 영향을 미친 디아스포라는 중국인, 조금 더 좁히면 객가인客家人의 디아스포라다.

객가는 한족의 일파로, 대륙에서의 난을 피해 남중국, 더 나아가 동남아시아 각국으로 이주한 이들을 말한다. 단순히 이주로 끝난 것이 아니라 이동해 간 곳에서 단단히 뿌리내리고 경제적·사회적으로 큰 성공을 거둔 이들이 많아, 흔히 객가를 일컬어 '아시아의 유대인'이라고 부르기도 한다. 실제로 객가 출신으로 알려진 인물들로는 재계 쪽으로는 한때 압도적인 재력으로 아시아 최고 부자 순위 1위를 수십 년간 독점했던 리자청李嘉誠 장강그룹 회장, 말레이시아 최고 갑부로 꼽히는 궈허녠郭鶴年 케리그룹 회장, (대만 사람들은 이 별명을 싫어하지만) 우리나라에는 '대만의 이병철'이라고 소개되었던 왕융칭王永慶 포모사그룹 회장, 한때 중국 여행을 다녀온 관광객들의 가방마다 꼭 들어 있던 호랑이 연고를 만들어 떼돈을 번 후원후胡文虎 호표그룹 회장 등이 객가 출신 부자들이다.

　연예계에서도 객가인은 반짝반짝 빛을 발했다. 홍콩 누아르를 대표하는 영원한 '따거' 주윤발周潤發(저우룬파), 화려하게 꽃피우고 절정의 인기를 구가하다 요절해 이제는 영원한 '오빠'로 남은 장국영張國榮(레슬리 청), 대만을 대표하는 만능 엔터테이너 주걸륜周杰倫(저우제룬) 등이 대표적인 객가 출신 연예인이다. 정관계로 눈을 돌리면 그 면면이 더더욱 화려해진다. 삼민주의를 주창하며 현대 중국의 기틀을 잡은 쑨원, 중국의 개방을 이끈 작은 거인 덩샤오핑鄧小平 전 중국 중앙군사위 주석, 싱가포르 독립의 영웅이며 독립 후 불과 20여 년 만에 나라를 선진국 반열에 올려놓은 리콴유Lee Kuan Yew — 우리는 이광요李光耀라고 부르는 — 전 수상, 대만의 민주화와 경제발전을 함께 이뤄낸 지도자로 평가받는 리덩후이李登輝 전 총통, 필리핀 민주주의운동의 상징인 코라손 아키노Corazon Aquino 전 대통령, 태국에 경제 발전과 민주주의의 후퇴 모두를 가져다준 문제적 인물 탁신 친나왓Thaksin Shinawatra(중국명 추다신丘達新) 전 총리 등이 모두 객가인의 후손이다.

동북아시아의 유대인이 탄생하다

객가는 한 번에 형성된 것이 아니라 몇 차례의 대규모 이주에 의해 형성되었다고 보는 것이 정설이다. 그 첫 번째는 한나라가 멸망한 220년경에 시작돼, 위진남북조魏晉南北朝 시대와 수나라를 거쳐 당나라가 들어서기까지 약 400년간 이뤄졌다. 특히 서진西晉 시대 말기에 절정을 이뤘다.

당시 잠시나마 중원을 통일했던 진무제晉武帝는 황제의 권위를 보호하고 후손들이 안정적으로 정권을 유지할 수 있도록 자신의 형제, 조카 등을 왕(국가를 다스리는 왕이 아닌 일종의 영주 개념)으로 봉하고 일정한 토지를 주어 다스리도록 했다. 그렇게 등장한 것이 여남왕 사마량汝南王 司馬亮, 초왕 사마위楚王 司馬瑋, 조왕 사마륜趙王 司馬倫, 제왕 사마경齊王 司馬冏, 장사왕 사마예長沙王 司馬乂, 성도왕 사마영成都王 司馬穎, 하간왕 사마옹河間王 司馬顒, 그리고 동해왕 사마월東海王 司馬越, 이른바 팔왕八王이었다. 문제는 이들 모두가 야심만만한 호걸이라 "왕은 왕인데… 이게 뭐야? 나라고 황제가 되지 말란 법 있어?"라고 생각한 데다 실제 황제였던 무제의 아들 혜황제惠皇帝 사마충司馬衷의 능력은 지적장애가 의심되는 수준이었다는 점이다.

매일 멍한 얼굴로 정신 나간 소리만 일삼는 황제를 보며 자신이 황제가 될 꿈을 키운 여덟 명의 왕은 이후 16년간 서로 죽고 죽이는 참혹한 권력투쟁에 빠져들게 되는데, 이를 '팔왕지란八王之亂'이라 부른다. 이 난리통을 피해 한족 중 일부가 피난길에 올라 대륙의 남쪽으로 향했다. 이를 '객가의 1차 형성' 또는 '제1차 대이동'이라 한다. 그저 조금 남쪽으로 도주한 것이 아니라 이때 이미 광둥성, 푸젠성, 장시성江西省 등 현재까지도 객가의 본류가 가장 많이 거주하는 지역까지 이주를 마쳤다. 즉, 첫 이동부터 객가의 기본 틀이 형성된 셈이다.

두 번째 이주는 당나라(618~907) 말기에 이뤄졌다. 당 중기 이후 국력이 쇠퇴하고 재정이 바닥나자 황제는 지방에 번진藩鎭을 설치하고 그를 다스리는 절도사節度使들에게 병력의 모집과 운영을 모두 책임지도록 했다. 이에 일부 절도사는 있는 힘껏 세를 키워 강력한 번진을 구성했지만, 나머지 다수의 절도사는 동네 어중이떠중이들을 끌어모아 군대 같지도 않은 군대를 만들고 대충 나라를 지키는 흉내만 냈다. 당연히 군대의 명령체계가 무너졌고, 국방력은 형편없이 약해졌다. 결국 운주절도사鄆州節度使* 이사도李師道가 반란을 일으키자 그를 물리칠 군대가 부족했던 당나라는 신라에 구원병을 요청하는 신세가 됐다.

* 운주는 지금의 중국 산둥성 원청현鄆城縣과 둥핑현東平縣에 있었던 지역 이름이다.

신라의 헌덕왕은 완산주(지금의 전주) 도독都督*이었던 김웅원金雄元 장군에게 3만 명의 군사를 이끌고 가 당을 돕도록 했다. 하지만 선발대가 가서 전황을 살펴보니 반란을 막아야 할 절도사들은 이미 종적을 감춘 지 오래였고, 그 밑의 부하 장수들이 군량미를 다 팔아먹어 창고는 텅텅 빈 상태였다. 게다가 병사들은 늘 술에 취해 있었고, 대부분은 아예 집으로 돌아가 생업에 종사하고 있었다. 그나마 행운이라면 반란군인 이사도의 군대 역시 크게 다를 바 없었다는 점이다. 김웅원 장군이 이끄는 신라군이 도착하기도 전에 자기들끼리 자중지란을 벌이다 스스로 망해버리고 만 것이다. 이때부터였을까, 오합지졸을 뜻하는 단어로 '당나라 군대'라는 말이 퍼지기 시작한 게? 아무튼, 당나라는 이후로는 단 한 번의 반전도 없이 국력이 쇠락하며 몰락의 길로 접어들었다.

국가 시스템이 망가져 세금이 제대로 걷히지 않자 나라 살림은 형편없이 망가졌고, 결국 당나라는 소금을 국가가 전매하는 제도를 전격적으로 도입했다. 당시 가장 귀중한 자원으로 여기던 소금의 매입, 보관, 유통, 판매에 대한 권리를 개인으로부터 강제적으로 빼앗아버린 것이다. 기존에 소금 관련 업무를 하던 이들은 해당 지방에서 절도사 못지않은 막대한 부와 권력을 갖고 있었다. 그랬던 이들이 하루아침에 직업을 잃고 하층민으로 전락하게 되자 극심한 불만의 목

---

* 신라시대 아홉 개 주를 다스리던 지방관으로, 현재의 도지사에 군사령관을 합친 개념으로 볼 수 있다.

소리가 터져 나왔는데, 그 목소리의 주인공 중에 황소黃巢도 있었다.

황소가 나서기 전부터도 이미 전국 곳곳에서 반란과 시위가 속출하고 있었지만, 그가 등장하면서는 판도가 아예 바뀌었다. 소금 장사를 하고 있었지만, 그는 원래 여러 차례 과거시험에 응시했던 유생이었다. 말과 글에 능했기에 힘이 아닌 논리로 사람들을 끌어모았고, 삽시간에 세력을 불려 수도 장안까지 쳐들어갔다. 황소는 그곳에서 제나라를 창건하고 스스로 왕위에 올랐다. 후세에 의해 당시 동아시아 역사 판도를 뒤바꾼 사건으로 평가받는 '황소의 난'이다. 황소의 난은 단순히 특정 세력의 반란이 아니라 당나라의 몰락과 중원 판도의 변화를 몰고 온 대형 사건이었다. 행정은 완벽하게 무너졌고, 경제활동 역시 마비되었으며, 힘있는 자가 약한 자를 괴롭히고 재산을 빼앗아도 어디에 하소연할 수 없는 무정부 상태가 지속되었다. 다시금 수많은 한족이 고향을 떠나 남으로, 더 남으로 내려갔다. 이때를 '객가의 2차 형성' 또는 '제2차 대이동'이라 부른다.

세 번째 이주는 남송南宋 시기에 이루어졌다. 가뜩이나 국력(특히, 병력)이 약했던 송나라(북송, 960~1127)는 건국 이후 지속적으로 북방 거란족이 세운 요遼나라에게 괴롭힘을 받아왔다. 시달림이 몸에 밸 무렵, 이번에는 요나라를 물리친 여진족이 세운 금金나라가 송을 압박했다. 결국 송나라 황실과 조정은 수도까지 버리고 양쯔강 남쪽으로 이동해 새로운 나라를 세웠는데, 이것이 남송(1127~1279)이다. 수도의 위치를 조금 남쪽으로 옮기고 세력의 중심지 역시 남으로 이동했지만, 위험이 사라진 것은 아니었다. 거란, 여진에 이어 몽골족까지 몰려 내려와 괴롭히기 시작하자 남송의 한족 중 일부는 또다시 짐을 싸서 남쪽으로 먼 이주 길에 올랐다. 주로 안후이성, 저장성浙江省, 장시성, 장쑤성江蘇省 사람들이었는데, 과거 두 차례의 이주민보다 훨씬 많은 수의 사람이 이주했다. 이 '객가의 3차 형성' 또는 '제3차 대이동' 덕분에 중국 남부에

국립대만박물관에 소장된 정성공 초상화.
(작자 미상, 17세기 중반)

서 객가는 본격적으로 세력을 이루게 되었다.

네 번째 이주는 청나라 시기, 특히 강희제康熙帝 치세에 집중되었다. 청나라가 건국한 지 꽤 오랜 시간이 지났지만, 청나라에 반대하고 명나라를 다시 세우겠다는 반청복명反淸復明 운동이 지속적으로 발발했다. 그 중심에 정성공鄭成功이 있었다. 그는 대만섬을 근거지로 삼아 지속적으로 청나라를 괴롭혔다. 정성공은 일본에서 태어나 바닷가에서 성장한 인물이라 해군 전술에 능했다. 내륙을 근거지로 발전해 바다에 익숙지 못한 만주족의 청나라를 꽁꽁 묶어두고 중국 연안 바닷길을 지배했다. 수차례 승전을 통해 어느 정도 자신감이

붙은 정성공은 아예 '멸청복명滅淸復明'을 내세우며 대륙으로의 직접적인 공격을 천명했다.

그런 정성공 세력을 물리치기 위해 청나라 순치제順治帝는 '천계령遷界令'을 내렸다. 주된 내용은 해안 5개 성*에 사는 주민들을 내륙 쪽으로 50리(약 2킬로미터) 당겨 이주하게 하고 바다 쪽으로 접촉하는 자는 엄벌에 처한다는 것이었다. 일종의 해안 봉쇄령이자 불모지 계획이었다. 순치제의 뒤를 이은 강희제 역시 천계령을 더욱 강력하게 실시했다. 덕분에(?) 산둥반도 남쪽에서 지금의 광저우廣州, 선전深川에 이르는 수천 킬로미터의 해안이 완전히 초토화되었다. 부두는 다 망가지고, 돌보지 않은 빈집들은 짠내 머금은 바닷바람에 삭아 허물어졌다.

하지만 천계령에도 불구하고 정성공 세력은 건재했다. 오히려 그들에게 더 큰 위협은 모기(!)였다. 모기에 물려 말라리아에 걸린 정성공이 허망하게 목숨을 잃고 말았다. 그의 나이 불과 39세였다. 정성공이 쓰러지자 반청복명 세력은 급속히 무너졌다. 이제 눈엣가시를 제거한 강희제에게 당면한 과제는 불모지로 변한 해안 지역을 다시 살리는 것이었다. 1683년 천계령을 해제한 황제는 해안 마을로의 이주 장려 정책을 적극적으로 펼쳤다. 그 정책에 가장 적극적으로 호응했던 이들이 '객가의 4차 형성'을 이뤘다. 덕분에 중국 남부

* 산둥, 광둥, 푸젠, 강남(지금의 장쑤), 저장성.

의 해안 도시인 후이저우惠州, 샤먼廈門, 산웨이汕尾는 물론이거니와 홍콩과 마카오에까지 객가인이 거주하게 되었다. 이렇게 중국 남부와 대만을 중심으로 객가사회가 굳건하게 형성되었다.

객가의 완성과 함께 화교가 형성되다

마지막 다섯 번째 이주는 '비교적' 최근인 1850년대에 진행되었다. 그런데 이에 관해서는 여러 가지 이견이 있다. 19세기 중엽에 시작되어 20세기가 되기 이전에 이동이 마무리되었다고 보는 견해와 1949년 10월 1일 중화인민공화국 수립을 공식 선언한 이후로도 지속해서 진행되었다고 보는 견해가 팽팽하게 대립하고 있다. 일단 양측의 견해가 비교적 일치하는 것은 다섯 번째 이주가 시작된 시점과 계기다.

1854년, 청나라 함풍제咸豊帝가 다스리던 시기에 작은 사건 하나가 벌어졌다. 광둥성 쓰이四邑에 자리 잡은 토루土樓(투러우)*에 살던 객가 지주의 아들이 홍건군紅巾軍에 합류해 활동하던 농민 반란군에게 살해당한 것이다. 여기까지는 그냥 우발적인 사건으로 볼 수 있었다. 그런데 토루에 살던 지주의 이웃 주민들이 "복수를 하겠다."며

---

* 중국 남부 산악에 거주하는 객가인 특유의 거주 구조로, 흙벽과 나무 골조 등으로 단단하게 쌓아 올린 도넛 모양 또는 정방형에 3, 4층 높이의 집단 거주촌.

청나라 군대에 합세해 농민 반란군을 잔혹하게 진압했다. 거기서만 멈췄어도 이후에 빚어질 비극은 없었겠지만, 일부 흥분한 토루 주민들은 승리에 도취해 토착 원주민이었던 농민들의 토지를 빼앗고 곡식 등을 죄다 털어 가버렸다. 아마도 이주해 온 객가인으로서 그간 당했던 설움이 한꺼번에 터져 나온 것인지도 모르겠다. 이에 분노한 토착 원주민들도 세력을 규합해 대규모로 민병대를 조직했다. 그러고는 토루를 공격해 이번엔 죄 없는 객가인을 노약자들까지 싹 다 살해해버렸다. 이런 싸움이 무려 12년간이나 광둥성과 푸젠성을 중심으로 계속 이어졌는데, 이를 '토객계투土客械鬪'라 부른다.

'계투'는 중국사회에서 흔히 벌어지는 패싸움의 일종인데, 그 규모와 치열함의 정도가 우리가 아는 패싸움과는 차원이 다르다. 중국은 땅이 넓기에 왕권이 조금만 약해져도 지방 행정 시스템이 제대로 작동하지 않는 경우가 많았다. 때문에 젊은이들이 자기 마을을 스스로 지키기 위해 자경단을 결성하고, 마을 주민들은 재산을 털어 그들을 지원하는 것이 당연시되었다. 그런 이들 중 일부는 이후 야심을 품고 중앙정치 무대로 진출하기도 했는데, 우리가 잘 아는 한고조 유방劉邦과 삼국 시기 촉나라를 이끈 유비 등이 대표적이다.

아무튼, 평상시에는 마을을 보호하고 내부에서 일어나는 경범죄 등을 처벌하는 수준의 일들이 활동의 전부였지만, 문제는 다른 마을과 다툼이 벌어지는 경우였다. 이웃 마을의 청년이 우리 마을의 아녀자를 욕보였다거나 공동으로 사용하는 농수로에 문제가 생기거나 하면 이들 자경단을 중심으로 패싸움이 벌어졌는데, 그 폭력의 심각성이 우리에게 익숙한 수준을 훠얼씬 뛰어넘었다. 집에서 쓰는 식칼이나 농기구는 기본이고, 그를 개량해 만든 각종 무기류가 동원되었고, 현대에 들어서는 사제 폭발물까지 동원되는 수준이라고 한다.

토객계투 역시 마찬가지였다. 다툼이 커짐에 따라 어마어마한 수준의 무기들이 동원되었다. 객가인들이 거주하는 토루는 그 건설 목적 자체가 외부의 침입으로부터 가장 효율적이고 안전하게 자신들을 보호하는 것이었다. 직경 50미터 내외의 동그란 땅 위에 나무로 골조를 잡고 흙벽돌을 쌓아 올린 뒤 황토로 마무리한 도넛 모양의 건물인 토루는, 외벽의 두께만 1미터가 넘고 도넛의 바깥에서 안쪽으로 들어설 수 있는 입구는 두꺼운 철문으로 닫혀 있다. 그 안에서 모든 의식주 생활이 가능하고 2, 3, 4층에는 작은 창 몇 개만 뚫려 있어 외부로부터의 침입이 거의 불가능한 구조였다. 이처럼 완벽한 농성전이 가능한 구조였기에, 토객계투는 애초부터 마을 무리들 간의 패싸움 수준을 훨씬 뛰어넘는 격렬함으로 점철되었다.

처음에는 양쪽이 팽팽하거나 간절함이 더했던 객가 사람들이 우세했지만, 시간이 지날수록 토착민들이 그들을 압도하기 시작했다. 그나마 토루에 거주하던 이들은 그를 요새 삼아 시간을 벌 수 있었지만, 도시에 섞여 살던 객가인들은 공격에 그대로 노출돼 참혹한 상황을 겪어야만 했다. 결국, 다른 몇 가지 사건이 겹치며 '더 안전한 곳을 향한', 그래서 '손님들[客家]'이지만 더 이상 손님이지 않을 수

있는 곳을 향한 여정이 시작되었다.

이렇게 보면, 객가는 어느 특정한 시기가 아니라 중국 역사의 중요한 시기마다 이주를 감행했던 이들이었고, 특정한 민족이라기보다는 변화와 새로운 미래를 찾아 도전을 시도한 세력 전체를 가리키는 것이 아닐까 싶다. 그런 이들이었기에 지금까지 아시아 전역의 정·관·재계에서 맹활약할 수 있는지도 모르겠고. 객가가 불러일으킨 디아스포라의 분위기는 다시금 중국인 전체를 자극했다. 객가뿐만이

대한민국
탕수육 만유기

아니라 중국인 전체가 특정한 시기마다 과감하게 짐을 싸서 전 세계로 뻗어나갔다. 그리고 이들은 '화교'라는 이름으로 불리게 되었다.

물론, 초기에는 자발적이라기보다는 강제적으로 이주해 가서 사는 이들이 화교의 주를 이뤘다. 청나라 말기 극도로 혼란했던 시기에 영국, 네덜란드, 포르투갈 등의 무역회사들이 뱃사람으로 일하게 해주겠다고 속여 중국 청년들을 전 세계 각지에 일꾼(이라지만 거의 노예 수준)으로 팔아넘겼다. 이들이 맡은 일이 얼마나 위험하거나 힘들었던지, 그들은 일할 때마다 '고되고 힘들다'는 뜻의 '쿨리苦力'라는 말을 내뱉었고, 그 말을 들은 서양인들이 자신의 귀에 들리는 대로 그들의 이름을 '쿨리coolie'라 붙일 정도였다. 그에 더불어, 망해가는 청나라에서 서양인들 제외하면 재미 볼 길이 없어지자 자발적으로 쿨리가 되어 고향을 떠난 이들이 속출했다. 이들이 1차적으로 화교 사회의 기초를 마련했다.

보다 본격적으로 화교사회가 세계 각지에 마련된 것은 국공내전 이후 공산주의에 염증을 느낀 고학력·고소득 한인漢人들이 대륙을 떠나면서부터다. 이들은 높은 학습능력을 토대로 정착한 국가의 언어를 습득해 빠르게 주류 사회로 편입해 들어갔고, 타고난 상인 기질을 발휘해 다양한 업종에서 두드러진 장사 실력을 발휘했다. 타향에서 어렵게 사업을 일구던 중국인들은 같은 고향 사람끼리는 반드시 '○○방幫'이라는 이름의 집단을 구성했다. 대표적으로 '호주방湖州幫', '영파방寧波幫', '조주방潮州幫' 그리고 '광주방廣州幫'이 있었다.

주로 저장성 서부 출신들이 모인 호주방은 쑤저우蘇州 특산물인 비단으로 큰돈을 번 사람들이 많았는데, 원래부터 부유했던 후저우湖州 지방 출신답게 인심이 좋고 여유가 넘치는 것이 특징이다. 같은 저장성 출신이지만 주로 지세가 험하고 환경이 척박한 닝보寧波에서도 바닷가 지역 출신들이 모인 영파방은 지역 특성상 말 그대로 '먹고살 것이 없어서' 고향을 떠나온 이들이 대부분이었다. 때문에 영파방은 독기로 유명하다. 실제로 미국이나 캐나다 등지에서 험한 일로 돈을 끌어모으는 이들 중 상당수가 이 영파방 출신이다. 홍콩의 맞은편에 위치한 광저우廣州 출신들로 이뤄진 광주방은 대대로 해외 세력과의 교류가 빈번했던 바닷가 출신답게 개방적이고 유연한 사고가 특징이다. 광주방과 함께 '월나라 상인'으로 꼽히던 조주방은 화교 상인 하면 대표적으로 떠오르는 차오저우潮州 출신들이 속한 상인 집단이다.

이렇게 출신 고향별로 모인 집단 활동을 통해 타향살이의 설움을 서로 달래며 친목을 다지는 것은 물론, 필요한 정보를 공유하고 서로가 서로에게 투자를 하는 방식으로 상호 성장을 지원하는 특유의 화교문화가 만들어졌다. 새롭게 이민해 온 사람이라 하더라도 같은 고향 출신이고 자신이 속한 방의 구성원 누군가와 믿을 만한 꽌시關係*가 있으면 사업적 기반을 쌓도록 도와주고, 필요한 사람도 소개

---

* 인간적인 이해 또는 이해득실을 따져 오랜 기간 형성되어온 인간관계를 뜻하는 중국어 단어이지만, 단순히 '관계'로만 담을 수 없는 독특한 특색이 있기에 고유명사화되었다.

대한민국
탕수육 만유기

시켜주며, 때로는 거금을 아무런 조건 없이 투자하기도 했다. 이러한 특성은 화교들이 타지에서 빠르게 경제력을 갖추고 기반을 다지는 데 크게 기여했다.

고기도 먹어본 사람이 잘 먹고, 한 번 떠나본 이가 잘 떠난다

고향이라는 곳이, 처음에 떠나기가 어려워서 그렇지 한번 떠나보면 이후로는 그 '떠남'이 그다지 힘든 일은 아니라는 ─ 아니, 힘들기는 하지만 그렇다고 해서 절대로 불가능한 일은 아니라는 것을 알게 된 다. 대륙을 떠나 한반도로 건너와 살게 된 화교 상당수가 다시 한반 도 내에서 새로운 지역으로 이동해 그곳에 뿌리를 내리고 중화요리 집의 문을 열었다. 조금은 엉뚱하다고 느껴지는 지역에 뜻밖에도 탁 월한 중화요리집들이 자리 잡고 있는 이유다.

경기도 양주를 대표하는 탕수육 맛집인 '덕화원'의 경우, 1940년 대 손성영孫成永 선생이 인천에서 창업한 뒤 춘천으로 이주했다가 2 대인 아들 손덕수孫德洙 사부가 1967년 경기도 양주로 옮겨 현재의 위치에 자리 잡은 경우다. 현재는 3대인 손자 손무륭孫武隆 사부가 전반적인 운영을 맡고 있다. 이곳의 탕수육은 다소 가늘다 싶게 손 질한 고기에 적당한 두께의 튀김옷을 입혀 튀긴 뒤 당근, 오이, 목이

버섯, 레몬 등이 들어간 투명한 소스를 끼얹어 낸다. 다소 전형적인 스타일이지만 그만큼 탄탄한 맛을 자랑한다.

경기도 포천에 위치한 탕수육 맛집 '미미향'은 1955년 손경규孫慶奎 선생이 창업했다. 현재는 2대인 손안리孫安利 사장이 경영을 맡고 있다. 잘 튀긴 고기 위에 다른 중화요리집에 비해 채소를 좀 크게 썰어 넣은 맑은 소스를 끼얹은 탕수육은 고춧가루 듬뿍 넣은 간장과 만나면 놀라운 조화를 자랑한다.

경상남도 합천에 가면 뜻밖에도 신라호텔 팔선의 그것과 흡사한 맛의 기가 막힌 탕수육을 만나볼 수 있다. '적사부'라는 중화요리집인데, 이곳의 주인인 적림길翟林吉 사부가 바로 팔선의 조리부장 출신이기 때문이다. 쟁쟁한 동료 요리사들과 함께 팔선의 신화를 만들었던 적 사부는 처가가 있는 합천으로 내려와 적사부를 개업했다. 크지 않은 규모지만 여느 중화요리집에서 맛보기 힘들었던 높은 퀄리티의 중화요리를 내면서 지역민들의 입맛을 사로잡았다. 이 외에도 수많은 요리사가 다양한 이유로 지역을 옮겨가며 식당을 운영했고, 덕분에 전국 다양한 곳에서 맛있는 탕수육을 맛볼 수 있게 되었다. 그중에서도 가장 뜻밖이라면 화성시 동탄에서 만난 '상해루'일 것이다.

중국 대륙에서 (대륙의 입장에서 보자면) 변방의 소국이었던 한국으로 먹고살 거리를 찾아 디아스포라를 택했던 화교 요리사들은, 도착한 한국 땅에서 또다시 디아스포라를 감행해야 했다. 개중에는 특정 지역에 여러 화교가 중화요리집을 내면서 경쟁이 치열해지는 바람에 경쟁이 좀 덜한 지방 소도시로 이주한 경우도 있고, 반대로 문을 연 중화요리집이 너무 잘돼서 더 큰 도시로 진출한 경우도 있다. 화교 요리사가 한국인 여성과 교제하거나 결혼하게 돼 처가가 있는 도시로 가서 중화요리집의 문을 연 경우도 드물지 않다. 때로는 특정 지역 화교들 간의 다툼에 휘말려 원치 않는 이주를 한 경우도 있었다. 주로 돈 문제와 정치 문제였는데, '동업하면 망한다'가 진리인 듯 통용되는 우리나라와 달리, 동업을 권장하고 여러 동업 성공사례를 보유하고 있는 화교사회에서는 수시로 동업, 지분투자, 소유권 분할 등이 발생했다. 일단 작게 시작해보고 음식 맛이 소문나 손님이 몰려들면 돈을 벌어 식당을 조금씩 넓혀가는 방식을 선호했던 한국 사람들에 비해, 화교들은 일단 지역이 정해지고 콘셉트가 잡히면 '합과合夥'라는 방식으로 판을 크게 키워 거창하게 식당 문을 여는 특징이 있었다.

합과는 우리로 치자면 합작회사의 한 형식으로, 돈이 있는 사람들이 '동가東家'라는 이름으로 모이고 식당 운영 경험과 조리 실력이 있는 이들이 '서가西家'라는 이름으로 모여 만든다. 동가는 식당 창업에 필요한 돈을 직접 출자하거나 다른 사람들의 돈을 유치해 자금을 댄다. 서가는 돈은 한 푼도 안 내는 대신 자신이 보유한 기술력을 발휘해 주방을 책임지고 식당을 운영한다. 그리고 번 돈은 미리 정한 지분율(일종의 배당률)에 따라 배분한다.

문제는 이 배분의 과정에서 심심치 않게 갈등이 생긴다는 점이었다. 맨땅에 식당을 낼 수 있도록 돈을 댄 동가의 입장에서는 수익이 조금이라도 적게 나오면 혹시라도 서가가 돈을 숨긴 건 아닌지 의심할 수밖에 없었다. 하루 종일 주방과 홀에서 음식을 만들고 손님을 맞이하느라 숨 돌릴 틈도 없는 서가 입장에서는 초기에 한 번 돈을 넣고 꼬박꼬박 배당을 받아 가는 동가가 곱게 보일 리 없다. 그러다 보니 심심치 않게 합과를 운영하는 동업자 간 다툼이 일어나고 서로가 서로를 고소·고발하는 일이 빈번하게 발생했다. 그리고 그 다툼에서 패배한 이들은 다시 정처 없는 디아스포라를 감행했다. 여기에 디아스포라의 이유가 하나 더 있었다. 파탄이 난 합과보다 더 심각한 돈 문제를 불러일으켰던 그것은, 바로 노름이다.

고향 땅을 떠나온 화교 요리사들에게는 큰 낙도, 변변한 놀거리도 없었다. 하루 종일 이글거리는 불 앞에서 웍질을 하고 나면 온몸의 근육은 찢어질 듯 아팠고 종일 연기를 마신 기관지는 칼칼했다. 손님에게 내고 남은 음식이나 대충 아무 재료를 볶아 마련한 안주에 독한 술 몇 잔을 입에 털어 넣고 잠자리에 들거나 같은 일을 하는 동향 사람들과 모여 노름을 하는 것이 몇 안 되는 낙이었다. 이들이 주로 즐겼던 노름은 마작麻雀이었다.

마작이 원래부터 노름이었던 것은 아니다. 다만, 네 사람이 모여 플라스틱이나 나무, 상아 등으로 만든 136~156개의 패를 나눠 갖고 조합을 맞추거나 패를 내주고 받아가며 점수를 내서 승부를 겨루는 놀이인 마작은 원래부터 도박의 성격이 강한 놀이였다. 오죽하면 마오쩌둥이 중국 대륙을 차지한 뒤 1949년 국가주석에 오르고 가장 먼저 한 일 중 하나가 공공장소에서의 마작 금지였다고 할 정도다. 하지만 결국 실패했다. 천하의 마오쩌둥마저도 금지시키는 것을 실패했을 정도로 중국인의 마작 사랑은 대단했다.

한국에서 생활하던 화교 요리사들 역시 마작을 즐겼다. 아니, 그들 중 몇몇은 번 돈의 거의 전부를 마작판에 쏟아부을 정도로 빠져들었다. 노름을 하다가 크게 돈을 잃거나, 다툼이 생기거나, 신용을 잃게 되면 요리사들은 어쩔 수 없이 잠시 정을 붙였던 곳을 떠나 또다시 정처 없는 유랑을 해야 했다. 그랬던 요리사들 중 한국 중화요리계에 지울 수 없는 족적을 남긴 곡금초曲錦超 사부의 아버지도 있었다.

너무 빨리 져버린 '한국 중화요리계의 큰 별'

앞서 소개한 공화춘을 세운 우희광 선생의 고향이기도 한 산둥성 무평에는 예로부터 곡曲씨 성을 가진 사람이 많이 살았다. 곡금초 사부의 아버지 역시 곡씨 일가 중 한 사람이었다. 하지만 각종 특구가 들어선 지금과 달리, 당시 무평에는 먹고살 거리가 부족했다. 농사를 짓기에는 땅이 좁았고, 바다로 나가자니 경쟁이 너무 치열했다. 멀지 않은 곳에 산둥요리의 본향이자 맛의 고장이라 불리던 푸산이 있어 요리사로 취업할 수 있었지만, 제대로 먹고살 만한 수준이 되려면 오랜 수련을 거쳐야 했다. 어린 시절부터 호방한 성격에 한탕주의 기질이 있었던 곡 사부의 아버지는 푸산의 식당에 취업하는 대신 갓 스무 살이 지났을 무렵 무작정 제물포로 향하는 연락선에 몸을 실었다.

하지만 제물포에서의 생활도 녹록지 않았다. 같은 (중국) 동포들로 북적이던 제물포에는 별로 재미 볼 만한 것이 없겠다는 생각에, 곡 사부의 아버지는 전라북도(현재는 충청남도) 금산으로 내려갔다. 여기서 증언이 조금씩 엇갈리는데, 어떤 이는 곡 사부의 아버지가 중국에서도 인기가 높은 금산 인삼의 거래를 트기 위해 내려갔다가 그대로 눌러앉았다고 하고, 또 다른 이는 인삼 덕분에 지방치고는 현금 다발이 넘쳐나고 일본인, 중국인 상인들이 들락거리던 금산에 마땅히 접대할 만한 곳이 없다는 사실을 알고 요릿집을 열기 위해 내려갔다고 한다.

어찌됐든, 금산으로 내려간 곡 사부의 아버지는 여기저기서 자금을 변통해 처음부터 거창하게 식당을 시작했다. 읍내에 큰 집을 구해 안쪽은 식사 장소로, 바깥쪽은 조리실과 접대부들이 머무를 숙소로 꾸몄다. 그러고는 오직 예약한 단체 손님만 받았는데, 따로 차림표는 없었고 예약을 할 때 "몇 명이 갈 테니 얼마에 맞춰달라."고 하면 그 인원 그 가격에 맞춰 음식상을 봐주는 방식이었다고 한다. 일종의 정탁요리定棹料理* 또는 일식집 오마카세お任せ와 흡사한 방식이

었다. 요리 서빙은 여성 접대부들이 맡았다. 당시 유행하던 청요릿집의 전형이었던 셈이다.

경성에나 있다던 청요릿집이 금산 읍내에 들어서자 그 인기가 폭발했다. 하지만 곡 사부의 아버지에게는 산둥에 살 때부터 고질이었던 습관이 하나 있었다. 그것은 바로 도박이었다. 마작을 엄청나게 좋아했는데, 통 큰 성품에 승부욕까지 더해져 한번 노름을 시작하면 수중에 있는 돈을 모두 잃고서야 겨우 그만둘 정도였다. 나중에는 집에 있는 돈까지 모두 가져가 마작판에 쏟아부었고, 결국 가게까지 저당 잡히고 말았다.

노름으로 음식점을 날린 곡 사부의 아버지는 이후 충북 영동, 서울, 전주를 떠돌며 생활했다. 실력만큼은 최고라서 식당만 열면 대박이 났지만, 늘 벌어들이는 돈보다 노름으로 잃는 돈이 더 많은 것이 문제였다. 결국, 어린 곡금초도 화교학교 초등과정만 겨우 마친 뒤 생계를 위한 직업전선에 나서야 했다. 첫 직업은 별 수 없이 중화요리집 소년 배달부였다. 이후 2년 만에 을지로에 있던 만둣집의 홀 서빙을 맡게 되었다. 하지만 그런 일만으로는 혼자 입에 풀칠하기도 힘들었다. 중화요리집에서 더 빨리, 더 많은 돈을 벌려면 하루라도 빨리 주방으로 진출해야 했다.

그런 그에게 친구가 솔깃한 정보 하나를 가져다주었다. 시청 앞

---

* 중국요리를 내는 식당에서 정해진 순서에 따라 차례차례 나오는 요리로, 코스 요리와 비슷하지만 개인마다 서빙되는 것이 아니라 같이 먹는 상 위에 나눠 먹을 요리로 제공된다는 점이 다르다.

'금문도'에 주방보조 자리가 하나 났는데, 주방장 성격이 불같아서 일하려는 사람을 못 구하고 있다는 소식이었다. 곧바로 지원해 금문도의 주방으로 들어간 그는 모진 매질을 견뎌가며 재료 손질을 배웠다. 혹독한 수업을 받아야 했지만, 덕분에 "대한민국 중화요리사 중 재료 보는 가장 눈이 좋다."는 평가를 받을 정도로 탁월한 재료 감별 능력을 갖추게 되었다. 게다가 운 좋게도, 당시 금문도의 주방장은 왕수선王樹仙 사부였다. 그는 대한민국에서 불을 가장 잘 다루는 요리사로 명성이 자자했던 인물로, 곡 사부는 그에게서 호쾌하면서도 섬세한 조리 기술을 습득할 수 있었다.

스물일곱 살에 처음으로 주방장이 된 뒤, 곡 사부는 수많은 유명 중화요리집을 옮겨 다니며 주방을 맡았다. 워낙 요리를 잘한다는 소문이 나서인지, 수많은 고급 중화요리집에서 스카우트 제의가 밀려들었다. 쉽게 거절하지 못하고 마음을 잘 주는 성격이었던 탓에, 누군가가 "주방이 망가졌다", "영업이 잘 안 된다."라며 부탁하면 자리를 옮겨 가 혼신의 힘을 다해 정상화시켜주고 나왔다. 덕분에 이런저런 인연을 맺은 중화요리 요리사들이 많아지면서 자연스럽게 '대한민국 중화요리계의 대부' 칭호를 듣게 되었다. 하지만 그러는 사이 그의 몸은 망가질 대로 망가져버렸다. 신장이 망가져 몸에 독소가 쌓이면서 이곳저곳에서 이상신호가 오기 시작했다. 결국 2013년 둘째아들로부터 신장 이식 수술을 받았지만, 건강이 완전하게 회복되지 않았다. 그런 와중에 동탄신도시에 '상해루'를 개업하면서 이제는

곡금초 사부의 솜씨를 이어받은 상해루 2호점(강남 논현동)의 탕수육.

완연하게 '곡금초식 중화요리'를 선보일 것으로 기대를 모았지만, 애석하게도 너무나도 빨리 눈을 감고 말았다. 수많은 요리사가 "대한민국 중식계의 큰 별이 졌다."며 애석해했고, 중식을 좋아하는 미식가들 사이에서도 추모의 물결이 이어졌다.

곡 사부의 탕수육은 내가 그토록 찾아 헤매는, 어린 시절 먹었던 추억 속의 탕수육, 전통의 그 맛과는 거리가 좀 멀다. 다른 의미에서가 아니고, 훨씬 더 고급스러운 맛이라서 그렇다. 그도 그럴 것이, 생전 곡 사부의 지론이 "음식은 재료가 8할, 기술이 2할"이었다. 즉, 아무리 솜씨가 좋은 요리사라도 좋은 재료를 쓰지 않으면 제대로 된 음식을 만들어낼 수 없다는 것이 그의 요리철학이었다. 때문에, 곡 사부의 탕수육은 보이는 모습부터 한 입 베어 물었을 때 입속에서 느껴지는 맛까지 고급스럽기 그지없다. 소스는 마치 고구마 맛탕의 물엿 소스처럼 고기튀김을 완벽하게 코팅하고 있는데, 새콤달콤하면서도 묘한 향미가 더해진 복합적인 맛이다. 고기튀김은 제법 묵직한데, 이 정도 볼륨감 있게 고기를 썰어 튀길 때 자칫하면 날 수도 있는 잡내가 전혀 나지 않는다.

곡 사부의 탕수육은 얼리지 않은 돼지 뒷다릿살 냉장육만을 사용한다. 냉동육에 비해 냉장육은 손질하기가 꽤 까다롭다. 일단 기름기와 근육막을 일일이 사람 손으로 떼어내고 적절한 크기로 잘라야 하는데, 한 번에 많은 양을 미리 준비해놓을 수 없기 때문에 재료를 수시로 준비해야 한다. 상해루에서는 도축된 지 얼마 안 된 돼지고기를 가져다 이틀에 한 번꼴로 다섯 명의 요리사가 달라붙어 50인분씩 손질해 사용했다고 한다. 소스에 들어가는 채소는 익었음에도 사각거림이 그대로 남아 있고, 소스나 고기튀김의 맛과 향에 전혀 묻히지 않고 본연의 역할을 다 해냈다. 그냥 먹어도 맛있고 고춧가루 넣은 간장에 찍어 먹어도 맛있었다.

앞으로 다시는 곡 사부의 그 탕수육을 먹을 수 없다는 생각에 가슴이 먹먹해진다(다행히 곡 사부의 수제자와 아들들이 그의 뜻을 이어 상해루의 맛을 지켜가고 있다).

슬픈,
다꾸앙과 춘장

이것이 群山이라는 항구요,
이야기는 예서부터 실마리가 풀린다[*]

채만식의 소설 《탁류》를 처음 읽은 것은 중학교 3학년 무렵이었다. 그때까지만 하더라도 '가련한 여인의 기구한 일대기를 담은 그렇고 그런 통속 소설'이라는 느낌 그 이상도 이하도 아니었다. 이런 수준의 소설이 왜 그리 유명세를 얻었는지 당시에는 이해가 되지 않았

[*] 소설 《탁류》의 문장 중 일부 발췌.

다. 고등학교 2학년 무렵 대학입시 국어 과목 준비를 위해 다시 한 번 후다닥《탁류》를 읽었다. 사투리를 자유자재로 쓴 질박한 표현이 인상적이긴 했지만 역시나 중3 때의 그 독후감에서 크게 벗어나지 않았다. 르네상스 시기의 페트라르카Francesco Petrarca나 보카치오Giovanni Boccaccio처럼 당시 잘 쓰이지 않았던 이탈리아어로 작품을 지어 라틴어 일색이었던 문학계에 새로운 지평을 열었다거나,《반지의 제왕》을 지은 J. R. R. 톨킨John Ronald Reuel Tolkien이나 '해리 포터 시리즈'의 J. K. 롤링Joanne Kathleen Rowling처럼 새로운 언어 수준의 단어들을 만들어내 자신만의 작품세계를 연 것도 아닌데, 왜 그리 각광받는지 알 수가 없었다. 그러고는… 잊었다.

그러던 어느 날, 손님을 모시고 군산을 방문하게 되었다. 어려운 사이면서도 각별하게 모셔야 할 분이었기에 사전에 가이드로서 필요한 것들을 챙기게 되었다. 군산이라는 도시에 대한 기본 정보는 물론이고, 각종 맛집과 특산물에, 지역 출신 연예인과 그들의 주요 작품 또는 히트곡에 대한 정보까지 살뜰하게 챙겼다. 이미 다들 알고 있는지 모르겠지만, 군산 출신 배우로는 김수미, 송새벽 등이 있고, 개그맨으로는 박명수, 이경실 등이 있으며, 프로야구 선수로는 김일권, 조계현, 오지환 등이 있다. 소설가 채만식 역시 군산 출신이다. 게다가《탁류》는 아예 군산을 배경으로 쓴 소설이니, 군산 가이드를 앞두고 다시 한 번 아니 읽어볼 수가 없었다. 그런 이유로《탁류》를 세 번째로 읽어보게 되었다. 군산으로 떠나가기 하루 전 날에.

그런데 놀라운 일이 일어났다. 책이 새롭게 읽힌 것이다. 그냥 조금 느낌이 색다른 그런 정도가 아니라 (거짓말 좀, 아니 든든하게 보태서) 전혀 새로운 책을 읽는 듯했다.

(…)

금강錦江 (…) 이 강은 지도를 펴놓고 앉아 가만히 들여다보노라면

여기까지가 백마강白馬江이라고, 이를테면 금강의 색동이다.

여자로 치면 세태에 찌들지 않은 처녀 적이라고 하겠다.

그러나 그것도 부여 전후가 한창이지, 강경에 다다르면 장꾼들의 흥정 하는 소리와

생선 비린내에 고요하던 수면의 꿈은 깨어진다. 물은 탁하다.

예서부터가 옳게 금강이다. 이렇게 에두르고 휘돌아 멀리 흘러온 물이,

마침내 황해黃海바다에다가 깨어진 꿈이고 무엇이고 탁류째 얼러

좌르르 쏟아져버리면서 강은 다하고,

강이 다하는 남쪽 언덕으로 대처大處 하나가 올라앉았다.

이것이 군산群山이라는 항구요, 이야기는 예서부터 실마리가 풀린다.

(…)

소설의 첫 문장을 읽는 순간부터 과거 몇 차례 방문했던 군산 시가지와 항구 그리고 그곳으로 쏟아져 흘러오던 금강의 풍광이 눈앞에 펼쳐지듯 떠오르면서, 모든 것이 새로운 이미지로 다가왔다.

슬픈 빼앗김의 역사가 남아 있는 고장

모두가 원하지만 그 공급이 충분하지 않은 자원은 항상 문제를 일으킨다. 현대사회에 있어 가장 대표적인 사례로 석유와 금이 있다. 바로 코앞인 순천만에 오만가지 문제가 발생해도 눈 하나 깜빡이지 않던 여수 사는 김 사장님도 7,000킬로미터 떨어진 걸프만Persian Gulf에 문제가 생기면 한숨부터 내쉬며 큰 걱정에 빠진다. 석유를 원하는 사람은 도처에 있지만 산출되는 양은 한정되어 있기에 세상 사람들은 유가 변화에 목을 매고 있다. 따라서 석유 산출량은 단순히 특정한 자원이 만들어지는 양이 아니라 전 세계 경제의 향방을 가르는 바로미터가 된다.

금은 더하다. 금이 세상에 미치는 영향력을 덜기 위한 시도는, 인류가 금이라는 번쩍이는 광물에 의미와 가치를 부여하면서부터 그에 대한 반작용으로 지속되어왔다. 지금의 남미가 스페인 정복자들의 차지가 된 것 역시 "그곳에만 가면 금이 지천에 널려 있다."던 전설에 힘입은 바가 크고, 세계를 오가는 항로의 획기적인 발전도, 여러 국가의 운명이 뒤바뀐 수많은 전쟁도 모두 금 때문에, 또는 금이 촉발한 마찰과 갈등으로 인해 발생했다. 1870년대 초반, 서구 제국주의가 재편되면서 세계 경제에서 거의 기축통화급으로 통용되던 영국 파운드와 스페인 페소가 힘을 잃게 되면서 불안감을 느낀 경제 주체들을 중심으로, 변치 않는 가치를 지닌 금이라는 자산에 대한

군산 미곡 검사소 앞, 미곡 검사를 받아야 하는 쌀가마가 쌓여 있다.

관심이 다시금 폭증하기 시작했다.

하도 많이 남아돌아, 이제는 "전 국민적인 과소비 촉진 운동이라도 벌여야 하는 거 아니냐."는 의견도 나오고, 유력 정치인이 농담기 쏙 빼고 '밥 한 공기 다 먹기 운동'을 제안할 정도가 되었지만, 이는 극히 최근의 일이다. 불과 40년 전만 해도 쌀 역시 공급이 충분하지 않은 자원이었다. 70대 어르신들은 어린 시절 귀한 쌀밥 대신 보리밥을 먹었던 기억을 갖고 있고, 50~60대도 학창 시절 보리와 다른 잡곡을 넣어 혼식 도시락을 싸거나 주기적으로 밀가루 분식으로 식사를 대체하지 않으면 선생님께 혼이 났던 경험을 갖고 있다. 자료를 살펴보면 우리나라가 쌀의 완전 자급자족을 이뤄낸 해가 1975년도였으니, 그 전까지 쌀은 지금보다 훨씬 귀한, 그래서 여러 문제를 일으키던 소중한 자원이었던 셈이다. 그 귀한 자원, 쌀이 바로 군산의 운명을 바꿔놓았다.

19세기 말까지만 해도 군산은 작은 어촌에 불과했다. 하지만 그 어촌 뒤편으로 한반도 최대의 곡창지대로 꼽히는 김제평야가 펼쳐져 있다는 것이 일제에 알려지자(이미 임진왜란 무렵부터 일본은 이를 알고 있었다고 한다) 군산은 눈부신 발전을 '당하게' 되었다. 1899년 5월 군산항이 국제 무역항으로 개항 '당했고', 1910년 9월에는 군산 이사청이 군산부로 승격 '당했다'. 이어 1914년에는 농촌 지역의 8개 면을 인근에 새롭게 신설된 옥구군에 내어주고, 대신 군산부는 22개 정町과 동洞을 보유한 도시로 거듭나게 되었다. 이 모든 것이 군산시의 등 뒤로 펼쳐진 넓고 비옥한 평야 때문이었다.

섬나라에, 국토 대부분이 산지였던 일본은 만성적인 식량 부족 국가였다. 게다가 메이지 유신과 제1차 세계대전을 거치면서 급속한 도시화·산업화가 이뤄졌고, 그로 인해 가뜩이나 좁은 농지 면적은 더더욱 줄어들었다. 농사지을 농민의 숫자 역시 많이 부족했다. 안정적으로 식량을 확보하기 위해 해외 식민지를 개척하고자 했으나, 한반도와 대만섬을 제외하고는 이렇다 할 실적을 내지 못하고 있었다. 벼농사가 기가 막히게 잘되는 서남아시아는 영국이, 인도차이나반도는 프랑스가 꽉 틀어쥐고 있었기 때문이다. 결국 1918년 대규모의 쌀 폭동이 벌어지자 일제는 1920년부터 한반도를 자국의 식량기지로 삼기 위해 '산미증식계획産米增殖計劃'을 세우고 가혹한 수탈에 착수했다.

초기에는 절대적인 농업 생산량을 늘리기 위한 다양한 기술 지원이 주를 이뤘다. 당시까지만 해도 천수답에 주먹구구식 농법으로 농사를 짓던 농민들에게 품종 개량, 적기 번식, 퇴비 장려, 제초 및 살충 등의 방법을 알려주며 단위면적당 수확량을 키우도록 도왔다. 여러 토목공사를 통해 농지를 개량하고 농수로를 정비했으며 수확한 산물을 보관할 수 있는 미곡창고도 여러 곳 지어줬다. 창고나 시장으로 손쉽게 농산물을 이동시킬 수 있도록 도로가 정비되었고, 철로가 부설되었다. 얼핏 보면 '조국 근대화'의 초석이 이때 놓인 셈이다. 덕분에 식민사학에 경도된 이들이나 식민지 근대화론을 신봉하는 이들이 자신의 주장을 뒷받침하는 증거로 이 시기 일본의 역할을 적극적으로 활용하고 있다. 그러나 결과적으로 이때의 산미증식계획은 곡식 생산량 증대에 별다른 기여를 하지 못했고, 총독부 내 수많은 관련 공무원의 자리와 함께 폐지되고 말았다.

그러자 조선총독부는 특단의 조치를 취했다. 군 출신과 법률가들 그리고 일본 본토의 농업 전문가들을 대거 데려와 '제2차 산미증식계획' 수립에 돌입한 것이다. 우선 법률가들을 동원해 관계 법령을 새로이 정비해 법률적으로 쪼고 보채고 책임을 물 수 있는 근거를 마련했다. 다음으로는 농업 전문가들을 투입했다. 총독부 식산국 산하에 토지개량과, 수리과, 개간과로 구성된 토지개량부를 두어 책임지고 식량 증산을 달성하도록 했다. 그러고는? 강력한 통제와 처벌을 통해 어떻게 해서든 목표로 한 농업 생산량을 달성할 수 있도록 분위기를 몰아갔다. 이때까지는 양반이었다. 1937년 중일전쟁이 발발하자 일본의 노동력은 군수품 공장으로 우선 차출되었고, 일손이 부족해진 농가에는 놀리는 땅이 속출했다. 식량 생산이 다급해지자 일제는 '제3차 산미증식계획'에 착수했는데, 이때부터는 말 그대로 우리 농가에서 먹을 쌀까지 싹싹 긁어모아 수탈해 갔다. 충성 경쟁을 하던 총독부 관료들이 탁상공론에 가까운 목표를 수립하면 지방 관료들은 그 목표를 상회하는 성과를 달성하기 위해 조선 농민들을 겁박하고 곡식을 빼앗아 가는 일이 빈번하게 발생했다.

군산은 그런 수탈의 역사를 가장 잘 간직하고 있는 곳이다. 1908년 전주와 군산을 잇는 전군도로가 완공되었고, 1912년에는 익산에서 군산을 잇는 군산선 철도가 부설되었다. 도로와 철로의 끝은 모두 군산항이었다. 당시 사람들의 기억과 현재까지 남아 있는 도로와 철로의 흔적들을 통해 살펴볼 때, 전라남북도의 모든 길은 군산으로 연결되어 있었다. 그렇게 도로와 철로가 도착한 군산항의 끄트머리에는 '뜬다리부두'가 있었다. 일명 '부잔교浮棧橋'라고 불리는 시설물은 조수간만의 차가 큰 군산항에서 썰물과 밀물 시기를 가리지 않고 일분일초를 아껴 쌀을 실어 내가기 위해 일제가 설치한 것이었다.

그 인근에는 군산세관이 들어섰다. 요식 행위이긴 하지만 그래도 거쳐야 할 통관 업무 등을 조금이라도 신속하게 처리하기 위함이었다. 그 옆으로 조선은행과 일본제18은행 군산지점도 위치하고 있었는데, 역시 대금 지불이나 송금 등의 업무에 유기적이면서도 빠르게 대처하기 위해서였다. 우리 시대 공공기관에서 혁신적인 첨단 서비스로 홍보하는 '원스톱 행정'이 이미 이 시절부터 유행했던 셈이다. 뜬다리부두가 늘어선 항만 지역 일대는 행정구역상 장미동藏米洞으로 분류된다. 이름 그대로 '쌀을 보관하던 창고가 있던 동네'로, 쌀을 거래하는 거간꾼들과 돈줄을 쥔 전주들이 몰리니, 그들의 돈을 노린 온갖 상인들까지 몰려들었다. 당시 제물포 등지에서 상권을 빼앗긴 산둥성 출신 화상들도 모여 집단 거주지를 이뤘다. 그리고 자연스럽게 실력 있는 요리사들과 맛 좋은 중화요리집이 하나 둘 등장했다.

남도 중화요리의 메카 탄생!

사실, 이로부터 훨씬 전부터 군산에는 수많은 화교가 거주하고 있었다. 1899년 군산항이 개항할 당시의 기록을 보면 "개항하기 훨씬 이전부터 군산과 인근 부안에 중국과의 밀무역에 종사하던 중국인들이 다수 거주하고 있었다."[*]는 내용이 실려 있다. 실제로 군산에서

* 디지털군산문화대전 '화교'(https://gunsan.grandculture.net/gunsan/toc/GC057014 42) 참조.

산둥반도까지는, 날씨가 좋고 해류가 잘 형성되면 당시의 배로도 스무 시간이면 충분히 닿을 만큼 가까웠다. 때문에, 산둥성의 뱃사람들 중 먹고살 거리가 변변치 않은 이들이라면 한 번쯤 '한반도로 넘어가서 장사나 해볼까?'라 생각해보지 않은 사람이 거의 없었다. 총각 홀로 건너오기도 했고, 친구들끼리 몰려 넘어오기도 했고, 심지어 배 한 척 가득 일가족을 싣고 찾아오기도 했다. 그렇게 10여 년이 지나자 군산에 거주하는 중국인은 500여 명 수준으로 늘어났다. 자국민의 숫자가 늘어나자 청나라 정부에서는 1905년 영사를 파견했고, 이때부터 본격적으로 군산에 화교사회가 형성되기 시작했다.

'사농공상士農工商'이라 하여 상인을 가장 천한 계층으로 취급하며 소홀하게 대해왔던 터라, 구한말 조선의 상업은 미진한 부분이 많았다. 그에 비해 상업이 발달했던 중국에서 건너온 화교들은 자리 잡기가 무섭게 놀라운 상재를 발휘했다. 군산의 창고업, 무역업, 고리대금업 등을 장악하며 부를 쌓은 그들은 토지를 사들이기 시작했다. 1910년대에 이미 서른다섯 곳 이상의 지역에서 토지를 사 모을 정도였다. 그들 중 일부는 중화요리집을 차렸다. 동령고개를 중심으로 자리 잡고 있던 수많은 금융기관 종사자와 그곳을 찾아온 손님들을 대상으로 한 식당이 연이어 문을 열었다.

그중 가장 오래된 중화요리집은 지금은 사라진 '동해루'다. 산둥성 출신인 장조태張釣泰 사부가 1920년 무렵에 문을 열었는데, 당대 군산 바닥에서 돈 좀 번다는 사람이라면 이 집 요리를 안 먹어본 사람이 없을 정도로 큰 인기를 끌었다. 1층은 일반적인 중화요리집이었지만 2층은 댄스홀로 꾸며 요리와 술을 먹다가 사교 춤을 출 수 있도록 했다. 따라서 군산 시내에서 제법 논다 하는 이들은 죄다 동해루로 몰려들었다. 비슷한 시기 평화동에 문을 연 '쌍성루'는 조금 다른 쪽으로 인기를 끌었다. 쌍성루도 동해루와 마찬가지로 1층과 2층의 인테리어가 확연하게 달랐다. 1층이 일반적인 중화요리집이었던 것은 같지만, 2층이 개방적인 형태의 연회장이었던 동해루와 달리 쌍성루의 2층은 각각의 문이 달린 별실로 이뤄져 있었다. 때문에 은밀하게 연애를 즐기려는 남녀는 물론, 출장 나온 기녀들을 앉히고 술판을 벌이는 고관대작들이 자주 찾았다. 일종의 요정이었던 셈이다.

1950년대부터 동해루와 자리바꿈을 한 것은 '홍영장'이었다. 홍영장은 규모 면에서나 음식 솜씨 면에서 인근에서 발군이었다. 관공서와 금융기관의 단체 연회 손님들은 물론, 가족 단위 손님들까지 사로잡으며 꾸준하게 인기를 끌었다. 이외에도 평화원, 만춘향, 용문각 같은 기라성 같은 맛집들이 동령고개 일대를 차이나타운 아닌 차이나타운으로 만들었다.

우계청于桂淸 사부가 창업한 '평화원'은 맛으로 유명세를 톡톡히 치렀던 중화요리집이다. 다만, 우 사부는 식당 운영보다는 군산 내 화교들의 위상 강화와 2, 3세 교육에 더 많은 관심을 쏟았다. 더군다나 당시로서는 드물게 영어와 일본어 모두에 능통했다. 때문에 그는 군산화교협회장과 군산화교소학교 교장으로 더 잘 알려져 있다. 우

사부의 뒤를 이어 군산의 화교사회 발전을 위해 힘쓴 인물로는 여건 방呂建芳 사부가 있다. 1969년 '용문각'의 문을 연 여 사부는 30여 년간 용문각을 맛집으로 잘 운영하다가 이후 뜻한 바가 있어 화교소학교 교장으로 활동했다. 2005년 무렵에는 아예 식당 문을 닫고 그곳을 군산화교역사관으로 개조한 뒤 본인이 관장, 부인이 해설사로 맹활약 중이다. 이런 이들 덕분에 군산은, 규모는 크지 않지만 단단한 화교사회를 유지할 수 있었다.

한때 "맛으로 군산을 평정했다."는 평을 들었을 정도로 요리 실력을 자랑했던 '만춘향'은 문을 닫고 나서야 그 명성이 널리 퍼진 중화요리집이다. 만춘향에서 솜씨를 갈고 닦았던 요리사들이 지역 내 다른 중화요리집에 취업하거나 본인의 이름을 내걸고 개업하면서 군산 중화요리계를 더욱 풍성하게 만들어주었다. 이들 외에도 군산에는 자유반점, 국제반점, 신풍원, 영화원, 중앙각, 애향각, 홍순루, 영화춘 등 비슷한 규모의 어느 도시보다 많은, 대부분 수준급의 요리 실력을 자랑하는 중화요리집들로 가득했다. 하지만 군산이 '중화요리'로 사람들의 머릿속에 깊이 각인된 계기는 음식이 아닌 한 식당의 인테리어 덕분이었다.

산둥성 룽청荣成 사람인 왕근석王根石 선생은 원래 인천에서 중화요리집을 운영했다. 하지만, 6.25전쟁이 발발하고 인천상륙작전이 전개되면서 인천은 최대 격전지 중 한 곳이 되었고, 거기에 중공군에 의한 1.4후퇴가 결정타를 날렸다. 더 이상 인천에서는 식당을 운영할 수 없겠다고 판단한 왕 선생은 '바다 건너 제주도라면 북한군이든 중공군이든 쳐들어오기 힘들 것'이라는 생각에 배를 마련해 제주도로의 피난길에 올랐다. 하지만 배가 기관 고장을 일으켜 군산 앞바다에 멈춰 서고 말았다. 겨우 수습해 군산항에 입항한 왕근석 선생은 '이것도 다 내 팔자고, 군산에서 살라는 운명인가 보다.'라며 식당 자리 하나를 빌렸다. 요리사와 홀 서빙은 인천에서 함께했던 동료들이 그대로 내려와 맡아주었다. 덕분에 개업 초기부터 안정적인 맛과 서비스로 군산 사람들의 입맛을 사로잡았다. 이곳이 바로 '빈해원'이다.

장사가 너무 잘돼서 1965년 현재의 자리인 장미동으로 확장 이전을 했는데, 그러고도 몰려드는 손님들을 감당하기가 힘들었다. 1970년대 중반 대대적인 공사를 통해 건물을 증축하면서 식당은 상당히 독특한 모양새를 띠게 되었다. 왕 선생이 1965년에 이전할 때만 해도 식당 건물은 안마당이 있는 단층 건물이었다. 그 건물 위로 2층을 올리고 차양막으로 지붕을 쳐서 독특한 형태의 건축물이 만들어졌다.

얼핏 보면 쇠락한 지방 연회장처럼 보이다가, 또 어떻게 보면 1930년대 상하이풍 객잔으로 보이기도 하며, 때로는 1950~60년대 도박장처럼 보이다가, 또 달리 보면 '북한 상업시설 안에 들어가보면 이렇게 생기지 않았을까.' 싶은 생각이 들게 만드는 모습이 많은 이의 관심을 불러 모았다. 특히 방송이나 영화의 장소 섭외 담당자들이 이 중화요리집 공간을 마음에 쏙 들어했다. 그렇게 영화 〈타짜〉, 〈남자가 사랑할 때〉, 〈강남 1970〉, 드라마 〈사랑의 불시착〉 등이 이곳에서 촬영되었다. 지금은 등록문화재 제723호로 지정돼 식당이라기보다는 관광명소 대접을 받고 있는데, 이제는 주방을 담당하는 분들도 이곳을 식당이라 생각하지 않고 관광명소라고 생각하는 듯해 아쉽다.

한 가지 재미있는 사실은, 앞서 이야기한 수많은 영화와 드라마에서 이 식당은 중화요리집이 아닌 불법 도박장으로 등장한다는 것이다. 마치 지금의 상황을 예견이라도 한 듯 말이다. 아무튼 이 식당 덕분에 군산은 역사와 전통을 자랑하는 중화요리집들을 만나볼 수 있는 곳으로 널리 알려지게 되었다.

하지만 얼마 전(이라고는 하지만 벌써 십 수년 전)부터 이 빈해원보다도 군산을 중화요리의 고장으로 유명하게 만든 식당이 떠올랐다. 이른바 '전국 5대 짬뽕' 중 하나이자, 다섯 곳의 짬뽕집 중 가장 자리 잡고 먹기 힘든 식당인 '복성루'다.

짬뽕의 위험한 독주

흥미로운 사실은 정작 군산 현지에 가서 취재를 하거나 군산 토박이들을 만나보면 복성루의 과거를 잘 알지 못하거나, 아예 이 식당의

존재나 위상에 대해 그다지 의미를 두지 않는 이들이 대부분이라는 점이다. 1973년에 개업했다고는 하는데, 초기에는 다른 유명 중화요리집에 밀려 크게 존재감이 없는 식당이었던 듯싶다. 다른 집의 짬뽕에 비해 해물이 조금 더 들어가고 볶은 돼지고기를 고명으로 얹는 독특함으로 인기를 끌기는 했지만, 그냥 동네에서 조금 유명한 정도였던 것 같다.

그랬던 복성루가 전국구급 인기를 끌게 된 것은 이 식당을 방문한 한 대학원생 덕분이었다. 당시 서울대 기계항공공학부 대학원생이었던 송 모 씨는 여행과 미식이 취미인 파워블로거였다. 블로그 사이트 '이글루스Egloos'에 2007년부터 '녹두장군의 식도락'이라는 블로그를 연재했는데, 식당의 유명세나 편견에 치우치지 않은 시식평을 냉철하지만 절대로 차갑지 않게, 담백하면서도 친근한 말투로 풀어낸 덕분에 큰 인기를 끌었다. 중화요리에 관해서는 특히 관심이 많은 듯했고, 자연히 풍부한 미식 경험을 자랑했다. 이런 그가 방문한 중화요리집에 대한 포스팅 가운데 문제의(?) 5대 짬뽕에 관한 언급이 있었다.

블로그 글 원문을 보면 알겠지만, 블로그 주인의 의도는 다섯 군데의 짬뽕이 무조건 최고라는 것이 절대로 아니었고, 학벌 논쟁을 벌이듯 식당들을 줄세우겠다는 의도는 더더욱 아니었다. 그저 자신의 입맛에 맞는, 자신이 먹어본 짬뽕 중 전국에서 다섯 개만 꼽으라 한다면 이러저러한 식당의 짬뽕들을 꼽고 싶다, 정도가 내용의 전부였다. 하지만 모 언론사에서 해당 블로그 글을 퍼다 나르면서 상황이 이상한 쪽으로 흘러가버렸다. 가뜩이나 서열 매기기, 순서 놀이에 흥미를 느끼던 대중이 폭발적으로 반응한 것이다. 인플루언서들이 앞다퉈 방문해 시식평을 남겼고, 이에 5대 짬뽕 리스트 안에 든 몇몇 집이 발빠르게 대처하면서 분점이 생기고, 밀키트가 출시되며 동반 상승작용을 일으켰다. 맛있어서 찾아가 먹는 것이 아니라 유명하니 찾아가서 먹고, 먹는 사람이 많으니 붐비고, 붐비니 줄이 길어지고 못 먹는 사람이 생겨나고, 그게 또 유명해지고, 그래서 또 먹으러 가는 사람이 생기는 일이 꼬리에 꼬리를 물고 이어졌다. 불씨가 좀 사그라들 만하면, 창의력 떨어지는 PD와 작가들이 어설픈 수식어를 붙여 해당 식당들을 방송에 내보내 불길을 지펴주었다.

　실제로 지금 복성루를 경영하는 사장은 1973년에 창업한 사장과는 아무런 연관이 없는 인물이다. 군산 등지에서 40여 년간 중화요리집을 운영했다고 하며, 복성루는 2016년에 인수해 현재까지 운영하고 있다. 이런 사실이 알려져도 유명세는 사그라들지 않았다. 여전히 줄은 길고, 군산시에서는 아예 복성루에 다른 중화요리집까지 묶어서 '짬뽕 거리'를 조성하고 '군산 짬뽕 페스티벌'을 개최하고 있다. 마치 군산이 짬뽕의 발상지이자 메카인 양 홍보하고 있는 것이다. 그러다 보니 진짜 근본 있고 실력도 갖춘 중화요리집들이 뒷전으로 내몰리고 엉뚱한 집들이 군산 중화요리업계를 이끌어온 주역인 것마냥 앞세워지고 있다.

물론 짬뽕 역시 중화요리('중국요리'가 아니라)의 대표적인 음식 중 하나이긴 하다. 짬뽕의 유래에 관한 설이 분분하지만, 대체적으로 정설처럼 인정받는 것은 '산둥 직수입설'과 '나가사키 우회설'이다. 먼저, 산둥 직수입설을 주장하는 이들은 산둥 사람들이 즐겨 만들어 먹던 초마면炒碼麵(차오마몐)이 한국에 들어오면서 매운맛을 좋아하는 입맛에 맞춰 변형된 결과가 짬뽕이라고 이야기한다. 반면, 나가사키 우회설을 주장하는 이들의 이야기는 다르다. 푸젠성 음식인 탕육사면湯肉絲麵(탕러우시몐)이 일본으로 전해졌고, 이를 나가사키 시내에 있던 '시카이로四海樓'의 화교 요리사 천핑순陳平順이 일본인의 입맛에 맞게 변형시켜 '나가사키 잔폰長崎ちゃんぽん'을 만들었고, 나가사키 잔폰의 조리법을 아는 일본인 요리사가 인천 제물포 조계지로 취업해 오며 이 음식을 전했는데, 국물 요리를 좋아하는 한국인의 입맛을 사로잡으며 삽시간에 전국으로 퍼져나갔다는 것이 나가사키 우회설 신봉자들의 주장이다.

두 가지 주장 모두 일리가 있는 것이, 우선 초마면은 재료를 센 불로 재빨리 볶다가 마지막에 물을 넣고 끓여서 국물을 만든다. 현재 우리나라에서 짬뽕을 만드는 방법과 동일하다. 반면, 나가사키 잔폰의 시초가 되는 탕육사면은 돼지갈비를 끓인 육수를 국물로 사용한다. 현재의 짬뽕과는 많이 다르다. 오히려 일본 라멘에 더 가까운 형태다. 산둥 직수입설 1승! 하지만 '짬뽕'이라는 이름을 살펴보면 이번에는 나가사키 우회설의 손을 들어주지 않을 수 없다. 누가 뭐래도 '잔폰'이 '짬뽕'으로 바뀌었을 거라는 점을 의심하기 힘들다. 나가 사키 우회설도 1승!

아무튼, 중화요리임에는 분명하지만 그렇다고 중화요리를 대표하는 정체성을 갖고 있다고 말하기는 어려운 짬뽕의 독주 속에서, 군산 중화요리업계는 위기와 기회를 동시에 맞닥뜨리게 된 아이러니한 상황에 처해 있다.

몰래, 군산을 지켜온 맛

등 뒤로 드넓은 평야로 이뤄진 곡창지대를 두고, 앞으로는 망망대해로 향한 항구를 끼고, 우측 어깨로는 내륙으로 들어갈 수 있는 금강 하구를 얹고 있었던 군산. 그런 입지 조건 덕분에 생겨난 장미동의 뜬다리부두와 세관, 동령고개 인근의 수많은 은행의 지점들…. 이제 그곳들은 쓰라린 수탈의 과거를 역사책에 넘겨주고 자신들은 그와는 별 상관없었던 것처럼 담담하게 자리를 지키고 있다. 그 덕분에 들어섰던 수많은 중화요리집도 대부분 사라졌다. 어렵사리 명맥을 잇고 있다고는 해도, 드라마 촬영장이나 인플루언서 덕분에 뜬 짬뽕 맛집으로 살아가고 있다. 해방 무렵 1,200여 명에 달했던 군산 지역 화교 인구는 해방 이후 급감했다. 일본인들이 귀향하자 그들을 대상으로 장사하던 식료품점, 포목점, 양장점 등이 큰 타격을 입었다. 다수의 화교는 중국 대륙 또는 대만으로의 귀국을 택했다. 그렇게 전체 인구의 절반 가까이가 떠날 때까지 어느 정도 유지되던 군산 화교사회에 더 큰 시련을 안긴 것은 박정희 정권에서 실시된 화교에 대한 탄압이었다.

박정희 정권은 1961년 9월 18일 '외국인 토지법'을 제정해 공공의 필요에 의해 외국인의 토지 소유와 매매를 제한하도록 했다. 문제는 다른 외국인에 비해 화교들에게는 이 법을 과도할 정도로 엄격하게 적용했다는 점이다. 농업에 종사하던 화교들은 더 이상 토지를 구입하거나 임대하기가 힘들어졌기에 직업을 바꾸거나 아예 한국을 떠날 수밖에 없었다. 그나마 농사를 짓던 화교들이 대거 중화요리업이나 한약재 유통업 등으로 이직해 화교경제권이 완전히 무너지지는 않았다.

그러나 박정희 정권의 탄압은 여기서 그치지 않았다. 1970년에는 기존 법률을 대대적으로 손질해 '외국인 토지 취득 및 관리에 관한 법'을 제정했는데, 이 법을 적용하면 화교들은 50평 이상의 점포를 소유할 수 없었다. 중화요리집이 큰돈을 벌려면 당연히 대규모 연회장을 보유해야 하는데, 그를 원천적으로 금지한 것이다. 물론 "조건을 갖추면 허가를 내주겠다."고 했지만, 허가권이 있는 행정관청에서는 좀처럼 허가를 내주지 않았다. 토지만이 아니었다. 자동차를 구입할 때는 무조건 전액 현금으로 지불해야 했다. 할부 구입을 하려면 보증인을 세워야 했는데, 보증인은 아무나 될 수 없고 중앙부처 3급

이상 공무원 정도는 되어야 자격이 있었다. 말이 쉬워 3급이지, 과거 3급 공무원이면 기초단체장 정도 되는 고위직이었다. 한마디로, 차 한 대 바꾸려면 사는 동네 구청장이나 군수에게 찾아가 "저, 차를 할부로 사려고 하는데, 보증 좀 서주시죠."라고 부탁해 도장을 받아 와야 했다는 얘기다. 이러한 조치는 무려 1990년대까지 계속 이어졌다. 우리가 인식 못 했던, 혹은 일부러 모른 척했던 가혹한 차별의 역사 속에서, 상업에 종사하던 화교들까지 모두 한국을 떠나버리고 말았다. 이들은 주로 대만으로 이주했다.

그러는 사이 화교 인구는 급감했다. 그나마 가장 최근의 기록인 2008년 군산화교협회 통계에 따르면, 군산 지역에는 40여 세대 총 180여 명만이 거주하고 있다고 한다. 이는 전라북도 내 다른 지역도 마찬가지다. 역사 이래로 줄곧 전라북도의 수부도시首府都市*였던 전주, 보석가공업이 발전해 지방 중소도시 중 가장 부유한 곳으로 손꼽히던 익산의 화교들도 이 시기에 한국을 많이 떠났다. 그나마 남은 이들은 지역 친화적인 중화요리집을 운영하며 한국인들 사이에 녹아드는 방식으로 삶을 이어나갔다. 군산의 신풍원, 홍영장, 국제반점 등과 전주의 진미반점, 그리고 익산의 길명반점 등이 대표적이다.

그중에서도, 나는 군산에 들를 때마다 늘 홍영장에 들러 탕수육에

이과두주 두 병을 마신다. 홍영장은 1956년 화교 서재문徐在文 선생이 간판도 없이 운영한 호떡집으로 시작했다. 단층 가옥에서 중국식 빵과 국수를 같이 팔던 서재문 선생은 함께 팔던 짜장면이 큰 인기를 끌자 빵장사를 접고 중화요리에만 전념했다. 서재문 선생은 당시 대다수 중화요리사와는 달리 '재료 본연의 맛', '자극적이지 않는 맛'을 강조했다. 또한 "음식 맛을 버린다."며, 배달 열풍이 불던 시기에도 절대로 배달 주문을 받지 않았다.

중화요리에서 면을 만들 때는 간수를 넣어야 한다. 간수 성분이 중화면 특유의 매끈하면서도 탱탱한 탄력을 만들어주기 때문이다. 하지만 교통이 발달하지 않았던 옛 시기에 품질 좋은 간수를 구하기는 여간 까다로운 일이 아니었다. 결국 몇몇 중화요리사가 간수와 비슷한 효능을 내는 합성첨가제를 사용하기 시작했는데, 우리가 흔히 '식소다食soda' 또는 '면 강화제'라고 부르던 식용 탄산수소나트륨이었다. 덕분에 거의 모든 중화요리집에서 쫄깃한 면 요리를 만들어낼 수 있었다.

문제는 이 탄산수소나트륨이 물에 녹으면 다소 강한 알칼리 성질을 띠게 되는데, 이게 위에 들어가 소화액 역할을 하는 위산을 중화시켜버린다는 것이다. 소화기가 약한 어르신 중에는 짜장면만 먹으면 속이 더부룩해져 불편하다고 하는 분이 많은데, 대부분 면에 든 탄산수소나트륨 때문이다. 물론 탄산수소나트륨 함량을 줄이고 간수와 비슷한 성분의 양념을 추가한 뒤 면발을 차지게 하는 기술을

군산을 몰래 지켜온 맛, 홍영장의 탕수육.

가미하면 어느 정도 해결될 수 있는 문제였지만, 그러면 조리부터 손님의 식탁까지 걸리는 시간이 긴 배달은 불가능했다.

홍영장을 창업한 서재문 선생은 과감히 배달을 포기했다. '음식은 조리한 직후 먹는 것이 가장 맛있다.'라는 원칙을 지키며 배달을 마다한 채 첨가제 사용을 자제해온 덕분에 홍영장 짜장면을 먹은 사람들은 지금까지도 "맛있으면서도 속이 편안하다."고 칭찬을 아끼지 않고 있다.

그러한 요리철학은 대를 이어 홍영장을 이끌고 있는 아들 서원후徐原厚 사부에게로 이어졌다. 서 사부는 참 특이한 사람이다. 고등학교 2학년 때부터 주방에 들어가 아버지로부터 혹독한 훈련을 받아 이제는 대가大家 소리를 들어도 충분한 내공임에도, 겸손함과 점잖음이 지나치다 못해 처음 만나는 사람은 좀 답답해할 정도다. 숫기가 없어도 너무 없어서, '저렇게 조용한 분이 어떻게 이 힘든 주방일을 다 해내며 수십 년간 식당을 운영할 수 있었을까?' 하는 생각이 들 때도 있다. 온갖 인터뷰 요청도 마다한 채 그저 요리할 때 가장 행복하다며 주방에 틀어박혀 맛있는 음식을 만들어내는 것에만 몰두하는 모습은 마치 구도자의 경지에 이른 듯 보인다. 군산의 다른 몇몇 업소가 온갖 방송과 SNS에 등장해 유명세를 얻었을 때에도, 지자체의 갖가지 시도로 인근 지역이 짬뽕 특화거리로 각광을 받았을 때에도, 홍영장은 시류에 편승하기보다는 자신만의 스타일과 맛으로 그 자리를 꿋꿋이 지켜왔다. 덕분에 홍영장은 군산에서 가장 유명하지는 않아도 가장 군산 중화요리다운 맛과 멋을 자랑하는 곳으로 명맥을 이어가고 있다.

이사 세 번이 대수랴,
칼 세 개를 안 잡고 살려면

대구에 가면 중화요리를 먹어야 한다

꽤 오래전 일이다. 그때 나는 학사장교로 임관하기 위해 경북 영천에 있는 제3사관학교에서 훈련을 받고 있었다. 당시 내 바로 앞 훈련 번호였던 동기가 전주 출신이었는데, 전북 지역에서 유명한 명문가 출신이었다. 단순히 부유해서가 아니라, 고등학교 국사 교과서를 뒤적거리면 몇 대조 할아버지 이름을 쉽게 찾아볼 수 있는 그런 '대단한' 가문이었던 것으로 기억한다. 이 친구는 집에서 할아버지를 모시고 살았는데, 모든 식기는 놋그릇이었고 은수저를 사용한다고 했다.

매 끼니 새로 지은 밥을 올려야 했고(평생 집에 전기밥솥이라는 존재 자체가 없었다고 했다), 국은 국대로 찌개는 찌개대로 따로 내야 했으며(사실, 우리 일반 가정집에서는 김치찌개 끓이면 찌개 하나로 먹고, 쇠고기뭇국을 끓이면 그 국 하나로 먹지 않나?), 국마저도 건더기가 많이 든 양념이 된 국과 맑은 국을 모두 준비해야 했다고 한다. 그런 집안 출신이라서 그런지, 음식에 대해서만큼은 무척이나 까다로운 친구였고, 일상생활에서 훈련을 받아서인지 미각 역시 날카로웠던 걸로 기억한다.

그러다 보니 이 친구와 주말에 외박을 나가 식사를 할 때마다 곤란한 일이 벌어지곤 했다. 내가 고르는 식당마다 고개를 가로저으며 정색을 하거나 발길을 돌렸고, 심지어 식당에 들어가 자리를 잡았다가도 메뉴와 내부 분위기를 둘러보고는 "다른 곳으로 가자."며 되돌아 나가는 일이 심심찮게 벌어졌다. 지금처럼 인터넷 검색환경도, 모바일 기기도 제대로 갖춰진 때가 아니었으니 맛집을 미리 찾아볼 방법도 없었다. 기껏해야 부대에서 시내로 나가는 길에 택시 기사에게 묻거나 거리로 나가다 만난 지역 주민에게 자문을 구하는 정도가 할 수 있는 방도의 다였는데, 그 방법 역시 '대구광역시' 한정으로는 그다지 별로 효과적인 해결책이 못 됐다. 맛있다고 추천받은 곳들 대부분이 그저 '가성비가 좋은' 식당이었고, 상당수는 (내 동기의 입맛 기준으로) '재료 원래의 고유한 맛을 다 죽여버리고 독하게 맵고 짜게만 만들었을 뿐' 맛있다고 할 만한 집이 없었다. 아, 물론 나는 달랐다. 들어간 곳마다 맛있게, 배부르게 잘 먹었다.

아무튼, 그러다 보니 매번 영천에서 대구로 나오는 차를 타면 '오늘은 또 어느 식당에 가서 무슨 타박을 듣게 될까?' 하는 생각이 먼저 들었다. 그러던 어느 날 불현듯 든 생각이 중화요리집이었다. 그보다 훨씬 맛있고 귀한 음식이야 널리고 널렸지만 군인에게 짜장면과 초코파이는 각별한 의미가 있다. 통제된 공간 안에서 바라다보이는 바깥세상을 대표하는 맛이기 때문이다. 휴일에 대구에 나와서 '오늘은 또 뭘 맛없는 음식을 먹어야 하나.' 하고 시큰둥해 있는 동기를 데리고 대구 종로 거리로 향했다.

임진왜란 직후 대구를 포함한 조선 남동부 지역을 다스리던 사도제찰사四道體察使 이덕형 선생(맞다, '오성과 한음'에서 한음 파트를 맡았던 그분이다)은 왜란으로 완전히 무너져버린 영남 지역 행정력을 복원하기 위해 힘썼다. 대구읍성에 경상감영慶尙監營을 설치해 영남 북부 지역의 정치적·경제적 거점으로 육성하고자 한 것이 그 일환이었다. 그 계획은 완벽하게 성공했다. 감영이 설치된 지 채 10년도 지나기 전 대구는 인근 지역의 사람과 돈이 몰려드는 중심지로 번창하게 되었다. 그렇게 몰려든 사람과 돈을 바라보고 장사를 하려는 사람들 역시 대구로 몰려들었다.

먹거리와 의복 중심의 일반적인 품목을 주로 다루던 상인들은 읍성의 서쪽 달서문 앞에 시장을 형성했고, 한약재를 주로 다루던 상인들은 관리들이 머물던 객사客舍인 달성관 앞에 시장을 형성했다. 읍성의 서쪽 문 앞에 펼쳐진 장이라 하여 '서문시장'이라 불리게 된 시장은 조선을 대표하는 3대 시장으로 꼽혔고, 현재까지도 영남권 최대의 시장으로 큰 인기를 끌고 있다. 한편, 달성관 앞에 형성됐던 한약재 전문 시장은 이후 대구 약령시로 발전했다. 그 약령시가 자리 잡고 있는 곳이 바로 지금의 대구 종로다. 아, 서문시장도 대구 약령시도 지금은 원래 있던 위치에서 조금 이동해 있다.

대구 약령시는 한때 조선 팔도는 물론 중국 상인들까지 드나

1943년 개교한
대구화교소학교.

들던 우리나라 최고의 약재 시장이었다. 그러다 보니 자연스럽게 화교들이 하나 둘씩 들어와 자리를 잡고 장사하기 시작했다. 그 숫자는 일제강점기에 기하급수적으로 늘어났고, 그런 화교들을 바라보고 문을 연 음식점들로 인해 중화요리 식당가 또한 번성했다. 늘어난 화교 상인들의 자녀를 교육하기 위한 화교소학교가 1943년 화상공회華商公會 건물 일부를 빌려 개교했다. 그러자 그 학교에 자녀를 보내기 위해 영남 각지의 화교들이 대구로 더 몰려들면서 종로 일대는 작은 차이나타운을 형성하게 되었다. 덕분에 대구 종로에 가면

화교가 운영하는 맛있는 중화요리집을 만나볼 수 있었다.

그중 한 곳이 내 단골집이다. 모 아이돌 가수를 조카로 둔 화교 노부부가 운영하고 오랜 기간 함께 손을 맞춰온 주방장이 있는데, 아주 가끔 바깥사장님이 직접 웍을 잡을 때도 있다. 입맛 까다로운 군대 동기를 데리고 갔던 것이 내가 이곳을 처음으로 방문한 때였는데, 인터넷도 없던 때라 같이 훈련받던 경북대 졸업생 대구 토박이에게 물어 '화교가 하는 맛있는 중화요리집'이라는 설명과 어설프게 그려준 약도 한 장 들고 어렵게 찾아갔던 기억이 난다. 찾는 데 고생하긴 했지만 동기도 나도 그 맛에는 완벽하게 만족했고, 이내 나는 단골이 되었다. 단골이라고는 하지만, 사는 곳인 서울과 멀리 떨어져 있다 보니 몇 년에 한 번 갈까 말까 하는 정도다.

사라진 아드님을 찾다

몇 해 전, 오랜만의 대구 출장길에 식사나 하려고 이 중화요리집을 방문했다. 그런데 홀에 직원이 아무도 없는 것이었다. 알고 보니 카운터를 보던 바깥사장님이 주방에 들어가 직접 웍을 잡았고, 평상시에는 홀에 앉아 TV를 보거나 반가운 얼굴로 손님을 맞이하던 안사장님 또한 주방 뒤편 주차장에서 요리에 쓰일 재료들을 다듬기 위해 자리를 비웠기 때문이었다. 잠시 기다리자 안사장님이 와서 반갑게 맞이해주셨다. 나는 이 집에서 늘 그랬듯 이과두주 한 병에 탕수육 소 자 하나를 주문했다.

나는 평상시 단골 식당이 아니라면 혼자 온 손님임을 밝히고 (더불어, 혼자 테이블을 차지하도록 배려해주신 것에 보답도 할 겸) 탕수육을 어지간하면 중 자 이상으로 주문하고 술도 두 병을 동시에 주문한 뒤, 일단 먹어보다가 위장에 여유가 좀 있으면 간단히 볶음밥이나 작은 사이즈의 요리를 추가로 주문해 사장님께서 충분히 만족할 만한 매상을 올려드렸다. 하지만 단골 식당 좋은 것이, 이곳에서 이과두주를 한 번에 두 병 시켰다가는 "아니, 여태도 술을 그렇게 먹고 다니는 거야?"라는 핀잔을 받기 십상이고, 탕수육을 좀 큰 크기로 주문하거나 다른 요리까지 추가로 주문하면, "안 돼, 안 돼. 혼자서 그걸 다 어떻게 먹으려고! 남기면 안 돼."라며 아예 주문 자체를 원천봉쇄당한다. 그러고는 탕수육 소 자를 중 자, 대 자만큼 주시거나, 주문하려다 만 다른 요리를 맛보라며 조금씩 내주시기도 하는데, 그 마음이 고마워 더더욱 단골이 되는 것 같다.

탕수육에 이과두주를 반 병째 마실 무렵 주방을 보던 바깥사장님이 앞치마에 손을 닦으며 홀로 나오셨다. 반갑게 인사를 드리니 내 맞은편에 앉아서 술 한잔을 따라 주셨다. 나 역시 잔 하나를 가져와 술을 따라 드리니 "영업해야 한다."면서 받아만 놓으셨다. 홀 안에 문득, 침묵의 천사가 다녀갔다. 어떤 감정이 훅- 하고 밀려오는데, 뭐라 설명할 수가 없었다.

"오늘은 왜 웍을 직접 잡으셨어요?"

"주방장이 아파서 병원에 갔어. 별 수 있나, 내가 해야지."

"아, 어디가 아프시대요?"

"어깨. 원래 이 일이 골병들기 십상인데 무거운 웍을 휘둘러야 하니 어깨가 제일 먼저 나가."

그러고는 "에이, 안 되겠다. 한 잔만 해야겠다."며 따라놓은 지 한참 된 이과두주를 한입에 툭 털어 넣으셨다. 안주 좀 드시라 권해도 썰어놓은 양파를 춘장에 찍어 씹는 것이 다였다. 천장과 벽이 만나는 곳에 불안하게(하지만 수십 년째 별 탈 없이) 매달려 있는 TV에 시선을 고정하고 계시던 안사장님은 "저 양반이 저녁 장사 어떻게 하려고…"라며 들릴락 말락 한 목소리로 한 차례 타박할 뿐 더는 말리지 않으셨다. 아니, 오히려 내실 냉장고에서 평소 바깥사장님이 술안주로 즐겨 드시던 삼배두피三杯豆皮도 내어주셨다. 삼배두피는 건두부에 간장, 조미료를 섞은 물, 고량주를 각각 한 컵씩 넣고 볶아내는 요리로, 특히 대만에서 밥반찬으로 자주 해 먹는 음식이다. 나도 엄청 좋아하는 중국식 밥반찬이다.

"에효, 이 짓도 이제 그만둬야지…"

두 번째 잔을 털어 넣으며 사장님은 자조적으로 말씀하셨다. 이미 수십 년째 수시로 듣던 말인데, 이날은 직접 웍을 잡는 모습까지 보고 나서인지 느낌이 이전과 달랐다.

"왜요? 그래도 장사 잘되잖아요. 여기는 목도 좋고."

"예전만 못 해. 요즘 누가 회식을 우리 같은 중국집에서 하나. 주방 사람 구하기도 힘들고…"

그러고 보니 자주 나와서 일을 돕던 아드님의 모습이 보이지 않았다. 굳이 묻지 않아도 짐작이 갔다. 이곳만이 아니라 서울, 경기, 제주 각지에서 만났던, 중화요리집을 운영하는 화교 집안에서 흔히 마주할 수 있는 모습이다. 몇몇 유명 중화요리집이 수십 년 역사를 자랑하고 2대를 넘어 3대째 물려받았다는 것을 광고해서, 우리는 마치 화교 집안들이 중화요리사라는 가업을 잘 이어가고 있다고 생각하기 쉽다. 하지만 현실은 그렇지 않다. 앞서 말했던 것처럼, 장성한 자식이 가업으로 식당을 물려받아 운영하기엔 그간 우리가 화교를 대해온 방식이 그다지 합리적이지 않다 못해 가혹했다. 식당 건물을 구하는 데도 제약이 따랐고, 돈을 빌리거나 투자를 받는 데서도 어려움이 많았다. 결국, 그러한 차별과 불합리에 지친 자녀들은 사회생활을 해야 할 무렵이 되면 대만 등으로 떠나갔고, 부모도 그런 자녀들을 차마 붙잡지 못했다. 뻔히 나올 답을 알고 있었지만, 그래도 안부 삼아 물었다.

"아드님은요?"

"가오슝高雄*. 즈이 외갓집 사람들이 다 그쪽에 살잖아."

'한 잔만 해야겠다.'던 사장님은 어느새 나와 여러 잔을 주거니 받

* 대만 남부에 있는 도시로, 우리나라의 부산과 같은 위상인 대만 제2의 도시.

거니 나눠 마시게 되었고, 취기가 오르는지 노래 곡조를 읊조리셨다. 처음에는 가사가 잘 생각나지 않는지 콧노래 부르듯 웅얼거리다가 후반부로 갈수록 이내 목소리를 높였다. 어딘가에서 들어본 노래다 싶어 곰곰이 들어보니, 우리가 흔히 '유망삼부곡流亡三部曲'이라 알고 있는 세 곡의 노래 중 두 번째 곡인 〈유망곡流亡曲〉이었다.

우리 고향은 어디인가? 우리 부모님은 어디에 계시나?

수많은 영광이 한순간에 재로 변했고, 무한한 웃음도 눈 깜짝할 사이에

황폐로 변했네.

너의 것은 무엇이고 내 것은 무엇이고, 가난한 것은 무엇이고 부유한

것은 무엇이던가.

[哪裡是我們的家鄉? 哪裡有我們的爹娘?

百萬榮華, 一霎化為灰燼 ; 無限歡笑, 轉眼變成淒涼

說什麼你的, 我的, 分什麼窮的, 富的]

'유망삼부곡'은 중화민국 정부가 일제와 항일전쟁을 벌이던 시기 부르던 군가지만, 군가로서보다는 대륙을 떠나온 중국인들이 고향을 떠올리며 부르는 '망향가望鄉歌'로 널리 알려지게 되었다. 1989년에 개봉한 대만 영화 〈비정성시〉에서 주인공 임문청(배우 양조위 분)의 친구 오관영(배우 오의방 분)이 친구들과 함께 술집에서 이 노래를 합창하는 장면이 나오면서 전 세계적으로 유명해졌다. 사장님의 노랫

소리를 안주 삼아 이과두주 한 잔을 입에 털어 넣었다. 그제서야 가게를 들어서던 때부터 계속 느껴지던 그 감정이 무엇인지를 알게 되었다. 그건 바로, 외로움과 그리움이었다.

칼로 흥한 사람들, 칼을 쥐고 사라져가는 사람들

처음에 한반도로 건너온 화교들은 대부분 무역업에 종사하던 이들과 그 가족이었다. 새로운 기회의 땅 조선에서 장사를 할 목적으로 이주해 온 이들로, 원래 살던 곳에서도 어느 정도 재산을 갖고 있던 사람들이었다. 산둥성 사람이 많긴 했지만, 저장성이나 장쑤성 사람도 있었고, 더 멀리 광둥성에서 온 사람도 있었다.

이후 넘어온 이들은 한창 노동력이 필요하던 개화기 개항장에서 일하기 위해 이주해 왔다. 배움도 짧고 가진 것도 거의 없는 이들이었다. 별다른 기술 없이 몸으로 때울 수 있는 일이 그들의 몫이었고, '쿨리'라 불리며 온갖 허드렛일, 거칠고 고된 일을 도맡아야 했다. 이들은 대부분 산둥성에서 건너온 젊은 사람들이었다.

그러다 본격적으로 한국에서 먹고살기 위해 사람들이 건너오기 시작했다. 혈혈단신으로 넘어온 이들도 있었지만 상당수는 가까운 가족은 물론 일가친척을 모두 인솔해 바다를 건넜다. 이들을 이끌고 온 가장은 정착하는 동시에 가족의 생계를 책임져야 했다. 때문에 최소한의 밥벌이는 하기 위해 준비를 단단히 해서 중국 땅에서 출발했는데, 그 모습을 두고 "삼파도를 들고 집을 나섰다."고 표현했다.

삼파도三把刀는 체도剃刀, 전도剪刀 그리고 채도菜刀, 이 세 가지 칼을 일컫는 말인데, 화교들이 정착한 나라에서 주로 종사했던 직업과 관련이 있다. 체도는 중국 현지 발음으로는 '티다오'라고 하며, 면도칼을 의미한다. 우리가 아침마다 하는 그 면도에 사용하는 면도칼이 아니라 전문 이발사가 사용하는 과도 크기의 칼이다. 화교 남성들이 해외 현지에 정착할 때 가장 먼저 선택하는 직업 중 하나가 면도사 또는 이발사였다. 전도는 칼이 아닌 가위를 뜻하는데, 중국에서는 '젠다오'라고 부른다. 이 역시 일반 문구용 가위나 요리용 가위가 아닌 양복점에서 쓰는 재단용 가위를 뜻한다. 한 번 가위질할 때마다 철컥철컥 소리가 나는 어른 팔뚝만 한 그 가위다. 화교 가장들이 이주 후 택하는 주요 직업 중에는 양복점 재단사도 있었다. 마지막으로 채도는 중국인들이 '차이다오'라고 하는, 부엌에서 쓰는 식칼을 의미한다. 우리에게는 〈냉장고를 부탁해〉, 〈강호대결 중화대반점〉과 같은 프로그램을 통해 익숙해진, 화교 요리사들이 쓰는 넓적한 칼을 말한다. 당연히 차이다오를 쓰는 직업은 중화요리사다.

칼에 대한 중국인의 사랑은 전 세계적으로도 유래를 찾아보기 힘들 만큼 대단했다. 역사 내내 중요한 순간에는 반드시 유명한 칼 한 자루가 등장했고, 실제의 칼이 없으면 허구로 꾸며내서라도 등장시켰다. 가장 대표적인 것이 소설 《삼국지연의》에서 관우가 휘두르던 청룡언월도와 여포가 자신의 분신처럼 아꼈던 방천화극이다. 청룡언월도의 원형이 되는 언월도는 서역 사람들과의 교류가 활발했던 당나라 시대에 아랍 상인들로부터 전해진 월도를 중국인의 생활방식에 맞춰 개량한 것으로 알려져 있다. 무려 500여 년 뒤에, 그것도 초기 모델이 겨우 등장할까 말까 한 무기를 관우는 능수능란하게 다뤘다는 얘기가 된다. 당연히 허구의 산물이다. 방천화극은 한 술 더 뜬다. 700여 년도 더 훌쩍 지난 뒤인 북송 시대에 최초로 등장하는 형태의 무기이기 때문이다. 그것도 전투에 사용되는 것이 아닌 제례나 궁궐 의전용으로 사용되는, 장신구에 가까운 도구였다. 그럼에도 중국인은 그에 열광했다.

생계를 보장해주던 삼파도에 대한 사랑 역시 대단했다. 그들은 '일도주천하一刀走天下'라 하여, "칼 한 자루만 있으면 천하 어디라도 갈 수 있다."는 자신감을 내비치기도 했다. 특히 중식도인 차이다오만 있으면 실제로 세계 어디를 가도 굶어 죽을 일은 없었다.

차이다오는 넓적하고 둔하게 생긴 모양과는 달리 칼 한 자루만 있으면 거의 모든 재료를 원하는 대로 손질할 수 있는 다재다능함을 자랑한다. 단순하게 생겼지만 잘 보면 칼의 앞쪽은 얇고 가벼우면서 뒤쪽으로 갈수록 불룩하니 두꺼워지는 형태다. 그런 형태 덕분에 칼날의 두꺼운 부분을 기준으로 무게중심이 잡혀 밸런스가 생긴다. 이 얘기는 칼의 앞부분을 이용해 위에서 아래쪽 사선 방향으로 밀어 썰기를 하면 힘들이지 않고 예리한 칼질을 할 수 있으며, 뒤쪽의 무게

화교 요리사의 상징,
차이다오.

를 활용해 육류의 억센 뼈까지 썰어낼 수 있다는 말이다. 마치 도끼와 같은 형태다. 칼날 양끝의 모서리 부분을 활용해 생선의 껍질을 벗겨내거나 돼지고기나 닭고기의 뼈를 발골할 수도 있고, 넓은 칼날을 눕혀서 내리치면 마늘을 다지거나 오이를 한 번에 으깰 수 있다. 이 칼 한 자루를 들고 화교 요리사들은 전 세계를 누볐고, 우리나라에 들어온 요리사들도 다른 모든 것은 다 한국식을 접목해 발전시켰지만, 차이다오만큼은 원래 모습 그대로 대를 이어 사용했다.

하지만 그 차이다오를 버리는 화교들이 많아졌다. 차이다오를 손에 쥐고 중화요리를 만들어내는 일이 고되어도 너무 고되어서, 본인은 가족을 위해 참고 해냈지만 '어떻게 해서든 내 자식만큼은 이 일을 시키지 말아야겠다.'고 다짐하는 화교가 늘어났기 때문이다.

중화요리는 재료를 다듬는 순간부터 중노동이다. 일반적인 부엌칼이 200그램에서 250그램 남짓 나가는 데 비해 중식도는 350그램에서 무거운 것은 580그램까지 나간다. 이를 들고 채소를 다듬고 고기를 다지다 보면 손아귀가 저리고 칼을 쥔 손가락 마디마다 굳은살이 박인다. 조리를 위해서는 강하게 분출하는 고열을 만들어야 하는데, 요즘에야 도시가스로 충분히 필요한 온도를 만들 수 있지만 과거에는 모든 것을 사람의 힘으로 해내야 했다. 새벽같이 일어나 탄을 깨서 불순물을 골라낸 뒤 그걸 황토와 짓이겨 화덕 안쪽 벽에 발랐다. 그 안쪽으로는 탄을 가지런히 쌓은 뒤 풍로를 활용해 순간적으로 강한 바람을 불어넣어 화덕에 불을 지폈다. 그렇게 해서 강한 열을 만들어냈다.

그 모든 작업을 오로지 손으로만 해야 했는데, 장갑을 끼었다가는 주방 고참들에게 무지막지하게 구타를 당했다. 냉방은커녕 환기시설도 제대로 없는 주방에서 석탄으로 피워낸 고열의 화로는 용광로 그 자체였다. 주방 안에 가득 찬 열기로 몸의 수분이 땀으로 다 빠져나가 실신하는 환자가 속출했고, 때문에 주방 고참들은 곳곳에 식염을 두고 한 줌씩 집어 먹어가며 일했다. 게다가 석탄 가스도 문제였다. 최근 화교 사부들 중 상당수가 폐암 등 호흡기 관련 질병 및 만성 질환으로 돌아가시는데, 모르긴 몰라도 젊은 시절부터 조리할 때마다 들이마셔온 가스가 적지 않은 영향을 미쳤을 것이다.

불 위에서 현란하게 춤추듯 움직여야 하는 웍은 무쇠로 만든 주물 팬이다. 당연히 그 무게가 상당한데, 가장 많이 사용하는 42호 사이즈의 경우 아무것도 담기지 않았을 때의 무게가 3킬로그램에 육박한다. 거기에 온갖 재료, 특히 국물 있는 재료를 담으면 금방 5킬로그램을 넘어간다. 그걸 한 손으로 잡고 자유자재로 돌리며 다른 한 손으로는 국자를 들고 재료를 뒤적여야 하는데, 팔목에 무리가 가지 않으려야 않을 수가 없다.

사라져갈, 그래서 더 소중한 그 맛

하지만 그것보다 더 큰 이유는, 앞서 여러 차례 이야기한 것처럼 화교들에 대한 재산권 침해와 갖은 박해다. 제3공화국 정부는 토지 소유 제한 조치부터 화폐개혁을 통한 쌈짓돈 털어내기, 불리한 세율 적용을 통한 과다 세금 징수까지, 전후 사정을 모르는 사람이라면 '출세한 인물이 부모님 원수라도 갚는 건가?'라는 생각이 들 정도로 집요하고 가혹하게 화교를 괴롭혔다. 1975년 당시 화교가 운영하는 중화요리집의 수가 전국적으로 650개 이상이었다고 한다. 그런데 불과 5년 뒤인 1980년에는 390여 개로 줄어들었다. 중화요리사에 대한 불편한 시선과 이유 없는 비하 역시 지속되었다.

때문에, 성공한 중화요리집 주인일수록 자식만큼은 차이다오가 아닌 펜, 지휘봉, 청진기를 쥐기를 원했고, 어떻게 해서든 공부를 더 시키기 위해 노력했다. 사정이 이렇다 보니 솜씨를 인정받아 손님이 몰려 큰돈을 번 중화요리집의 자녀일수록 어려서부터 학업에만 전념하거나 일찌감치 유학을 떠나 요리와 전혀 상관없는 분야로 진출하는 경우가 많았고, 대신 주방은 월급쟁이 주방장이 맡아서 운영하게 되었다. 그러다 보니 처음에 인정받았던 맛이 그대로 이어지지 않고 주방장이 바뀔 때마다 돌변하게 되었다. 맛 자체도 해당 식당의 전통과 근본을 담고 있지 못한, 어디서나 접할 수 있는 평이한 맛으로 하향 평준화되는 현상이 발생했다. 이런 까닭으로 부침을 거듭하다가 사람들의 뇌리에서 사라져버리는 중화요리집도 많아진 것이다.

이런저런 생각에 잠겨 이과두주 몇 잔을 연거푸 마시다 보니, 남자 손님 두 분이 들어와서 사장님은 노래를 끊고 자리에서 일어났다. 빈 의자를 앞에 두고 잠시 미뤄놨던 탕수육 시식에 들어갔다.

흔히, 대구 음식의 특징을 말할 때 '맵고 짜다'고들 한다. 중국요리 중 매운맛으로 유명한 두 지역이 후난성과 쓰촨성인데, 이 지역의 특징은 분지 지형이라는 점이다. 후난성은 네 개의 산맥과 창장長江이 만들어낸 분지 지형이다. 때문에 연중 덥고 습한 날씨가 이어진다. 그런 날씨를 이겨내고자 고추와 후추가 듬뿍 들어간 매운 요리가 발달했다. 쓰촨성 역시 따빠大巴산맥, 칭짱青藏고원, 윈구이雲貴고원 등 해발 1,500~2,500미터의 험준한 산지로 둘러싸인 분지 지형이다. 훠궈火鍋라 불리는 '펄펄 끓는 냄비'와 '곰보할매의 두부'라는 뜻의 매콤한 마파두부麻婆豆腐(마포더우푸) 등이 생겨난 까닭도 여기에 있다.

그런 점에서 본다면, 대구 역시 맵고 짠 요리가 만들어질 천혜의 자연환경을 갖추고 있다. 해발 300미터 이상 되는 산지로 빙 둘러싸인 안쪽으로 해발 100미터 정도의 평야가 펼쳐져 있는데, 이를 달구벌達句伐이라 했다. '큰 평야'라는 뜻의 이 이름이 후에 '큰 구릉'이라는 뜻의 대구大邱로 바뀌었고, 그대로 도시 이름이 되었다. 연중 강수량이 불과 1,000밀리미터에 지나지 않고, 최고 기온은 전국 최고치를 자주 경신하는 덕분에 '대구'에 '아프리카'를 더한 '대프리카'라는 별명으로 불릴 정도다. 그렇다 보니 고온의 분지 지형에서 자주 보이는 맵고 짠 음식에 대한 선호가 높아질 수밖에 없었는데, 거기에 척박한 자연환경 탓에 (경제사정이 좋아지고 유통이 발달하기 이전까지) 좋은 식재료를 구하기 어려워 강렬한 맛으로 재료 본연의 맛을 억누르는 조리법이 인기를 끌었다.

사정이 이러하다 보니 대구의 중화요리, 특히 내가 자주 먹는 탕수육도 맛이 강할 거라 생각할 수 있는데, 전혀 그렇지 않다. 대구에서 내가 단골로 정해놓고 수시로 즐겨 찾는 중화요리집인 대풍반점, 영발장, 영생덕 그리고 복해반점 모두 탕수육 맛이 과하지 않다. 식초를 섞고 알맞은 비율로 고춧가루를 더한 간장에 찍어 먹는 한국식 탕수육 섭취법으로 먹을 때 가장 조화로운 맛을 제공하는 정도다. 오히려 서문시장, 칠성시장에서 만난 길거리 음식들을 먹고 아린 속을 위의 중화요리집 음식으로 달래고 나오는 때가 많다.

시간을 조금 됐다 먹느라 튀김옷에 스며든 소스로 인해 적절한 식감을 갖게 된 탕수육을 하나 집어 들었다. 간장에 찍으니 간장이 젖어들지 않고 겉으로 흐르고 고춧가루만 몇 개 붙는다. 종지에 살짝 툭툭 쳐서 남는 간장을 털어내고 입에 넣으니 간장의 짭쪼롬한 감칠맛 뒤에 고춧가루의 톡 쏘는 매운맛, 바삭함이 희미하게 남겨졌지만 전반적으로는 쫄깃한 튀김옷의 식감, 그리고 잠깐 공백. 이후 질깃하면서도 툭툭 끊기듯 씹히는 돼지고기. 기름진 담백함이라는 모순을 선사하는 맛이다!

'이 맛을 언제까지 즐길 수 있을까.' 이런 생각을 하며 탕수육 하나, 이과두주 한 모금, 다시 이과두주 한 모금, 탕수육 하나를 먹다 보니 갑자기 어디선가 사장님이 못다 부른 〈유망곡〉의 나머지 구절이 들려오는 듯했다. 분명히 사장님은 주문을 받고 주방으로 들어가셨는데….

어떻게 개인의 행복이 있을 수 있겠는가? 어떻게 개인의 안녕을 누릴 수 있겠는가?

누가 우리를 방황하게 만드는가? 누가 우리를 도망치게 만들었나?

나라를 망하게 만든 것은 누구인가? 누가 우리들의 나라가 망하길 바라는가?

[哪還有個人幸福? 哪還有個人安康?

誰使我們流浪? 誰使我們逃亡?

誰使我們國土淪喪? 誰要我們民族滅亡?]

누가 부산 와가
회만 잡숩니꺼

영화 몰입을 방해한 괘씸한 만두 하나

사실, 부산에서 내가 찾아 헤매는 '인생 최고의 순간에 늘 함께했던', '최상의 파티 음식' 탕수육, 바로 그 맛을 만나리라는 기대를 한 적은 없었다. 부산이라는 도시를 떠올리면 늘 '바다=신선한 회, 고등어구이, 꼼장어'로 이어졌고, 거리로 보나 그로 인해 받아들인 문화적 유사성으로 보나 중국보다는 일본에 가까운 지역이라 생각했기 때문이다. 실제로, 내 나이 30대 중반까지만 하더라도 부산을 가면 언제나 선택은 횟집 또는 일본풍 선술집이었다. 그랬던 내가 부산의 중화요리 내공을 깨닫게 된 '사건'이 하나 있었다.

2003년으로 기억한다. 그해는 대한민국에서 중화요리, 그중에서도 특히 군만두를 좋아하는 이들에게는 기념비적인 한 해였다. 11월 말에 박찬욱 감독의 〈올드보이〉라는 영화가 개봉해 청소년 관람불가 등급임에도 불구하고 320만 명이 넘는 관객을 동원한 데 이어 이듬해 칸 영화제에서 그랑프리Grand Prix를 차지했다. 이 영화에서 주인공인 오대수(배우 최민식 분)가 정체를 알 수 없는 무리들에게 납치당해 어딘지 모를 장소에서 15년간 감금되는데, 그 기간 동안 그에게 제공된 유일한 음식이 '군만두'였다! 한 장소에 갇혀 15년간 똑같은 음식만 먹어야 하는 상황. 감독은 당연히 이를 이상하면서도 괴이하고 괴로운 장면으로 연출했을 텐데, 문제는 영화 속 짧은 시간 동안 등장한 군만두의 모습이 나와 같은 군만두 애호가에게는 너무나도 '맛있어' 보였다는 점이다. 극에 대한 몰입을 가장 심각하게 방해하는 오브제였다.

아무튼, 어찌어찌하여 탈출한 후에 — 이 탈출은 납치한 무리들의 고의적인 석방이었음이 드러나게 되지만 — 오대수는 자신이 감금됐던 장소가 어디였는지 찾아내기 위해 유일한 단서인 군만두 맛에 대한 기억과 우연히 알게 된 군만둣집의 상호 '청룡'을 토대로 같은 맛의 군만두를 파는 중화요리집을 찾아다니게 된다. '기억 속 맛에 의존해 군만두를 사 먹으며 전국의 중화요리집을 순회한다.'라! 극 중에서는 절박하고 암담한 괴로운 여정으로 묘사되고 있지만 약간의 군만두 애호가 입장에서는 참으로 놀라우면서도 부러운 경험이 아닐 수 없었다. 만일 메뉴가 군만두가 아닌 탕수육이었다면 그 부러움은 몇 배나 커졌을 것이다.

그런데 내가 말한 '사건'이란 영화 개봉 자체가 아니라 〈올드보이〉가 개봉했을 무렵 영화 속 오대수와 비슷한 능력을 가진 인물을 만나게 된 것이다. 바로 부산에서! 당시 나는 해운대 인근에서 한 달여 간 장기 출장 근무 중이었다. 첫 한두 주 동안이야 신이 났다. 저녁이면 광안리 민락어시장에 가서 회 한 접시에 대선소주를 곁들이든지, 자갈치시장에 가서 꼼장어구이나 생선구이 안주에 금정산성 막걸리를 비웠다. 숙취는 금수복국, 초원복국, 남포식당 등에서 시원한 복국에 막걸리식초 휘 둘러서 한 사발 들이켜는 걸로 간단히 해결됐다. 그러나 출장 2주째가 지나자 바다 냄새도 슬슬 물리기 시작했다. 집집마다 내는 스끼다시*도 거기서 거기처럼 느껴졌다. 그때 내 앞에 등장한 이가 부산 토박이 L선배였다.

당시 선배는 다니던 수원 기흥의 직장을 그만두고 고향에 내려와 있었다. 몇 달간 이어진 본가에서의 칩거 생활이 슬슬 지겨워진 선배에게 '새로운 부산 문물'에 목말라하는 대학 후배는 참으로 좋은 먹잇감이었다. 날마다 퇴근하는 나를 기다렸다가 자신이 아는 부산의 맛집으로 이끌었다. 그 선배의 주종목이 중화요리집이었다. 선배

---

* 일본 간사이 지방에서 본 요리가 나오기 전 간단하게 내던 곁들임 음식을 일컫는 말인 '쓰키다시つきだし'가 변형되어 우리나라 일식집이나 횟집 중심으로 사용되는 단어.

는 부산 지역 화교의 역사에서 시작해, 부산을 대표하는 중화요리집 리스트, 그리고 해당 중화요리집에 얽힌 다양한 에피소드와 뒷이야기를 쉴 새 없이 내 앞에 풀어놓았다.

선배의 이야기에 따르면 산둥성 출신이 주를 이뤘던 인천과 그 주변 지역 화교들에 비해 부산 지역의 화교들은 상당수가 광둥성 출신이라고 한다. 때문에 같은 중화요리라 해도 다른 지역에 비해 다양한 재료를 활용한 메뉴가 많고, 맛 자체도 담백하면서도 풍부함을 자랑한다고. 그때는 그저 단순히 허풍을 좀 섞어 부산 자랑을 하는 건 줄 알았는데, 뒤에 관련 문헌자료들을 살펴본 결과 선배의 말이 사실이었다. 이 이야기는 나중에 조금 더 하도록 하겠다. 아무튼, 그렇게 잘, 중화요리집들을 찾아다니며 부산 중화요리사들의 탕수육을 맛보러 다니던 어느 날 사건 하나가 일어났다.

올드보이 챌린지

한때 '펩시 챌린지Pepsi Challenge'라 해서, 일반 시민의 눈을 가리고 두 잔의 콜라를 마시도록 한 뒤 어느 쪽의 콜라가 더 맛있는지를 고르게 하는 이벤트 겸 해당 이벤트를 촬영한 TV 광고가 인기를 끈 적이 있다. 코카콜라Coca Cola에 비해 시장 점유율이 크게 떨어졌던 펩시콜라Pepsi Cola가 '사람들이 브랜드 이미지에 끌려 코카콜라를 선

부산 초량동의 차이나타운 입구.

택하지만, 실제 이미지를 배제하고 맛으로만 선택하도록 하면 펩시 콜라를 선택하는 경우가 더 많다.'라는 자신의 주장을 입증하기 위해 만든 광고였다.

탄산음료의 맛이라는 것이 자극적이기만 할 뿐 상당히 단순하고, 우리의 미각이라는 것이 시각과 후각을 통제할 경우 여러 맛의 차이를 판별하는 데 크게 제약이 있는지라, 사실 이 챌린지는 전형적인 이미지 광고이자 바이럴을 노린 이벤트였을 뿐 크게 의미 있는 행사는 아니었다. 실제로 모 지상파 TV에서 사람들의 눈을 가리고 다른

대한민국
탕수육 만유기

브랜드의 콜라 정도가 아니라 사이다와 콜라를 가지고 실험을 했는데, 대부분의 참가자는 사이다와 콜라조차 분간하지 못했다.

그런데 부산 선배가 내게, 자기는 콜라는 모르겠지만 만두, 특히 군만두는 눈 감고도 구분이 가능하다고 큰소리를 친 것이었다. 나 역시 군만두가 콜라보다는 상호별로 그 맛이 확연하게 다르다는 데 이견이 없었다. 하지만 눈을 감고도 맞출 수 있다는 데에는 고개가 갸웃해졌다. "그게 가능해?" 불가능해 보였다. 하지만 선배는 단호했다. 아니 이야기를 나누다 점점 감정이 격앙되어 엄청난 금액의 돈내기로 변해버렸다. 함께 자리했던 사람들의 부추김까지 더해져서 우리 두 사람만의 내기가 아닌 그럴듯한 이벤트로 일이 커졌다. 그렇게 2004년 4월 2일 금요일 밤, 초량동 모 식당 연회장에서 사상 초유, 기상천외한 만두 챌린지, 일명 '올드보이 챌린지'가 펼쳐졌다.

나와 내 후배들은 초량동 일대를 돌며 유명한 집들의 군만두를 사 모았다. 그렇게 한 시간에 걸쳐 아홉 곳의 '네임드' 중화요리집에서 만든 군만두가 모였다. 이윽고, 어디서 구했는지 황금색 보자기로 눈을 가린 선배가 마치 UFC 타이틀전에 출전하는 이종격투기 선수처럼 후배의 어깨에 손을 올리고 등장했다. 행사장(?) 곳곳에서 그 모습을 보고 웃음을 참느라 킥킥대는 소리가 들려왔다. 그러거나 말거나 선배는 후배가 손에 쥐여준 나무젓가락을 손에 들고 1번 만두부터 시식하기 시작했다. 대략 선배의 시식 순서는 다음과 같았다.

우선 군만두가 놓인 접시를 들고 향을 음미한 뒤, 손가락으로 살짝

만져 모양을 인식하고, 젓가락으로 집어 간장을 찍지 않고 한 입, 나머지 절반의 만두를 다시 코에 갖다 대 속의 냄새를 맡은 뒤 간장을 찍어 마저 먹는다.

그러고 있는 모습은 뭐랄까, 조금은 숭고한 의식 같은? 그렇다고 종교의식은 아니고, 돈으로 남의 족보를 사 온 집에서 그럴듯하게 흉내 낸 제사 같은 느낌? 우리가 그렇게 느끼거나 말거나 선배의 '경건한' 시식 챌린지는 계속 이어졌다. 이윽고 아홉 개의 군만두 시식을 마친 선배의 답안지가 하나씩 공개됐다.

"첫 번째 군만두는 육즙이 탁 터지면서 고기 비중이 높은 짭조롬한 맛의 속이 느껴지는 것이 마가에서 사 온 만두일 것 같구만. 이 집은 군만두도 좋지만, 찐만두가 더 기가 막히지!"

선배가 이야기한 '마가'는 마위홍馬偉鴻 사부가 운영 중인 비교적 소규모 중화요리집으로, 다른 음식도 좋지만 간판에 내건 메인 메뉴도 만두이고, 실제로도 만두가 맛있는 집이다. 특히 선배의 말대로 찐만두와 새우찐만두가 큰 인기를 끌고 있다. 개인적으로 나는 이 집의 파이황과拍黃瓜*가 전국에서 손에 꼽히는 맛이라고 생각한다. 군만두를 아무리 많이 먹어도 파이황과 한 조각만 먹으면 입이 다 개운해지기 때문이다. 선배의 만두 맛 맞추기는 계속 이어졌다.

"두 번째 군만두는 피가 두툼하고 씹을수록 고소 구수한 것이 아

---

* 오이를 중식도의 칼날을 눕혀서 두드려 깨뜨린 다음 먹기 좋은 크기로 썰어 소금, 마늘, 간장 중심의 양념으로 가볍게 무쳐낸 밑반찬 요리.

대한민국
탕수육 만유기

무래도 홍성방에서 사 온 만두가 분명해. 나에게 이 집 만두는 만둣속이 아닌 만두피 맛으로 먹는 음식이지."

선배가 두 번째 만두를 사 온 곳으로 확신한 '홍성방'은 산둥 사람 장홍제張洪濟 사부가 문을 연 중화요리집이다. 현재는 그 아들인 장자진張慈進 사부가 운영하고 있는데, 장 사부는 자그마치 미국 유학파다. 홍성방은 음식의 퀄리티가 골고루 높은 것으로 유명한데, 크고 작은 연회가 자주 열리는 편이다.

"세 번째 군만두는… 하! 하! 하! 올드보이 군만두, 장성향이로구만. 큼지막한 사이즈에 만둣속에서 강하게 풍겨 나오는 생강 향, 이걸 모를 수가 없지. 난 이 집 건 만두라기보다는 엠파나다empanada* 같아."

선배가 언급한 '장성향'은 영화 〈올드보이〉에서 청룡이라는 중화요리집으로 등장해 주인공 오대수가 갇혀 15년간 줄창 먹은 군만두를 만들어낸 곳으로 묘사되었다. 현 사장인 왕길미王吉未 사부가 부친으로부터 독립해 1992년에 오픈한 중화요리집이다. 선배의 평가대로 만두 크기가 다른 집의 1.5배쯤 되는 것이 특징이다.

"네 번째는, 베어 무는 순간 알았어. 신발원이지? 얇고 바삭한 크리스피한 만두피 안에 부추와 고기로 든든히 꽉 채운 속의 밸런스. 이 정도 식감을 내는 군만두는 신발원 아니면 힘들지."

* 밀가루, 달걀, 소금으로 반죽한 피에 각종 재료를 넣고 빚어 굽거나 튀긴 중남미식 만두.

선배가 네 번째 문제, 아니 만두의 답으로 지목한 '신발원'은 수영화水永華, 유장시俞長時 부부가 1951년 국제시장 한 귀퉁이에서 문을 연 중국식 호떡집으로 시작됐다. 그 당시에는 만두보다는 호떡을 포함한 중국식 빵이 메인이었다. 그러다 1961년 현재의 위치로 이전했고, 이후 호떡보다는 만두로 명성을 떨치게 되었다. 2대 사장이자 수영화 선생의 아들인 수병곤水炳坤, 곡서연曲瑞蓮 부부가 우직하게 신발원을 이어나갔고, 2003년 부부의 아들인 수의덕水宜德 사부가 물려받으면서 신발원은 비약적으로 발전했다. 우리 만두 챌린지가 진행되던 때까지만 해도 그냥 초량동 일대에서 만두 맛있기로 유명한 집 정도였는데, 이후 각종 방송과 블로그 등을 통해 "이 집 만두가 맛있다."는 소문이 퍼지면서 현재는 오픈 런을 시도해도 한 시간쯤 줄 설 것은 각오해야 한다. 다섯 번째 답도 이어졌다.

"다섯 번째는, 공기가 좀 많이 들어간 맛, 만두피와 속 사이에 비어 있는 곳이 많아서 독특한 식감을 주고 간장이 잘 배어드는 맛인 걸 보니 원향재겠구만."

선배는 다섯 번째 만두를 사온 곳으로 성여휘盛汝輝 사부가 운영하는 '원향재'를 꼽았다. 이 중화요리집은 사실 만두보다는 오향족발을 훨씬 더 쳐주는 곳이다. 한때 "부산 살아본 모치고 이 집 족발 한 번 안 먹어본 사람이 없다."는 이야기가 돌 정도로 유명세를 떨쳤던 곳이다. 만두 맛 맞추기는 계속되었다.

"여섯 번째는, 사해방 야키만두, 맞지?"

선배가 여섯 번째 답으로 이야기한 곳은 손현충孫顯忠 사부가 운영하는 '사해방'이었다. 1979년 손 사부가 처음 남포동에 본점을 세울 때까지만 하더라도 만두를 잘 내던 곳이었지만, 초량동에 분점을 내면서부터 만두보다는 다른 요리와 연회 중심의 메뉴 구성으로 운영 방식이 많이 바뀌었다. 일곱 번째, 여덟 번째 답 역시 거침없이 터져 나왔다.

"일곱 번째 만두는 북경이로구만. 만두 겉면이 마치 기름에 돌돌 굴려 튀긴 것처럼 매끈하고 속은 육즙을 가득 머금고 있어 촉촉한 것을 보니. 그리고 여덟 번째는 일품향 맞지? 기름에 바짝 튀겨냈지만 결코 느끼하지 않은 만두피 안에 경단을 굴려 넣듯 단단하게 빚은 슴슴한 맛의 만둣속, 일품향이 확실해!"

'북경'은 차이나타운의 다른 중화요리집에서 조금 떨어져 있지만 마가처럼 만두 쪽으로 분명하게 포지셔닝하고 있는 집이고, '일품향'은 아버지가 운영하던 중식 재료상을 물려받은 유문강劉文綱 사부가 만두 전문점을 차렸다가 1986년 현 위치로 이전하며 중화요리집으로 리뉴얼 오픈한 집이다. 다른 요리들도 수준급 이상이지만 그래도 뿌리가 그래서인지 만두가 맛있다는 평이 자자한 집이다. 그때였다.

"어, 이건 뭐야?"

선배가 테이블 맨 끝에 놓인 아홉 번째 만두를 맛보더니 양 미간을 찌푸리며 외쳤다.

하정우의 가그린, 이정재의 찡그린

선배가 보자기로 동여맨 머리를 양쪽으로 갸웃거리며 "이게 뭐야!"를 연발한 것은 마지막 아홉 번째 만두를 두 입 만에 입속으로 털어 넣고 나서였다. 계속 고개를 갸웃거릴 뿐 좀처럼 어느 집 만두인지 맞추지 못했다. 3분 이상 긴 침묵을 이어가던 선배는, 빙그레 웃더니 보자기를 확 벗어버리곤 우리 후배들에게 손가락질하며 "하아, 이 녀석들… 선배를… 만두를 다 근처에서 사 왔다며?"라고 농담 섞인 질책을 하더니, 이윽고 아홉 번째 만두를 사 온 집의 상호를 댔다.

"얇고 길쭉한 몸집에 빈약한 속, 이 맛이야 잘 알지. 근처라고 해서 다 초량동 차이나타운 내에 있는 집이라 생각했지, 바로 길 건너까지 말하는 걸 줄은 몰랐네. 동궁, 맞지?"

여기진呂基振 사부가 2002년 문을 연 '동궁'은 재료를 아끼지 않으면서 정갈한 맛을 내, 다른 중화요리집에 비해 비교적 짧은 역사에도 부산을 대표하는 중화요리집 중 한 곳으로 올라선 곳이다. 우리에게는 2012년에 개봉한 영화 〈범죄와의 전쟁〉에서 극중 부산 조직 폭력배 보스 최형배(배우 하정우 분)가 탕수육과 양장피를 안주 삼아 소주를 인상적으로 — 가그린 하듯 입가심한 뒤 마시는 장면을 찍은 곳으로 잘 알려져 있다. 현재도 동궁을 가면 '영화 속 하정우 먹방 세트'를 팔고 있으며, 하정우 배우가 앉았던 자리는 늦게 가면 앉아보지도 못할 만큼 인기라고 한다.

이처럼 부산 지역 중화요리집들은 음식 맛으로도 유명세를 떨쳤지만 영화의 배경으로도 그 이름값을 톡톡히 했다. 보수동 책방거리 맞은편에 위치한 '옥생관'은 영화 〈바람〉에 등장했다. 영화 속 주인공 짱구(배우 정우 분)가 교내 불량써클 몬스터에 가입한 뒤 처음으로 참석하게 된 회식 장소가 바로 옥생관이다. 실제로 옥생관은 불량서클의 회합 장소까지는 모르겠지만 인근 고등학생들이 즐겨 찾는 모임 장소로 유명했다고 한다. 1951년 전쟁을 피해 서울에서 부산으로 피난 온 화교 윤작옥尹作玉 선생은 생계를 위해 현 위치 인근에 중화요리집을 개업했다. 초반에 잠시 혼란을 겪기도 했지만 이내 본궤도에 올라선 뒤, 1960년대부터는 몰려드는 손님과 높은 명성을 얻기 시작했다. 1980년대 초반까지 옥생관은 인근의 동화반점, 동광동의 보영반점과 더불어 '부산 3대 중화요리집'이라 불리기도 했다(하아… 이 '3대'는 또 누가 붙인 것인지). 1980년대 중반 창업자 윤작옥 선생은 한국에서의 생활을 정리하고 미국으로 이민을 갔고, 가게는 한국인 주방장이었던 박영길 사부가 인수했다. 그 뒤 10여 년간 명성이 더욱더 높아진 옥생관은 현재의 위치로 이전했고, 2004년 박영길 사부의 차남 성환 씨가 가게를 물려받아 3대 사장으로 운영하게 되었다. 2012년 대대적인 리모델링을 거쳤는데, 그보다 조금 앞선 2009년에 영화 〈바람〉을 이곳에서 촬영한 터라 영화 속 옥생관은 현재의 모습과는 사뭇 다르다.

옥생관을 처음으로 방문한 것은 앞서 말한 2000년대 초, 부산에

장기 출장을 가 있을 무렵이다. 그때는 영화 〈바람〉이 개봉하기 전이므로 과거 부산 3대 중화요리집 중 한 곳이라는 설명을 듣고 찾아간 듯싶다. 이후 몇 차례 더 방문하긴 했지만, 맨 처음만 내 자의로 찾아간 것이었고 나머지는 '아무 생각 없이' 따라간 것이었다. 탕수육은, 오래전 과거에는 어땠는지 모르겠지만 내가 먹었을 때는 일반적인 중화요리집에서 맛볼 수 있는 탕수육과 큰 차이가 없었다. 어쨌든 옥생관은 늘 손님들로 북적인다. 벽 한쪽에 붙어 있는 영화 〈바람〉의 스틸컷 액자를 배경으로 기념사진을 찍는 손님들이 더해진 탓이다.

그런데 (원래도 유명했지만) 영화의 배경으로 자주 등장하며 더 큰 명성을 얻은 중화요리집으로 치자면 '이곳'만 한 데가 또 없을 듯하다. 과거 부산 3대 중화요리집 중 마지막 남은 '보영반점'이다. 현재 보영반점은 존재하지 않는다. 1960년대에서 1970년대로 접어드는 무렵 끗발을 날리던 보영반점은 이후 '신보영반점'으로 한 차례 개명한 뒤 1980년 주인이 바뀌며 '화국반점'으로 간판을 바꿔 달았다.

조직폭력배들을 다룬 한국식 누아르 〈신세계〉와, 역시 조직폭력배와 연관된 전직 세관 공무원의 이야기를 다룬 〈범죄와의 전쟁〉에 화국반점이 등장한다. 특히 〈신세계〉에서는 영화의 주인공이자 폭력조직에 언더커버undercover*로 잠입한 경찰인 이자성(배우 이정재 분)에 대해 폭력조직 두목 정청(배우 황정민 분)이 무한한 애정과 신뢰를

---

* 신분을 감추고 범죄조직이나 적군에 잠입한 경찰 또는 특수요원 등을 지칭하는 용어.

부산을 배경으로 한 영화를 통해 유명세를 얻은 화국반점.
부산 지역 민주화운동에서 중요한 장면의 배경이기도 했다.

보여주는 공간이자, 이자성의 감정이 미묘하게 흔들리는 중요한 연회가 벌어지는 장소로 사용되었다. 한참 정신없는 농담을 지껄이다가 정색을 하며 정청이 잔뜩 찡그린 표정의 이자성에게 내뱉는 대사 "우리 부라더는 그냥 딱, 이 형님만 믿으면 돼야!"는 영화 전반의 스토리를 이어주는 중요한 역할을 하는 명대사로 꼽힌다. 이처럼 화국반점은 중요한 회합이나 연회가 자주 열리는 중화요리집으로 유명했다.

  1985년 5월, 〈모래톱 이야기〉와 〈사하촌〉이라는 위대한 작품을 남긴 원로 문학가 김정한 선생은 화국반점 2층 단체룸을 예약하고 동료, 후배 문인들을 불러 모았다. 모이라고 한 이유는 "그냥 간짜장이나 한 그릇 하자."는 것이었다. 하지만 오기로 한 사람들이 다 모이자 김 선생의 표정이 돌변했다. "엄혹한 시기에 더 이상 침묵하고 있을 수만은 없다."며 "예술인으로서 시대적 소임을 다하자."고 호소했다. 노작가의 용감한 외침에 용기를 얻은 문인들은 그날 '5.7문학협의회'를 결성했다. 이후 이 모임은 '부산민족문학인협회', '부산작가회의'로 이어지며 1980년대 후반 부산 지역 민주화운동에서 중추적인 역할을 했다. 지금도 해마다 5월이 되면 부산의 후배 작가들이 그날을 기념하기 위해 화국반점에 모인다고 한다.

부산 간짜장에만 '계란 후라이'가 올라가는 이유

원래 부산은 중국보다 일본의 영향을 많이 받은 도시다. 구한말 부산에는 일본의 전관거류지만이 형성돼 있었다. 그랬던 이 도시가 이처럼 중화요리의 중심지가 된 것은 1883년 벌어진 '한 사건' 때문이었다. 일본 고베神戸에서 '공흥호公興號'라는 상점을 운영하던 중국인 황요동黃曜東 사장은 야심만만한 사람이었다. 경쟁이 치열한 일본에 비해 한국은 거저 먹을 수 있는 무주공산처럼 보였다. 그는 일본에서 가까운 부산으로 조선인 직원 정위생鄭渭生을 보내 공흥호의 지점을 내도록 했다. 지점 이름은 '덕흥호德興號'였다. 하지만 이들은 첫 손님을 받아보지도 못하고 가게 문을 닫고 말았다. 조계지를 선점하고 있던 일본 상인들과 일본영사가 몰려와 장사를 못 하게 방해했기 때문이다. 그 소식을 듣고 격노한 황요동은 한성에 주재하고 있던 청나라 총판상무위원總販商務委員 진수당陣樹棠(천수탕)에게 이 사실을 알렸다.

1882년 조·청 상민수륙무역장정商民水陸貿易章程 체결 이후, 청나라의 북양대신北洋大臣 이홍장李鴻章(리훙장)은 인천, 원산, 부산 등의 개항장에 상무위원을 파견해 영사 업무를 보게 했다. 그중 인천의 상무위원이 가장 상급자였는데, 주로 인천이 아닌 한성에 근무하며 전체 상무위원들을 총괄하는 역할을 했다. 그 직급이 바로 총판상무위원이었다. 당시 청나라가 아무리 이빨 빠진 호랑이 신세였다고는 해도 청나라 황제 다음가는 권력자인 북양대신이 직접 임명한 고위직 외교관이었던 터라 그 권세와 영향력은 대단했다. 진수당은 고종의 외교 고문이자 조선의 세관 업무를 총괄하고 있던 목인덕穆麟德을 대동하고 부산에 직접 출동했다.

특이한 성씨에 다소 발음이 어려운 이름 탓에 이미 짐작한 이들도 있겠지만, 목인덕은 조선인이 아니었다. 그렇다고 청나라 사람도 아니었다. 그의 원래 이름은 파울 게오르크 폰 묄렌도르프Paul Georg von

Möllendorff, 지금은 브란덴부르크Brandenburg로 불리는 프러시아 왕국의 체데니크Zedenik 출신이었다. 그는 1400년경부터 이어져 내려온 유서 깊은 귀족 가문 출신으로, 8개 국어에 능통한 언어 천재였다. 외교관을 꿈꾸며 청나라로 이주해 톈진天津 조계지 내에 위치한 독일영사관에서 일했다. 이곳에서 그는 운명적인 만남을 갖게 되는데, 그 상대가 바로 이홍장이었다.

1870년 무렵, 톈진에서는 기독교 선교사들의 공격적인 전도에 불만을 품은 청나라 사람들이 서양 선교사들을 마구잡이로 살해하는 사건이 벌어졌다. 이홍장은 흥분한 청나라 군중을 진정시키고 피해를 입은 서양 열강과 교섭하기 위해 정부 대표단을 이끌고 톈진에 부임했다. 한 치 앞이 보이지 않던 위험천만한 시기에 청나라 정부의 입장을 이해하고 이홍장과 대화를 통해 타협안을 모색했던 몇 안 되는 서양인 중 한 사람이 묄렌도르프였다. 당시에 묄렌도르프가 얼마나 고맙고 또 마음에 들었던지, 이홍장은 스물다섯 살의 나이 차에도 묄렌도르프를 '친구朋友(펑요우)'라 부르며 수시로 만나 어울렸다고 한다.

당시 조선 정부는 처음으로 나라의 빗장을 풀고 몇몇 항구를 외국에 개방하고 있었다. 항구를 열었으면 출입국 수속을 통해 드나드는 사람을 통제하고 세관 운영을 통해 오고가는 물자에 세금을 매겨야 하는데, 조선 사람 중에 그런 업무를 체계적으로 해본 사람은 없었다. 결국 조선 당국은 자신들보다 (자의든 타의든) 훨씬 먼저 항구를

개방해 경험이 풍부한 청나라에
적임자를 파견해달라고 요청했
다. 누구를 파견할 것인가에 대
한 최종 결정권자였던 이홍장은
별 고민 없이 자신의 서양인 친
구 묄렌도르프를 고종에게 추천
했다. 말이 추천이지 지시와 마
찬가지였던 이홍장의 결정에 고
종은 묄렌도르프를 중용할 수밖

조선의 관복을 입고 있는 묄렌도르프.

에 없었다. 조선에 입국한 그는 현재의 외교부 국장 정도의 직책인
통리아문참의統理衙門參議에 임명됐다. 고위직으로의 파격적인 직행
이었다. 그마저도 아직 임명장의 먹물이 채 마르기도 전에 다시 승
진 인사가 나서 차관 격인 협판協辨으로 발령이 났다. 거기에 현재의
관세청장 격인 조선해관총세무사朝鮮海關總稅務士까지 겸직했다.

　설명이 좀 길었는데, 이런 대단한 인물을 대동하고 진수당이 부산
에 등장한 것이었다. 아직까지 청나라가 일본에 제대로 얻어맞는 '청
일전쟁'이 벌어지기 전이었으므로, 청나라는 일본을 발바닥 저 아래
어디쯤으로 여겼다. 진수당이 일본영사를 고양이 쥐 잡듯 닦달한 이
듬해인 1884년, 부산 초량동(지금의 부산역 맞은편 동네)에 청국의 영사
관 격인 청관淸館이 설치되었고 인근 지역을 중심으로 조계지 조성
이 시작되어 3년 만에 부산에 청나라 조계지가 완성되었다. 인천에

설치된 조계지보다 세 배 이상 큰 규모였다.

청관 거리가 형성되고, 조계지를 통해 일본과의 무역이 활발해지면서 당연히 돈 냄새를 맡고 청나라 사람들이 몰려들었다. 청나라에서 바로 온 이도 있었지만, 상당수는 가까운 일본에서 옮겨 왔다. 정든 고향을 떠나 일거리를 찾아 헤매다 나가사키, 고베 등에 정착해 하루 벌어 하루 먹던 신세가 대부분이었다. 일본에 살던 화교들은 상당수가 푸젠성과 광둥성 출신이었다. 이로써 함경남도 원산에서 전라남도 목포까지 이어지는 선을 그어 왼편을 '인천을 중심으로 한 화교사회', 오른쪽을 '부산을 중심으로 한 화교사회'라고 할 때, 왼편의 화교사회가 주로 산둥성 출신에 의해 형성되었다면 오른편의 화교사회는 광둥성, 푸젠성 출신이 주축이 되었다. 이는 두 지역의 중화요리가 같은 듯하면서도 미묘하게 다른 이유 중 하나다.

인천을 중심으로 한 지역에서는 산둥요리를 기반으로 한국인의 입맛에 맞는 중화요리가 진화해온 반면, 부산을 중심으로 한 지역에서는 일본풍이 섞인 광둥요리를 기반으로 발전해왔다. 물론 6.25전쟁과 이후의 산업화를 거치면서 부산에 수많은 화교가 몰려들었고, 그들 중에는 인천을 비롯한 수도권에 거주하던 산둥성 출신이 상당수 있었기에 지역 구분이 별 의미 없게 되었지만, 아직까지도 양 지역 중화요리 간에는 미묘한 차이가 남아 있다. 그를 대표적으로 보여주는 사례가 과거 부산 지역의 중화요리집에서만 볼 수 있었던 간짜장 위의 '계란 후라이'*다.

왜 하필 부산과 경남 지역에서만 간짜장 등에 계란 후라이를 올리는지에 대해 여러 가지 설이 존재하지만, 나는 부산의 중화요리가 타지와 달리 일본을 우회한 광둥요리의 영향을 많이 받은 결과가 아닐까 하고 추측한다. 우리나라에 들어와서는 영 힘을 발휘하지 못했지만 미국 현지에서는 '판다 익스프레스'로 대표되는 '미국식 중화요리', 이른바 아메리칸 차이니즈 퀴진American Chinese Cuisine이 오랜 기간 큰 인기를 끌고 있다. 19세기 이후 미국으로 이주한 중국인 노동자와 이민자들을 통해 전해진 중화요리가 미국 사람들의 입맛에 맞춰 변화를 거듭하며 만들어진 요리다. 그중 대표적인 음식이 '차오몐chow mein'이다. 중국의 볶음국수인 '차오몐炒麵'에서 유래한 음식인데, '볶을 초' 자에 '국수 면' 자로 이뤄진 이름대로, 여러 가지 재료와 국수를 넣고 볶는 요리법은 중국 전역에 다양하게 존재한다. 하지만 미국식 중화요리 차오몐은 특히 광둥성에서 즐겨 해 먹던 볶음국수와 무척 흡사하다. 이는 차오몐을 처음으로 미국에 전파한 이들이 대부분 광둥성에서 온 노동자 또는 요리사였기 때문이다.

이 차오몐의 모습과 흡사한 것이 일본 음식인 야키소바焼きそば다. 야키소바는 제2차 세계대전 이후 일본 차이나타운에서 개발된 음식이라고 알려져 있다. 하지만 이미 1930년대에 도쿄 아사쿠사淺草에 위치한 유명 사찰 센소지淺草寺 인근 상점가인 나카미세도리仲見世通

---

* 정식 명칭으로는 '프라이드 에그fried egg'이고 한글 맞춤법으로는 '달걀프라이'가 맞지만, 일상의 언어 느낌을 살리기 위해 '계란 후라이'로 적는다.

り에서 야키소바가 대유행을 했다는 기록이 남아 있으며, 그보다 훨씬 더 전부터 일본 곳곳에서 야키소바를 해 먹거나 식당에서 팔았다는 증언이 있다. 광둥성 출신의 주방장들이 만든 야키소바 위에는 반숙한 계란 후라이가 하나씩 올라갔다. 나는 그 계란 후라이와 부산 간짜장 위의 계란 후라이 사이에 묘한, 어떤 연결점이 있다고 생각한다. '광둥성을 떠나온 이들'이라는 공통점으로 얽힌.

아무튼, 부산에는 인천과는 또 다른 분위기의 차이나타운이 형성되어 있고, 그곳을 포함해 도시 전역에 수많은 중화요리집이 존재한다. 개중에는 더 이상 후계자를 찾지 못해 문을 닫거나 다른 이에게 팔려 전통을 잇지 못하게 된 곳들도 있다. 방송이나 SNS에 등장해 많은 주목을 받았지만, 실력이 그를 뒷받침하지 못해 반짝 인기로 끝나버린 곳들도 있다. 하지만 그럼에도 상당수의 집들은 과거의 전통을 이어가면서도 새로운 시도를 통해 보다 폭넓은 중화요리의 세계를 우리에게 선사하고 있다. 특히 탕수육과 관련해서는 그래도 대도시 중에서는 가장 근본(?)만큼은 지켜가며 다양한 시도를 하고 있다. 그래서 부산의 단골 중화요리집 사모님께서 내게 해주신 말씀을, 부산 여행을 계획하는 지인들에게 매번 되풀이하는 것도 그 이유에서다.

"누가 부산 와가 회만 잡숩니꺼? 맛난 중국집이 얼마나 많은데예."

바다 건너 제주도에는
'그' 탕수육이 아직 있을까?

사과를 먹느니 제주도행 비행기를 타겠다

이곳저곳을 헤매고 다니며 내가 원하는 맛의 탕수육을 찾으려던 시도가 모두 수포로 돌아간 뒤 한동안은 비슷한 시도조차 하지 않았다. 아, 물론 탕수육은 계속해서 먹고 있었다. 기록해두지는 않았지만, 대략 주 3회 정도는 항상 탕수육을 곁에 두는 생활을 한 것 같다. 간혹 나의 취향 따위는 깡그리 무시하는 술친구 녀석들의 만행으로 쇠고기 탕수육, 사천 탕수육, 찹쌀 탕수육, 찍먹 등의 되지도 않는 음식을 먹어야 할 때도 있었고, "밥을 같이 먹어주겠다."고 나선 고마운 젊은 친구들에게 잘 보이기 위해 과일 탕수육, 크림 탕수육, 레몬 탕수육을 먹기도 했다. 물론 "이 집 탕수육 어때요?"라는 밝고 맑은 물음에는 몇 차례 거짓말도 해야 했다.

그러던 어느 날, 매번 듣도 보도 못 한 요상한 중화요리집을 찾아서는 나를 시험에 들게 만들었던 동기 녀석이 다가왔다. 그러더니 에덴동산의 뱀과 같은 목소리로 "근데, 제주도는 뭍이랑 떨어져서 조금은 고립되어 있잖아. 그 동네에서 오래된 노포라면 충분히 네가 찾는 맛을 지키고 있지 않을까?"라며 나를 흔들기 시작했다. 뱀 같은 녀석! 그런데 확실히 원조가 다르기는 달랐다. 나를 유혹했던 다른 수많은 뱀과 달리, 에덴동산에서 갓 튀어나온 듯한 녀석이 하는 말은 뭔가 일리가 있었다. '그래, 제주라면 좀 다르지 않을까?'

그렇게 제주도행 비행기에 몸을 실었다. 다들 알다시피 제주는 같은 나라지만 묘하게 뭍과는 다른 부분이 많은 지역이다. 이는 단순히 80여 킬로미터(제주에서 가장 가까운 전남 해남 앞바다 기준)의 거리에서 오는 간극이라기보다는 오랜 역사적 단절과 문화적 차이에서 기인한 것이 아닐까 한다. 역사서에는 5세기 말 백제에게 정복된 이후 신라, 고려, 조선의 지배를 받은 것으로 기록되어 있지만, 대부분의 기간 동안 제주는 별도의 정치체계와 사회제도를 유지하며 공물을 바치고 복종을 약속하는 방식으로 뭍을 지배하는 세력과 느슨한 예속관계를 유지해왔다. 그러다 제대로 한반도문화권으로 완전히 들어오게 된 것이 태종 2년, 서기로는 1402년이다. 이때부터 비로소 '제주도'라는 명칭이 사용되었다.

조선은 섬을 다스리던 두 우두머리에게 허용되었던 '성을 다스리는 주인'이라는 뜻의 성주城主라는 호칭과 '탐라국을 다스리는 왕'이라는 의미로 쓰인 왕자王子라는 호칭을 회수했다. 대신 현재의 제주시에 제주목濟州牧을, 서귀포시 표선면에는 정의현旌義縣을, 대정읍에는 대정현大靜縣을 설치하고 관료를 파견했다. 그럼에도 불구하고 현재까지도 제주도는 묘하게 뭍과 이질감이 느껴진다. 항공교통이 발달하고 정보통신기술 역시 발전해 공간적 거리감이 더 이상 단절로 느껴지지 않는 세상이 되었음에도, 제주도만큼은 다가가면 또 조금 멀리 도망치듯 거리감을 유지하고 있다. 때문에 뱀 같은 친구의 유혹에 넘어간 것도 있지만, '제주도의 중화요리집에서라면 고립된 공간 속에서 오염되지 않고 전통의 맛을 유지해온 탕수육을 만나볼 수 있지 않을까?' 하는 기대감을 갖게 된 것이다.

반대로, 조금 걱정되는 부분이 있었다. 제주를 잘 모를 때의 얘기지만, '제주도에 제대로 된 중화요리집들이 있기나 할까?'라는 우려를 했던 것이다. 제주가 묘하게 뭍과 이질감과 거리감이 느껴진다고 말했는데, 제주와 중국의 관계 역시 그랬다. 1992년 한중수교 이후 폭발적으로 늘어난 유커游客의 수나 제주에 대한 중국인들의 직접투자액만 보면 그게 무슨 소리냐고 할 수 있지만, 화교 그리고 그들이 주도한 대한민국 중화요리계만 두고 보자면, 다른 지역에 비해 제주는 중국과 묘하게 인연이 없었다. 물론, 역사 이래로 제주도는 중국과 떼려야 뗄 수 없는 관계가 계속되었다.

중국 수나라의 역사를 기록한《수서隋書》에는 항해에 나선 배들이 표류를 하면 구로시오黑潮해류를 따라 한반도 서쪽 바다의 큰 섬에 닿게 된다고 나오는데, 그 '큰 섬'이 제주도라는 것이 정설이다. 삼국시대에는 백제의 편에 서서 당나라 군대에 맞서 싸우기도 했다. 항해술이 발달하자 장쑤성과 저장성 그리고 푸젠성의 상인들과 해적(!)들이 황해 바다를 휘젓고, 나아가 남쪽 오키나와 또는 일본 규슈까지 뻗어나갔다. 그 중간 기착지 역할을 한 곳이 제주, 당시의 탐라였다.

문제는 지금으로부터 가장 가까운 시기인 근대다. 구한말에서 일제강점기 초기로 이어지는 시기, 한반도에 화교사회가 본격적으로 형성되고 유명한 중화요리집이 속속 들어설 무렵, 제주 화교사회는 이상하리만큼 다른 지역에 비해 그 형성이 더디고 규모 역시 미미했다. 거기까지만 생각하면 '역사 깊고 내공 있는 중화요리집이 과연 있을까?'라고 걱정한 것도 무리는 아니다. 하지만, 제주에는 '이 사람'이 있었다.

모두에게 버림받은 불행한 범선 한 척

1920년대, 일제는 대륙 진출을 위한 전초기지로 제주도 개발 계획

대한민국
탕수육 만유기

아서원에서 열린 조선공산당 창당대회에 참석한 인사들에 대한 재판 기사
(매일신보, 1927년 9월 13일자).

인천 차이나타운의 역사에서, 그리고 한국 중화요리 역사에서 빼놓을 수 없는 공화춘.

興和
怡記辦會席
56-14
에스원

대구 화교사회 형성에 큰 기여를 한 대구화교소학교는 1943년에 개교했다.

일제강점기 군산의 미곡 수이출 장면.
군산에 돈이 몰리니 실력 있는 중국인 요리사들과 맛 좋은 중화요리집이 생겼고,
곧 군산의 화교사회를 이뤘다.

1894년, 부산의 일본조계 입구(Georges Bigot 사진).

싱가포르의 중국인 인부.
청나라 말기 많은 중국인이 전 세계 각지로 퍼져 위험하고 힘든 일을 도맡는 '쿨리'가 되었다.

중국 남부 객가들의 집단 거주지인 토루의 안쪽은 이런 모습을 하고 있다.

을 세웠다. 당시 전라남도의 부속 도서였던 제주도에 도로를 뚫고 교량을 놓고 항만을 설치해 자원을 수탈함과 동시에 중국 남부와 동남아시아로 진출하는 해상 교두보를 설치하겠다는 계획이었다. 내무국, 식산국, 농림국, 재무국, 체신국 등을 총동원해 동시다발로 토목공사가 실시됐다. 특히 학교와 병원 등 사회기반시설에 대한 집중적인 건축이 진행되었는데, 전남제주자혜병원과 제주관립보통학교가 이 시기에 지어졌다. 전남제주자혜병원은 1927년 이후 전라남도 도립제주의원으로 바뀌었다가 해방 후 제주도립병원으로 변경되었고, 이후 지방공사 제주도 제주의료원이 되었다가 제주대학교 의과대학 부속병원으로 바뀌게 된 제주의 대표적인 의료시설이다. 제주

제주의 1세대 화교 집단이 형성된 계기인 전남제주자혜병원(일제강점기).

관립보통학교는 제주공립심상소학교로 바뀌었다가 제주북공립초등학교로 변경되었고, 이후 제주북국민학교가 되었다가 제주북초등학교로 바뀌었다.

제주도민들에게 일본 제국주의의 위대함을 보여주고자 했던 총독부는 두 건물을 당시 제주에서는 보기 힘든, 시멘트 벽돌로 쌓아 올린 철근콘크리트 구조 건축물로 짓고자 했다. 하지만 돌담에 초가지붕을 동아줄로 엮은 집을 짓고 살던 제주에서 이런 건물을 지어본 기술자와 인부를 구하기는 불가능에 가까웠다. 이에 일제는 일본에 거주하던 화교 노동자들과 중국 대륙의 유럽 조계지에서 건물 짓는 일을 해본 중국인 노동자들을 대거 제주로 실어 날랐다. 이들이 뜻하지 않게 제주도의 1세대 화교 집단을 이뤘다.

그러나 실제적인 화교의 제주도 이주는 그보다 훨씬 뒤에 이뤄졌다. 1946년 5월 제2차 국공내전이 한창이던 시기, 랴오닝성遼寧省에서 해상운수업으로 큰 부를 일궜던 양낙산楊落山 선생은 살고 있던 좡허현莊河縣이 공산당 손아귀에 들어갈 것이 분명해지자 일가족을 불러 모아 배를 타고 중국을 탈출하자고 했다. 흔히 '쟝크선'이라고도 불리던 70톤급 범선 해상호海祥號를 비롯한 배 세 척을 마련해 일단 산둥반도로 도망쳤다. 그러나 그곳 역시 마오쩌둥의 군대로부터 안전한 곳이 아니었다. 양 선생 일행은 1948년에 다시 인천항으로 이동했다. 피난길에 오른 인원은 양 선생을 포함한 일가친척 54명과 30여 명의 지인이었다. 그러나 인천은 그들에게 평온한 안식처가 되

어주지 못했다. 30여 명의 지인은 배 한 척을 몰고 중국으로 돌아가
버렸다.

양 선생은 일가족 50여 명과 인천에서 사귄 화교들을 배에 태우
고 다시 남쪽으로 향했다. 운 좋으면 대만까지 내려갈 심산이었다.
중간에 군산과 여수에 들러 보급품을 챙겨 본격적인 항해에 나섰다.
하지만 완도 인근 청산도 해상을 지날 무렵 이들의 배를 북한 공작
선이라 판단한 미 공군의 폭격으로 좌초하고 말았다. 배는 항해 능
력을 잃었고 한국 해군이 이들을 발견해 제주 산지항으로 예인했다.
계획에 없던 제주도 정박을 하게 된 이들은 난감한 상황에 빠졌다.
당장 먹고살 길이 막막했다. 중간에 합류했던 화교들은 '그래도 대도
시에, 화교 거주지가 형성돼 있는 인천에 가면 먹고살 거리가 있지
않을까?' 하는 생각에 제주를 떠나 인천으로 돌아갔고, 양 선생 일가
만 제주에 남았다.

이들은 인천에 머물 때 배운 기술을 활용해 꽈배기나 만두를 만들
어 파는 한편, 아이들과 여성들은 인근 주민의 밭일을 돕고 얻은 약
간의 채소와 곡식을 살림에 보탰다. 먼저 제주도에 들어와 자리를
잡고 있던 '왕씨'가 양 선생 일가를 헌신적으로 도왔다. 제주 화교사
회에서 '의리의 사나이'로 통하던 왕씨는, 한국어가 서툰 이들을 위
해 통역을 자처했고 주말이면 자녀들을 데리고 와 양 선생 일가가
만든 꽈배기, 만두를 먹지도 못할 만큼 왕창 사주기도 했다. 그렇게
조금씩 생활에 안정을 찾아가던 양낙산 선생은 제주 상권의 원조라

불리는 칠성로에 '유일반점'이라는 중화요리집을 열었다. 양낙산 선생에서 양낙산 사부로 변신하는 순간이었다. 1957년에는 함께 제주도로 온 넷째동생 양수명楊樹銘 사부에게 유일반점을 넘겨주고 자신은 규모를 조금 넓혀 '요동반점'을 열었는데, 이때부터 본격적으로 장사가 잘되기 시작했다. 그러나 영업이 잘된 것이 양 사부에게는 오히려 불행이 되었다.

그때나 지금이나 세입자가 돈을 벌면 집주인은 자동으로 월세를 높여 부른다. 터무니없이 집세를 올리겠다고 나선 집주인 탓에 불과 2년도 영업하지 못하고 양 사부는 다시 장소를 옮겨 새로 가게를 열어야 했다. '요동루'라는 이름으로 문을 연 중화요리집은 사람들로부터 맛 하나만큼은 인정받았지만 손 큰 단골을 확보하지 못해 고전해야만 했다. 결국 다시 장소를 옮겨 '송죽원'의 문을 열었지만 빛을 보지 못했고, 얼마 못 가 양낙산 사부는 눈을 감고 말았다.

비록 사업으로는 성공하지 못했지만, 양낙산 사부는 제주도 화교 사회와 중화요리업계 형성에 큰 영향을 미쳤다. 물론 양 사부 이전에도 제주도에 화교들이 거주하는 마을과 중화요리집은 있었다. 그러나 양 사부의 경우, 앞서 제주에 와서 살던 이들과 달리 자녀들을 포함한 일가친척이 대거 함께 입도한 터라 아이들의 교육에 보다 많은 신경을 쓰지 않을 수 없었다. 이들의 적극적인 탄원을 접수한 중국대사관이 실태 조사에 나섰고, 소식을 들은 전국 각지의 화교들이 성금을 마련해 보내주었다. 그런 도움 덕분에 1953년 9월 제주 시내

YMCA건물 한 켠을 빌려 교사 1명, 학생 10명의 제주화교소학교가 개교할 수 있었다.

중화요리계에 미친 영향은 이보다 훨씬 더 컸다. 양낙산 사부가 유일반점을 개업하기 훨씬 전에도 제주도에 중화요리집은 있었다. 지금은 폐업을 해 흔적도 찾아보기 힘들지만, 1935년도 자료에 '미진루'라는 중화요리집이 서귀포에서 큰 인기를 끌었다는 기록이 남아 있다. 제주도에서 현존하는 가장 오래된 중화요리집으로 꼽히는 '덕성원'은 기록에 따라 조금씩 다르긴 한데, 보통 1945년도에 개업한 것으로 알려져 있다. 하지만 제주도에 중화요리업계를 본격적으로 이뤄낸 것은 역시 양낙산 사부의 공이라 할 수 있다. 양 사부의 후손인 양씨 일가들은 현재 제주도 각지에서 중화요리집을 운영하고 있거나 과거 운영했다. 양병운楊秉運 사부가 유일반점을, 양수강楊樹疆 사부가 홍보석을, 양갱규楊賡奎 사부가 송죽원을, 양덕의楊德宜 사부가 북경반점을, 그리고 양승진楊乘珍 사부가 아주반점을 운영하고 있거나 과거 운영했다.

무모하지만 출발! 제주 탕수육 원정대

뱀 같은 친구 녀석이 내민 유혹의 사과를 덥석 물어, 그날로 제주행 비행기 티켓을 끊었다. 한창 바쁜 시기에 (식당 휴무일을 피해) 평일 억

지로 시간을 내다 보니 내게 주어진 시간은 1박 2일이 전부였다. 내게 주어진 1박 2일이라는 시간 내에 어떻게 하면 많은 중화요리집을 알차게 순회하며, 최대한 많은 탕수육을 먹어볼 수 있을까 고민하며 동선을 짜기 시작했다.

내 보물 수첩과도 같은, 그간 정리해놓은 전국의 탕수육 맛집 리스트를 꺼냈다. 지금 생각해보면 참 쓸데없는 짓인 것도 같고, 할 일 없어 보일 것 같기도 하지만, 나는 지난 수십 년간 전국의 내공 있는, 또는 지역에서 명성을 얻은 중화요리집을 방문하고 그 상호와 주요 메뉴, 요리사의 이름과 가게 이력 등을 엑셀 파일로 정리해왔다. 그러다 보니 수백 곳 이상의 업소가 그 리스트에 등재되었다. 대부분의 식당이 내가 직접 방문해 탕수육을 맛본 곳이었지만, 다른 분이 추천을 해주거나 길을 가다 우연히 간판을 발견하고 '다음에 한번 와봐야겠다.'고 생각하며 상호만 기록해놓은 곳들도 몇 있었다. 이번에는 그간 제주도를 갈 때마다 방문했던 곳들에 대한 재방문과 새롭게 발굴해보고 싶은 곳들에 대한 첫 방문을 6 대 4 정도의 비율로 섞어 일정을 짜기로 했다.

이틀 동안 내가 찾아가서 탕수육을 맛볼 중화요리집은 총 여덟 곳이었다. 이틀 내내 삼시세끼 먹어도 여섯 끼가 전부였고, 1,846제곱킬로미터의 면적에 해안선 길이만 253킬로미터에 달하는 섬에 퍼져 있는 중화요리집 여덟 군데를 다 다니겠다는 것은 애초부터 실현 불가능한 계획이었다. 하지만 이미 이 원정 자체가 무모하고 비상식적인 것이었다. 제주 출신, 제주에 사는 지인들을 총동원해 정보를 취합하고, 아이나비, 파인드라이브 따위는 발끝에도 따라올 수 없는 '현지인 피셜' 교통정보를 반영해 동선을 짰다. 거기에 지인 찬스를 적극 활용해 '주인들이 앉아서 신문 보시는 테이블 귀퉁이에 앉아 먹기'로 하고 예약 아닌 예약을 하기도 했다. 그렇게 대부분의 사람에게는 무쓸모, 무의미, 무모한, 하지만 나에게는 꺼져가던 '나의 음식 탕수육 찾기'에 대한 불씨를 다시 지필 수 있을 제주도 원정이 시작되었다.

수요일 10시 50분.

9시 40분에 비행기에서 내려 내 발길이 처음으로 향한 곳은 '임성반점'이었다. 나는 이곳에 11시 오픈 손님으로 들어가 제주에서의 첫 탕수육을 맛볼 계획이었다. 1960년에 문을 연 이 중화요리집은 고추짬뽕으로 일대를 평정한 맛집이다. 공항 근처 시내에 위치하고 있어 평일 점심시간에는 사람들로 미어터지는 집이지만, 다행히 '빠르게 조리만 해주시면 30분 내에 먹고, 본격적인 점심시간 시작 전에 나가겠다.'는 약속을 믿어주신 덕분에 한 자리 차지하고 앉아 탕수육을 맛볼 수 있었다.

2대째 사장인 임균록林均錄 사부가 운영 중인 임성반점의 탕수육은 우리가 흔히 말하는 '전형적인' 탕수육의 모습을 하고 있다. 적당한 크기의 고기에 적당한 두께의 반죽을 묻혀 튀긴 뒤 오이, 양파, 당근, 목이버섯이 적당히 든 달콤새콤한 소스를 얹어 제공된다. (내가 극도로 싫어하는) 통조림 파인애플이 소스에 조금 들어 있기는 한데, 맛을 해칠 정도로 많지 않고, 또 특이하게도 소스와 그럭저럭 잘 어우러져 크게 거슬릴 정도는 아니다. 고춧가루와 식초를 듬뿍 넣은 간장에 찍어 먹으면 딱 적당한 즐거움을 주는 맛이었다.

이 중화요리집을 두 번 방문해 탕수육을 먹었는데, 두 번 다 참 '적당한' 기쁨을 주는 곳이라는 생각이 들었다. 약속한 시간보다 빠른 23분 만에 한 접시를 비우고 계산을 한 뒤 식당을 나왔다. 식당 앞 도로에는 출장 서비스로 부탁해놓은 렌터카가 도착해 있었다. 차를 수령한 뒤 다음 목적지를 향해 본격적인 '제주 탕수육 원정'을 출발했다.

수요일 12시 정각.

첫 탕수육 시식을 마친 뒤 얼른 차를 몰아 다음 목적지에 도착하니 정확히 12시였다. 두 번째로 탕수육을 먹기로 계획한 곳은 유명 관광지인 삼성혈 바로 앞에 위치한 '북경반점'이었다. 앞서 이야기한 해상호에는 양낙산 선생의 사촌 형들도 타고 있었다. 그들 중 한 사람이 부인 왕씨와 함께 1965년 북경반점의 문을 열었고, 이후로는 그들의 아들인 양갱부楊賡富 사부가 식당 일을 도맡았다. 까다로운 재료 선택과 꼼꼼한 음식 조리로 유명했던 양 사부의 고집 덕분에 북경반점은 몰려드는 손님들로 인산인해를 이뤘고, 1978년 현재의 위치로 대대적인 확장 이전을 하게 되었다.

하지만 다른 수많은 유명 화상 중화요리집들이 그렇듯 북경반점도 후계자를 구하지 못해 문 닫을 위기에 처한 적이 있다. 물론 양갱부 사부에게는 자녀가 있었지만, 다들 중화요리집 주인은 될 생각이 없었다. 그런데 뜻밖에도 식당을 물려받을 생각이 가장 덜 했던 아들 양덕의楊德義 사부가 북경반점을 이어가게 되었다. 주위 사람들의 이야기에 따르면, 그는 한때 대만에서 치의학을 전공하다가 미국으로 유학 가 호텔경영학을 배우고, 제주도로 돌아와서는 공무원으로 일하며 완전히 관광경영 및 행정 쪽으로 진로를 정한 듯 보였다고 한다. 그러나 말하지 않아도 전해지는 아버지의 간곡한 뜻을 깨닫고는 기꺼이 북경반점의 주방과 궤대櫃檯*를 맡게 되었다.

식당에 도착해 브런치로 탕수육을 주문했다. 북경반점의 탕수육은 임성반점과 매우 흡사한 편이다. 잘 손질된 연근이 소스에 들어간다는 점 정도를 제외하면 말이다. 맛있게 싹싹 비우고 세 번째 여정을 향해 다시 차를 몰았다.

수요일 14시 15분.

북경반점에서 나와 한림읍으로 향하는 길에 여러 개의 오름과 용암동굴들, 이시돌 목장과 협재해수욕장 그리고 바다 건너편의 비양도가 손에 닿을 듯 보인다. 거기에 근래 십 수년 사이에 엄청난 숫자로 생겨난 특색 있는 식당과 분위기 좋은 카페까지, 한림은 무척이나 매력적인 관광지다. 그러나! 내가 운전대를 잡은 렌터카는 좌고

* 중식당에서 돈이 든 궤짝(혹은 금고)과 음식 값을 받을 수 있는 테이블이 위치한 공간. 중국인들이 일반적인 식당의 카운터를 지칭하는 단어다.

우면하지 않고, 오로지 한 곳을 향해 질주했다.

그렇게 도착한 '보영반점'은 서귀포에 본점을 둔 덕성원과 함께 제주 중화요리계를 양분하고 있는 업소라고 봐도 무방한 곳이다. 보영반점은 그 유명세에 비해 알려진 정보가 거의 없다. 기록에 따라서는 1965년에 창업했다고 적혀 있는데, 오히려 식당 측에서 자신들은 1967년에 문을 열었다고 공식적으로 밝히고 있다. 군산에서 건너온 왕주엽王周葉 선생이 식당의 문을 열었으나 그때까지만 해도 탁자 서너 개에 의자 몇 개가 놓인 규모에, 식당 영업이 끝나면 그 자리가 그대로 주인 일가의 잠자리가 되는 열악한 수준이었다. 그러나 며느리였던 손립연孫立娟 사장의 수완 덕분에 보영반점은 현재와 같은 규모로 눈부시게 성장할 수 있었다. 보영식당 하면 자박한 국물의 비빔면 스타일인 간짬뽕으로 유명하다. 이곳에 들르는 손님 열에 아홉은 간짬뽕을 먹기 위해 방문한다. 실제로 내가 방문했던 이날 역시 나를 제외한 모든 테이블 위에 간짬뽕이 올려져 있었다. 그러나 나는 꿋꿋하게 탕수육 주문!

보영식당의 탕수육은 식당의 명성에 비해 무난한 편이다. 소스에 들어 있는 영콘(미니 옥수수) 정도를 제외하면 크게 특별한 점이 눈에 띄지 않는다. 그러나 다들 알지 않는가, 그런 무난함을 유지하면서 맛으로 인정받는 것이 얼마나 힘든 일인지. 잘 튀긴 고기 위에 맑은 소스를 얹어 제공하는데, 고춧가루 듬뿍 든 간장에 찍어 먹으면 감동이 밀려온다. 특히, 보영식당의 탕수육이 인상적인 것은 소스에 들어 있는 당근의 모양이다. 동그란 단면으로 자른 당근 조각을 군데 군데 파내 꽃 모양으로 만들었다.

중국에서는 '팽조공예烹調工藝'라 하여 과일이나 채소를 조각해 꽃, 새, 물고기, 심지어 산과 강 모양으로 만드는 기술이 유명하다. 그 정도에 비할 바는 아니지만, 우리나라에서도 예전 중화요리집에서는 탕수육에 들어가는 채소에 칼집을 넣어 모양을 내거나 아예 무를 얇게 저며 꽃 모양으로 만들어 접시를 장식했다. 물론 호텔 중식당 등에서는 지금도 종종 볼 수 있지만, 대부분의 중화요리집에서는 통 만나보기 힘들어졌다. 그렇기에 보영식당의 당근 꽃이 더더욱 반가웠다. 아직 탕수육이 고급 중화요리로 대접받고 있다는 증거라 여겨졌기에. 그렇게 늦은 점심으로 세 번째 탕수육 섭취를 마무리하고 다시 제주의 남쪽으로 차를 몰았다.

수요일 17시 45분.

서귀포에 위치한 호텔에 주차하고 체크인을 한 뒤 택시를 불러 네 번째 중화요리집이자 이날의 마지막 중화요리집으로 향했다. '주차'에서 눈치챘겠지만, 하루 종일 맛있는 탕수육을 눈앞에 두고도 운전 때문에 주문하지 못했던 중국술을 한껏 주문해 이날의 마지막 만찬을 즐길 참이었다. 내가 향한 곳은 서귀포 시내에 있는 '덕성원'이었다.

덕성원을 창업한 왕정춘王亭春 사부는 1905년 산둥성에서 태어났다. 힘이 좋은 데다 혈기왕성해 또래들 중 우두머리 역할을 했던 그는, 1930년대 중반 친구 여섯을 데리고 돈벌이가 좋다는 인천으로 건너왔다. 하지만 이미 인천은 수십 년 전부터 자리 잡은 중국인들 천지였고, 돈벌이는 시원찮았다. 일본으로 실어 보내는 곡식 무역이 짭짤하다는 얘기를 듣고 대표적인 곡물 출하 항구였던 군산으로 이주했지만, 그곳에서의 삶 역시 녹록지 않았다. 결국 다시 바닷길을 건너 제주도까지 내려왔지만, 함께 떠나온 여섯 명의 친구들 중 셋은 중국으로 되돌아가고 왕정춘 사부를 포함해 네 사람만이 제주에 터를 잡았다.

몇 곳의 식당도 운영해보고, 일본에 내다 파는 통조림을 만드는 공장의 공장장으로 근무하기도 했다. 그러다 1945년, 제주 시내 유명 관광지였던 관덕정 인근에 가게를 하나 얻고 '동일관'이라는 이름의 중화요리집을 열었다. 덕성원의 시작이었다. 하지만 이런저런 노력에도 불구하고 제주에서의 살림살이는 만만치 않았다. 그럼에도 왕 사부의 보스 기질은 사라지지 않았다. 어려운 형편의 화교들을 보면 도와주지 못해 안달이었고, 항상 베풀고 챙겨주는 것이 습관인 그런 사람이었다. 때문에 주위에는 늘 사람이 들끓었고, 온 가족이 아무리 돈을 열심히 벌어도 형편은 늘 거기서 거기였다. 앞서 일가친척과 함께 해상호를 타고 제주도로 건너온 양낙산 사부의 통역을 자처하고, 먹지도 못할 만큼 많은 꽈배기와 만두를 팔아주던 '의리의 사나이 왕씨'가 바로 왕정춘 사부였다. 그러던 어느 날, 장사를 하다 말고 화교협회 업무를 보기 위해 집을 나선 왕 사부의 앞을 누군가 막

아셨다!

더 무모하게, 계속! 제주 탕수육 원정대

왕 사부의 아들이었다. 아직 10대였지만 4형제 중 맏이였던 아들은 속이 깊은 소년이었다. 이대로 가다가는 집안이 거덜날 수도 있겠다는 생각에, 밖으로 돌며 남들 돕는 일에만 혈안이 되어 있던 아버지를 설득하기 위해 막아선 것이었다. "아버지, 우리 이사 가요! 이사 가고 싶어요!"

당시 아버지 왕 사부의 지인 대다수가 제주시 인근에 거주하고 있었다. 계속해서 제주 시내에 살다가는 사람 좋은 오지랖을 막을 수 없겠다 생각한 아들은 비교적 아버지와 친분 있는 화교 숫자가 적은 서귀포로 이사 가자고 졸랐다. 처음에는 "어린 녀석이 뭘 안다고!", "그래도 장사를 하려면 제주 시내에서 해야지!"라며 들은 척도 하지 않던 왕 사부도 아들의 끈질긴 설득에 조금씩 마음이 돌아서기 시작했다. 그렇게 왕 사부는 덕성원의 '관덕정 시대'를 끝내고, 가족을 데리고 서귀포로 옮겨 가서 호떡집을 차렸다.

그런데 바로 그해 6.25전쟁이 발발했다. 당시 왕 사부의 호떡집에서 멀지 않은 곳에는 '대촌병사大村兵舍'라는 일제의 잔재가 있었다. 제주도에 주둔하던 제17방면군 산하 58군을 이끌던 오무라 슈 대좌

와 그의 병사들이 머물던 막사, 훈련장, 무기고 등이 있던 곳이다. 일제 패망 후 폐허로 남아 있었기에 주변은 을씨년스러웠고 덕분에 왕 사부도 비교적 저렴하게 호떡집 자리를 구할 수 있었다. 그랬던 이곳이 6.25가 발발하자 가장 안전하게 반격을 준비할 수 있는 곳으로 가치가 급부상했다. 대구에 있던 국군 제25교육연대와 미군 제6보병사단 병기교육단이 옮겨 와 단 두 달 만에 시설을 정비해 제1훈련소의 문을 열었다.

한국군 훈련병에게 2.36인치 로켓포와 57밀리미터 대전차포의 작동 방법과 전술적 운용을 가르치기 위해 제1훈련소에 와 있던 미군은 자신들이 먹을 식사용 빵과 간식용 도넛을 왕 사부의 호떡집에 맡겼다. 전쟁 통에 재료를 구하기 어려울까봐, 미군은 본국에서 수송함으로 밀가루를 실어다 주는 친절까지 베풀었다. 덕분에 왕 사부의 호떡집은 말 그대로 돈을 쓸어 담았다.

전쟁이 끝나고 1956년에 제1훈련소가 논산 연무대로 이전하자 왕 사부는 호떡집 문을 닫고 그 자리에 다시 중화요리집을 열어 덕성원의 '서귀포 시대'를 시작했다. 그 뒤로는 어느덧 장성한 아들 왕복안王福安 사부가 주방을 맡았다. 아버지의 외출길을 막아서며 '서귀포로 이사 가자'고 졸랐던 바로 그 아들이었다. 아들 왕 사부가 요리와 경영을 살뜰하게 챙기면서 덕성원은 본궤도에 올랐다. 이곳에서 개발한 꽃게짬뽕은 방송에 수없이 소개되며 제주를 대표하는 음식으로 대접받았고, 신랑은 양복, 신부는 한복을 입고 서귀포에 가서 대절 택시로 관광하는 것이 신혼여행의 대세로 통하던 무렵, 덕성원은 신혼부부라면 꼭 들러야 하는 명소였다. 이제는 왕복안 사부의 큰아들인 왕옥해王玉海 사부가 식당 주방과 운영을 맡고 있다. 그리고 왕복안 사부는 자신의 아버지가 그랬던 것처럼 제주 화교사회를 위한 봉사활동에 많은 힘을 쏟고 있다.

차도 두고 왔겠다, 신이 나서 탕수육을 비롯해 몇 가지 요리와 함께 천진고량주 그리고 제주쌀막걸리를 주문했다. 덕성원은 다 좋은데 주류가 그다지 다양하지 못한 것이 아쉽다. 그래도 음식이 맛있으니까 모든 것이 용서! 덕성원은 다른 중화요리집과 달리 꿩고기를 사용한 요리들이 메뉴에 있다. 원래 제주도는 꿩으로도 유명한 곳이었다. 과거에는 마치 남한산성의 닭백숙집처럼 제주 곳곳에서 꿩고기 요리 전문점을 만나볼 수 있었다. 덕성원에서는 여전히 탕수꿩, 꿩깐풍기 등을 만나볼 수 있다. 물론, 이제는 꿩 자체가 구하기 힘든 식재료가 되다 보니 다른 재료로 만든 요리보다 상당히 비싼 편이다. 혼자서, 탕수육을 포함해 네 가지 요리를 앞에 두고 (오가는 사람들의 시선을 한 몸에 받으며) 제주도산 막걸리 한 잔, 톈진에서 온 고량주 한 잔을 번갈아 마시며 탕수육 원정 1일차의 성공적인 마무리를 자축했다.

목요일 9시 50분.

이른 새벽(?)에 일어나니, 벌써 지인들의 문자 메시지가 여러 통와 있었다. 내가 혼자 제주도에 와 있음을 눈치챈 이들이 '뭐하는 짓이냐!', '청승도 가지가지다!'라는 애정 어린 비난에서부터 '해장해야지, 해장은 역시 ○○네 보말칼국수지!', '○○해장국 고사리육개장 안 먹으면 술꾼이 아니지!' 등등 이미 어제 술을 진탕 마셨을 거라 전제하고 보내준 문자 메시지였다. 그러나 이날 역시 내 일정은 제주도의 중화요리집을 순회하며 탕수육을 맛보는 것으로 이미 꽉 차 있었다. 아직 조식 뷔페가 제공되는 이른 오전 시간이었지만, 나는 이미 서귀포에서 해안도로를 따라 다시 동쪽으로 돌고 있었다. 목표는 성산에 위치한 '유성반점'. 공항에서 시작해 섬의 서쪽을 돌아 서귀포까지 간 뒤 다시 동쪽으로 돌아 공항까지 가는 제주 일주 동선을 짜면서 섬의 동편에서 방문할 만한 탕수육 맛집을 찾다가 포착한 중화요리집이었다.

1979년 오픈했다고 하니 업력은 믿을 만했다. 검색해보니 인터넷 포털에 따라 오전 10시 또는 11시에 문을 연다고 되어 있었지만, 효율적인 동선 관리를 위해 조금 일찍 가서 오픈런을 해볼 참이었다. 다행히 사정을 설명하니 한창 낮 장사를 준비 중이던 사장님이 자리에 앉혀주셨고, 다소 어수선한 가운데 이날의 첫 탕수육이자 제주에서의 다섯 번째 탕수육으로 해장을 겸한 아침식사를 할 수 있었다. 유성반점의 탕수육은 말 그대로 그냥 '우리나라 탕수육'이다. 고춧가루 듬뿍 든 간장에 찍어 먹어야 맛이 완성되고, 접시 한켠에는 얇게 채 썬 양배추 위에 케첩이 올려진. 가볍게 한 접시 먹어치운 뒤 제주 시내를 향해 차를 몰았다.

홍보석.
양낙산 사부의 막냇동생 양수강 사부가 창업한 중화요리집이다.

목요일 11시 30분.

제주시로 들어서서 첫 번째로 간 곳은 '홍보석'이었다. 작은 상가 건물 모서리에 자리 잡은 홍보석은 많지 않은 테이블의 전형적인 '동네 중국집'이다. 그럼에도 불구하고, 내가 제주 탕수육 원정에서 방문해야 할 업소 중 한 곳으로 홍보석을 넣은 이유는, 이곳을 창업한 사람이 양수강 사부이기 때문이다. 앞서 이야기한 해상호를 타고 제주에 도착해, 제주 화교사회의 발전을 위해 많은 기여를 한 양낙산 사부의 막냇동생이다. 형을 도와 중화요리집들을 운영하다 독립해 홍보석을 차렸고, 이제는 그 운영을 아들인 양병립楊秉立 사부에게 물려주고 제주와 중국을 오가며 생활하고 있다. 브런치 삼아, 제주에서의 여섯 번째 탕수육을 주문했다. 홍보석의 탕수육은 정갈함 그 자체다. 튀김은 깨끗하고 그 위에 얹힌 소스 역시 맑고 투명하다. 소스에 든 채소들을 깔끔하게 손질되었고, 덕성원과 마찬가지로 당근에 세심하게 칼자국을 내 꽃 모양을 냈다. 당연히 음식 맛 자체도 담백하다. 이 집의 탕수육 역시 고춧가루를 넣은 간장에 살짝 찍어서 입에 넣어야 본연의 맛이 완전히 피어난다. 소스까지 싹싹 긁어 먹고 다시 차를 몰아 제주항 연안 여객터미널 방향으로 향했다.

끝, 아니 다시 시작이 된 탕수육 탐방

목요일 13시 40분.

일곱 번째 탕수육을 먹기 위해 '아주반점'에 도착했다.

아주 잠깐이었지만, 제주에서 화교들이 운영하는 중화요리집이 제법 장사를 할 만했던 때가 있었다. 1950년대 중반부터 조직적인 세력을 형성한 제주 화교들은 화교학교를 세우고, 주기적으로 모임을 가지며 서로 도와 기반을 다졌다. 특히 대만과 홍콩 등지에서 중화요리 재료를 수입하고 전국 각지에서 식재료를 유통하던 중국 음식 재료상들은 화교 주인이 운영하는 중화요리집에 우선해서 납품했다. 당시만 하더라도 해외 무역이 원활하지 않고 농업 생산과 유통의 기반이 튼튼하지 못했던 시기이기에, 제때 좋은 품질의 식재료를 구하기란 하늘의 별 따기였다. 그럴 때 중국 음식 재료상들은 같은 고향에서 온 화교 요리사들에게 재료를 우선적으로 배정했다. 재료가 자주 소진돼 일찍 문을 닫거나 며칠씩 장사를 쉬어야 했던 당시에, 제주도의 중화요리집만큼은 항상 식당 문을 열고 재료 걱정 없이 마음껏 맛 좋은 요리를 만들어냈다. 당연히 장안의 손님들이 중화요리집으로 몰렸다. 그에 불을 지핀 것은 뜻밖에도 한 하천이었다.

서울에 청계천이 있다면 제주에는 산지천이 있다. 시내의 구 중심가를 가로지르며 도도하게 흘러가는 모습도 비슷하고, 사람들이 식수원과 빨래터로 애용했던 것도 비슷하며, 산업화 추진 시기에 하천을 덮고 그 위를 이용하려는 시도가 펼쳐졌다가 20세기 말에서 21세기 초반 무렵 과거의 모습을 되찾기 위한 시도가 이어져, 현재는 자연하천으로 복원된 것까지 흡사하다.

1964년 강우준 당시 제주도지사는 '제주도 종합개발계획안'을 발표했는데, 그 계획에는 산지천을 덮어 부지를 조성한 뒤 그 위로 저층의 상가건물들을 신축해 상점가로 발전시키겠다는 계획이 들어있었다. 그 계획을 토대로 1966년에 복개공사가 시작되었다. 이후 1982년까지 무려 16년 동안 아홉 번이나 복개공사가 진행되었고,

그 위로 열일곱 개의 상가건물이 들어섰다. 그 상가에 주로 입점했던 상인들이 중국 음식 재료상이었다. 때문에 인근에는 대형 중화요리집들이 성업했는데, 그중 한 곳이 '아주반점'이다.

아주반점은 화교 청년이었던 범서진范書進 사부가 창업한 중화요리집이다. 범씨가 우리나라에서는 매우 희귀한 성씨이지만, 중국에서는 꽤 많은 인구를 자랑하는 성씨다. 특히 남중국, 베트남 등지에서는 우리나라의 정씨 수준으로 많은 인구를 자랑한다. 중국 춘추시대 월나라의 책사로 명성을 날린 범려范蠡, 항우項羽를 도와 한때 중원을 제패할 뻔했던 명재상 범증范增, 그리고 근래의 인물로는 중국 최고 미녀 연예인으로 꼽히며 할리우드까지 진출했던 판빙빙范冰冰 등이 대표적인 범씨다. 이처럼 범씨는 중국에서도 명문가에 머리 좋고 인물 좋기로 유명했다. 범서진 사부 역시 중국에 살 때는 갑부집 아들이었다. 하지만 마오쩌둥의 홍군이 득세하자 지주로 몰려 탄압을 받았고, 중화인민공화국 정부가 수립되기 직전 중국을 탈출해 6.25전쟁이 발발할 무렵 제주로 내려왔다. 한국어, 중국어는 물론, 영어, 일어, 독일어에 능통한 엘리트였던 범 사부는 연고 없는 제주에서 고생을 하다가 1962년 현재의 위치에 아주반점의 문을 열었다.

아주반점은 승승장구해 제주를 대표하는 중화요리집으로 성장했다. 그러나 범 사부 역시 자녀교육 앞에서는 심각한 고민을 하지 않을 수 없었고, 자녀들의 미국 유학을 결정했다. 처음 몇 년간은 범 사부 부부가 한국과 미국을 오갔지만, 결국 1980년대 초반 아주반점을 다른 이에게 임대하고 미국으로 이민했다. 이후 한 차례 더 주인이 바뀌어 1989년부터는 현재의 주인이 운영을 하고 있다. 비록 주인은 몇 차례 바뀌었지만, 식당의 간판과 내부 분위기만큼은 1960년대 느낌을 그대로 간직하고 있다. 아마도 대한민국에서 가장 홍콩스러운 간판과 내부 분위기를 유지하고 있는 중화요리집이라고 해도 무방할 것이다. 다만 만들어내는 음식, 특히 탕수육은 그때의 그 맛을 잇지 못한다는 평을 듣고 있어 안타깝다. 몇 년 만에 한 번씩 방문할 때마다 조금씩 달라지는 탕수육의 맛에 나도 늘 당황스러웠다. 이날 역시 몇 해 전 맛보았던 탕수육과는 조금 달라진, 붉은 탕수육을 마주해야 했다. 어찌됐든 일곱 번째 탕수육을 맛보고 나서 여덟 번째이자 이번 여정의 마지막 탕수육을 맛보기 위해 '그곳'으로 향했다.

목요일 16시 50분.

아주반점에서 멀지 않은 곳에 있는 '유일반점'에 도착했다. 시간에 딱 맞춰 렌터카 업체 직원이 차를 회수해 가기 위해 출장 나와 있었다. 출장 반납을 택했다는 것은? 맞다. 제주 탕수육 원정의 대미를 장식하기 위해서는 중국술이 빠질 수 없지. 차량을 반납하고 홀가분한 몸으로 영업 준비 시간이 끝나자마자 입장해 빈 테이블에 자리 잡고 앉았다. 그 뒤에는? 당연히 탕수육 하나! 그리고 메뉴판에는 '연태백주'라고 적혀 있던 '연태고량주烟台古酿(옌타이구냥)'를 한 병 주문했다. 현재 유일반점은 해상호를 타고 제주에 정착한 양낙산 사부의 셋째동생인 양수명 사부의 아들 양병운楊秉運 사부가 운영하고 있다. 이틀간 총 여덟 곳의 중화요리집을 들러 탕수육을 연속해서 먹는 제주도 여정의 마무리는 제주 화교사회에 큰 족적을 남긴 양 사부 가문의 식당에서 하고 싶었다.

유일반점의 탕수육은 한결같다. 흔들림 없는 정석을 자랑한다. 잘 손질한 질 좋은 돼지고기를 깨끗한 기름에 튀겨낸 뒤, 기교를 많이 부리지 않은 달콤새콤한 맑은 소스를 적당히 끼얹어서 제공된다. 중국산 백주 한 잔 마시고 탕수육 하나를 간장에 찍어 먹으면 그곳이 바로 극락이자 천국이요, 천당이자 낙원이 된다.

그렇게 마지막 탕수육 식사를 마치고 택시를 타고 공항으로 가 양치 한 번 하고 20시 20분에 출발하는 비행기에 올랐다. 그것으로 1박 2일간 제주에서의 잊을 수 없는 탕수육 원정도 무사히 끝났다. 아름다운 제주 섬을 한 바퀴 돌며 탕수육을 먹은 뒤 받은 느낌은, 제주도의 중화요리집들이 공통적으로 전통의 조리법과 맛을 비교적 잘 지키고 있었다는 것이다. 섬이라는 환경적 영향도 있겠지만, 그보다는 힘겨운 시기, 험난한 환경에서 생계를 유지하며 화교사회를 발전시켜온 중화요리사들의 지조와 고집 덕분이 아니었을까 싶다. 다만, '퓨전', '제주 특화', '젊은 층 겨냥' 등을 내걸고 떡볶이나 김밥 하나에도 온갖 다양성을 추구하는 흐름이 계속되고 있는 제주를 보면,

얼마 안 가 제주 중화요리계에도 과거에는 상상할 수 없었던 변종이 등장하는 것도 시간문제라는 생각이 들었다. 부디 고집불통의 제주 사부들이 조금 더 현역에서 활약해주시기를 바라는 사이, 비행기는 어느새 김포공항에 내려앉았다.

바다 건너에서 찾은,
우리 음식
탕수육의 비밀

第三次席

쓰촨요리로 세상을 만들 수도 있다. 요리로 인생을 써 내려갈 수도 있다. 요리는 인생이다.

以川菜立天地, 烹飪書寫人生, 爲廚之道在做人,

– 스정량史正良(1946~2015)*

* 쓰촨요리의 대가로, 80편 이상의 저술과 논문 집필을 통해 중국요리를 정립했고, 그 공을 인정받아 중화인민공화국 최초로 '국가요리사國家名廚' 칭호를 받은 위대한 요리사.

차이나타운이 없는 나라

돌연, 살벌해진 모임

"아리마셴ありません!"

"나이, 나이ない, ない!"

모리시타 상은 양손을 내젓고 고개까지 절레절레 흔들며 "안 됩니다, 안 돼요, 안 돼!"를 연발했다. 모리시타 상은 내 모교 선배가 일본에서 창업한 회사의 CFO였다. 꽤 오래전부터, 우리나라와 다른 루

---

* 이 책의 내용 중 대한민국 화교사와 관련해 많은 도움을 받은 이정희 교수의 저서 《차이나타운 없는 나라》(삼성경제연구소, 2004)에서 착안한 제목으로, '오마주'에 가깝다.

트로 중국요리를 받아들인 일본에는 어떤 형태의 탕수육 혹은 탕수육과 유사한 음식이 있는지가 궁금했다. 일본에서 사업을 하고 있는 선배와 안부 인사를 나누는 도중 그 이야기가 나왔고, 선배는 "마침 잘되었다, 소개할 사람이 있다."며 얼른 비행기를 타고 건너오라 했다. 그 사람이 바로 모리시타 상이었다.

모리시타 상은 일본에 거주하는 화교였다. 보다 정확히는 (중국인 아버지, 일본인 어머니를 둔) 중일 혼혈이고, 일본식 화교 분류법으로 구분하자면 재일대만인이다. 일본은 중국계 일본인에 대해 중화인민공화국 국적을 보유한 '재일중국인在日中國人'과 중화민국 국적을 가진 '재일대만인在日臺湾人'으로 나누는데, 재일중국인이 76만 명가량이고, 재일대만인이 5만 7,000명가량 된다. 단순 숫자로 비교하자면 대만 출신이 대륙 출신의 13분의 1에도 미치지 못한다. 하지만 과거 대만이 일본의 식민지였던지라 친밀도랄까, 상호 교류 수준의 깊이랄까, 모든 것에 있어 재일대만인이 재일중국인에 전혀 밀리지 않는다.

아무튼 실제로 만나본 모리시타 상은 일본의 중화요리에 대한 경험과 이해도 그리고 자부심이 상당했다. 불과 3분 전까지만 해도 우리의 대화는 이랬다.

모리시타(이하 모): 아무래도 중화요리는 일본이 좀 앞서겠죠.

나: 왜요? 어떤 이유로요?

모: 그야 개항 시기도 빨랐고, 외국에 대한 너그러움도 뭐랄까, 일본이

더 개방적이었으니까요.

나: 아니, 아니죠. 지리상 거리로 봐도 그렇고, 일본이 앞선다고는 볼

수 없어요.

모: …

나: 개항 얘기하는데, 한국은 이미 조선시대에도 중국과 빈번하게 교

역을 했다니까요?

모: 그래도 뭐랄까, 요리에 대한 관심과 애정이랄까, 그런 것에 있어

서는….

나: …

모: 어찌되었든 한국의 중화요리가 일본의 것을 능가한다고 보기는 힘

들 것 같은데요.

평상시 상대방의 이야기에 대해 대놓고 부정하거나 자신의 생각을 고집하지 않는 것이 일본 비즈니스맨의 특징이라 알고 있었기에, 그의 반응이 조금은 놀라웠다. 하지만 나에게는 절호의 기회였다. 일본의 중화요리가 한국의 그것보다 앞선다고 자신했으니, 내 부탁을 분명히 들어줄 거라는 확신이 들었다. "그렇다면 모리시타 상, 탕수육 좀 소개해주세요. '그 대단한' 일본 중화요리가 자랑할 만한!"

이 요청에 모리시타 상이 질겁하더니 "안 됩니다"를 연발한 것이었다. 그가 손사레를 치며 내가 원하는 탕수육을 소개해줄 수 없다

고 한 것은 뭐 크게 어렵고 복잡한 이유는 아니었다. 일본 중화요리 계에서 우리의 탕수육과 비슷하다고 할 만한 요리는 스부타酢豚인데, 한국과 달리 일본에서 스부타의 위상은 중화요리집에서 전혀 각광받거나 중요시하는 음식이 아니라는 것이다. 하긴 그도 그럴 것이, 한국에서는 두 사람 이상이 중화요리집에 가면 각각 짜장, 짬뽕 같은 식사 하나에 탕수육 정도 주문하는 것이 여전히 국룰처럼 인정받고 있지만 일본 사람 여럿이 식당에 들어가 "여기 야키소바 둘, 나가사키 잔폰 하나에 스부타 대 자 하나요!"라고 외치는 모습은 어딘지 자연스럽지가 않다.

게다가 우리나라도 다른 나라에 비해 차이나타운이 제대로 형성되지 못한 나라지만, 일본도 우리 못지않다. 제대로 된 차이나타운이 없으니 제대로 된 탕수육을 만들어 먹었을 리가 없다!

이런 이야기를 하면 일본에 대해 '약간 아는' 분들이 "그게 무슨 소리냐?"며 의아해하실 수도 있겠다. 더 나아가 "이 자식, 차이나타운이라는 존재에 대해 조금의 지식도 없는 녀석이로구만!"이라고 하실지도 모르겠다. 실제로 일본에는 도쿄도 도시마구 이케부쿠로池袋 지역에 자리 잡은 '도쿄주카가이東京中華街', 효고현 고베시의 난킨마치南京町 주변으로 넓게 형성되어 있는 '고베주카가이神戸中華街', 규슈 나가사키시 신치新地 지역에 자리 잡은 '나가사키신치주카가이長崎新地中華街', 그리고 가나가와현 요코하마시에 자리 잡은 '요코하마주카가이横浜中華街' 등 눈에 띄는 차이나타운만 해도 네 군데나 있다.

이외에도 '이런 동네에도 차이나타운이 있어?' 싶을 정도로 작은 지방 소도시 곳곳에도 '주카가이'가 형성돼 있는 것을 발견하곤 한다. 이 중 요코하마주카가이는 동북아시아 최대 규모인 것은 물론, 전 세계적으로도 세 손가락 안에 꼽힐 만큼 거대한 규모를 자랑한다.

사정이 이런데도 일본에 차이나타운이 제대로 형성되지 못했다니, 이게 무슨 소리일까? 정확히 표현하자면 차이나타운이 형성되지 못했다기보다는 차이나타운 내에 제대로 먹을 만한 중화요리집이 별로 없다는 것이 더 맞는 이야기일 듯하다.

여기서, 잠깐! 노래 한 곡 듣고 이야기를 이어가도록 하겠다. 들으실 곡은 〈부루 라이토 요코하마Blue Light Yokohama〉다.

거리의 불빛이 참 아름답네요.

요코하마 블루 라이트 요코하마.

당신과 둘이 행복해요.

언제나처럼 사랑의 말을.

요코하마 블루 라이트 요코하마.

[街の灯りがとてもきれいね.

ヨコハマ ブルー・ライト・ヨコハマ.

あなたと二人ふたり幸しあわせよ.

いつものように愛あいの言葉ことばを.

ヨコハマ ブルー・ライト・ヨコハマ.]

**〈부루 라이토 요코하마〉를 불러
공전의 히트를 기록한 가수,
이시다 아유미.**

연인들의 사랑을 묘사한 이 노래의 진짜 주인공은 요코하마라는 도시다. 요코하마는 조금 특별한 도시다. 지금이야 거주하는 인구가 370만 명이 넘고, 도시 총생산 규모가 우리 돈으로 130조 원을 훌쩍 뛰어넘는 대단한 도시로 성장했지만, 〈부루 라이토 요코하마〉가 발표된 1968년까지만 하더라도 바로 곁에 위치한 도쿄의 배후 공업 도시이자 항만 도시 정도의 취급을 받았을 뿐, 이렇다 할 특색이나 정체성, 고유의 문화를 가지지 못한 도시였다. 1960~70년대 일본의 고도성장기를 상징하는 경제 도시이기에 초고층 빌딩, 화려한 야경을 자랑하지만 정을 붙이고 살아가기보다는 뜨내기로 들르는 이가 더 많은 도시, 깊이 있는 인간관계보다는 냉정한 거래관계가 더 앞선 도시였다. 1968년 크리스마스 무렵 가수 이시다 아유미石田良子가 발표한 〈부루 라이토 요코하마〉는 바로 이런 정서를 깔면서 발매되자마자 오리콘 주간 차트 1위를 차지했고, 이후 150만 장이 넘는 앨범 판매량을 기록했다.

이 도시는 짧은 시간 내에 급속도로 성장 및 확장했다. 1859년 개항 직전까지만 해도 요코하마는 인구 600명에 100여 가구가 거주

하던 평범한 어촌 마을이었다. 세키가하라 전투関ヶ原の戦い* 직후인 1600년대 초반, 막부幕府가 위치하던 에도(도쿄)에서 일왕이 거주하던 교토까지 '도카이도東海道'라는 육로가 개통되었고, 해당 육로를 따라 설치된 53개의 역참驛站** 중 세 곳이 현재의 요코하마 지역인 가나가와神奈川, 호도가야保土ヶ谷, 도쓰카戸塚에 설치되면서 잠깐이나마 반짝 발전하기도 했다.

하지만 요코하마가 지금과 같은 모습으로 폭발적으로 성장하게 된 계기는 1854년부터 1859년까지 이어진 서구 열강과의 조약 체결과 연이은 개항 조치 덕분이었다. 1889년이 되자 요코하마의 인구는 12만 명을 넘어섰고, 건물 숫자 역시 2만 7,000채 이상으로 늘었다. 결국, 막부는 요코하마를 마을이라는 의미의 '초町'에서 도시를 뜻하는 '시市'로 승격시켰다. 이후로는 확대일로에 접어들었다. 1923년 간토대지진의 직격탄을 맞으며 2만여 명의 시민이 사망하고 무려 6만 채의 가옥이 파괴되는 등 그야말로 도시 전체가 초토화되는 비극도 겪었지만, 요코하마 시민들은 이를 오히려 전화위복의 기회로 삼았다. 그들은 폐허의 잔해를 가져다가 수심이 얕은 바다를 매립하는 데 사용했다. 덕분에 다이쇼大正 시대(1921~26)에 조성된 쓰

* 도요토미 히데요시豊臣秀吉 사후, 일본 정국의 주도권을 두고 전국의 다이묘가 동군과 서군으로 나뉘어 치른 내전의 결정적 전투. 이 전투에서 승리한 도쿠가와 이에야스德川家康가 전국을 지배하게 되었다.
** 슈쿠바宿場라고 한다. 과거 여행객, 특히 공적 업무를 처리하던 관리들을 위해 마련된 시설로, 숙소와 마구간 등으로 이뤄져 있었다.

루미鶴見강 하구 매립지와 더불어 해안가에 거대한 평지를 확보할 수 있었고 이 땅은 이후 게이힌京浜 공업지대가 들어서는 기반이 되었다. 이후 1950년 요코하마의 운명을 바꿔놓았다는 평가를 받는 '국제항도건설법'이 제정되면서 발전은 더욱 본격화되었다. 그런데 요코하마가 이처럼 거대 산업 도시이자 항구 도시로 성장할 수 있었던 그 시작점에 뜻밖에도 화교들이 있었다.

중국 개화기의 숨은 배후들

19세기 중엽, 중국에 우후죽순처럼 생겨난 외국계 은행들은 원활한 업무 수행을 위해 중국인 직원을 고용했다. 은행이 선호한 중국인 직원은 일단 외국어에 능통하고 현지 네트워크도 두터우면서 수완이 좋은 사람이었다. 처음에는 한두 명 시험 삼아 고용되었던 이들이 탁월한 성과를 만들어내자 여러 외국계 은행이 앞다퉈 중국인 직원들을 채용하거나 경쟁 은행으로부터 스카우트하기 시작했다. 사람들은 그런 이들을 '매판買辦'이라고 불렀다. 우리가 천박한 자본주의, 특히 외국 자본을 등에 업고 자국민, 자기 민족을 착취하는 이들을 비난할 때 사용하는 단어 '매판자본'의 그 매판이다.

영국령 홍콩과 영국 조계지가 형성되어 있던 상하이를 중심으로 급성장해온 홍콩상하이은행Hong Kong & Shanghai Banking Corp.,

HSBC의 매판들은 실력으로나 소속 은행으로부터 받는 대접에서 타의 추종을 불허했다. 이들은 HSBC 내에서 높은 직급과 급여로 인정받았으며 중국 정·관·재계 모두에 막대한 영향을 미치기도 했다. 매판 중에는 역사책에도 기록될 정도로 유명한 이도 제법 있다. 홍콩 지역을 중심으로 활동하던 매판 중 단연 돋보인 인물로 허스광何世光이 있었다.

그는 어렸을 때부터 독특한 외모로 눈길을 끌었다. 큰 키에 오똑한 코, 쌍커풀이 진 큰 눈은 흡사 서양인을 연상시켰다. 그도 그럴 것이, 그의 할아버지 허스원何仕文은 원래 찰스 보스만Charles Henry Maurice Bosman이라는 이름의 유대계 네덜란드인이었기 때문이다. 젊은 시절 고향 네덜란드 로테르담을 떠난 허스원은 홍콩에서 무역업에 잠시 종사했는데, 그때 만난 중국 여성과의 사이에서 아들 허둥何東과 허푸何福를 얻었다. 허둥은 이후 막대한 부를 이뤄 홍콩 4대 재벌가문을 일구었다. 허푸 역시 형만큼은 아니어도 큰 재산을 모았는데, 그가 낳은 아들이 바로 허스광이었다. 할아버지 허스원으로부터 유대계 상인의 DNA를 물려받고, 아버지 허푸로부터 어느 정도의 부와 사업수완을 이어받은 허스광은 HSBC 상하이점의 매판으로 근무하게 되었다. 능숙한 영어 실력에 중국인보다는 서양인과 더 흡사한 외모는 영국인 경영진에게 깊은 신뢰를 안겨주었다. 그런 신뢰 속에서 허스광은 HSBC 상하이점의 사업을 좌지우지하며 엄청난 성과를 거둘 수 있었고, 개인적으로도 큰 부를 일구었다.

하지만 그는 거기서 만족하지 않았다. 허스광은 야심이 큰 사람이었다. 큰아버지 허둥이 엄청난 재력을 바탕으로 서양인들에게도 존경을 받는 모습을 보며, 자신도 큰아버지를 넘어서는 부를 일구고 싶다고 생각하게 되었다. 그는 자신의 형제들과 함께 감당하지 못할 수준의 돈을 끌어모아 위험성 높은 주식에 몽땅 투자했다. 당연히 과한 투자는 파국을 몰고 왔다. 함께 돈을 쏟아부은 형제 중 두 사람은 빚 독촉에 시달리다 못해 자살을 했고, 허스광은 베트남으로 도피, 잠적해버렸다. 그렇게 그의 짧았던 성공 신화는 막을 내렸다.

허스광에게는 아들이 하나 있었는데, 아버지가 큰 빚을 지고 베트남으로 도피한 후 극심한 가난 속에서 성장했다. 하지만 그는 낙담하지 않고 공부에 매진했다. 명문 홍콩대학에 진학해서 무역업과 건설업 그리고 부동산업 등에 종사하며 착실하게 밑천을 모은 뒤 1970년대 마카오에서 카지노 사업을 벌여 큰 부를 쌓을 수 있었다. 아버지 허스광이 이루지 못했던 꿈을 아들인 그가 이룬 것이다. 마카오가 라스베이거스를 능가하는 세계 최대의 카지노 도시로 성장하자 그의 부 역시 천문학적 수준으로 늘어났다. 마카오에 위치한 대형 카지노 30개 중 19개가 그의 소유였고, 마카오 전체 세금의 3분의 1이 그에게서 나왔다. 그의 이야기는 배우 유덕화劉德華(류더화)가 주연을 맡은 영화로 만들어지기도 했다. 그의 이름은 허훙선何鴻燊, 전설적인 마카오의 카지노왕 스탠리 호Stanley Ho가 바로 그다.

여담이지만 스탠리 호, 아니 허훙선의 할아버지 허푸에게는 아버지가 다른 동생이 하나 있었다. 허스원이 홍콩에서 여러 번 사업을 말아먹고 영국으로 도피하자 홀로 버려진 허스원의 아내는 생계를 위해 중국인 남성 궈싱셴郭興賢과 재혼했다. 그 혼인에서 얻은 아들이 허칸탕何甘棠이었다. 궈씨와의 사이에서 얻은 아들이지만, 아직 끗발이 남아 있던 허씨 집안의 덕을 보고자 전 남편의 성을 붙여준 것이었다.

집안 내력은 못 속인다고, 스탠리 호의 작은할아버지였던 허칸탕 역시 여러 외국계 금융기관과 무역회사 등에서 매판으로 활약했다. 그가 근무한 곳 중 가장 대표적인 기업이 이화양행怡和洋行이다. 영국은 '조직이 너무 비대해졌고, 인도, 중국 등 아시아 여러 식민지에서 계속 말썽을 일으키고 있다.'는 이유로 1873년 동인도회사를 폐쇄했다. 그러자 동인도회사의 수많은 사업과 지역 이권 및 인재가 회사를 이탈해 새로운 구심점을 찾아 모여들었다. 그 구심점이 바로 동인도회사 소속 외과의사였던 윌리엄 자딘William Jardine과 정치인이자 외교관이었던 제임스 매시선Sir James Nicolas Sutherland Matheson이 설립한 이화양행이었다. 그리고 이곳의 매판이 바로 허칸탕이었다. 동인도회사가 손을 댔던 거의 모든 사업 영역에 그대로 다시 진출한 이화양행은 과거의 경험을 토대로 해당 영역에서 두루 두각을 나타냈다. 덕분에 이화양행은 한때 세계 최대의 민간기업 반열에 오르기도 했다. 이후 이화양행은 사명을 '자딘매시선Jardine Matheson'으로 바꾸고 지주회사 체제로 변경돼 오늘날까지 이어지고 있다.

한때 세계 최대의 민간기업이었던 자딘메시선 옛 건물(중국 상하이 소재, 1940년대).

1859년, 아직 이화양행이었던 시절의 자딘메시선은 홍콩을 포함해 중국 이외의 지역으로 사업 영역을 넓힐 계획을 세웠다. 그들의 눈에 들어온 것은 일본이었다. 1853년, 미국 페리Matthew Calbraith Perry 제독이 4척의 증기선을 끌고 와 개항과 통상을 요구하며 무력 시위를 펼친 이른바 '구로후네黑船 사건'의 여파로 서양 문명에 대한 개방 분위기가 무르익었던 일본이 그들에게는 '새로운 홍콩'으로 보였다. 계획이 수립되자마자 이화양행은 동시다발적으로 일본의 주요 항만 도시인 나가사키, 시모노세키, 고베, 오사카 그리고 요코하마에 지사를 설립한 뒤 항만 운영, 해상 운송, 도로와 철도 건설 및 운영, 광산 개발, 무역업 등 다방면으로 진출했다.

그중에서도 특히 두 곳의 지사가 활발하게 사업을 펼쳐나갔다. 먼저, 나가사키 지사는 토머스 글로버Thomas Blake Glover라는 대리인을 앞세워 사업을 전개했는데, 글로버는 세 사람의 일본인과 손을 잡고 왕성하게 사업을 추진했다. 그가 손을 잡은 첫 번째 인물은 고다이 도모아쓰五代友厚로, 훗날 '오사카 경제의 아버지'로 추앙받게 되는 인물이다. 두 번째 인물은 그 이름도 유명한 사카모토 료마坂本龍馬! 무사이자 정치가이며 상인이자 군인으로 막부 말기에 한 시대를 풍미했던 거물이다. 그의 일대기는 수많은 소설과 드라마로 만들어졌으며, 지금까지도 일본인이 사랑하는 역사 인물 중 첫손에 꼽히고 있다. 세 번째 인물은 이와사키 야타로岩崎弥太郎로, 하급무사의 아들로 태어나 비천한 삶을 전전하던 인물이었다. 하지만 이화양행과 사카모토 료마의 지원 아래 해운업에서 큰 성공을 거둘 수 있었고, 그를 발판으로 본격적인 사업가의 길로 나서게 되었다. 이후 그가 설립한 회사들이 하나같이 큰 성공을 거두면서 그는 미쓰비시三菱라는 재벌그룹의 창업주가 된다.

이화양행의 일본 내 또 다른 거점이었던 요코하마 지사 역시 나가사키 못지않게 적극적으로 사업을 벌여나갔다. 그들 역시 사업 추진과 더불어 사람들을 길러내는 것에도 적극적이었는데, 1863년에는 조슈번長州藩 출신 젊은 사무라이들에 대한 유학 프로그램을 지원할 정도였다. 세키가하라 전투에서 도쿠가와 이에야스의 동군에 맞서 서군을 이끌었던 탓에 내내 에도 막부와 긴장관계에 있던 조슈번(지

미쓰비시 창업자의 아들(혹은 형제)과
함께 있는 토머스 글로버(1900년경).

금의 야마구치현)은 다섯 명의 젊은 사무라이를 요코하마 이화양행이 마련해준 배에 태워 영국 유학을 보냈다. 말이 유학이지, 서양이라면 치를 떨며 쇄국정책을 펼치던 당시 일본 상황에서는 밀항에 가까운 시도였다. 이화양행은 그러한 밀항 범죄를 지원한 셈이었다. 그런데 이 위험천만한 유학 프로그램이 결과적으로는 일본의 역사를 바꾸고 더 나아가 우리 민족의 역사까지 바꾼 거대한 분기점이 되었다. 기나긴 항해 끝에 영국에 도착해, 런던에 위치한 유니버시티 칼리지 런던University College London에 입학한 조슈번의 다섯 사무라이를 후대의 일본인들은 흔히 '조슈 5걸長州五傑'이라고 부른다.

이 조슈 5걸 중 이토 히로부미伊藤博文가 있었다. 대한독립군 안중근 중장에 의해 처단된 바로 그 사람이다. 영국 유학을 통해 신문물을 접한 이토 히로부미는 동료들과 함께 1868년 메이지 유신明治維新을 주도했다. 그를 통해 일본의 근대화를 성공시킨 이들은, 그 여세를 몰아 조선 침략에도 앞장서게 된다. 영국 유학 지원으로 연을

맺은 이토 히로부미의 적극적인 지원 아래 이화양행은 1882년 조선
땅 제물포에도 지사를 설치했다. 제물포와 상하이를 왕복하는 정기
선 항로를 개설함으로써, 중국인들이 한반도에 대규모로 이주해 와
서 화교사회를 형성하게 되는 계기를 제공한 것도 이화양행이었다.

요코하마에서는 광둥요리를 먹어야 한다

다시 중국으로 돌아가, 홍콩 쪽 외국계 금융가에서 허스광이라는 걸
물 매판이 활약했다면, 상하이 쪽 외국계 금융가에는 왕화이산王槐
山이라는 불세출의 영웅이 있었다. '매판대인'으로 불렸던 왕화이산
은 매판의 전형이라 할 만한 인물이었다. 10여 년간 매판으로 일하
며 HSBC가 아시아를 넘어 세계 무대에서 큰돈을 벌어들일 수 있도
록 도왔다. 그 역시 막대한 부를 축적해, 이후 중국인 중 몇 안 되는
HSBC 대주주로 활약했다. 왕화이산이 은퇴할 무렵이 되자 HSBC
의 경영진은 그 후임자를 찾는 데 혈안이 되었다. '아무래도 왕 대인
이 은퇴하면 그 공백이 클 것 같다.'는 것이 그들의 우려였다. 하지만
그런 걱정은 기우에 불과했다. 왕 대인의 후임으로 시정푸席正甫라는
인물이 등장했기 때문이다.

시정푸는 당대에는 물론, 이후로도 중국인들의 머릿속에 '매판'이
라고 하면 자연스럽게 떠오르는 인물이다. 그가 활약했던 시기는 청

일전쟁에서 청나라가 일본에 예상 밖의 패배를 하고 그 배상금을 갚기 위해 동분서주할 무렵이었다. 시정푸는 풍부한 네트워크를 기반으로 다양한 협력관계를 구축하고 성사가 어려울 것으로 예측되던 거래까지 잘 처리해 청나라의 배상금 마련 문제를 깔끔하게 해결해주었다. 그 성과로 시정푸는 무려 2품 관직에 올랐다. 청나라 시절 2품은 각 성의 정치·사법·행정을 다스리는 총독 또는 포정사를 지닐 수 있는 직급으로, 매년 은 150냥과 쌀 150곡을 녹봉으로 받는 초고위직이었다.

시정푸의 수완은 비단 돈을 벌어들이는 것에만 있지 않았다. '사람을 벌어들이는 것'에서도 대단한 능력을 발휘했던 그는 상하이를 중심으로 자신의 세력을 만들어갔다. 셋째동생 시진화席縉華를 중국에서 '유리은행有利銀行'으로 불리던 유니온뱅크Union Bank의 매판으로 만들었고, 조카 시시판席錫蕃과 조카사위 왕시안첸王宪臣을 '맥가리은행麥加利銀行' 또는 '사타은행渣打銀行'이라 불리던 차타드뱅크Chartered Bank의 매판으로 일하도록 했다. 왕시안첸은 다시 자신의 동생 왕준첸王俊臣을 데리고 와 일자리를 부탁했고, 시정푸는 사돈 총각 왕준첸을 '화기은행花旗銀行'으로 불리던 씨티뱅크Citibank에 입행시켜 매판 직책을 맡도록 했다. 씨티은행에서는 후지메이胡寄梅라는 다른 매판도 활동하고 있었는데, 그 역시 시정푸와 사돈지간이었다.

그사이 홍콩 HSBC의 매판 자리는 시정푸 자신과 아들 시리공席立

功, 그리고 손자 시루성席鹿笙까지, 무려 3대에 걸쳐 55년간 세습되었다. 그렇게 해도 될 만큼 은행 수뇌부로부터 철저하게 신임을 받았다는 증거이기도 하다. 가히 상하이 금융권은 시정푸의 왕국이라 해도 무방했다. 오늘날 상하이 최고의 야경을 자랑하는 명소이자 가장 많은 관광객이 몰리는 와이탄外灘은 과거 상하이에서 활동했던 금융기업의 건물이 잘 보존되어 있는 구역인데, 이곳에서 만나볼 수 있는 건물들의 주인 또는 관리인이 시정푸가 심어놓은 시씨, 왕씨, 후씨 일가다.

중국인 매판들은 서양 은행에서만 활약하지 않았다. 상하이 조계에 진출했던 일본계 은행들도 중국인 매판들의 능력을 높이 사서 그들을 경쟁적으로 영입했다. 일본계 미쓰비시은행三菱銀行은 씨티은행의 매판으로 명성을 날리던 후지메이를 스카우트했고, 더 나아가 그의 두 아들 후윤라이胡筠籟, 후윤추胡筠秋도 매판으로 활동할 수 있게 했다. 그러자 미쓰비시은행과 경쟁관계였던 요코하마쇼킨은행橫浜正金銀行도 가만있지 않았다. 그들은 시정푸의 셋째동생인 시진화의 사위이자 수완 좋은 매판으로 유명했던 예밍차이葉明齋를 채용했다. 사실 요코하마쇼킨은행은 일반적인 은행이 아니었다. 일본이 제국주의 정책을 펼치기 위해 설립한 일종의 국책은행이었다. 때문에 다른 민간은행에 비해 영업 활동이 소극적일 수밖에 없었는데, 예밍차이는 그런 요코하마쇼킨은행이 상하이, 더 나아가 중국 대륙 전체에서 적극적인 영업을 할 수 있도록 다리를 놓았다.

그런 요코하마쇼킨은행이 유독 기를 펴지 못하는 시장이 있었으니, 그곳은 바로 한반도였다. 지금은 화폐박물관으로 사용되는 구 한국은행 본관 건물의 입구 옆에는 표지석이 하나 박혀 있다. 그 돌에는 건물의 준공 시기를 알리는 연도 표기와 함께 '머릿돌'을 의미하는 한자어 定礎(정초)라는 글자가 새겨져 있는데, 그 글씨를 쓴 주인공이 앞서 조슈번 동지들과 함께 영국 유학을 다녀온, 우리 민족의 원흉 이토 히로부미다. 그는, 의도야 당연히 순수하지 않았지만, 어찌됐든 조선은행을 설립해 일본제1은행이 담당하고 있던 대한제국의 화폐 발행을 조선은행이 담당하도록 해야 한다고 주장했다. 더 나아가 인구의 대부분이 한민족이었던 만주에서의 금융 업무 역시 새로 신설할 조선은행이 맡아야 한다고 주장했다. 반면, 요코하마쇼킨은행은 중국 측 인맥을 총동원해 중국 영토인 만주의 금융 업무를 독점하고자 했다. 당연히 양측의 갈등이 커졌다.

수많은 외압과 도발 속에서도 이토 히로부미는 힘으로 밀어붙였다. 그 결과 동양척식은행, 식산은행 등 경쟁 은행들을 제치고 조선은행이 대한제국의 중앙은행이 되었고, 만주에서의 금융 업무도 요코하마쇼킨은행을 제치고 거의 독점할 수 있었다. 그 여세를 몰아 1909년에는 조선은행 신청사 사옥을 착공했고, 같은 해 7월에는 공사 현장을 방문해 머릿돌에 자신의 글씨를 남긴 것이다. 하지만 같은 해 10월 26일, 하얼빈역에서 안중근 중장에 의해 처단당하게 된다.

아무튼, 요코하마쇼킨은행은 알게 모르게 중국과 일본, 특히 자신들이 적극적으로 사업을 전개했던 상하이, 홍콩과 요코하마 간 인적·물적 교류의 징검다리 역할을 했다. 오죽하면 상하이에서는 오사카나 교토는 잘 몰라도 요코하마를 모르는 사람은 거의 없었을 정도다. 1871년 청일수호조약清日修好条規이 체결되면서 양측의 교류에 있어 안정성이 확보되었고, 1898년에는 중국인 이주자 자녀들을 위한 학교가 설립되었다.

쑨원 등 중국 지도자들의 적극적인 지원 아래 개교한 학교의 이름은 '요코하마야마테중화학교横浜山手中華學校'였고, 이 이름에서 따온 '빛날 화華' 자에 '더부살이 교僑' 자가 더해져 '화교'라는 단어가 만들어졌다고 한다. 그때부터 해외에 나와 거주하는 중국인을 일컫는 말로 '화교'라는 단어가 일본 내에서 즐겨 사용되었고, 이후 일본 제국주의의 팽창 정책과 함께 이 단어가 아시아 한자문화권 국가에서 널리 퍼지게 되었다는 것이 '화교 단어 요코하마 창조설'을 주장하는 이들의 이야기다.

1899년에는 법률까지 개정되면서 요코하마 화교사회는 급속도로 번성하게 되었다. 요코하마 화교는 크게 광둥성, 푸젠성, 대만 출신으로 구성되어 있었는데, 그중에서도 광둥성 출신이 압도적이었다. 앞서 이야기했던 것처럼 요코하마의 화교사회는 19세기 개항기에 밀려든 서구 자본이 데리고 온 중국인 매판들에 의해 형성되었는데, 그들 대부분이 홍콩을 비롯한 광둥 지역 사람들이었기 때문이다. 그래서인지, 현재까지도 요코하마 차이나타운의 음식점 중에는 광둥요리를 잘 내는 식당이 제법 많다.

한국과 일본처럼, 같은 듯 다른 탕수육과 스부타

우여곡절 끝에 모리시타 상과 함께 요코하마의 차이나타운, 요코하마주카가이를 방문했다. 중국인들은 외부로부터 마을로 접어드는 입구에 늘 패루牌樓 또는 패방牌坊이라는 것을 설치해 출입구 겸 경계로 삼았다.

붉은 기둥 위에 지붕 또는 지붕과 흡사하게 장식한 현판을 얹어 만드는 패루는 원래 인도에서 유래한 건축물이다. 인도에서는 우리말로 흔히 '큰 탑[大塔]'으로 번역되는 스투파를 곳곳에 세우고 그를 자신들 종교 활동의 중심지로 삼았다. 스투파는 크게 기단인 메디medi 위에 돔 형태의 안다anda를 쌓아 올린 형태인데, 외곽으로는 담장 형태의 베디카vedika를 둘러 성스러운 스투파를 속세와 구분했다. 베디카에는 동서남북으로 네 개의 문을 세워 신도들이 출입하도록 했고, 이 문을 토라tora 또는 토라나torana라 불렀다. 바로 이 토라나가 불교와 함께 중국에 전해지며 변형된 것이 패루다. 이후 패루는 종교적 의미가 쏙 빠지고 마을과 마을의 경계 표식, 혹은 특정 마을로 들어서는 출입구 역할만 하게 되었다.

헤이친로聘珍樓는 흔히 '일본에서 가장 오래된 광둥요리집'으로 인

요코하마주카가이의 패루.

정받는 곳이다. 1884년, 광둥성 출신의 장무원張茂源* 사부는 중국인들이 집단으로 거주하던 현재의 주카가이에 있던 담배가게 2층을 빌려 식당을 차렸다. 그렇게 시작한 헤이친로는 2대에 걸쳐 운영되며 맛집으로 명성을 날렸지만, 막 확장을 해나가려는 순간 간토대지진이 발생하며 건물 자체가 무너져버리고 말았다. 장무원 사부는 망

* 장무원 사부 등은 이민 초기의 일본 화교들은 중국 이름을 그대로 사용했고, 발음도 중국어 발음을 따랐다. 그러나 이후 세대는 일본식 이름으로 개명하며 아예 한자까지 바꾸었다. 여기에서는 초기 세대 화교 요리사들은 한자의 한국음으로 표기했다.

연자실해 식당을 수습하거나 재기하려는 시도조차 할 수 없었고, 같은 화교였던 포장소鮑莊昭 사부가 자신의 아들 포금거鮑金鉅 사부와 함께 가게 터와 상호를 인수해 헤이친로를 재건했다. 포씨 부자 역시 광둥요리에 일가견이 있는 요리사였다. 헤이친로는 금방 과거의 명성을 되찾았다.

그러나 제2의 전성기는 그리 오래가지 않았다. 당시 일제와 태평양전쟁을 치르고 있던 미국은 전쟁을 조기에 마무리 짓기 위해 커티스 르메이Curtis Emerson LeMay라는 장군을 일본 본토 공격의 최고 책임자로 임명했는데, 그는 '폭격 만능주의자'였다. 주요 군사시설만을 타격하는 기존의 고고도 정밀폭격 전략을 백지화하고, 말 그대로 일본 본토의 주요 도시들을 지도에서 지워버리겠다며 융단폭격을 퍼부었다.

이때 헤이친로는 또다시 무너져버렸다. 실질적으로 식당을 도맡아 운영하던 아들 포금거 사부는 낙담 끝에 거의 폐인이 되었다. 그를 곁에서 지켜보던 같은 화교 방주침龐柱琛 사부가 거액을 들여 폐허가 된 건물과 식당 간판을 인수했다. 전쟁이 끝나고 한참 뒤인 1960년도의 일이다. 광둥성 가오밍현高明縣 출신인 그는 노점 고기구잇집 수준으로 전락한 헤이친로를 인수해 연회장까지 갖춘 광둥요리 전문점으로 키워냈다. 화교 업주들을 설득해 상인회를 조직하고 요코하마주카가이에 첫 번째 패루를 설치한 것도 그였다. 1972년에는 일본으로 귀화해 하야시 다쓰오林達雄로 이름까지 바꿨다.

지금은 폐업한 요코하마 헤이친로의 입구.

1976년 하야시 사부가 작고한 이후 헤이친로를 물려받은 아들 하야시 야스히로林康弘 사장은 요리사라기보다는 수완 좋은 사업가였다. 그는 본격적으로 사업을 확장했다. 그 결과 1978년 도쿄 기치조지吉祥寺 지점을 시작으로 이케부쿠로 지점, 시부야渋谷 지점 등 일본 여러 곳에 지점을 냈고, 1988년에는 하야시 다쓰오, 아니 방주침 사부의 고향에서 멀지 않은 홍콩에도 지점을 열었다. 그에 더해 헤이친로의 요리사들을 TV 요리쇼에 출연시키고, 상호를 브랜드화해서 밀키트를 만들어 파는 등 다양한 시도를 했다. 외형상으로 헤이친로는 엄청난 성장을 거둔 것처럼 보였다.

일본을 대표하는 탕수육, 아니 스부타를 맛보겠다고 나선 마당에, 헤이친로를 빼놓고 여정을 시작할 수는 없었다. 헤이친로의 스부타는 겉모습도 그렇고, 첫 식감도 그렇고, 한국 음식으로 치면 탕수육보다는 닭강정과 더 흡사하다. 기름기 적은 돼지고기를 튀겨 흑식초를 듬뿍 넣은 진득한 소스에 볶아 내는데, 사실 큰 감흥은 주기 힘든 맛이다. 조리 방식이나 완성된 요리의 모습, 거기에 맛까지 탕수육과 매우 흡사하지만, 전형적인 광둥요리인 고로육咕嚕肉(구루러우)의 전통을 충실하게 재현하되 일본인의 입맛에 맞춰 대폭 변화를 준 느낌이다.

안타깝게도 내가 스부타를 맛보았던 헤이친로는 이제 존재하지 않는다. 확장을 거듭하며 승승장구하던 헤이친로는, 사실 속으로는 시름시름 앓고 있었다. 물론 도쿄 등지의 다른 헤이친로 지점은 여전히 성업 중에 있지만, 요코하마에 있던 본점은 코로나가 한창이던 2022년에 문을 닫고 말았다. 법인체계가 다른 홍콩 지역의 지점들을 제외한 나머지 지역 지점들도 사정은 마찬가지인 듯 보인다. 아무튼, 첫 번째 스부타 시식을 마친 모리시타 상과 나는 두 번째 장소인 '산둥山東'으로 향했다.

산둥은 비교적 최근에 창업한 중화요리집이다. 물론 최근이라고는 하지만 주변의 다른 노포들에 비해 그렇다는 것이지, 1985년에 문을 열었으니 무시 못 할 업력을 보유한 식당이다. 찾아가보면, 산둥은 조금 특이한 식당이다. 식당 이름은 분명히 '산둥'인데, 음식은 광둥이나 푸젠(대만)의 것들을 만들어 팔고 있으니 말이다. 그 이유는 다음과 같다.

이 음식점을 차린 리노이에 란코李家蘭子 여사는 부모님이 모두 산둥 사람이고, 본인도 산둥에서 태어났다. 그런 연유로 요코하마에 식당을 열 때 자기 고향을 따서 상호를 정하고 간판을 만들어 달았다. 그가 소학교 3학년에 올라갈 무렵인 1948년 말, 부모님은 중국의 공산화를 피해 대만으로의 이주를 결정했다. 리노이에 여사는 그곳에서 어린 시절을 보내게 되었다. 당시 그의 어머니는 식당을 차려 대만 사람들을 상대로 음식장사를 했는데, 어린 리노이에 란코는 어머니를 도와 식당일을 하면서 자연스럽게 대만을 포함한 남중국 스타일의 요리를 익혔다. 이후 1980년대 초반 일본으로 이주한 리노이에 여사는 1985년 1월 현재의 위치에 식당을 열었다. 덕분에 '산둥'에서 먹을 수 있는 음식들은 매우 특이하다. 이곳을 대표하는 음식인 물만두를 비롯해 쇠고기 볶음 국수인 우육초가분牛肉炒河粉, 오리고기와 부추를 함께 볶은 구황압포육韮黃鴨脯肉 등 대부분의 요리가 광둥요리 같으면서도 산둥요리 같고, 산둥요리 같으면서도 푸젠요리 같은 맛을 낸다. 덕분에, 2015년에는 요코하마주카가이 음식점 최초로 《미슐랭 가이드》에 이름을 올리기도 했다.

'산둥'의 스부타는 잘 튀긴 돼지고기에 소스를 듬뿍 넣고 볶아서 내준다. 파프리카, 양파, 당근 등이 들어 있는 소스는 토마토케첩을 아예 들이부은 듯 빨갛고 새콤달콤하기 이를 데가 없다. 만일 한국에서 탕수육을 이리 냈다면 먹지도 못하고 젓가락을 내려놓았을 것이다. 하지만 산둥의 스부타는 한국의 탕수육과는 다른 재미가 있는 묘한 맛을 낸다. 중국에서 일본으로 건너온, 또는 대만을 한 번 거쳐 넘어온 재일중국인들이, 대륙의 맛을 섬에서 나는 재료를 활용해 자신들과 일본인들 모두의 입맛을 만족시키기 위해 얼마나 고민했는지 느껴지는 맛이랄까. '원조', '정통'과는 거리가 한참 멀지만, '변화'와 '적응'의 노력이 느껴지는 맛이다.

하지만 무언가 아쉽다. 요코하마주카가이는 전 세계에서도 꼽히는 규모의 차이나타운으로 유명하고, 실제로 그 명성에 걸맞게 200곳이 훨씬 넘는 크고 작은 중화요리집이 밀집해 있지만, 그곳들 중 특별한 임팩트를 주는 곳은 '산둥'을 비롯해 손에 꼽을 정도다. 앞서 방문한 헤이친로, 가이인가쿠海員閣, 고우초皇朝, 다이친로大珍楼 등 꽤 괜찮은 식당들도 있고, 외관만 보자면 화려하기 이를 데가 없는데다 중국 본토의 식당보다 더 본토 분위기가 풀풀 나는 식당도 많지만, 묘하게 한 가지가 빈 듯한 느낌이 드는 것이 사실이다. 그것은 바로 '화교' 또는 '중국 사람'이다.

요코하마주카가이가 관광지로 명성을 날리게 되면서 실제 그곳에서 살아가는 화교의 숫자는 오히려 줄어들었다. 주인과 종업원들은 식당만 그곳에 두고 살림집은 다른 곳에 마련했는데, 이는 주카가이를 '잘 포장된 거대한 상업구역일 뿐 삶의 흔적은 전혀 없는 공간'으로 만들어가고 있다. 이는 인천의 차이나타운에서도 쉽게 찾아볼 수 있는 모습이다. 때문에 요코하마도, 인천도 차이나타운이라고 곳곳에 써 붙이고 이런저런 홍보도 열심히 하고 있지만, '중국(차이나)의 마을(타운)'이라는 의미의 차이나타운이 아닌 '차이나타운'이라 이름 붙인 테마파크를 방문한 것 같은 느낌이 드는 것은 어쩔 수가 없다. 그런 의미에서 역설적인 표현으로 "요코하마에는 차이나타운이 없다."라고 말씀드린 것이다.

어찌되었든, '산동'에서 스부타를 포함해 몇 가지 요리를 술과 함께 싹싹 먹어 치운 뒤, 마지막 여정을 위해 손토쿠야로 향했다.

전설을 맛보는 대신 숙제 하나를 받다

손토쿠야孫特家는 요코하마주카가이에서 서쪽으로 빗겨 나온 곳에 위치한 상하이요리 전문점이다. 원래는 방문하기로 계획했던 중화요리집이 따로 있었는데, 해당 식당을 운영하던 손관의孫関義, ソンカンギ(손칸기) 사부가 그 식당은 다른 이에게 맡기고 본인은 손토쿠야를 주로 지키고 있다는 소식을 듣고 급하게 동선을 바꾸게 되었다.

손 사부의 외할아버지 란창위안藍長圓은 장제스蔣介石 총통의 전속 요리사였다. 특히 상하이요리에 정통해 수많은 제자를 길러냈고, 그 때문에 '상하이요리의 시조[上海料理之祖]'로까지 불리던 인물이었다. 그 밑에서 일하며 요리를 배우던 손 사부의 아버지 손영빈孫永斌(쑨용빈) 사부는, 1961년 그동안 살던 홍콩을 떠나 요코하마로 이주해 '시고로쿠사이칸四五六菜館'이라는 상호의 중화요리집을 개업했다. 식당은 문을 열자마자 손님들로 가득 차며 주카가이 최고의 인기 업소로 급부상했다. 재일외국인학교에서 학업을 이어나가던 손관의 사부는 열여덟 살이 되자 아버지의 식당에 들어가 일손을 보태기 시작했다. 외할아버지, 아버지의 어깨너머로 조리 기술을 보고, 듣고, 배워온 손 사부는 본격적으로 요리를 시작하자마자 발군의 실력을 발휘했다.

30세가 된 1986년에 식당 운영을 물려받은 손관의 사부는 2호점과 3호점 문을 열며 시고로쿠사이칸의 전성기를 열었다. 그러나 식당이 안정기에 접어들고 나이가 들면서 손 사부는 자신이 진정으로 해야 할 일이 무엇인지에 관해 생각하게 되었다. 고민 끝에 그는 식당 운영을 다른 이에게 맡기고 자신은 요리 강습과 방송 출연 등에 보다 매진했다. 일본식 중화요리와 자신의 전문 분야인 상하이요리를 보다 많은 이에게 널리 알리기 위해서였다. 그와 동시에 기존 시고로쿠사이칸의 손님을 빼앗지 않을 정도로 떨어진 거리에 자신의 요리로 손님을 직접 만날 수 있는 규모의 중화요리집을 열었는데, 그곳이 바로 우리가 방문한 '손토쿠야'다.

손관의 사부는 언론을 통해 '상하이요리의 전설' 또는 '스부타의 초인'이라 불리는 인물이다. 큰 기대를 안고 이날 일정의 가장 마지막으로 이곳을 선택했다. 홀 서빙을 도맡고 있는 사모님이 내주신 따뜻한 차를 마시는 사이, 시골 학교 교장선생님처럼 인자한 표정의 손 사부가 주방으로 들어가 스부타를 만들었다. 가스불의 화력을 높

대한민국
탕수육 만유기

이는 소리가 들리고 중식도와 도마가 만들어내는 리드미컬한 소리가 한동안 나는가 싶더니, 보지 않아도 느껴지는 현란한 웍질 몇 번에 스부타가 뚝딱 만들어졌다.

함께 주문한 해산물 요리 몇 개와 함께 스부타가 등장했다. 이곳 스부타는 몇 가지 특징이 있다. 우선 고기를 미리 튀겨놓지 않고 주문과 동시에 양념하고 반죽해서 튀기는데, 낮은 온도로 한 차례 튀겨낸 뒤 이후 각종 채소와 함께 높은 온도로 짧게 다시 한 번 튀겨낸다.* 소스는 흑초에 간장, 소금, 설탕을 넣어 만드는데, 설탕을 비교적 많이 넣어 단맛을 극대화한 것도 또 다른 특징이다. 거기에 토마토소스를 넣는데, 케첩이나 곱게 간 소스가 아닌 토마토의 형태가 거의 그대로 살아 있는 소스가 들어간다. 마지막으로 소스와 튀긴 고기, 채소 등을 한데 섞어 볶아주는데, 그때 이 집만의 비법인 망고가 듬뿍 들어간다.

그간 나는 소스에 열대과일 통조림이 들어간 탕수육은 실력 없는 요리사가 만든 것이라는 생각에 낮게 평가하며 가급적 멀리해왔다. 그랬던 나의 고정관념 혹은 선입견이 손토쿠야의 스부타를 맛보며 산산이 무너지고 말았다. 앞선 두 곳의 중화요리집에서 스부타를 맛보는 내 표정을 살피며 조심스레 "맛이 어떠냐?"고 묻던 모리시타 상

---

* 일반적인 중화요리집에서는 고기를 두 번 튀겨낸 후 웍에 채소만 넣고 기름에 볶다가 양념, 녹말물 등을 넣어 소스를 만든 뒤 그를 튀긴 고기에 얹거나 함께 더 볶아낸다. 그런데 이 집은 튀긴 고기를 채소와 함께 기름에 튀기듯 볶아냈다.

이 자신감에 넘치는 표정으로 "고노 스부타… 사이코니 오이신다케도この酢豚… 最高に美味しいんだけど!"를 연발했다. 내가 찾던, 그리고 내 입맛에 딱 맞는 탕수육은 아니었지만, 스부타는 스부타 나름대로 맛있게 먹을 만한 음식임을 깨닫는 순간이었다. 한편, 소스에 듬뿍 든 망고로 인해 우리나라 탕수육 안에 든 열대과일 통조림과의 연관성에 관한 여러 가지 생각이 들면서 한 가지 풀어야 할 숙제를 받는 순간이기도 했다.

공자가 사랑한 탕수육

바보 온달의 원정이 다시 시작되다

'내 인생 최고의 순간에 늘 함께했던' '최상의 파티 음식'이었던 탕수육, 그 본연의 맛을 간직한 탕수육을 찾기 위한 여정은 한동안 소강 상태를 맞이했다. 아니, 정확히는 슬럼프에 빠져들고 있었다. 본업이 바쁘니 지방 원정은커녕 살고 있는 서울에서도 조금 멀다 싶으면 그 맛을 확인하러 식당으로 가기까지 몇 번의 망설임과 주저함을 넘어서야 했다. 각박한 세상에서 어린 시절 기억 속에만 남아 있는 '환상의 맛'을 찾아 돈과 시간을 들여 헤매는 것이 조금은 무모하고 유치하다는 생각이 들기도 했고.

게다가 내 주변은 어느새 "눅눅한 건 싫어요! 탕수육은 역시 바삭함이죠!"라며 찍먹이 진리요, 부먹은 구시대의 유물이자 청산해야할 아재문화의 적폐처럼 여기는 이들로 가득 채워져 있었다. 독하게 짜기만 하고 다른 맛은 잘 느껴지지 않는 젤리처럼 진득하고 시커먼 소스에, 이건 무슨 2000년대 초반 종로 일대에서 특히 유행했던 떡쌈 삼겹살 모양으로 쫄깃바삭함만 강조한 '찹쌀' 튀김옷의 고기튀김, 거기에 그 유래와 출처를 알 수 없는 새싹채소나 샐러드를 위에 얹은 요상한 음식이 '탕수육'이라는 이름표를 달고 내 앞에 놓였다. 절망적이었다.

슬럼프에 빠진 건 기억 속 최고의 탕수육을 찾기 위한 여정만이 아니었다. 다른 모든 일에서도 마찬가지였다. 많은 이가 갱년기, 권태기, 사십춘기 등의 단어를 사용해 각자의 처방전을 발행해주었지만, 어느 하나 공감 가는 치료법이 아니었다. 분명한 것은 모든 일에 의욕이 떨어지고 "에고, 해봐야 뭐하나."가 입에 착 달라붙는 나날이 지속되고 있었다는 것이다.

그런 나를 지켜보고 있었을까? 아내가 조용히 부르더니 물었다. "종무식 언제야?"

며칠 뒤 내 눈앞에 연말 종무식 직후 출발해 새해 첫날 직전에 돌아오는 중국행 항공권과 숙소(반점) 예약 바우처 그리고 100위안짜리 지폐 한 다발이 놓였다. 워낙 오래전 인물이고 역사와 전설 사이를 교묘하게 빗겨가는 인물이기에 단 한 번도 그 초상화를 본 적이 없지만, 온달 장군(일명 바보 온달)이 굉장히 높은 비율로 나와 비슷하게 생겼을 거라고 생각하곤 했다. 그 생각이 확신으로 바뀌는 순간이었다. 수많은 술 중에 유독 맥주를 안 좋아하지만, 그래도 양꼬치 먹을 때만큼은 왠지 모르게 한두 병 시켜 마시고는 했던 그 맥주의 본사와 공장이 있는 칭다오에서 시작해, 공부를 열심히 하지는 않았지만 그래도 명색이 대학 전공이 한문학인지라 꼭 한 번쯤은 방문해보고 싶었던 공자의 고향 취푸를 거쳐, 우리나라 사람 대부분이 알고 있지만 실제로 올라본 이는 많이 없는 타이산泰山을 오르는 일정으로 짰다. 그리고 한 곳 더!

사실 아내가 여행지까지 정해서 비행기 표를 사준 것은 아니었다. "도대체 바람 쐬러 어디를 다녀오면 다시 생기가 생기겠냐?"고 물었을 뿐이다. 다만 잠시 고민에 빠졌던 내가 그 '한 곳'을 떠올렸을 따름이다. 간절히 가고 싶은 그 '한 곳'이 정해지자 그곳만 갈 수 없으니 그 근처의 칭다오, 취푸, 타이산이 일정에 포함된 것이었다. 그 정도로 간절히 내가 가보고 싶었던 곳은 바로 지난이다. 맞다, 앞서 산둥요리를 이야기하며 언급했던 산둥성의 성도이자 푸산과 더불어 중국에서도 유명한 맛의 고장. 게다가 지인을 통해 "지난에 가면 한 요리사를 만날 수 있는데, 그분이라면 네가 갖고 있는 그 의문의 답과 찾고 싶은 그 맛을 제시해줄 수 있을 것도 같다."는 말을 들었기에, 어쩌면 내가 꼭 알고 싶었던 우리나라 탕수육의 본류를 찾을 수 있을지도 모른다는 기대감과 그토록 찾아 헤매던 그 맛의 탕수육을 맛볼 수 있을지도 모른다는 설렘이 있었다. 그렇기에 나는 칭다오행 항공권과 그곳에서 지난까지의 고속열차 티켓을 아내에게 요청한 것이었다.

완벽한 중국요리책이 만들어질 수 없는 이유

중국은, 다들 알다시피 그 역사의 깊이와 땅덩어리의 넓이만큼이나 요리의 종류도 많고 사용하는 식재료의 풍부함과 조리 방법의 다양성이 가히 타의 추종을 불허한다. 그런데 막상 중국요리를 다룬 서적이 의외로 많지 않음을 깨닫고 조금 의아했다. 중국인 친구에게 그 이유를 물으니, "추정컨대 아마도 책 하나에 다 담기 불가능할 정도로 요리의 종류가 많아서"이기도 하지만, 엄청나게 두꺼운 책에 모든 요리법을 다 담는다 해도 "지금 이 순간 대륙 어딘가에서 새로운 요리가 탄생하고 있을 것이기 때문에 별 의미가 없는 작업이 될 것"이라, 중국요리책이 생각보다 많이 출간되지 않은 것이라 했다. 정답은 아니겠지만, 일리가 있어 보이는 대답이었다.

실제로 현지 전문가들에게 중국요리에 대해 설명해달라고 하면 그 분류를 베이징, 상하이, 쓰촨, 광둥 네 가지로 하는 이부터 여덟 가지로 하는 이, 또는 서른두 가지로 하는 이도 있고, 지난해까지 내

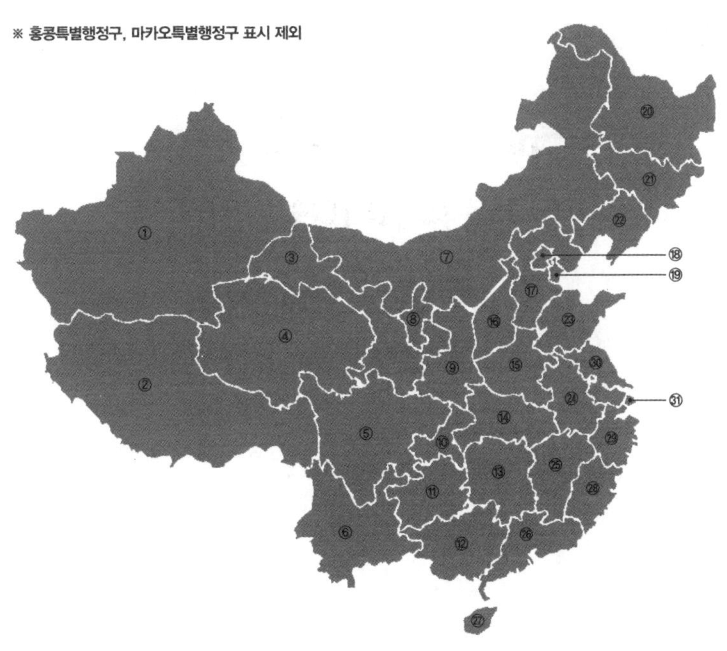

가 들은 최고 기록은 여든여덟 가지 분류였다. 분류법만 그렇다는 것이고 요리의 숫자는 적게 잡은 것이 4,000가지였고, 많이 잡기로는 8,888가지도 있었고, 더 나아가 8만 가지라는 주장도 있었다. 그 중 가장 많은 숫자를 댄 이가 말한 중국요리의 가짓수는 '불가사의

不可思議'였는데, 즉 헤아릴 수도 없고 생각할 수도 없을 만큼 많다는 것이다. 지구가 한 바퀴 도는 동안 1,000조 리터의 물이 증발하고, 66년간 시청할 분량의 동영상이 유튜브에 업로드되며, 중국인 2만 9,000명이 태어난다는 이야기가 괜히 나온 것이 아니다. 그 인구가 매일 먹고, 마시고, 요리하고, 연구하며 새로운 요리를 만들어내니, 그 종류를 숫자로 센다는 것은 애당초 무리한 시도일지 모른다.

그럼에도 가장 보편적으로 사용되는 분류법은 지역에 따라 크게 여덟 가지로 나누는 것인데, 일반적으로 광둥요리를 일컫는 웨차이粵菜, 후난요리를 뜻하는 샹차이湘菜, 저장요리라는 의미의 저차이浙菜, 안후이요리의 다른 이름 후이차이徽菜, 쓰촨요리인 촨차이川菜, 장쑤요리를 일컫는 쑤차이蘇菜, 푸젠요리를 말하는 민차이閩菜, 그리고 산둥요리인 루차이魯菜가 여덟 가지 요리 분류법, '팔대채계八大菜系(빠따차이시)'에 그 영광스러운 이름을 남길 수 있었다.

광둥요리 웨차이를 상징하는 대표적인 문장은 "광둥 사람은 하늘을 나는 건(혹은, 날개가 달린 건) 비행기 빼고 다 먹고, 땅 위에 사는 건(혹은, 네 발 달린 건) 탁자 빼고 다 먹는다."일 것이다. 이게 빈말이 아닌 것이, 광둥요리는 사용하는 재료가 다양하기로 유명하다. 거기에 지역 특성상 외국의 식재료와 조리법이 더해지면서 가히 그 다채로움은 특정 지역의 요리 수준을 넘어선다. 반면, 조리법은 과격하지 않아 재료 본연의 맛을 살리는 수준이다. 들어가는 양념 역시 자극적이지 않아서 담백한 맛이 특징적인데, '샥스핀Shark's fin'이라고도 불리는 상어지느러미 요리 '어시魚翅(위츠)', '연와탕燕窩湯(옌워탕)'이라고 불리는 제비집 수프, 아버지가 탕수육을 사주실 때보다 조금 더 기분 좋은 일이 있을 때 시켜주셨던 '팔보채' 그리고 각종 딤섬이 웨차이를 대표하는 요리다.

후난요리 샹차이는 한마디로 '매울 랄辣' 자로 모든 것을 설명할 수 있다. 덥고 습한 이 지역에서는 예로부터 맵고 시큼한 요리를 즐겨왔는데, 500여 년 전 아메리카로부터 고추가 전파되면서 아예 고추를 쏟아부어 요리를 만드는 것으로 유명하다. 가장 대표적인 음식이 고추생선대가리찜인 '타랄초증어두剁辣椒蒸魚頭(뒤라자오정위터우)'인데, 이 요리는 위에 덮인 고추를 한참 긁어내고 나서야 비로소 생선 살을 맛볼 수 있을 정도다. 열을 많이 가해 삶거나 찌고 그 위에 맵고 신 소스를 듬뿍 끼얹는 샹차이는 이 지역 출신 마오쩌둥의 버프를 받아 그 맛에 비해 높은 대접을 받는데(그렇다고 해서 맛이 많이 처진다는 뜻은 아니다. 맛있다고 지나치게 호들갑 떠는 것이 문제지), 고추찜 아니 생선찜과 더불어 돼지고기를 간장과 설탕에 조려 만든 '홍소육紅燒肉(홍사오러우)'이 대표적인 샹차이다.

후난요리가 마오쩌둥의 요리라면 저장요리 저차이는 그와 숙명의 라이벌이었던 장제스가 사랑한 요리였다. 저장성 출신이었던 그는 대만섬으로 옮기고 나서도 평생 고향의 맛을 잊지 못했는데, 덕분에 대만에 가면 저차이를 파는 식당이 은근히 많다. 그리고 대만 화교의 영향을 많이 받은 한국의 중화요리계에도 저차이의 흔적이 여기저기에서 보인다. 저차이의 특징은 한마디로 표현해 섬세함이다. 같은 음식을 만들어도 여러 번 굽고, 삶고, 찌고, 조려 복잡한 맛을 내고, 채소 하나를 다듬어도 세밀한 손길을 가미해 예술적인 모습으로 승화시키는 것이 다른 지역 요리와 차별화된다. 그런 저차이의 특징을 가장 잘 보여주는 음식이자 저장성을 상징하는 요리가 소동파蘇東坡가 탄생시켰다는 도시 전설, 아니 대륙 전설의 주인공 동파육이다.

안후이요리인 후이차이를 상징하는 문구는 '몸에 좋은 약과 맛이 좋은 음식은 그 원리가 매양 한 가지로 같다.'는 뜻의 약식동원藥食同源일 것이다. 산이 많고 경작할 땅이 좁아 식량이 충분하지 않았고 바다를 면하지 않아 해산물을 구하기도 어려웠던 안후이 사람들은 열악한 환경에서도 필요한 영양분을 섭취하기 위해 많은 노력을 기울여왔다. 덕분에 각종 저장식품과 산에서 채취한 버섯, 계곡에서 잡은 진귀한 민물생선 등을 재료로 그 맛과 영양을 최대한 뽑아낸 요리를 만들어 먹었다. 우리나라 용봉탕의 시초가 아닐까 생각되는 자라탕인 '화퇴돈갑어火腿燉甲魚(휘투이뚠쟈위)'나, 사향고양이를 삶고 볶고 조려서 만드는 '홍소과자리紅燒果子狸(홍사오궈즈리)' 등이 대표적인 후이차이다. 대충 이 두 요리(재료)에서 예상하셨겠지만, 여덟 가지로 분류한 요리법 중 한국에서 가장 접하기 힘든 요리가 후이차이가 아닐까 싶다.

장쑤요리인 쑤차이는 그 이름보다 쑤차이를 이루는 요리의 한 부류인 상하이요리라는 이름이 더 익숙할 것이다. 아무래도 근대 이후 상하이가 중국의 가장 중요한 도시 중 한 곳으로 부상했고, 현재까지도 중국에서 가장 많은 사람과 돈이 몰려드는 도시이니만큼 어쩔 수 없을 듯싶다. 쑤차이는 대대로 재료 본연의 맛을 그대로 드러내는 연하고 담백한 맛이 특징이다. 다소 밋밋할 수 있는 그런 요리들에 화룡점정을 하는 것은 그릇을 장식한 화려한 곁들임인데, 〈세상에 이런 일이〉나 〈생활의 달인〉 같은 프로그램에서나 볼 법한 당근으로 만든 용, 토마토로 만든 금붕어, 오이로 그려낸 산수화 등은 쑤차이 요리사들의 장기다. 덕분에 베이징 댜오위타이에서 열리는 국빈 만찬에는 베이징요리가 아닌 장쑤요리가 자주 올라가곤 한다.

쓰촨요리인 촨차이는 우리에게 무척이나 친숙한 요리법이면서 최근 들어 더욱더 핫해진 요리법이다. 《삼국지연의》에서는 주로 촉나라 땅으로 소개되는 쓰촨 지역의 독특한 자연 환경을 바탕으로 발전했다. 아열대성 온난습윤 기후이면서 연간 일조량이 중국 대륙에서 가장 적은 지역이고, 시기에 따라 극단적인 기온의 변화를 겪어야 하는 곳이 쓰촨이다. 이런 지역에서 살아온 사람들은 '맛' 또는 '양념'에 무척이나 예민했다. 촨차이는 그런 그들의 입맛에 맞춰 발전했기에 '일채일격 백채백미一菜一格 百菜百味'라 하여 '(쓰촨요리는) 모든 음식에 맞는 격이 있으며, 모든 재료에 제각각의 맛이 있다.'는 말이 유행어처럼 사용되었을 정도다.

촨차이 요리사들은 맛, 특히 그를 좌우하는 향신료의 적극적인 사용을 중요하게 여긴다. 촨차이는 대체적으로 얼얼하고 매운 강한 맛으로 다른 지역의 요리들과 구별된다. 우리가 짧게 두반장이라 부르는 랄두판장辣豆瓣醬(라두반장)과, 역시 우리가 짧게 라조장이라 부르는 고추 마늘 양념장인 산용랄초장蒜蓉辣椒醬(쑤안롱라자오장), 그리고 어향가지나 어향육사 등의 양념으로 우리에게 친숙한 어향魚香(위샹) 소스 거기에 고추, 화자오, 후추 등의 향신료를 적절하게 사용한 일곱 가지 맛*과 다양한 풍미는 천채의 오늘날과 같은 위상을 만들어 냈다. 회과육回鍋肉(후이궈러우), 마파두부, 다양한 어향소스 요리, 궁보계정宮保雞丁(꽁빠오지딩) 등 우리에게 친숙한 중화요리 중 상당수가 모두 이 촨차이에 속한다.

그런데 여기서 끝이 아니다. 아직 조금 더 남았다.

공자의 요리, 천자의 음식

푸젠요리 민차이는 중국 대륙이 대만섬을 마주하고 있는 푸젠성 일대에서 발전해온 요리를 말한다. 푸젠성 일대를 과거부터 민난閩南 지방이라고 일컬었기에 민차이라는 이름이 붙었다. 대륙 각지에서 전란을 피해 푸젠성으로 몰려든 객가인들의 요리법과 푸저우·취안저우泉州·샤먼 등에서 발전해온 중국 남방요리법이 합쳐져 만들어

* 단맛, 신맛, 쓴맛, 매콤한 맛, 고소한 맛, 짭짤한 맛, 얼얼한 맛.

대한민국
탕수육 만유기

진 민차이는, 다른 지역의 중국요리와는 달리 푹 끓여서 깊은 맛을 내는 국물 요리가 강한 편이다. 반면, 향신료나 양념의 사용은 최대한 자제해 가뜩이나 오랜 조리 시간으로 인해 재료 본연의 맛을 잃을 우려가 큰 조리법의 한계를 보완할 수 있도록 했다.

민차이 하면 대표적인 요리로 떠올리는 불도장은 사슴 힘줄, 생선 부레, 말린 전복과 해삼 등의 진기한 재료를 오골계 육수와 소흥주를 섞어 만든 탕에 푹 곤 요리다. 우리에게는 《신 중화일미》라는 이름의 만화책 또는 〈요리왕 비룡〉이라는 애니메이션으로 널리 알려진 일본 만화 《중화일번中華一番!》에 소개되기도 했던 칠성어환七星漁丸(치싱유완)은 양념한 돼지고기 소를 생선 살로 감싸 빚은 완자를 맑은 국물에 끓여낸 탕 요리다. 대륙에서 일반적으로 볼 수 있는 조리법과는 조금 결이 다르다. 푸젠요리에 대해서는 뒤에서 더 자세하게 이야기할 기회가 있을 것 같으니 이쯤 하고 넘어가겠다.

산둥요리는 루차이라고 한다. 그런데, 조금 이상하지 않은가? 다른 일곱 개 지역의 요리 이름은 모두 성省 이름에서 한 글자씩 가져오거나 옛 지명에서 가져오거나 둘 중 하나인데, 산둥요리는 뜬금없이 루차이魯菜란다. 산둥요리이니 산차이라고 하든지, 크게 보아 베이징과 톈진 지역을 포함하니 그들 이름에서 따오면 될 것을, 갑자기 루 자는 어디서 등장한 것일까? 루차이의 루魯는 우리가 공자의 고향으로 알고 있는, 춘추전국시대의 노魯나라에서 딴 것이다. 즉, 산둥요리는 노나라 사람들의 음식으로부터 그 계보를 이어온 요리라는 얘기다.

산둥성 사람들은 자신들의 요리가 지역색을 띤 중국 대륙 최초의 요리라는 자부심이 대단하다. 앞서도 이야기했던 것처럼 산둥요리는 지난과 취푸 그리고 쟈오둥膠東(산둥반도 동쪽 지역 푸산 일대를 일컫는 지명으로, 행정구역명은 아니다)에서 발전했다. 각종 어족자원이 풍부한 서해바다(중국 입장에서는 발해만)에서 잡아 올린 어패류, 황허가 서해로 빠져나가면서 만드는 비옥한 삼각주 평야에서 재배한 곡식, 그리고 내륙의 산지와 구릉에서 키운 각종 과일과 육류는 산둥요리가 다양한 재료를 아낌없이 사용하는 풍성한 요리로 거듭나게 해주었다. 흔히 루차이의 특징으로 '각 요리마다 한 가지 맛을 지닌 요리'라고 표현하는데, 이는 산둥의 요리사들이 재료 본연의 맛을 지키는 것을 으뜸가는 조리 기법으로 생각했다는 방증이다. 산둥요리는 요리의 베이스가 되는 국물(수프) 내는 것을 중요시하는데, 오죽하면 "국물 한 모금을 위해 열 시간 동안 자지도, 쉬지도 않는다[十小時不眠不休只爲一口湯].'라는 말이 있을 정도다.

중국에서 최초로 지역 단위 브랜드를 갖게 된 요리로 인정받는 산둥요리는 명나라와 청나라를 거치며 궁중요리로 인정받았다. 앞서 몇 차례 얘기한 만한전석이라는 것도 산둥요리를 베이스로, 거기에 만주족의 전통 요리 몇몇을 더한 것이다. 우리가 흔히 '베이징요리'라고 부르는 것 또한 황제가 사는 베이징을 중심으로 발전한 요리를 가리키니, 그 말은 황제의 요리사들이 발전시켜온 요리라는 의미다.

따라서 베이징요리는 곧 황실 요리사였던 산둥 요리사가 만든 산둥 요리라 보는 것이 무리는 아닐 것 같다.

하지만 최근 들어 산둥요리의 인기는 크게 떨어졌다. 그 조짐은 이미 수십 년 전부터 있었다. 광저우, 상하이 같은 부유한 해안 도시를 중심으로, 서양식 조리법과 동남아시아 소스들을 받아들이면서 더 복합적인 맛에 세련된 조리법을 자랑하는 요리가 속속 등장했다. 재료 본연의, 담백한 맛을 강조하는 산둥요리로서는 경쟁이 버거워졌다. 젊은 세대에서 맵고 자극적인 맛에 대한 선호도가 높아지면서는 쓰촨요리나 후난요리가 좀 더 각광받게 되었다. 여러 사람이 같은 시간대에 모여 한 상 떡하니 차려놓고 몇 시간이고 웃고 떠들며 먹는 것이 일반적인 산둥요리에 비해, 마라탕이나 생선 요리 하나 시켜서 후딱 먹고 일어설 수 있는 식당에 대한 선호도가 더더욱 높아졌다. 음식 하나 만드는 데 오랜 시간이 걸리는 산둥요리 특유의 조리법 역시 경쟁력 약화에 한몫했다. 때문에, 중국 현지에서 산둥요리는 마치 한국 사람들이 안동 헛제사밥이나 속리산 산채정식을 바라보는 것처럼 '좋은 음식이긴 하나 젊은 층은 굳이 찾지 않는' 요리로 점차 그 이미지가 굳어가고 있다.

'궁중'을 앞세워 산둥요리의 부활을 노리는 시도가 있으나 만만치는 않은 것 같다. 현대판 자금성이라고 할 수 있는 댜오위타이의 주인이 계속 교체되면서 그들의 입맛에 맞춰 현대 중국의 궁중요리도 계속해서 바뀌고 있기 때문이다. 중화인민공화국 초대 주석 마오쩌둥이 댜오위타이의 주인이었을 때는 당연히 그의 고향인 후난요리가 각광받았다. 후난성과 구이저우성貴州省 등지에서는 고추와 마늘을 다져 소금에 절여 만든 타초장剁椒醬(둬자오장)을 양념으로 주로 사용한다. 후난을 대표하는 요리인 생선머리찜에 필수적으로 쓰이는 양념이다. 마오쩌둥은 과거 혁명 동지이자 당대 중국공산당의 지도자였으며 공교롭게도 같은 후난성 출신이었던 펑더화이彭德懷, 후야오방胡耀邦 등과 함께 자주 둬자오장을 듬뿍 끼얹은 요리를 즐겼다고 한다.

2, 3, 4대 주석보다 훨씬 더 권력의 정점에 있었던 막후의 지도자 덩샤오핑은 쓰촨 출신이었다. 때문에 매운 쓰촨요리를 즐겼다. 프랑스 유학파답게 아침 정도는 서양식으로 즐길 때도 있었지만, 역시 메인 식사는 입 주변이 다 얼얼해질 정도로 맵고 알싸한 쓰촨요리가 식탁에 올라야 했다. 장쑤성 출신이었던 장쩌민이 주석 자리에 오른 뒤로는 댜오위타이 요리에서 매운맛이 싹 사라지고, 대신 장쑤요리 특유의 담백한 해산물 요리가 궁중요리 대접을 받았다. 이는 같은 장쑤성 출신인 6대 주석 후진타오胡錦濤 시절에도 마찬가지였다.

7대 주석이자 언제 8대가 나올지 잘 모르겠는 통치를 계속 이어가고 있는 시진핑習近平은 베이징 출신이긴 하나 그렇다고 해서 베이징요리, 정확히는 산둥요리를 선호한다는 이야기는 들리지 않는다. 만두나 취두부와 함께 밀가루 빵을 잘게 부숴 양고기 수프와 함께 끓인 양육포모羊肉泡饃(양러우파오모) 등을 맛있게 먹었다는 언론 보도가 있었지만, 지극히 정치적인 이유 또는 이미지 관리 차원에서 서민의 음식을 함께한 것뿐인 듯하다. 산둥요리가 황제의 요리, 궁중의 요리라는 명성은 어느덧 역사 속에만 남겨진 것 같다.

맑은 샘물의 도시에서 만난 귀인

어찌됐든, 산둥성의 성도인 지난은 물이 좋기로 유명한 도시다. 도시를 상징하는 것도 샘물이고, 가장 자랑스럽게 내세우는 특산품도 물이며, 제일 소중하게 여기는 귀한 관광지 역시 물이 솟는 샘이다. 오죽하면 그런 물들을 오염시킬까봐 갑론을박하느라, 성도급 도시 중 거의 가장 늦게 지하철 공사를 시작했을 정도다. 그런 '자랑스러운 물'이 집중적으로 몰려 있는 곳이 취수이팅曲水亭 거리인데, 실제로 이 거리에 가면 집집마다 깨끗한 샘물이 퐁퐁 솟아오르고, 얼핏 보면 시궁창처럼 보이는 개울에도 정작 흐르는 것은 투명하게 맑은 물이다.

취수이팅 거리의 끄트머리에는 마치 사당처럼 보이는 집이 한 채 서 있다. 1932년에 창업한 '옌시탕燕喜堂'이라는 식당이다. 이 식당은 지난 사람들에게 지난요리, 더 나아가 산둥요리의 산 역사로 인정받는 곳이다. 내가 이번 중국 여행을 준비하며 "우리나라에 전래된 탕수육의 뿌리가 어디에 있는지를 찾아보고 싶다."고 떠벌리고 다니자

물이 좋기로 이름난 지난의 취수이팅 거리.

(중국요리가 아닌) 중화요리에 일가견이 있는 중국인 리李 교수께서 추천해준 두 곳의 식당 중 하나였다. 그곳에서 내가 만나뵈어야 할 분은 수석 주방장으로 근무하는 덩쥔추鄧君秋 사부였다.

"리 선생 소개로, 제대로 된 탕수육을 맛보기 위해 여기까지 왔습니다." 음식을 주문해 한참 맛있게 먹다가, 종업원을 통해 메모로 기별을 넣자 잠시 후 덩 사부가 직접 홀로 나와 나를 반갑게 맞이해줬다. 얼핏 보면 공대 교수님처럼 보이는 덩 사부는 내게 중국어가 가

대한민국
탕수육 만유기

능하냐고 묻더니, 나를 옌시탕 주방 뒤편에 있는 작은 정원으로 안내했다. 그리고 그곳 벤치에 걸터앉아 산둥요리의 역사와 특징, 그리고 현재의 모습 등에 관해 소상히 설명해주었다. 한참 말씀을 받아 적고 있는데, 갑자기 나더러 주방으로 가자고 했다.

"바이웬 부루 이지엔百聞不如一見!" 백 번 듣는 것보다 한 번 보는 것이 낫다는, 우리에게도 익숙한 말씀을 하더니 산둥을 대표하는 요리를 직접 하나 만들어주겠다는 것이다. 탕초리어! 원래 옌시탕에 가면 당연히 이 요리를 먹어야 하는 것이 이곳 산둥 사람들의 국룰이고, 출국 전부터 그 소문을 들어 알고 있던 나 역시 아까 음식을 주문할 때 이 요리를 넣고 싶었다. 하지만 예약 손님용을 제외하고는 재료가 준비되지 않아서 안 된다는 얘기를 듣고, 미리 예약하지 않고 찾아온 부주의를 땅을 치고 후회했던 참이었다. 그런데 그 음식을, 바로 눈앞에서 직접 해주시겠다니! 행운도 이런 행운이 없었다.

앞치마를 두르고 조리대에 선 덩 사부의 앞에 황허잉어黃河鯉魚 한 마리가 준비되었다. '붉은 잉어'라는 뜻의 적리赤鯉(치리)라고도 불리는 물고기로, 꼬리 부분에 붉은색을 감도는 것이 특징이다. '황허에 사는 물고기가 용문龍門(룽먼) 협곡을 거슬러 오르면 용이 되어 승천할 수 있다.'는 옛 중국 고사로부터 비롯돼 '인재 발탁의 기회'라는 뜻으로 빈번하게 사용되는 등용문登龍門 이야기에 등장하는 것이 바로 이 잉어다. 때문에, 과거부터 황허잉어는 상서로운 행사에 주로 쓰이는 최고의 식재료 대접을 받았으며, 어떤 잔칫집에서 좋은 황허

잉어를 내면 "그 집 잔치 참 잘 치렀다."고 칭송받을 수 있었다. 그런데 알고 보니 덩 사부 앞에 놓인 황허잉어는 강에서 바로 잡아온 것이 아니었다. "아까 우리가 앉아 있던 정원 연못에서 8일간 키운 녀석입니다."

황허잉어가 다른 잉어에 비해 흙내가 덜 난다고는 하지만 탁한 황허에서 자란 민물생선이니만큼 살에 특유의 냄새가 있다고 한다. 그를 빼내게 위해 지난의 맑은 샘물에서 여드레를 키워서 깨끗하게 비늘을 긁어내고 내장을 손질한 뒤 본격적인 조리에 들어간다. 한쪽 몸통에 7개의 칼집을 넣고 반대편에는 8개의 칼집을 넣는데, 등뼈가 보일 정도로 깊게 칼을 넣는 것이 인상적이었다. 그런 잉어에 전분을 묻혀 기름에 튀겨내는데, 꼬리를 잡은 손이 거의 기름 속으로 들어갈 정도로 아찔한 순간이 연출됐다. 그러고는 쇠꼬챙이 두 개로 잉어를 이리저리 굴려가며 튀기는데, 쇠꼬챙이로 생선 속을 벌렸다가 다시 매만져 모양을 잡았다.

그렇게 한참의 시간이 지나고 튀겨진 잉어는 우리가 낚시잡지나 민화에서 보았던, 텀벙 하고 물을 튀기며 공중으로 솟아오른 딱 그 모습이었다. 잉어를 튀기는 것이 한편으로는 '용문을 뛰어넘는 잉어의 상서로운 형상'을 만드는 과정인 셈이었다. 그리고 곧바로 소스를 만드는 작업이 이어졌다. 식초와 설탕을 베이스로 순식간에 단맛과 신맛이 강하게 나는 걸쭉한 소스가 만들어졌고, 활처럼 휜 모양으로 접시에 올라 앉아 머리와 꼬리가 하늘을 향하고 있는 잉어튀김 위에 끼얹어졌다.

"소스를 끼얹으면 잉어튀김이 눅눅해지거나 모양이 허물어지지 않을까요?" 지극히 '의도가 다분한' 질문에 덩 사부는 '그게 무슨 질문이냐?'는 표정으로 "소스까지 얹어야 제대로 된 탕추리위(탕초리어)이며, 튀김은 다 먹을 때까지 눅눅해지지 않습니다."라고 답했다. 당연하다. 때문에 '부먹찍먹 논쟁' 따위는 의미가 없는 다툼, 아니 애초에 있어서는 안 되는 다툼이라고 생각한다. 물론 내 생각을 누군가에게 강요하고 싶은 생각은 없지만(정확히는, 하나밖에 없는 사랑하는 내 딸마저도 "아빠 탕수육은 찍먹이지!"라고 하는 순간 모든 끈을 놓아버렸다).

내 테이블로 돌아와 덩 사부가 방금 만든 탕초리어를 입에 넣었다.

용문을 뛰어넘는 잉어의 상서로운 형상, 탕초리어
(사진은 다음 날 추이이칭루차이관에서 먹은 것이다).

바삭한 잉어튀김에 새콤달콤한 소스가 깊이 배어들어 이루 말할 수 없이 풍성한 맛을 제공했다. 내 상상 속에 있는 전통적인 탕수육 맛과는 조금 차이가 있었지만, 어딘가 분명히 맥이 닿아 있는 것만 같은 그런 맛이었다. 불과 30여 분 전에 홀로 3인분의 음식을 먹어치운 것도 잊은 채 허겁지겁 탕초리어를 입에 넣으며 앞에 앉아 계신 덩 사부께 물었다. "비싼 탕추리위가 부담스러웠던 이들이 돼지고기로 흉내 낸 것이 탕수육의 시초 아니었을까요?"

내 물음에 덩 사부는 고개를 끄덕이며 "잘은 모르겠지만 충분히 일리가 있다."고 맞장구를 쳐줬다. 그도 그럴 것이, 탕수육은 산둥의 일반적인 돼지고기 요리와 비교해 상당히 독특한 점이 있다. 튀김옷의 두께, 소스의 맛, 들어가는 채소 등등이 죄다 그렇다. 다른 식재료로 만들어 먹던 요리의 조리법을 돼지고기에 접목했다고 보는 것이 더 자연스럽다. 나는 덩 사부께 탕수육의 시초에 대한 나의 견해와 그간 생각해온 여러 가지 가설 등을 열심히 이야기했다. 이외에도 탕수육과 산둥요리에 관련한 몇 가지 질문을 더 던졌고 덩 사부는 최선을 다해 열심히 답해주었다.

어느덧 헤어져야 할 시간, 덩 사부가 다른 가게 이름이 적힌 명함 하나를 내게 건넸다. 작년에 돌아가신 스승이 운영하던 가게인데, 현재는 딸과 아들이 뒤를 이어 운영하고 있다고 했다. 스승은 안 계시지만, 그 아들에게 탕수육이나 산둥요리에 관해 궁금한 것을 물어보면 훌륭한 답을 얻을 수 있을 거라 했다. 공교롭게도 이미 그 식당은 한국에서 출발하기 전부터 내 리스트에 올라 있었다. 그것도 가장 위에. 덩 사부의 스승이자 산둥요리의 전설이었던 추이이칭崔義清 사부의 '추이이칭루차이관崔義清魯菜館'이었다.

산둥요리의 거목을 마주하다

1922년 지난에서 태어난 추이이칭 사부는 열여섯 살에 일식집 주방 보조로 처음 요리의 세계에 입문했다. 일식집에서 익힌 세심한 재료 선정 및 손질 기술이 그의 요리 인생 전반에 걸쳐 든든한 기본기가 되어주었다. 하지만 그의 관심은 중식을 향해 있었다. 운 좋게도 당대 산둥반도 최고의 중식당으로 꼽히던 '쥐펑더聚豐德'에 들어갈 수 있었다. 당시 그곳은 '산둥 최고의 요리사'로 손꼽히던 류자오시안劉兆賢 사부가 주방장을 맡고 있었다. 어린 추이이칭은 류 사부에게 다양한 산둥요리를 사사받을 수 있었다. 이후 류 사부가 주방을 떠나자 추이이칭은 지난의 3대 식당 중 쥐펑더 외의 나머지 두 곳, 후이취안러우匯泉樓와 옌시탕에서도 일하며 조리 기술의 폭과 깊이를 더욱더 확장했다. 덩쥔추 사부가 추이 사부를 스승으로 모시게 된 것도 이 무렵 옌시탕에서였다.

하지만 추이 사부의 명성을 드높인 것은 그의 요리 실력보다도 산둥요리를 아끼고 사랑한 마음이었다. 1960년대 요리책 《중궈밍차이푸中國名菜譜》편찬에 참여한 것을 시작으로, 1987년과 1989년에는 실화 기반 TV드라마 〈산둥차이山東菜〉와 〈루차이후이추이이바이리 魯菜薈萃一百例*〉에 출연하며 큰 화제를 불러 모았다. 그 인기를 바탕으로 《산둥차이山東菜》, 《산둥차이투지에이바이리山東菜圖解一百例**》, 《루차이魯菜》 등의 책을 집필했는데, 특히 《루차이》는 여덟 차례나 개정 증보되며 10만 부 이상 판매되었다. 소설이나 자기계발서도 마찬가지겠지만, 요리책이 그 정도로 팔린 것은 전무후무한 일이었고, 그 덕분에 추이 사부의 명성이 산둥성은 물론 중국 전역에서 자자해졌다.

제자를 기르는 것 역시 추이 사부가 가장 애착을 가진 일이었다. 1970년대부터 요리 강습을 개최했는데, 처음에는 지난에 주둔하고 있는 군부대 취사병들을 훈련시키는 것부터 시작했다. 덕분에 당시 이 부대의 식사 수준이 엄청났다고 한다. 이후 1980년대에는 산둥성의, 우리로 치면 고용노동부 정도 되는 관청에 개설한 요리사 양성 과정의 주임교수를 맡아 요리를 가르쳤고, 이후로도 각급 학교와 연구소에서 계속 강습을 이어나갔다. 그 과정에서 추이 사부의 요리 실력에 감복한, 대략 1만 명 이상의 제자가 배출되었다. 그들은 이후 속칭 '추이이칭 사단'이 돼 전 세계를 누비며 산둥요리의 맛을 알렸다.

* 산둥요리의 백 가지 예.
** 그림으로 본 산둥요리의 백 가지 예.

대표적인 인물이 안쩐창安振常 사부다. 그는 어린 시절 추이 사부에게 요리를 배운 뒤 각종 경진대회에 나가 상을 휩쓸며 '천재 소년 요리사'로 주목을 받았고 이후 인민대회당人民大會堂* 귀빈식당 요리사를 거쳐 저우언라이 총리의 전속 요리사로 활약했다. 그의 요리가 빛을 발한 것은 이른바 '핑퐁 외교Ping-pong diplomacy'라고도 불리는 미중 국교정상화 회담에서였다. 저우언라이 총리와 키신저Henry Alfred Kissinger 미 국무부장관과의 회담, 저우 총리와 닉슨Richard Milhous Nixon 대통령과의 회담에서 냉랭한 분위기를 풀어준 것이 안 사부가 선보인 다채로운 요리였다.

또 다른 제자였던 추이보청崔伯成은 요리 실력도 실력이지만 쇼맨십이 대단한 인물이었다. 그는 자신만의 요리 시범단을 꾸려 미국과 유럽을 순회하며 시연회를 열었다. 불꽃이 치솟아오르는 화구 위에서 웍을 자유자재로 다루며 요리 재료를 식당 천장까지 던졌다 받는 등의 연출이 더해져 그의 요리는 서양인들의 관심을 불러 모았다. 그의 활약 덕분에 산둥요리, 아니 중국요리는 '죽의 장막'을 뚫고 세상에 화려하게 등장했다.

리즈강李志剛이라는 제자 역시 훌륭한 요리사였다. 그는 조리 기술보다는 메뉴를 구성하고 해당 메뉴에 브랜드와 스토리 그리고 이미지를 부여하는 데 탁월한 재능을 발휘했다. 마치 프로 골퍼로서의

* 베이징 천안문광장 인근의 중국 국립 회의장으로, 전국인민대표대회·중국인민정치협상회의·중국공산당 전국대표대회 등 중국 최고 정치행사가 이곳에서 개최된다.

명성을 기반으로 골프장 설계자로 재능을 만개한 잭 니클라우스Jack William Nicklaus와 같은 인물이었다. 같은 요리를 가지고도 제공되는 순서, 플레이팅 방식 등을 손보고, 테이블 장식 등과 결부시켜 전혀 다른 느낌을 만들어내는 그의 솜씨에 반해, 중화권의 고급 중식당에서는 앞다퉈 리 사부를 총괄 디렉터로 모셔 가고자 했다. 이런 탁월한 제자들의 멋진 활약의 근간이 바로 추이이칭 사부였다. 때문에, 중국에서는 추이 사부를 일컬어 '산둥요리의 태두*'라 칭송한다.

다음 날 저녁, 그토록 방문하고 싶었던 추이이칭루차이관을 찾아갔다. 식당이 명성에 비해 너무나 애매한 위치에 있어서, 근처에서 몇 번을 빙빙 맴돈 뒤에야 식당에 들어설 수 있었다. 이미 작고한 추이이칭 사부의 흔적은 벽에 걸린 큰 초상 사진 정도로 느낄 수밖에 없지만, 대신 덩 사부가 연락을 해놓은 덕분인지 추이 사부의 아들인 추이젠하오崔建浩 사부가 나를 반가이 맞이해주었다. 아버지 추이이칭 사부가 너무나 대단해 그 그늘에 가려진 감이 없지 않지만, 그 역시 대단한 인물이다. 산둥성요리협회 이사를 역임하고 있으며 각종 요리대회에서 우승한 경력이 있다. 아버지에 이어 산둥요리를 발전시키고 널리 전파시킨 공을 인정받아 '5.1 노동훈장'을 수상한 몇 안 되는 요리사이기도 하다. 이날은 자리에 없었지만 딸인 추이푸민崔福敏 사부 역시 대단한 실력자다. 지난시 최대의 백화점에서 식음

---

* 태두泰斗(타이도우)는 '태산과 북두칠성'에서 각각 한 글자씩 따서 만들어진 단어로, 어떤 분야에서 빼어나서 우러러보는 존재를 말한다.

산둥요리의 태두, 추이이칭이 세운 추이이칭루차이관.

료 매장 관리자로 일했고, 이 무렵에는 타이청판뎬泰盛飯店이라는 호텔의 사장으로 재직 중이었다.

자리에 앉으니 차와 '꽈즈'를 내주었다. 꽈즈는 호박씨나 해바라기씨를 가리키는 '과자瓜子'의 중국어 발음이다. 중국인은 이 꽈즈를 정말로 좋아하는데, 장거리 기차를 타보면 발밑에 수북이 깔린 꽈즈 껍질에 기겁을 할 때가 있다. 딱히 이걸 먹는다는 분위기보다는 그냥 입과 손이 심심한 것을 방지하기 위해 끊임없이 무언가를 제공한다는 느낌으로 꽈즈를 활용하는 듯하다. 나 역시 이날은 추이 사부

공자가 사랑한
탕수육

의 흔적이 남은 루차이를 최대한 다양하게, 많이 맛보겠다는 생각으로 방문한 터였기에 꽈즈 따위로 배를 채우지 않겠다 굳게 다짐했지만, 얼마 지나지 않아 신나게 꽈즈 껍질을 까고 있는 나를 발견할 수 있었다.

마침내 확신이 든 탕수육의 뿌리

정신을 다잡고 꽈즈 그릇을 저만치 물린 뒤 메뉴판 탐독에 들어갔다. 맛있는 중식당에 혼자 가는 것만큼 사람을 딜레마에 빠지게 하는 것도 또 없을 듯하다. 혼자서 먹을 수 있는 양은 한정돼 있는데, 먹고 싶은 것은 너무나도 많아서 멘붕에 빠져버렸다.

일단, 추이이칭루차이관의 시그니처 요리라고도 할 수 있는 구전대장九轉大腸(주좐따창)을 주문했다. 잘 손질한 대창을 기름에 튀기듯 볶은 뒤 술, 간장, 식초, 설탕, 후추 등을 넣고 조린 요리다. 산둥성을 대표하는 황주黃酒*인 즉묵로주卽墨老酒(지모라오주) 한 병을 주문해 음식에 곁들였다. 뒤이어 등장한 요리는 가지를 튀겨 매콤달콤한 양념장을 끼얹은 풍미가지風味茄子(펑웨이치에즈)와 생선 살을 튀김옷을 입히지 않고 기름에 데쳐낸 뒤 우리에게 익숙한 탕수소스로 볶아낸

---

* 중국술의 한 종류로, 비교적 도수가 낮고 영양가는 높으며, 약간의 단맛이 느껴지는 술. 대표적인 황주로 저장성에서 나는 소흥주紹興酒(샤오싱주)가 있다.

조류어편糟熘魚片(자오류위펜)이었다. 맞다, 산둥요리를 대표하는 음식으로 칭송받는 바로 그 요리다.

뒤이어 등장한 요리는 돼지 콩팥을 가늘게 채 썰어서 간장 등을 넣고 빠르게 볶아낸 폭사요화爆炒腰花(빠오차오야오화)와 쌀밥인 미반米飯(미판)이었다. 중국인들이 집에서 일상적으로 해 먹는 식사용 요리, 우리로 치면 가정용 백반을 일컬어 '가상채家常菜(자창차이)'라고 한다. 폭사요화는 바로 그 가상채의 대표적인 음식이다. 짭짤하게 볶은 돼지 콩팥을 뜨끈한 쌀밥 위에 얹어 먹으니, 그 맛은 가히 천상의 쾌감을 선사했다.

이미 배는 터지기 일보 직전이었지만, 언제 이곳에 다시 와 이 음식들을 먹어보겠냐는 생각에 몇 가지 음식을 더 주문했다. 분증육粉蒸肉(펀정러우), 탕초리어, 반고국拌苦菊(빤쿠주)이 금방 식탁에 놓였다. 분증육은 비계가 적당하게 섞인 돼지고기에 좁쌀가루를 튀김옷처럼 입히고 양념을 해서 쪄내는 요리다. 추이 사부의 돼지고기 요리 맛을 경험하기 위해 주문해봤다. 탕초리어는 전날 옌시탕에서 한 차례 맛보기는 했지만, 덩 사부의 요리와 소스의 맛 등을 비교해보기 위해 주문했다.

반고국은 이날 주문한 요리 중 거의 유일한 채소 요리로, '반拌'은 중국의 요리 기법 중 양념 등을 넣고 뒤섞는 것을 의미하고, '고국'은 우리가 흔히 샐러드로 많이 먹는 치커리를 가리킨다. 따라서 반고국을 굳이 우리말로 번역하면 '치커리무침' 정도가 될 것 같다. 즉묵로

주 한 병이 다 비워졌기에 이번에는 태산특곡泰山特曲(타이산터취)을 한 병 주문했다. 다음 날에는 중국 5대 명산을 일컫는 오악五嶽 중 하나인 타이산泰山에 오를(사실은 케이블카를 타고 갈) 예정이었는데, 그 전에 먼저 타이산 지방의 대표적인 술을 마시면서 마음의 준비를 하겠다는 생각에서였다.

태산특곡은 자신들의 술이 대대로 황제의 봉선封禪*에 쓰였다고 홍보를 하고 있다. 특히 청나라 건륭제는 태산주를 타이산 정상에서 개최한 자신의 봉선에 열두 번이나 사용했다고 한다. 다만, 현재 태산특곡을 생산하는 업체의 창업 시기 등을 고려하면 그냥 재미있는 이야깃거리로 생각하면 충분할 듯하다.

한국인 여행자가 혼자 와서 주인과 한참 호박씨를 까더니(?) 엄청난 분량의 요리를 주문해놓고 수첩에 메모해가며 음미하고, 그에 곁들여 그 독한 술을 30분 만에 한 병 홀랑 비워버리는 모습이 지난 시민들에게 큰 구경거리였나 보다. 처음에는 바로 옆 테이블에서만 "천천히, 조심해서, 잘 먹으라."며 응원의 메시지를 보내주었는데, 어느새 홀 안의 거의 모든 손님이 나를 유심히 '관람'하며 개중에는 스마트폰으로 나를 촬영하는 이도 있었다. 식당 근처에 있다가, 내 근처 테이블에서 식사를 하던 친구의 연락을 받고 나를 구경하러 온 청년도 한 사람 있었다. 하지만 나는 먹방 유튜버나 푸드 파이터가

---

* 황제가 직접 천신에게 제사를 지내는 행사 또는 그 행위.

아닌 중국요리나 중화요리를 너무나도 사랑하고 탕수육의 본류에 대한 탐구정신이 충만한 중화요리 애호가였으므로, 관람객들의 바람을 저버리고, 다 먹어치우기보다는 천천히 음미하며 음식에 담긴 이야기에 귀 기울이는 역할을 하고자 했다.

음식들은 하나같이 훌륭했다. 추이젠하오 사부와 이야기를 나눠가며 서빙된 음식을 먹다 보니 우리나라 중화요리에 있어 중심 역할을 한 것이 산둥, 특히 자오둥요리라는 것을 분명하게 깨달을 수 있었다. 다른 지역의 요리를 먹을 때와 달리, 이곳의 요리를 먹어보면 우리가 오래전에 중화요리집에서 맛보았던 요리와 너무나 흡사하다는 느낌을 받는다. 내가 간절하게 찾고 있던 탕수육 맛에 대한 실타래를 꽤 많이 풀어낸 여정이었다. 문제는 이날의 과식으로 이후 사흘간 부대껴서 혼쭐이 났다는 것이다. 세상에 타이산을 올라갔다 왔음에도 배가 꺼지지 않다니!

세상 어디에나 중국인이 있다, 탕수육도 그러하다

말레이시아로부터 독립을 '당한' 나라?

말레이시아를 가게 되었다. 그것도 한 해에 두 번이나. 처음에는 그간 계속되어온, 인생 최고의 순간에 늘 함께했던, 최상의 파티 음식이었던 탕수육을 찾기 위해서는 아니었다. 첫 번째 말레이시아행은 업무를 위한 비즈니스 출장이었다. 하지만 그 방문에서 한 가지 놀라운 사실을 알게 되었다. 중국요리가 다양한 버전의 중화요리로 변이하면서 전파되는 모습을 학습하는 데 말레이시아가 의외로 유용한 공간이라는 사실이다. 말레이시아의 중화요리만 잘 살펴도 한국 탕수육의 유래에 관한 깨달음을 얻을 것 같았다.

결국, 첫 방문한 지 6개월 만에 또다시 말레이시아를 찾아가게 되었다. 사실 그 전까지는 말레이시아가 어떤 나라인지에 관한 배경지식이 거의 없었다. 1970년의 어느 국제대회 축구 경기에서 종료 10분을 남겨놓았을 때까지 1 대 4로 끌려가던 경기에서 6분 만에 차범근이 해트트릭을 기록하며 한국 팀을 패배에서 구했던 그 전설적인 경기의 상대 팀이 말레이시아였다는 것이, 그 얘기를 전해준 조동표 스포츠 전문기자의 맛깔나는 묘사 때문에 기억에 남았다. 또, 숀 코너리와 캐서린 제타존스가 미술품 도둑으로 출연한 영화 〈엔트랩먼트〉에서 중요한 배경으로 등장한 인상적인 건물 페트로나스 트윈타워가 말레이시아 수도 쿠알라룸푸르에 있다는 것 정도가 내가 가진 말레이시아에 대한 지식 및 인상이었다.

사실 말레이시아가 내 기억 속 깊숙이 남은 것은 내가 관심을 둔 (존경한다는 뜻이 아니라) 싱가포르의 지도자, 리콴유 전 총리의 평전을 통해서다. 책 속에서 만나본 청년 리콴유는 대학을 마치고 영국으로 유학을 떠나 케임브리지대 법학부를 수석으로 졸업했다. 1949년 싱가포르로 돌아와 노동변호사로 첫 정치활동을 시작하게 되었고, 인민행동당人民行動黨을 창당해 대표를 맡은 뒤 공산주의자들과 전략적 협력관계를 구축해 1959년 영연방 내 자치령 싱가포르의 초대 총리로 취임했다.

그러나 이후의 싱가포르는 여러 어려움에 직면하게 되었다. 자그마한 도시국가이다 보니 인구는 부족하고 토지는 좁았으며 내다 팔 자원이라고 할 만한 것은 전혀 없었다. 영국령에서 벗어나 완전한 독립을 쟁취하고자 했지만, 존립조차 힘든 처지였다. 결국 리콴유 총리와 집권 인민행동당은 말레이시아와의 연방정부 수립에 합의했고, 1963년 말레이시아연방이 탄생했다. 당연한 결정일 수밖에 없었던 것이, 연방 탄생 당시 싱가포르는 전기와 식수를 거의 전적으로 말레이시아로부터 들여와야 했을 정도였다. 식량을 비롯한 다른 자원은 말할 것도 없었다.

그러나 합병 직후부터 여기저기서 불협화음이 터져 나왔다. 화교가 권력과 경제력을 모두 갖고 있던 싱가포르가 합류하자 말레이시아에서 비교적 소수민족으로 핍박받던 화교들의 기세가 갑자기 등등해졌다. 그 모습을 본 말레이족은 불안해지기 시작했다. 말레이족은 싱가포르에서만 보면 화교에 비해 소수였지만, 말레이시아연방 전체로 보면 최대 다수를 차지하는 민족이었다. 그럼에도 지레 불안감을 느껴 싱가포르를 포함한 말레이시아 전역에서 수시로 집단행동을 벌였다. 그러자 이번에는 싱가포르 화교가 불안해졌다. 싱가포르 내에서만큼은 압도적인 다수를 차지하고 있었음에도 자신들이 쥐고 있던 권력과 금력을 동원해 싱가포르 내 말레이인들을 괴롭혔다. 불안과 괴롭힘이 서로를 자극하는 악순환이 반복됐다. 결국 양쪽에서 멈출 줄 모르고 달려오던 열차는 1964년 7월 21일 대형 충돌을 일으키고 말았다.

이슬람 선지자 무함마드의 탄신을 축하하기 위한 퍼레이드가 개최된 장소에서 한 화교 경찰관이 행렬에서 뒤쳐진 무슬림 청년에게 "빨리 대열을 따라가라."고 재촉하며 등을 떠밀었다. 그 모습을 멀리서 지켜본 말레이계 청년들은 화교계 경찰관이 말레이계 청년을 구타한다고 생각했다. 알라를 추앙하던 기도 소리가 삽시간에 "중국인은 물러가라!" "중국인을 죽이자!"라는 외침으로 변했다. 그에 놀란 경찰들이 질서 유지를 위해 몰려들자 무슬림 축제 인파 2만 5,000명은 그대로 분노한 폭도 2만 5,000명으로 돌변했다. 처음에는 경찰에게만 돌을 던지던 이들은 이내 극도로 흥분해 화교로 보이는 사람은 무조건 붙잡아 폭행을 가했다. 화교를 찾아내지 못한 이들은 주요 화교 거주지역으로 몰려가 집에 불을 지르거나 그 앞에 세워진 차량을 파손했다. 놀란 리콴유 총리가 생명의 위협을 무릅쓰고 트럭을 몰고 나와 "냉정을 찾아달라."고 요청했지만 아무런 소용이 없었다.

무려 11일 동안 이어진 폭동으로 36명이 죽고, 556명이 다쳤다. 하지만 거기서 끝이 아니었다. 9월에 다시 동일한 양상의 폭동이 재발해 13명이 죽고 106명이 다쳤다. 상황이 이렇게 흘러가자 말레이시아연방 전체의 화교계와 말레이계가 들썩거리기 시작했다. 자칫하다가는 연방 전체가 인종 전쟁을 벌이게 될 형국이었다.

당시, 말레이시아연방을 다스리던 툰쿠 압둘 라만Tunku Abdul Rahman Putra al-Haj 총리는 영국으로부터 말레이시아의 독립을 이끌어낸 노회한 정치 지도자였다. 판세를 빠르게 읽은 그는 리콴유 총리를 불러들여 정국 안정을 위한 방안을 모색했다. 그들이 찾아낸 답은 싱가포르를 연방에서 분리해 다시금 완전한 독립국가로 만드는 것이었다. 다만, 말레이시아가 연방에서 싱가포르를 축출하는 것처럼 발표하면 싱가포르가 "아쉽지만 어쩔 수 없이 쫓겨난다, 하지만 이제부터 우리는 어떻게 사나?"라는 식으로 떨어져나가는 모습을 연출하기로 했다. 그를 통해 말레이시아의 양대 민족 지도자들에게는 경각심을 줘서 옴짝달싹 못 하게 하고, 싱가포르의 양대 민족은 (이제부터 손가락 빨게 생겼으니) 하나로 똘똘 뭉쳐 이 위기를 헤쳐나가자는 생각이 들게 하는 효과를 노린 것이었다. 그사이 툰쿠 압둘 라만 총리와 리콴유 총리는 각자의 권력을 공고히 할 수 있을 것이었다.

　리콴유 총리의 연기는 완벽했다(물론 싱가포르 정부는 현재까지도 "연기가 아니었다."며 부정하고 있다). 1965년 8월 7일 툰쿠 압둘 라만 총리는 리콴유 총리와 인민행동당 출신 내각 장관들을 쿠알라룸푸르로 불러들여 면담을 한 뒤 곧바로 언론에 "싱가포르를 전격적으로 연방에서 축출하기로 했다."고 공표했다. 그러고는 이틀 뒤 의회에서의 공개투표를 통해 만장일치로 싱가포르의 축출을 개정헌법으로 못 박아버렸다. 그러자 리콴유 총리는 네 명의 정부 고위 관료와 함께 '갑자기 당한 일이지만', '마치 준비라도 한 것처럼' 국내외 기자들 앞에 나서 싱가포르가 강제로 독립되었음을 선언하는 기자회견을 열었다.

압권은 기자회견의 초반에 벌어졌다. 기자의 질문을 받은 리콴유 총리는 허공을 한동안 바라보며 침묵하더니 손수건을 꺼내 들고는 갑자기 눈물을 닦기 시작했다. 곁에 앉은 고위 관료들은 참담한 표정으로 어쩔 줄 몰라했다. 한참의 시간이 흐른 뒤, 리콴유 총리는 큰 결심을 한 듯 심호흡을 하고 나서 싱가포르의 독립을 선포했다. 그리고 앞으로 하나로 뭉쳐 이 위기를 헤쳐나가자고 국민들의 단결을 호소했다.

툰쿠 압둘 라만 총리와 리콴유 총리가 예상했던 대로, 싱가포르는 개개인의 정치적 자유까지 양보할 정도로 똘똘 뭉쳐 단 30년 만에 세계에서 가장 부자 나라 중 한 곳으로 성장했다. 말레이시아 역시 싱가포르만큼은 아니지만 동남아시아에서 가장 높은 국민소득을 자랑하는 우량 중진국의 반열에 올라섰다. 더 중요한 것은, 동말레이시아와 서말레이시아 간의 분리 독립을 주장하는 말레이인 분리주의자에 의한 갈등은 간간히 터져 나오는 반면, 애초에 걱정했던 화교와 말레이인 간의 갈등은 거의 사라졌다는 점이다.

세계 어느 곳을 가도 중국인이 있었다

중국 국무원*에 따르면, 2019년 기준 화교가 나가 살고 있는 나라의 숫자는 168개 국이며, 인구는 무려 8,700만 명에 달한다고 한다.

그들은 특히 이재理財에 밝아서 거주하는 나라에서 핵심적인 경제주체로 활약하며 막대한 부를 축적했는데, 이들을 '화교 상인'이라는 뜻의 '화상華商'으로 부른다.

　나라마다 상황이 조금씩 다르지만, 대다수의 화상은 돈은 많지만 어찌됐든 해당 국가의 원래 주인은 아니기에 언제라도 쫓겨날 수 있고, 쫓겨나지는 않더라도 예금 동결, 본국(중국) 송금 금지 등의 부당한 조처를 당할 수 있다고 생각했다. 1960년대 말레이시아에서 벌어진 일들이나 그보다 훨씬 전인 1931년에 한반도에서 벌어진 화교 배척 폭동처럼 화교들을 대상으로 한 린치와 혐오범죄의 피해자가 될 수 있다는 불안감에도 평생 시달려야 했다. 또한 수많은 국가의 정부는 화교들이 보유한 재산이 언제라도 국외로 빠져나갈 수 있는 것이라 생각해 수단과 방법을 가리지 않고 그들의 재산을 제한하고 가둬놓는 데 혈안이 되어 있었다.

　앞서 이야기했던 것처럼 한국에서도 갖가지 법률을 만들어 화교의 토지 취급 및 관리를 제한했고, 이 법을 근거로 화상이 보유할 수 있는 점포의 규모를 165.3제곱미터 이하로 한정하는 등 재산권을 침해하는 행위를 공공연하게 자행했다. 그보다 10년쯤 전에는 화폐개혁을 빌미로 예금 인출 동결 조치를 취하기도 했고, 1976년에는 아예 화교에 대한 교육권과 재산권을 박탈하는 극단적인 조치를 취

* 중화인민공화국의 중앙행정기관이자 최고국가행정기관.

대한민국
탕수육 만유기

한 바 있다.

사정이 이렇다 보니, 세계 각국의 화교들은 돈을 버는 족족 현금 또는 현금에 버금가는 환금성 있는 자산으로 바꿔 개인 금고에 보관했다. 자금이 필요한 같은 화교끼리 융통해주거나 아예 합자회사 등을 차려 동업구조를 만들었고, 그렇게 서로 밀고 당겨주면서 화교사회, 화상경제권을 형성해나갔다. 조사 방법과 시기에 따라 조금 편차가 있지만, 전 세계의 화상들이 보유하고 있을 것으로 추정되는 현금 또는 현금성 자산을 적게는 2,200조 원에서 많게는 4,200조 원으로 보고 있다. 보수적으로 잡아 2,200조 원이라고 쳐도, 이 정도 금액이면 전 세계에서 그보다 더 많은 유동자산을 보유한 경제권은 미국과 중국을 포함한 몇몇 선진국밖에 없다. 중국 출신 미국인 모 학자의 "앞으로 전 세계 금융시장에서 유대인과 맞장 뜰 수 있는 세력은 유일하게 화교뿐이다."라는 말이 점차 현실화되고 있다.

그중에서도 가장 압도적인 수의 화교가 동남아시아에 자리를 잡았다. 태국의 경우 화교의 숫자가 약 700만 명으로, 7,000만 명가량인 태국 인구의 10분의 1이 넘는다. 인구는 10분의 1이지만 사회에 미치는 영향은 그 이상이고, 특히 경제력은 태국 국가경제를 좌지우지할 정도다. 싱가포르는 무려 인구의 77퍼센트가 화교다. 이들이 전체 상장기업의 80퍼센트 이상을 소유하고 있어 말 그대로 '화교의 나라'라고 해도 무방하다.

이런 싱가포르 화교 출신의 대표적인 인물로는 지주회사인 곽브

러더스Kuok Brothers를 정점으로 수많은 기업을 운영하고 있는 귀허넨 회장이 있다. 한때 '아시아의 블룸버그'라고 칭송받았던 《남화조보南華早報》, 영문명 《사우스차이나 모닝포스트South China Morning Post》지를 소유해 우리나라에서는 루퍼트 머독 같은 언론재벌로 알려졌던 귀 회장은 '아시아의 설탕왕'이자 '팜 오일의 황제'로 더 유명한 인물이다. 우리에게는, 전 세계 어느 휴양 도시를 가더라도 쉽게 마주칠 수 있는 샹그릴라 호텔 앤 리조트Shangrila Hotel & Resort의 소유자로 친숙한 인물이다.

말레이시아 철강 생산량의 60퍼센트 이상을 차지하는 금사그룹金獅集團을 이끌고 있어 '강철대왕鋼鐵大王'으로 불리는 종정삼鍾廷森, 현지명 윌리엄 청Tan Sri William Cheng Heng Jem 회장 또한 마찬가지로 화교다. 자신은 싱가포르에서 태어났지만, 그의 집안은 대대로 광둥성 산터우汕頭에서 살아왔다. 아버지와 함께 철제가구 납품 및 수리업을 자그마하게 영위하던 그는, 자원부국인 인도네시아와 말레이시아에서 본격적으로 사업을 펼치며 막대한 부를 끌어모았다. 이런 그는 사업가 이전에 누군가의 남편으로 우리에게 친숙한 인물이다. 젊은 분들은 잘 모르실 수도 있지만, 50대 이상 되는 분들에게는 너무나도 유명한 영화 〈사랑의 스잔나Susannah〉의 여주인공이자 그 영화의 OST 수록곡으로 수많은 우리나라 청춘을 울렸던 노래 〈원 서머 나잇One Summer Night〉을 부른 진추하陳秋霞가 바로 그의 부인이다. 절정의 인기를 누리던 진추하가 종정삼과의 결혼과 동시에 갑작스럽게 은퇴해버리는 바람에, 한때 그는 우리나라 젊은 남성 팬들의 질투와 원망의 대상이 되기도 했다. 참고로 진추하 역시 장쑤성 쑤저우 출신의 화교다.

핏줄도 섞이고, 음식도 섞인다

한 해에 두 번. 한 번은 업무 때문에, 또 한 번은 가족여행 덕분에 말레이시아를 방문하게 되었다. 원래 말레이시아로 떠나기 얼마 전까지만 해도 가족여행지는 일본으로 계획되어 있었다. 이미 일본에서 방문할 도시와 볼 것, 먹을 것, 살 것 등등을 모두 짜놓은 상태였다. 하지만 말레이시아로의 여정 변경을 내가 강력하게 주장했다. "내가 가보니까, 말레이시아야말로 거의 완벽한 가족여행지더라. 꼭 가봐야 해!"라며 설득 반, 고집 반 버티기에 들어갔다. 결국, 아내가 내 꾀임에 못 이기는 척 넘어가준 덕분에 말레이시아로 여행지가 변경되었다.

사실 내게는 꿍꿍이가 있었다. 가족여행을 가기 몇 달 전 업무 출장으로 말레이시아를 갔을 때, 현지 정보 습득을 위해 오랜 기간 한국과 말레이시아를 오가며 사업을 해온 선배에게 도움을 요청했다. 그런데 고정관념이 정말로 무섭다. 내가 원했던 것은 말레이시아를 포함한 동남아시아의 의료시설, 제약 바이오 사업 등과 관련한 정보였는데, 선배가 내게 전해준 건 엉뚱하게도 현지에서 방문할 만한 중화요리집과 꼭 먹어야 할 말레이풍 중화요리의 리스트였다. 나라고 하면 자동적으로 탕수육 그리고 중화요리가 떠올랐던 것이다.

문제는 해당 여정이 개인 여행이 아닌 업무 출장이었고, 혼자가 아니라 여럿이 함께 갔다는 것이었다. 보석과도 같은 현지 중화요리집 리스트를 손에 들고도 아침은 호텔 뷔페, 점심은 샌드위치, 저녁은 한식당을 전전할 수밖에 없었다. 심지어 선배의 추천 리스트에 있는 중화요리집 중 한 곳은 두 번이나 연속으로 찾아간 한식당 바로 맞은편에 있었다. 그 한(?)을 풀기 위해 가족여행을 빙자한 말레이시아 재방문 계획을 세운 것이다.

앞서 객가인들의 이주를 이야기할 때 얼핏 언급했지만, 남중국까지 밀려 내려온 객가인들은, 또는 몰려온 객가의 등쌀에 떠밀린 해당 지역 원주민들은 인도차이나반도를 따라 남쪽으로, 또는 바다 건너 대만섬, 필리핀섬, 자바섬 등으로 퍼져나갔다. 말레이시아에는 특히 광둥성과 푸젠성에 이주해 살고 있던 객가 또는 원래 거주하던 중국인들이 주로 이주해 왔다. 이들이 말레이시아 현지인과 결혼해 자녀를 낳으면서 혼혈이 만들어졌는데, 그들을 '페라나칸Peranakan' 이라 불렀다.

말레이어로 아이를 '아낙anak'이라고 하는데, 그로부터 파생된 단어 '쁘라나칸'은 '후손들'이라는 뜻으로 쓰였다. 원래 섬에 살던 이들은 중국에서 건너온 이들이 현지인과 결혼해 낳은 자녀를 '중국 후

손'이라는 의미로 '쁘라나칸 치나Peranakan Cina'라 불렀다. 그러다 편의상 모든 중국인과 말레이인 사이의 혼혈을 쁘라나칸이라 부르게 됐는데, 그를 서양인들이 자기들에게 편한 방식으로 발음하면서 페라나칸이라는 단어가 통용되었다.

혼인으로 인해 섞인 것은 핏줄만이 아니었다. 중국과 말레이의 문화 역시 세대를 거듭해가며 한데 얽히고 섞여 '페라나칸 문화'라고 하는 독특한 문화를 만들어냈다. 중국 도자기 제작 기법에 말레이의 독특한 문양을 더해 만든 페라나칸 도자기는 전 세계적으로 인기를 끌고 있다. 긴 천을 허리에 둘러 치마처럼 입는 사롱sarung과 몸에 딱 붙되 목 주위가 시원하게 트인 블라우스 끄바야kebaya로 이뤄진 의복은 대표적인 페라나칸풍 패션이다. 1972년 세계적인 패션디자이너 피에르 발망Pierre Alexandre Claudius Balmain이 디자인한 싱가포르항공의 승무원 유니폼이 이 사롱과 끄바야를 현대적으로 재해석한 것이다.

뭐니 뭐니 해도 페라나칸 문화의 특징을 가장 극명하게 드러내는 것은 역시 요리다. 이주해 온 중국인들이 들여온 중국요리는 말레이 지역의 재료를 만나 독특한 맛과 모습으로 변모했다. 무슬림이 많은 말레이시아에서 돼지고기는 금기시되는 식재료다. 정육점에 가서 별 말 없이 "고기 좀 달라."고 하면 당연히 돼지고기를 내주는 중국인 입장에서는 상당히 곤란했다. 닭고기를 활용해 돼지고기 요리와 비슷한 맛을 내는 요리들이 개발되었다.

또한 말레이 지역의 기후 조건에서는 밀 재배가 어려웠다. 대신 1년에 몇 번이고 쌀을 재배할 수 있었다. 중국 특유의 면 요리 조리법으로 쌀국수가 만들어졌다. 대신 기존의 중국요리에서는 좀처럼 사용되지 않던 코코넛밀크 산탄santan, 야자나무 수액인 굴라 믈라카gula melaka, 고춧가루가 듬뿍 든 양념장 삼발sambal 같은 양념과 '동남아의 바닐라'로 불리는 판단pandan 잎, 동남아시아 음식을 즐기는 이들에게는 이제 친숙해진 레몬그라스lemongrass와 타마린드tamarind, 야생 고추의 일종인 카둑kaduk 잎 등으로 만든 양념, 말레이 지역 토종 생강인 토치 진저torch ginger의 새싹, 쓴맛이 나는 프타이 빈petai bean 등이 주요한 재료로 더해졌다.

이렇게 탄생한 페라나칸 특유의 요리를 사람들은 '뇨냐nyonya요리'라고 불렀다. 흔히 페라나칸 남성을 '바바'라 하고, 여성을 '뇨냐'라 한다. 아버지를 뜻하는 중국어 '빠빠爸爸'를 푸젠성 사람들은 '바바'라 발음했는데, 그로부터 페라나칸 남성들을 바바라 부르게 되었다. 한편, 말레이반도에서는 외국인 여성을 존대하며 '돈나donha'라 불렀는데, 그로부터 '뇨냐娘惹'라는 단어가 널리 퍼졌다. 뇨냐들이 만들어낸 요리라는 의미에서 뇨냐요리라는 이름이 탄생한 것이다.

이 뇨냐요리를 제대로 맛보면 중국요리가 대륙을 떠나 현지인의 입맛에 맞춰 어떤 방식으로 진화했는지를 살펴볼 수 있을 것이라는 생각이 들었다. 그를 통해 탕수육의 원조가 중국 대륙을 떠나 어떻게 우리의 탕수육과 같은 음식이 되었는지에 관해서도 추측해볼

뇨냐요리의 대표 주자, 바쿠테.

수 있을 것 같았다. 말레이반도와 북서태평양 도서로 뻗어나간 중국 요리를 맛보기 위한 첫 번째 여정은 '썬퐁바쿠테Restoran Sun Fong Bak Kut Teh'에서 시작하기로 했다.

쿨리들의 보양식으로 시작한
말레이시아 국민요리

재미있는 것은 이 식당의 테이블에 세팅되어 있는 식기에서는 'Sun Fong' 또는 'Sun Fong Bak Kut Teh'라는 알파벳 표기를 도무지 찾

아보기가 어렵다는 점이다. 대신 新峰肉骨茶(신봉육골차)라는 한자 표기가 여기저기 붙어 있는 것을 발견할 수 있다. 그렇다. 이 식당의 창업자이자 1대 사장인 로콕쳉Low Kok Cheng 씨는 盧玉清(노옥청)이라는 한자 이름이 있는 중국 이민자 후손으로, 말레이시아 화교다. 그는 열세 살 무렵부터 가난한 집안을 돕기 위해 길거리 노점에서 허드렛일을 해주며 푼돈을 벌기 시작했다. 그때 그의 성실함을 눈여겨본 노점 주인이 자신만의 요리 비법을 가르쳐주었고, 그때 배운 요리 레시피를 다듬어 1971년 자기 명의의 식당을 차렸다. 노점 주인에게 배운 요리이자, 로콕쳉 사부의 인생을 바꾼 요리이며, 아예 상호에 딱 박혀 있는 요리가 바로 바쿠테다. 그런데 바쿠테와 肉骨茶(육골차)는 어떤 관계일까? 그걸 알려면 바쿠테라는 요리의 역사를 알아야 한다.

1930년대 중반, 쿠알라룸푸르에서 서쪽으로 조금 떨어진 해안 도시인 클랑Klang 중심가에 위치한 클랑철교 옆으로 포장마차 두 개가 나란히 문을 열었다. 한 포장마차의 주인은 진서陳瑞(현지명 탄스위Tan Swee), 다른 한 곳의 주인은 이문지李文地(현지명 리분테Lee Boon Teh)라는 사람이었는데, 두 사람 모두 푸젠성 융춘永春 출신인 조주방 사람들이었다. 두 포장마차 모두 다양한 음식을 팔았지만, 사람들에게 가장 인기를 끌었던 음식은 단연 전통 차오저우 방식으로 조리한 돼지갈비 조림과 돼지갈비탕이었다. 그중에서도 돼지갈비탕의 인기는 독보적이었다.

　광둥성과 푸젠성을 중심으로 살아온 조주방 중국인들은 예로부터 식단을 구성할 때 건강을 매우 중시하는 것으로 유명했다. 흔히 안후이성 사람들이 '약식동원'이라 하여 건강 식단을 꾸리는 것으로 유명하지만, 광둥과 푸젠에 거주하는 조주방 사람들 역시 한 끼를 먹어도 몸에 좋은 것들만 챙겨 먹는 것으로 유명하다. 그들은 더운 날씨에 기력을 보강하기 위해 황기, 감초, 구기자 등의 약재와 정향, 팔각, 육두구 등의 향신료, 거기에 생강, 마늘, 백후추 등을 더해 돼지갈비로 탕을 끓여 먹었다. 조주방 중국인들은 말레이시아를 비롯한 동남아시아 각지로 뻗어나갔고, 그들에 의해 돼지갈비탕 역시 곳곳으로 전해졌다. 클랑철교의 두 포장마차에서 만들어 팔았던 것도 이 약선 돼지갈비탕이었다.

　이 음식이 클랑 사람들에게 큰 인기를 끌었지만 두 포장마차 주인은 가게 홍보나 확장 등에는 무관심했다. 간판조차 내걸지 않았기에 사람들은 그 두 포장마차를 구분하기 위해 진서 사부가 주인인 포장마차는 '돼지갈비를 파는 (진)서네 집'이라는 의미에서 '육골서肉骨瑞'라 불렀고, 다른 한 곳인 이문지 사부가 주인인 포장마차는 같은 작명 방식으로 '육골지肉骨地'라고 불렀는데, 육골지가 육골서보다 조금 더 유명했다. 이문지 사부는 재료를 한데 섞어 한 번에 끓이지 않고 따로따로 볶고 끓여서 합치는, 이른바 '이차공법二次工法'이라 부르는 방식으로 조리했는데, 이 방식이 현재까지 이어져 내려오고 있다.

차오저우 사람들이 쓰는 사투리로는 '육골肉骨'을 '바쿳'이라고 발음하고 '지地'는 '떼tē'로 발음하는데, 이때부터 한방 돼지갈비탕을 '바쿠테'라 부르게 되었다. 이후 地 자가 같은 '떼'로 발음되는 茶 자로 바뀌면서 肉骨茶, 즉 바쿠테라는 이름이 완성되었다. 이문지 사부는 7남 5녀라는 많은 자녀를 낳았는데, 아들들도 부친의 레시피를 이어받아 말레이시아 곳곳에서 바쿠테 전문점을 열어 운영하고 있다. 즉 바쿠테는 푸젠성 사람들에게 익숙한 약선 돼지갈비탕의 말레이시아 버전으로, 전형적인 뇨냐요리라고 할 수 있다.

다시 '썬퐁바쿠테'로 돌아가, 1대 사장인 로콕쳉 사부의 뒤를 이어 식당의 실질적인 운영을 맡게 된 아들들은 다채로운 시도를 했다. 우선 식당 규모를 크게 늘렸고, 만드는 방식, 추가적으로 들어가는 재료, 간을 한 양념을 달리해 수십 가지 종류의 바쿠테를 개발했다. 덕분에 썬퐁바쿠테는 명실공히 말레이시아 최고의 바쿠테 식당으로 발돋움할 수 있었다. 이곳에서는 바쿠테 외에도 돼지고기, 해산물, 채소를 활용한 다양한 뇨냐요리를 맛볼 수 있는데, 특히 바쿠테는 바쿠테인데 국물 없이 조려낸 건육골차乾肉骨茶인 '케링 바쿠테 Kering Bak Kut The'와 오징어를 링 형태로 튀겨 다양한 소스에 버무려 낸 '소통 버터Sotong Butter'는 꼭 먹어봐야 하는 음식이다. 우리 일행은 세 가지 종류의 바쿠테와 여섯 가지 종류의 요리를 주문해 한 테이블 가득 놓고 신나게 먹고 마셨다.

먼 옛날 금광을 찾아 고향 푸젠성, 광둥성을 떠나온 쿨리들이 짐보

릭샤 쿨리.
인력거를 끄는 것도 동남아시아에서 중국인 이민자가 많이 했던 일이다.

따리 속에 넣어 온 중국의 맛이 말레이시아의 맛과 한데 어울려 만들어낸 새로운 맛을 경험해보려 했다. 기분 좋은 식사였지만, 한편으로는 중국보다는 말레이시아 쪽으로 다소 많이 와버린 요리들이었기에 중화요리와의 연결고리를 찾기가 쉽지 않았다. 특히 탕수육의 전래, 변천사 등을 유추할 만한 정보를 구할 수 있는 음식은 눈에 띄지 않았다. 맛있는 뇨냐요리를 맛본 것으로 위안을 삼으며, 조금 더 대륙과 이어진 맛을 내는 식당을 찾아야 했다. 나의 발길은 '잘란 페탈링Jalan Petaling'으로 향했다.

올드 차이나 카페에서 맛본 탕수육

주석이라는 금속이 있다. 우리가 교과서에서 '구리와 섞으면 청동이 만들어진다.'라고 배운 바로 그 금속이다. 부식이 잘 되지 않아 각종 통조림의 내부 코팅 재료로 쓰이기도 하고 녹는점이 낮아 금속 소품이나 장식품을 만드는 재료로도 널리 사용된다. 그런데 이 주석이 뜻밖에도 말레이시아에 본격적인 화교사회를 형성한 촉매가 되었다. 영국은 1824년 네덜란드와의 조약 체결로 인해 믈라카 일대의 영유권을 차지하게 되었지만 아직까지 말레이시아에 대한 지배력은 확고하지 못한 상태였다. 그 무렵 말레이반도 곳곳에서 엄청난 규모의 주석 광산이 발견되었다. 여러모로 요긴한 광물인 주석이 막대하게 매장된 광산들이 탐이 났지만, 영국은 괜히 긁어 부스럼이 될까봐 내색조차 하지 않으며 호시탐탐 기회만 노리고 있었다.

그런데 마침 절묘한 시기에 사건이 하나 터지고 말았다(혹은, 영국이 배후에서 사건을 터뜨렸다는 음모론도 있다). 말레이반도 최대의 주석 광산이 있던 페락 술탄국Sultanate of Perak의 라룻Larut 지역에서 폭동이 발생한 것이다. 말레이시아를 분할해 다스리고 있던 일종의 토후국인 각 술탄국 내부의 문제이기에 영국이 개입할 근거는 없었지만, 영국 정부는 "폭동이 심해질 경우 믈라카해협을 통한 영국의 식민지 무역에 위협이 될 수 있다."는 다소 억지스러운 논리를 들이밀며 폭동 진압에 직접 나섰다. 앞선 기술력의 무기와 체계적으로 훈련받은 정규

군을 앞세워 손쉽게 진압에 성공한 영국은 페락 술탄국과 팡코르 조약Treaty of Pangkor을 체결하며 해당 술탄국에 대한 지배권을 확보했다. 영국은 이와 비슷한 작업을 통해 슬랑오르Selangor, 느그리 슴빌란Negeri Sembilan, 파항Pahang 등의 술탄국과도 조약을 맺고 이 4개 술탄국을 병합해 말레이연합주Federated Malay States라는 허수아비 국가를 세웠다.

허수아비 국가를 통해 술탄국들에게 영향력을 발휘하는 방식으로, 영국은 막대한 산출량을 자랑하는 주석 광산들에 대해 경영권을 확보했다. 이후로는 다른 식민지에서 그랬던 것처럼 원주민을 노동자로 고용해 혹독하게 부려가며 주석을 캐 본국으로 실어 나르면 될 일이었다. 그러나 일이 영국의 뜻대로 풀리지 않았다. 우선, 말레이인은 광산에서 일하고 싶어하지 않았다. 바다로 나가 물고기를 잡거나 정글로 들어가 생활하는 것은 좋아했지만, 땅속 깊숙이 들어가 일하는 것은 그들의 적성에 맞지 않았다. 말레이인의 순박하고 유한 민족성 역시 광산 노동에는 잘 맞지 않았다. 위험천만한 폭약을 설치하고, 힘겹게 곡괭이질과 삽질을 하는 것은 그들이 가장 싫어하는 부류의 일이었다. 재물에 대한 욕심 또한 별로 없었기에 높은 임금으로 유혹하는 것도 쉽지 않았다.

실망한 영국인의 눈에 무능한 청나라 정부 아래에서 빈곤에 시달리고 있던 중국인들이 들어왔다. 이재에 밝아 돈을 내걸면 일을 시키기 쉽고, 욕심도 많아서 더 많은 돈을 걸면 다소 위험한 작업이라도 해보겠다며 나서는 이들이 있었다. 19세기 중엽부터 조금씩 주석 광산에 중국인 노동자들이 투입되었는데, 1870년대 후반부터는 아예 본격적으로 중국에서 노동자들을 실어 날랐다. 그렇게 해서 어마어마한 숫자의 중국인이 말레이시아에 유입되었고, 그들을 중심으로 화교사회가 형성되기 시작했다.

그중 대표적인 인물로 양곤楊堃, 말레이시아 사람들은 용쿤Yong Koon이라 부르는 사람을 꼽을 수 있다. 1871년 광둥성 산터우에서 태어난 그는, 말레이시아로 건너와 잠시 주석 광산에서 일했다. 그러다 단순히 광부로 일하는 것보다는 주석을 가공해 판매하면 보다 큰 돈을 벌 수 있겠다고 생각했다. 그는 쿠알라룸푸르의 잘란 실랑Jalan Silang에 '유허玉和'라는 이름의 장신구 가게를 차렸다. 처음에는 주로 중국인 이민자를 위한 제사용 식기를 만들어 팔았지만, 이내 서양인을 위한 찻잔 세트, 식기 세트, 재떨이, 장식품 등을 만들어 팔았다. 특히 그가 만든 주석 맥주잔은 예술의 경지에 오른 작품으로 평가받는다.

자신이 만든 주석 제품이 영국인들에게 선풍적인 인기를 끌게 되자, 양곤은 중국인 이민자들이 좋아하는 옥 가공제품을 취급하지 않기로 하고 '유허'를 주석 전문 공방으로 키워냈다. 그의 네 아들 중 셋째아들인 양병해楊炳楷(현지명 용펑카이)는 아버지를 도와 공방을 본격적인 주석 가공 전문기업으로 탈바꿈시켰다. 그렇게 탄생한 기업이, 현재까지도 세계 최고의 주석 제품 전문 생산·판매 기업인 로열

셀랑고르Royal Selangor다. 현재는 4대인 양영례楊永禮(현지명 용윤리) 사장이 회사를 운영하고 있다.

물론, 주석 광산 노동자로 중국인들의 대량 이주가 일어나기 전에도 말레이시아 각지에는 중국 이주민이 제법 많이 살고 있었다. 과거에 이주한 중국인들은 말레이인들에게 동화되어 그들 사회에 스며들기 위해 노력했다. 반면 짧은 시간 동안 집중적으로 이주해 온 중국인 노동자들은 자기들끼리 세력을 형성하고 별도의 사회와 문화를 만들어나갔다. 그렇게 형성된 것 중 하나가 바로 쿠알라룸푸르의 차이나타운인 '잘란 페탈링'이다.

워낙 말레이시아 사회 전반에 중국인과 중국문화가 뒤섞여 있어서인지, 패루와 홍등 정도를 제외하면 잘란 페탈링이 쿠알라룸푸르 시내 여느 곳과 특별히 다른 점은 찾아보기 어렵다. 오히려 야시장, 기념품 상가, 그리고 (조금은 불명예스러운 이름이지만) '쿠알라룸푸르 최고의 짝퉁 시장'으로 더 유명하다. 그럼에도 잘란 페탈링을 방문한 이유는, 오랜 기간 이곳에서 최고의 뇨냐요리집으로 명성을 쌓아온 '올드 차이나 카페Old China Café' 때문이다.

과거 사람들로 붐비던 잘란 페탈링에는 유럽의 길드를 본뜬 여러 기관, 조직, 단체들의 사무실이 많았다. '올드 차이나 카페'가 있는 잘란 발라이 폴리스Jalan Balai Polis 11번가 역시 마찬가지였다. 항만 노동자들이나 주석 광산 노동자들의 작업복을 전문으로 취급하던 세탁인들의 조합인 '셀랑고르 및 연방 세탁인 협회Selangor & Federal

Territory Laundry Association' 회관이 이곳에 자리 잡고 있었다. 하지만 이후 영국의 식민 지배가 끝나고 사회가 변모하면서 조직들은 와해됐고, 그들이 사용했던 사무실들과 회관 역시 방치된 채 폐허로 변했다. 그렇게 무너져가던 건물은 1997년 뜻밖의 전기를 맞이하게 되는데, 말레이시아의 유명한 영화 제작자인 레너드 티Leonard Tee가 우연히 이 건물을 방문한 것이다.

정시웅청鄭雄誠이라는 중국식 이름도 갖고 있는 화교인 그는, 이 건물에서 오래전 중국을 떠나 말레이시아로 건너온 중국인 이민자, 그리고 그 후손들의 자취와 정서를 느꼈다. 그는 첫 만남에 이곳의 분위기에 푹 빠져 즉시 건물을 매입하고 식당으로 꾸미기 시작했다. 그가 원한 것은 한창 중국인 노동자들이 주석 광산과 항구로 몰려들던 19세기 말에서 20세기 초반까지의 분위기를 그대로 살리는 것이었다. 그를 위해 건물의 외벽과 출입구 등은 최대한 원래의 것을 살리면서, 내부는 1920년대 어느 선술집 또는 저택의 응접실 분위기로 꾸몄다. 그렇게 1층은 식당, 2층은 차 시음 공간 겸 앤티크 갤러리antique gallery로 이뤄진 '올드 차이나 카페'가 탄생했다.

옛 분위기를 그대로 살리고 싶어한 정시웅청 대표의 바람은 가게 곳곳에서 발견할 수 있다. 이민 초기 시절 찍은 것으로 보이는 중국인 가족의 단체사진을 비롯해, 휘갈겨 쓴 (해석 불가능한) 한자 문구가 담긴 액자, 식민지 시절 쿠알라룸푸르의 주요 관청 건물들을 담은 사진 등이 자리에 앉기 전부터 우리를 20세기 초반 어느 중국 이민자의 가정집으로 안내한다. 약간 어두운 듯하면서도 왠지 모르게 뿌연 실내 공기가 더더욱 그런 분위기를 자아낸다.

현지에서는 '주 후 차Ju Hu Char'라는 이름으로 불리는 사갈우어사沙葛魷魚絲 요리로 식사를 시작했다. 가늘게 채 썬 오징어를 역시 채 친 채소와 함께 버무린 일종의 샐러드인데, 페낭섬의 어부들이 자주 먹던 요리라고 한다. 함께할 애피타이저로는 짭조름한 멸치볶음의 일종으로 현지에서는 '이칸 빌리Ikan Bilis'라고 부르는 소작강어여酥炸江魚仔와 모자 모양의 칩 속에 잘게 다진 갖은 재료를 넣어 먹는 낭야소금배娘惹小金杯, 현지 이름 '파이-티Pie Tee'를 추가했다. 말레이시아는 원래 종교 등의 이유로 닭고기 요리를 많이 먹기도 하거니와 품질 좋은 육계를 생산하는 것으로도 유명한 나라다. 당연히 닭고기 요리를 추가하고 거기에 해산물 요리 서너 가지를 더했다.

그러다 보니 일행 숫자에 비해 너무 많은 요리를 주문했다는 것을 뒤늦게 깨달았다. 하지만 주문을 멈출 수가 없었다. 이번 여정의 중요한 목적 중 하나인 '탕수육'에 대한 학습을 하기 위해서는 반드시 주문해야 할 음식이 있었기 때문이다. 마지막 메뉴를 하나 더 주문하니 종업원이 깜짝 놀라는 표정으로 메뉴를 받아 적었다. 디저트나 음료를 주문하는 줄 알았던 것이다. 그 음식은 바로 'Sweet & Sour Pork', 달달하고 상큼한 돼지고기 요리 '고로산첨육咕嚕酸甜肉'이었다.

중국 북과 남에서 탄생한,
탕수육의 짝퉁 혹은 먼 친척

'고로'라는 이름에서 알 수 있듯이, 이곳 '올드 차이나 카페'의 요리는 뇨냐요리를 기반으로 하되, 그 근원까지 따져 들어가자면 광둥요리의 영향을 많이 받았다. 우리가 한국에서 먹는 탕수육'들'은 몇 가지 다른 이름의 요리를 망라하고 있다. 첫 번째는 그냥 탕수육, 두 번째는 궈바오러우라는 이름의 넓적한 탕수육(?), 세 번째는 사천 탕수육이라는 이름의 새빨간 탕수육(?), 그리고 고로육 또는 구로육이라는 이름의 과일 범벅 탕수육(?) 말이다.

먼저, '사천 탕수육四川 糖醋肉'은 더 언급할 필요 없이 한국에서 지어낸 한국식 중화요리의 대표적인 음식이다. 처음으로 본격적인 쓰촨요리를 맛본 한국 사람들은 그 맵고 얼얼한 맛에 큰 충격을 받았는데, 이후 중국요리가 조금만 맵고 자극적이다 싶으면 무조건 쓰촨요리로 취급했다. 누군가가 한국 사람 입맛에 맞춰 매운 양념을 가미한 자극적인 맛의 탕수육을 개발했는데, 그를 맛본 사람들이 또다시 쓰촨을 떠올리면서 이름 붙인 요리다. 당연히 쓰촨과는 전혀 관련이 없는 '우리 음식'이다.

한자를 그대로 읽자면 '과포육鍋包肉'인 궈바오러우는 1992년 한중수교 이후 일자리를 얻으러 온 중국 동포들이 국내에 정착할 무렵부터 본격적으로 퍼진 음식이다. 특히 우후죽순처럼 생겨난 양꼬

칫집에서 곁들임 요리로 큰 인기를 끌었다. 그런데 궈바오러우 또는 과포육이라는 이름이 생소하다 보니 많은 식당에서 '북경식 탕수육' 또는 '찹쌀 탕수육'이라는 이름으로 팔았는데, 이것이 우리 탕수육의 족보를 배배 꼬이게 만든 주범이 되었다.

궈바오러우는 원래 중국의 동북3성, 그중에서도 헤이룽장성黑龍江省 일대에서 120여 년 전 처음으로 탄생한 요리다. 헤이룽장성 하얼빈시에는 '라오추자老廚家'라는 술집 겸 밥집이 있다. 이 식당을 창업한 사람은 정싱원鄭興文이라는 이름의 재능 있는 요리사인데, 그가 바로 궈바오러우를 탄생시킨 주인공이다. 궈바오러우가 처음으로 탄생한 계기는 무척이나 로맨틱하다.

1907년 무렵, 정 사부는 하얼빈 최고 고위급 관청인 하얼빈도태부哈尔滨道台府 전속 요리사였다. 그는 이곳에서 근무할 때 러시아 여성과 결혼을 했는데, 이내 근심이 생겼다. 아내가 동북3성의 중국요리에 통 적응하지 못한 것이었다. 아내는 육류를 좋아했는데, 동북 지방의 향신료 냄새와 특유의 짠맛을 견디지 못했다. 좋아하는 고기를 앞에 두고도 수저를 들지 못하는 아내를 보다 못한 정 사부는, 언젠가 서양 식당에서 본 음식(아마도 커틀릿cutlet이 아니었을까 싶다)을 흉내 내 넓게 썰어낸 돼지고기에 감자 전분을 묻혀 튀긴 뒤 서양인 입맛에도 잘 맞을 만한 달콤새콤한 소스를 묻혀 냈다. 아내는 기뻐하며 맛있게 먹었고, 이 음식은 이후 하얼빈도태부에서 열린 연회에서도 극찬을 받으며 궈바오러우라는 이름으로 세상에 등장하게 되었다.

원래 이 당시만 하더라도 궈바오러우의 '바오'는 '감쌀 포包' 자가 아니라 '터질 폭爆' 자를 사용했다. 솥[鍋]에 반죽을 묻힌 고기가 들어갈 때 폭탄이 터지는 듯 요란한 소리가 난다 해서 붙인 이름이었다. 다만 후에 爆 자가 음식 이름에 쓰일 만한 글자가 아니라는 반응과 성조가 발음하기 불편하다는 이유로 包로 변경되어 지금까지 쓰이고 있다. 이후 궈바오러우는 하얼빈도태부와 라오추자를 대표하는 요리로 발전했다. 한 가지 흥미로운 것은, 독립군 안중근 중장께서 이토 히로부미를 처단하기 위해 하얼빈에 머무르실 때 이곳 라오추자에 들러 식사를 하셨다는 사실이다. 물론, 목숨을 건 민족의 대업을 앞두고 음식을 제대로 맛보셨을 리가 만무하지만, 그래도 생전에 마지막으로 드신 음식일 수도 있다고 생각하니 궈바오러우를 접할 때마다 문득문득 숙연해지고는 한다.

마지막으로, 고로육 또는 구로육 역시 우리가 아는 탕수육과는 원래 상관없는 음식이었다. 고로육古滷肉(구리우러우)은 돼지고기를 살짝 데쳐서 양념장에 푹 조린 음식인데, 굳이 비교하자면 동파육이나 우리의 장조림과 보다 흡사한 음식이었다. 요리라기보다는 밥반찬에 가까웠다.

대신, 광둥성에서는 예로부터 돼지갈비에 양념을 해서 튀겨 먹거나 돼지갈비를 튀긴 뒤 양념을 끼얹어 먹는 요리가 있었다. 난징조약 체결 이후 중국에 들어와 살게 된 서양인, 특히 영국인이 무척이나 좋아하는 음식이었다. 다만 크기가 크고 뼈가 붙어 있었기에 젓가락질에 서툰 영국인은 먹기 불편해했다. 그를 눈치챈 광둥의 요리사들은 돼지갈비의 뼈를 발라내고 고기를 한입에 먹기 좋은 크기로 잘라 튀겨낸 뒤 짠맛은 줄이고 토마토케첩과 과일로 새콤달콤한 맛을 돋운 요리를 만들어냈다. 밥반찬이 아니라 그 자체로 하나의 요리이자 식사가 되는 데다 젓가락이나 나이프 없이 포크로 찍어 먹을 수 있게 만든 것이었다.

이제 이 요리에 이름을 붙여야 했는데, (여기서부터는 누구도 이렇다 할 연구를 해놓은 것이 없어서 전적으로 추측해본 것이다.) 완자 크기로 깍둑썰기 해서 동글동글하게 튀긴 돼지고기는 포크로 찍으려 하면 접시 위에서 이리저리 굴러다녔다. 사람들은 '데굴데굴'이라는 뜻의 중국말 의태어 '구루구루咕嚕咕嚕'를 사용해 그 모습을 묘사했다. 그로부터 '고로咕嚕(구루)'라는 단어가 요리의 이름으로 사용된 것이 아닐까? 생김새는 좀 다르지만 '고로육'이라는 요리가 이미 있었으니, 보다 쉽게 사용될 수 있었을 것이고.

탕수육이라는 이름으로 불리는 음식들의 종류에 대해 이렇게 길게 이야기한 이유가 있다. 우리나라에서 탕수육을 먹을 때, 소스의 맛도 맛이지만 고기튀김의 생김새만 보아도 그 중화요리집이 탕수육이라는 이름으로 진짜 탕수육을 내는 집인지, 궈바오러우를 내는 집인지, 고로육을 내는 집인지 알 수 있기 때문이다. 그를 통해 음식을 만든 주방장이 어디 출신인지, 최소한 어느 계통의 화교 요리사에게 요리를 배웠는지를 어렴풋이나마 추측할 수 있다.

한때 우리나라에서는 광둥요리가 고급요리의 대명사처럼 여겨졌다. 1960년대 이후 아시아 최고의 경제 중심지로 부각되면서, 홍콩은 유행의 최첨단 도시이자 부유함의 대명사로 대접받았다. 홍콩요리는 가까운 광둥 지역의 요리를 기반으로 서양풍이 가미되었는데, 우리나라 호텔 중식당이나 고급스러운 대형 중화요리집에서는 그런 홍콩의 유명 요리사들을 불러, '광둥요리 특선'을 이벤트 형식으로 개최하고는 했다. 중국을 '중공中共'이라 부르며 북조선 아류 또는 유사 중화 버전 정도로 여기던 시대에, 홍콩을 통해 들어온 광둥요리는 단순히 중국의 한 지방 요리가 아니라 홍콩이라는 포장지로 잘 싼 고급스러운 맛의 향연으로 대접받았다.

그때 들여온 음식 중에 고로육도 있었다. 엄연히 탕수육과는 그 뿌리가 다른 음식이었지만, 최초에는 '광둥식 탕수육', 이후에는 아예 그냥 '탕수육'이라는 이름으로 스며들었다. 돼지갈비의 살코기만 깍뚝썰기를 해서 튀긴, 토마토케첩과 열대과일이 듬뿍 든 소스를 끼얹은 요리가 탕수육의 계보에 혼란스럽게 스며들게 된 것이다.

'올드 차이나 카페' 외에도 다른 많은 말레이시아의 중화요리집을 방문했지만, 그중 가장 인상적이었던 것은 '푸티엔Putien'이었다. 한자로 莆田(보전)이라고도 쓰는 식당으로, 말레이시아와 싱가포르 곳곳에 지점을 가지고 있는 프랜차이즈 레스토랑이다. 일반적으로 '체인점을 운영하는 레스토랑'이라고 하면, 음식의 질과 식당의 분위기 등에 대한 기대수준을 낮춘다. 하지만 푸티엔은 조금은 달리 생각해야 할 것 같다. 푸젠성의 중부 해안가에 위치하고 있는 도시 이름인 '푸톈莆田'을 상호로 쓰는 데서 알 수 있듯이, 푸티엔은 푸젠성 전통 요리를 기반으로, 그를 자유롭게 해석한 음식들을 제공한다. 뇨냐요리라고 하기엔 중국요리 고유의 느낌을 꽤 많이 유지한 편이다.

푸티엔(푸톈)은 이 식당을 창업한 방지충方志忠(현지명 퐁치충) 사부의 고향이기도 하다. 우리말로 '방씨 아저씨'라 해석할 수 있는 '엉클 퐁Uncle Fong' 또는 '팡슈슈方叔叔'라는 애칭으로 더 유명한 퐁 사부는, 비교적 최근인 2000년에 고향을 떠나 싱가포르로 이주한 화교다. 그는 같은 해 10월 싱가포르 키치너 로드Kitchener Road에 첫 식당의 문을 열었다. 하지만 3년간은 매년 적자를 면치 못했다. 식당을 유지하느냐 폐업하느냐의 기로에서, 퐁 사부는 조금만 더 버텨보기로 결정했고, 반전을 위한 방법으로 식재료에 모든 것을 걸었다.

그는 매일 아침 식당에 출근하는 대신 싱가포르의 대형 어시장인 '주롱 피셔리 포트Jurong Fishery Port'에 가서 살다시피 했다. 상인들에게 제일 신선하고 좋은 식재료를 먼저 빼놓아달라고 졸랐고, 약속을 지킨 상인에게는 시가보다 후하게 가격을 쳐주었다. 그렇게 몇 달이 지나자 주롱 피셔리 포트에서 좋은 식재료는 죄다 퐁 사부 식당으로 납품되었다. 퐁 사부는 식당의 운영 시스템도 손을 보았다. 층층시하의 엄한 선후배 구조를 가진 전통 중국요리집의 주방 구조를 따르지 않고, 모든 주방 구성원이 수평적으로 소통하고 각자 맡은 요리를 책임지고 해내는 구조로 바꾸었다. 고정적인 급여에 더해 추가로 발생한 이익을 직원들에게 나눠주었다. 이는 이후 2008년부터 도입된 세후 영업이익의 30퍼센트를 추가적으로 직원들에게 더 나눠주는 이윤 배분 구조로 발전했다.

식당 내에 활력이 돌기 시작했고, 음식 맛이 달라졌다. 그런 달라진 모습이 조금씩 입소문이 나면서 2003년 하반기부터 극적인 변화를 이루게 됐다. 이후 성장을 거듭해 2006년 인도네시아에 이어 2012년 말레이시아까지 진출하면서 푸티엔은 전성기를 맞이했다. 또한 《미슐랭 가이드 싱가포르 2017년판》에서 원스타를 획득하며 사업적 성공에 더해 맛으로도 충분히 인정받았다.

또 다른 메뉴인 '보전려지육莆田荔枝肉'은 탕수육과 거의 흡사한 음식이다. PUTIEN Sweet & Sour Pork with Lychee라는 영문 메뉴명을 보면 알 수 있듯이, 돼지고기튀김 위에 푸톈 지역을 대표하는 과일 중 하나인 여지荔枝, 우리가 흔히 부르는 이름으로는 '리치'를 듬뿍 넣은 소스를 끼얹은 요리다. 영문 메뉴명으로 Deep-fried Squirrel Yellow Croaker, '송서대황화어松鼠大黃花魚'라는 요리도 있다. 이 요리는 비주얼로 보거나 맛으로 보거나 산둥성 지난의 옌시탕에서 먹었던 탕초리어와 구분하기 힘들 정도로 비슷하다. 이렇게 맛 좋은 경험을 하나 더할 수 있었다.

가족여행을 빙자한 말레이시아 원정은, 중화요리의 또 다른 갈래인 페라나칸 음식, 뇨냐요리를 제대로 맛볼 수 있는 소중한 기회였다. 또한, 이제껏 우리나라에 들어와 존재하고 있는 다양한 탕수육을 구분 지어 정리할 수 있는 중요한 지식과 경험을 제공했다. 특히, 중국요리를 서양인의 입맛과 식습관에 맞춰 개량하는 과정에서 탕수육(또는 광둥식 탕수육)이 탄생했다는 설에 관해 좀 더 깊은 연구와 고민을 하게 된 여정이기도 했다. 그런데 그 고민이 더욱더 깊어진 일이 벌어졌다. 엉뚱하게도 우리나라 충청북도 제천에서 말이다.

그들이 만든
탕수육 제국

창조경제가 맺어준 의형제

과거와 현재 중국 땅이었거나 중국의 영향권에 있었던 지역을 다니며 탕수육 또는 그와 유사한 음식을 집중적으로 맛보았다. 그를 통해 탕수육의 맛을 형성하거나 영향을 미친 요소들에 대해 어느 정도 갈피를 잡을 수 있었다. 내 '인생 최고의 순간에 늘 함께했던', '최상의 파티 음식' 탕수육, 그 본연의 맛을 간직한 탕수육을 찾기 위한 여정 중 중화권 쪽은 이제 그만 헤매고 다녀도 되겠다는 생각이 들었다.

대한민국
탕수육 만유기

그런데 예상치 못한 쪽으로 상황이 전개되었다. 그 시작은 뜻밖에도 한국 헌정사상 최초로 탄핵된 전직 대통령 덕분(?)이었다. 기억할지 모르겠지만, 당시 정부는 '창조경제'라는 것을 적극적으로 추진했다. 정부가 굴지의 대기업마다 담당 시·도를 정해주고 해당 시·도 내 대학교에 창조경제와 관련한 수업을 개설해 함께 운영하도록 했다. 나 역시 본의 아니게 충청북도 몇 개 대학의 수업을 담당하는 일종의 특임교수를 맡게 되었다.

교수라고는 하지만, 평상시에는 직장생활을 하다가 학교에서 특강 요청을 하면 달려가 세 시간 정도 강의를 하는 것이 다였다. 시험을 치르지도 않았고 학점을 부여할 권한도 없었다. 수업 출석률이 좋을 리 없었고, 출석한 학생들의 집중도 기대할 수 없었다. 그래도 나는 내게 주어진 책임을 다하고 싶었고, 학생들이 자신의 소중한 시간이 허비됐다는 느낌을 갖지 않게 해주고 싶었다. 학생들의 주의를 환기시켜 수업에 관심을 갖도록 만들기 위해 여러 가지 농담과 너스레를 사용했지만, 결국 성공한 것은 '탕수육과 중화요리' 얘기였다.

제천에 위치한 모 대학교에서 수업을 했을 때도 그랬다. 초겨울 어느 날, 이 대학교에서 창조경제혁신센터가 주관한 특강을 하게 되었다. 이날은 2학기 내 마지막 수업이었다. 마침 서울 광화문을 비롯한 전국 곳곳에서는 이 강의의 이유인 대통령과 그 지인의 국정농단에 분노한 시민들이 주말마다 촛불을 밝히고 있었다. 수업의 시작은 늘 그렇듯이 일반 탕수육, 그리고 내 인생의 탕수육에 대한 이야기였다. 그런데 한참 신나서 떠들다 보니 대강당 내부 자리 배치가 조금 묘하게 느껴졌다. 맨 앞에 교수님들, 그 뒤에 학생들, 그리고 맨 뒤에 교직원(으로 추정되는 사람)들이 앉아 있었다. 마치 어린 학생들을 앉혀 놓고 앞뒤로 기성세대가 샌드위치처럼 포위한 듯한 모습이었다. 대학이 자유로운 지성과 학문의 전당이 되어야 한다고 믿어왔던 나는 그 모습을 보고 괜히 급발진해버리고 말았다. 마침 이날의 강의 주제는 '밥값 하는 직장인이 되기 위하여'였다.

"여러분이 밥값 하는 직장인이 되기 전에, 반드시 먼저 생각해야 하는 것이 있어요. 여러분이 밥값을 준 이들이 제대로 그 밥값을 하는지를 묻고 따져야 해요. 여러분이 낸 세금이나 등록금으로 먹고사는 사람들 말이죠."

분위기가 묘하게 흘렀다. 그러거나 말거나, 나는 신이 나서 마치 오늘이 내 생의 마지막이라도 된 것처럼 목소리를 더 높였다.

"내가 받은 밥값만큼 나의 노동력을 제공하는 것, 그것을 가리켜 '시장 논리' 또는 '자본주의'라고 합니다. 내가 낸 밥값만큼 당당한 권리를 주장하는 것, 그것을 일컬어 '자유민주주의'라 하죠."

뒤편에 앉아 있던 몇몇 사람이 술렁이기 시작했다. 그러나 내 입술과 혀는 멈출 생각이 없었다.

"어느 때부터인가 우리는 내가 밥값을 하는 사람인지 아닌지만 고민하고, 밥값을 하기 위해 스펙을 쌓는다 뭐한다 호들갑을 떨어왔을 뿐, 정작 내가 낸 밥값이 어떻게 쓰이는지, 그걸로 먹고사는 이들이 제대로 일하고 있는지를 확인하는 것을 등한시해온 건 아닐까요?”

돌이키기엔 너무 늦었다는 생각에 마지막 하고 싶었던 말까지 내뱉으며 강의를 마쳤다.

“우리 사회는 자본주의만으로 굴러가지 않습니다. 사회정의와 민주주의라는 또 다른 바퀴가 있어야 안정되게 굴러갈 수 있지요. 아무리 힘겨워도 여러분의 권리를 절대로 포기하지도, 다른 무언가와 맞바꾸지도 마세요.”

결국 앞뒤 자리에 앉아 계시던 분들은 불편한 기색을 내비치며 자리를 떴지만, 학생들에게서는 우레와 같은 박수를 받았다. 하지만 학생들의 박수가 그치고 강단에서 내려오고 나서야 내가 얼마나 대형사고를 쳤는지 비로소 깨닫게 되었다. 그때, 서둘러 강당 밖으로 도망치려는 내 소매를 누군가 가만히 잡아끌었다. 점잖아 보이는 나이 지긋한 사내였다.

영국으로의 출발은 제천에서

소매를 붙잡은 이는 그 학교 교수님이었다. 그는 사회과학대학에서 모 전공을 가르치는 L교수라고 자신을 소개했다. 수업을 마치고 인근을 지나던 길에 우연히 내 강의를 듣게 되었다며 “속시원하게 말

한번 잘했다."고 칭찬, 아니 불난 데 부채질을 해주었다. 그러더니, "아까 듣자 하니 탕수육에 정신이 팔린 인생을 살고 있다고 하던데, 제천에 왔으면 '그곳'은 들렀다 가야 하는 거 아니냐."며 '그곳'에서 밥을 사겠다고 나를 저녁식사에 초대했다. 몇 차례나 "지금 당장 서울 올라가서 해야 할 일이 있다."고 사양했으나, 막무가내였다. 그런데 그 교수님께서 저녁을 사겠다고 한 '그곳'은 내 최애 중화요리집 중 한 곳이자 제천을 방문할 때면 늘 찾아갔던 단골집이었기 때문에, 입으로는 마다하면서 몸은 어느새 조교가 몰고 온 차 안으로 들어가고 있었다.

그렇게 어찌어찌하여 교수님이 말씀하신 그곳으로 향했다. 역시! 내가 예상했던 대로 '송학반장'이었다. 이곳은 충북 제천에 위치하고 있음에도 의외로 한때 내 단골이었던 집이다. 내가 연대 인사장교로 군복무 하던 시절, 제천이 내가 속한 연대 소속 3대대가 주둔하고 있던 지역이었기 때문이다. 회의 참석차 또는 훈련 검열관으로 3대대를 방문할 때마다 일부러 밥때를 맞춰 꼭 이곳에 들러 식사를 하고 부대로 복귀하고는 했다. 다만 전역한 이후에는 통 들르지 못해 꽤 오랜만에 방문하는 셈이었다.

오랜만에 방문하다 보니 조금은 생경했지만, 이내 곳곳에서 익숙한 물건들이 보여 옛 기억이 되살아났다. 가장 대표적인 물건은 금성에어컨. 88 서울 올림픽이 치러지던 해에 생산된 제품이었다. 군복무를 할 때 와서 처음 보았을 때도 꽤 오래된 물건이었는데, 여전히 그 자리를 지키고 있었다. 이것 외에도 이 식당에는 오래되지 않은 것이 없다. 지금 사장님인 기수봉紀秀峰 사부의 아버지인 기고훈紀高勳 사부가 이 식당의 문을 연 것이 1953년이라고 하니, 어쩌면 당연한 이야기.

송학반장의 문을 열고 들어가면, 제일 먼저 마주치는 것은 일반식당 분위기의 홀이다. 혼자 또는 서너 명이 방문하면 이곳에 앉아야 한다. 단체나 예약 손님은 이 홀을 지나 마치 남의 집 안마당과도 같은 공간을 가로질러 들어가 가정집 안채 같은 곳으로 안내받는다. 우리 역시 그곳으로 안내받아 신발을 벗고 들어가 앉았다. 옛날에 큰집에 가면 꼭 있었던 '할머니 방' 같은 분위기다. 벽에 걸린 메뉴판에서 반가운 음식 이름이 눈에 띄었다. 그중에서도 제일 먼저 눈에 띈 것은 메뉴판 최상단을 차지하고 있는, '츠즈翅子'라 쓰인 요리였다.

아마도 이 메뉴를 이 이름으로 내건 식당은 전국에서 송학반장이 거의 유일한 것 같은데, 우리에게 익숙한 이름으로 번역해 설명하자면 상어지느러미, 샥스핀 요리다. 교수님 팀과 함께 방문했던 그때나 전에 군복무 하며 들렀을 때는 늘 다른 메뉴보다 압도적으로 비싼 츠즈가 메뉴의 최상단에 위치해, 제천 지역에서 송학반장이라는 식당의 위상을 보여주었다. 하지만 지난 2022년 말 지방으로 출장 가는 길에 간단히 탕수육이나 한 접시 먹고 가려고 들러보니 이 요리가 메뉴판에서 사라진 것을 발견했다. 환경보호와 생태계 보전 측면에서는 바람직한 변화라고 생각하지만, '이렇게 또 한 시대의 생활문화가 사라져버리는구나' 하는 생각에 묘한 감정이 들었다. 아무튼!

오랜 시간 제천 시민들의 눈과 입과 코로 검증된 곳이기에, 이 집에서 맛없는 음식을 찾아내기는 쉽지 않다. 어떤 음식을 주문하든 기본 이상의 맛을 볼 수 있다. 조교가 이것저것 다른 요리도 주문했지만, 이미 내 관심은 오로지 제대로 된 탕수육을 오랜만에 먹을 수 있다는 데 있었다.

탕수육은 깨끗하게 손질해 잘 튀긴 고기튀김에 다소 과격한 크기의 당근과 다른 채소를 약간 설익었다 싶은 정도로(즉, 알맞게) 익혀 소스와 함께 끼얹은 모양새다(이곳도 최근에는 작금의 그릇된 풍토에 영합해 고기튀김 따로, 소스 따로 내주는 쪽으로 방향을 틀었다고 한다). 이 탕수육은 물론 훌륭하다. 하지만 송학반장을 방문한다면 탕수육만큼이나 중요하게 맛보아야 할 음식이 있으니, 그것은 '돼지갈비'다. '돼지갈비'는 탕수육과 더불어 이 식당의 시그니처이자 정체성과 밀접한 관계가 있는 메뉴다.

츠즈와 마찬가지로 식재료 이름을 그대로 메뉴 이름으로 올려놓은 쿨한 무심함이 엿보이는 이 메뉴는, 정확히는 건팽배골乾烹排骨(깐풍파이구)이라고 생각하면 된다. 뼈를 발라내고 잘 토막 낸 돼지갈비에 튀김옷을 입혀 높은 온도에서 빠르게 튀겨낸 뒤 마늘과 파가 듬뿍 들어간 깐풍소스로 한 번 더 볶아낸 요리다. 송학반장을 창업한 기고훈 사부가 처음 개발했다고 알려져 있지만, 해외의 중화요리집에서도 어렵지 않게 만나볼 수 있는 음식이다.

"근데, 나 이거랑 똑같은 음식을 먹어본 적이 있어요. 영국에서!"

마침 자리를 마련해준 교수님이 자신의 영국 유학 시절 송학반장의 '돼지갈비'와 거의 비슷한 음식을 먹어본 적이 있다고 말했다. 교수님은 케임브리지대학University of Cambridge에서 박사과정을 했는데, 그 당시 주말에 런던으로 놀러가서 먹었던 음식 중에 비슷한 맛의 돼지갈비튀김 요리가 있었다고 했다. 신기해하는 조교와 박사과정 연구원들에게 나는 이렇게 아는 척을 했다.

"탕수육이 광둥 지방에서 개발됐다는 '광둥 도래설廣東渡來說'을 주장하는 이들은 식민지 시절 영국령 조차지에서 일하던 중국인 요리사가, 젓가락을 잘 쓰지 못하는 영국인들도 먹기 쉽게 한입 크기로 돼지갈비를 썰어서 튀겨 볶은 요리가 우리에게 전해져 탕수육이 되었다는 이야기를 하곤 하죠. 그렇다면 영국에도 그와 비슷한 요리들이 당연히 전해졌을 수도 있겠네요. 아!"

순간, 나는 머리를 망치로 맞은 듯한 충격에 빠져들고 말았다. 그래! 그때 광둥에서 중국 요리사들이 만들어준 음식을 먹고 영국으로 돌아간 이들이 지금의 영국 중화요리계에 남긴 흔적을 살핀다면, 탕수육이라는 음식의 유래와 본래의 맛, 그리고 지금의 모습에 이르게 된 그 과정 등을 좀 더 잘 이해할 수 있지 않을까?

생각이 거기까지 미친 나는 19세기 중엽부터 20세기 말까지 홍콩을 포함한 동남아시아의 식문화에 영국이 끼친 영향을 살펴 우리나라 탕수육 맛의 유래 등에 대한 연구에 깊이를 더하기 위해 과감하게 영국행 항공권을 끊었다,라고 말하고 싶지만, 실은 마침 그 무렵 다른 용무로 영국과 프랑스를 방문할 일이 있었다. 일정 사이에 휴일이 끼어 있었는데, 그 이틀을 할애해 '영국 안에 자리 잡은 중국의 맛' 탐방을 위한 계획을 짰다.

아 참, 이날 제천에서의 중화요리 회동은 무척이나 성공적으로 마무리되었고(탕수육과 돼지갈비를 각각 한 번씩 더 주문했고, 식당에 있는 모 브랜드의 고량주를 다 마시고 나서야 마무리되었다), 교수님과 나는 불행히도(?) 둘도 없는 형, 동생 사이가 되었다.

세계 최초의 '공인된' 차이나타운

1985년, 런던 시내 한 관청에서는 '역사적인 행사' 하나가 진행되었다. 사실 관공서 자체적으로 진행하는 자그마한 규모의 기자간담회 수준이었지만, 그 행사가 담고 있는 의미는 동서양 역사가 새롭게 재편되는 서막이었다.

많은 이는 그런 순간으로 1997년의 홍콩을 먼저 떠올릴 것이다. 그해 7월 1일 영국 정부는 1897년 이래 자신이 지배해온 홍콩을 중화인민공화국 정부에 반환했다. 하루 전인 6월 30일에 홍콩총독부 청사에 펄럭이던 영국 국기 유니언 잭Union Jack이 내려오고, 마지막 홍콩총독이었던 크리스 패튼Christopher Francis Patten이 청사를 빠져 나오며 시작된 반환 행사는 이틀날 중화인민공화국의 오성홍기五星 紅旗가 게양되고 영연방 국가였던 홍콩이 중국의 특별행정구로 편입 된다는 선포로 마무리되었다. 이는 전 세계에 식민지를 두고 '해가 지지 않는 나라'로 불리던 대영제국이 실질적인 종언을 고하는 순간 이었으며, 서양에 편중돼 있던 세계사의 축이 동양으로 본격적으로 이동하고 있음을 알리는 중요한 계기가 되었다.

하지만 그보다 훨씬 전인 1985년에 이미 그에 준하는, 아니 어쩌 면 영국, 특히 런던 시민의 입장에서는 더더욱 충격적인 일이 발생 한 것이다. 그것은 바로 런던의 제러드 거리 일대를 '차이나타운'으 로 지정한 일이었다.

여기서 잠깐! 시간을 조금만 더 앞으로 돌려, 1666년 9월 런던. 템 스Thames 강변 뒷골목에 자리 잡고 있던 한 빵집에서 불이 났다. 왕 실에 빵을 납품하던 토머스 페리너Thomas Farriner라는 제빵사가 운 영하던 빵집이었다. 당시 빵을 굽는 화덕은 장작으로 불을 지폈는데, 자칫 잘못 다루면 불이 나기 십상이었다. 페리노가 깜빡 잊고 화덕 의 불을 끄지 않은 채 빵집 2층에 있는 집으로 퇴근해버렸고, 화덕에 남아 있던 불씨가 밀가루 포대 등에 옮겨붙으며 불길이 커졌다. 과 거 이 시기, 인구와 건물이 밀집된 지역에서 화재를 진압하는 가장 좋은 방법은 불에 타고 있는 건물을 무너뜨리는 것이었다. 사람들이 몰려와 불이 붙은 빵집 건물을 철거하려 했지만, 잠옷 바람으로 탈출한 페리너와 그의 가족이 완강하게 막아섰다. 건물과 그 안의 화덕이 아까웠던 페리너 가족은 "근처 템스강의 물을 끌어와서 끄면 된다."고 주장했다. 왕실 납품 제빵사라는 지위를 앞세운 그들의 고집을 사람들은 쉬이 꺾지 못했다. 그러는 사이, 강을 따라 불어온 동풍을 타고 불은 삽시간에 인근 건물들로 번졌다. 목조주택들은 좋은 땔감이 되어주었다. 나중에는 당시 런던 지역을 다스리던 토머스 블러드워스 경Sir Thomas Bloodworth까지 달려왔지만, 불은 이미 손을 쓸 수 없을 정도로 커지고 말았다. 결국 9월 2일 일요일 새벽에 시작된 불은 6일 목요일이 다 되어서야 겨우 진화됐다. 지금의 런던 중심가인 시티오브런던City of London, 즉 '더 시티the City'의 거의 대부분을 태워버렸으며, 7만 명 이상의 이재민을 발생시킨다. 역사에 길이 남은 '런던 대화재Great Fire of London'였다.

화재는 런던 사람들의 많은, 아니 거의 모든 것을 빼앗아 갔지만, 뜻밖의 것을 선사했다. 그중 하나가 '차이나타운'이다. 다닥다닥 붙어 살다가 화재 한 방에 생활의 터전을 잃어버린 사람들은 보다 넓은 땅에 적절한 거리를 띄워 건물을 짓고 중간중간 방화대 역할을 해줄 공원을 조성해 살고 싶었다. 중세 이후 초고밀도 도시였던 런던에서 그 정도 공간은 제1대 매클스필드 백작 찰스 제러드Charles Gerard, 1st Earl of Macclesfield가 관할하던 육군 훈련소 부지밖에 없었다. 제러드 경은 흔쾌히 그 땅에 집을 짓고 살도록 허락했다.

1685년에 새롭게 조성된 거주지에는 갈 곳 없는 문화예술계 인사

런던 대화재를 묘사한 작자 미상의 그림(1670년 작).

들이 주로 몰려들었다. 로버트 루이스 스티븐슨Robert Louis Stevenson
의 〈지킬 박사와 하이드〉, 찰스 디킨스Charles John Huffam Dickens의
〈두 도시 이야기〉 등 수많은 소설의 배경이 된 예술과 문화의 거리
'소호Soho'가 탄생하는 순간이었다. 소호에 거주하게 된 이들은 주택

건설을 허락해준 제러드 경에 대한 고마움을 잊지 않았고, 소호에서 가장 번화한 길을 '제러드 거리'라고 이름 붙였다.

제러드 거리의 주인은 여러 차례 바뀌었다. 가장 먼저 이곳을 차지한 것은 프랑스에서 망명해 온 개신교도 '위그노French Huguenots'였다. 그들은 종교 공동체를 꾸려 제러드 거리에서 타향살이에 들어갔다. 그러나 얼마 안 가 거리의 주인이 바뀌었다. 1800년대 후반, 대량 실업과 은행 도산이 이어진 남부 이탈리아에서 많은 이가 고향을 버리고 유럽 각지로 이민을 떠났다. 그들 중 상당수가 빅토리아 여왕이 다스리던 대영제국으로 스며들었고, 제러드 거리 인근에 자리를 잡았다. 이탈리아 이민자들은 특유의 친근함과 끈끈한 유대관계를 활용해 단숨에 거리 상권을 장악했다.

하지만 '팍스 로마나Pax Romana'*는 그리 오래가지 못하고 상권을 유대인들에게 빼앗기고 말았다. 원래 런던의 유대인들은 템스강 북쪽 구역인 이스트엔드East End 빈민가에 몰려 살았는데, 이들 중 일부가 웨스트엔드West End 지역에 있는 소호로 넘어왔다. 그들은 탁월한 이재를 발휘해 제러드 거리의 상권을 독차지했다. '나머지 모든 것'은 아일랜드인들의 차지였다. 1845년에 발생해 1852년까지 이어진 감자 역병으로 인해 시작된 '대기근An Gorta Mór, An Drochshaol' 때문에 이주한 사람들이었다.

---

* 로마가 힘의 우월함을 기반으로 제국을 안정적으로 지배하며 평화를 누렸던 1~2세기 무렵의 시기.

대한민국
탕수육 만유기

아일랜드인들은 원래 유럽에서도 '한 성깔 하는 것'으로 유명한 민족이었다. 자신들을 거지 취급하는 영국인들의 위세에 초반에는 위축된 모습을 보였지만, 이내 패거리를 이뤄 세력을 구축해서는 소호 일대를 정복해나가기 시작했다. 제러드 거리 역시 예외가 아니었다. 20세기 초반까지 제러드 거리의 주인은 확실히 아일랜드인이었다.

하지만 유대인이나 아일랜드인 모두 이곳의 주인으로 남을 수는 없었다. 이후 제러드 거리의 '진짜 주인'으로 등극할 이들이 1950년대부터 슬슬 밀려들었기 때문이다. 중국인 이민자들이었다. 원래 런던의 중국인 이민자들은 주로 이스트엔드의 빈민가에 모여 살았다. 그러다 웨스트엔드 지역에 돈벌이가 될 만한 것이 많고, 그중에서도 소호 지역에 훌륭한 상권이 형성돼 있으며, 다시 그 내부의 제러드 거리가 아일랜드인 덕분(?)에 비교적 치안이 불안정하고 따라서 임대료도 싸다는 정보를 듣고 하나 둘씩 모여들었다.

제2차 세계대전 때 아시아 전선에 참전했던 영국 군인들은 전후 귀국해서도 당시 맛보았던 아시아요리, 특히 중국요리의 맛을 잊지 못했다. 그 맛을 찾아 중국인들이 여럿 모여 산다는 제러드 거리로 몰려들었다. 거리에는 차이니스 레스토랑이 속속 들어섰고, 중국 식재료를 판매하는 상점도 여기저기 문을 열었다. 그 숫자가 무려 80곳 이상이었다. 1960년대 후반이 되자 이번에는 홍콩에서 엄청난 숫자의 이민자들이 영국으로 몰려들었다. 그들 중 상당수가 중국인이 많이 모여 산다고 소문난 제러드 거리에 자리를 잡았다. 당시 대량 이주의 발단은 홍콩에서 벌어진 이른바 '67폭동'이었다.

1960년대, 고도성장을 구가하던 홍콩은 화려해 보이는 겉모습과 달리 속으로는 썩어 들어가고 있었다. 비교적 최근인 1940년대 이후 공산당 치하 중국에서 넘어온 대륙 출신 홍콩인에 대한 공공연한 차별이 자행되었으며, 홍콩총독부 내의 영국인 관료 또는 그들에게 영합한 홍콩인 공무원들의 부정부패와 비리 역시 만연했다. 거기에 중국 대륙에 불어닥친 문화대혁명의 여파로 좌파 지식인들 사이에서 영국 정부와 홍콩총독부에 대한 반발이 최고조에 달해 있던 상태였다. 결국, 1966년 센트럴中環과 침사추이尖沙咀를 오가는 스타 페리Star Ferry 요금 인상에 반대하던 스물일곱 살의 번역가 한 사람의 단식투쟁으로 시작된 항의는 순식간에 수천 명의 호응을 얻으며 대형 시위로 확대되었다. 이후 '66폭동'으로 불리게 되는 5일간의 시위는 한 명의 사망자가 발생하고 수백 명이 체포되면서 잠시 소강상태에 접어드는 것 같더니, 이내 1967년 더 큰 규모의 시위인 '67폭동'으로 확산되었다.

반反홍콩총독부, 더 나아가 반영국의 성격을 띤 폭동이 이어지자 홍콩총독부의 일을 돕거나 영국에 친화적인 모습을 보여온 이들은 불안해지기 시작했다. 더군다나 대륙에서 벌어진 문화대혁명 과정에서 홍위병에 의해 부유층, 지식인층이 온갖 수모와 고초를 겪는 모습을 보고 들은 이들은 자신도 67폭동 시위대에 의해 자칫 그런 일을 겪을 수도 있다는 불안감에 영국으로의 이민을 결정했다. 그들의 다수가 제러드 거리에 터를 잡은 것이다.

1980년대에 들어서자 제러드 거리의 상점에는 영어 간판보다 중국어 간판이 더 많이 내걸렸고, 최소한 이 거리 안에서는 중국어만 잘하면 영어를 몰라도 사는 데 아무런 지장이 없게 되었다. 그사이 중국의 경제력이 폭발적으로 성장하면서 영국 역시 중국과 친해져서 전혀 나쁠 게 없는, 아니 반드시 친해져야 할 필요가 생겼다. 런던의 자치구이자 제러드 거리가 포함된 지역을 관리하는 시티오브웨스트민스터City of Westminster(런던 자치구의 하나로, 그레이트런던의 중심지에 위치) 정부는 거리로 들어서는 주요 출입구에 패루를 설치했고, 건물과 건물 사이에 긴 줄을 매달아 홍등을 내걸었다. 곳곳에 중국풍 정자를 설치하는 등 다양한 부대시설도 제공했다. 그러자 각지의 중국인 이민자들이 더더욱 몰려들어 8만 명 가까운 이들이 제러드 거리와 그 인근 구역에 거주하게 되었다. 이 같은 모습을 눈여겨본 시티오브웨스트민스터 정부 수반 셜리 포터Shirley Porter는 의회의 승인을 거쳐 1985년 제러드 거리 일대를 영국 최초이자 유럽 최초의 '차이나타운'으로 공식 지정했다.

영국은 1841년 홍콩에, 1845년에는 상하이에, 이후 1852년에 샤먼, 1860년에는 톈진, 그 이듬해인 1861년에는 전장鎭江, 한커우漢口, 주장九江 무려 세 군데 지역의 땅을 외교와 무역을 빌미로 강제로 빼앗아 자신의 영역으로 만들었다. 그곳은 중국 속의 영국으로, 중국이지만 영국문화의 영향을 더 크게 받고, 서양의 모든 것이 동양의 그것보다 우선시되고 우월하게 취급되던 공간이었다. 그랬던 처지가 불과 100여 년 만에 완벽하게 뒤바뀐 것이었다. 그것도 군사력과 같은 물리적 힘이 아닌 자연스러운 이주와 전파의 과정을 통해서 말이다.

대영제국의 심장에서 맛보는 아시아의 진주

조사 연도에 따라 조금씩 다르기는 하지만, 영국에 살고 있는 중국계 이민자의 숫자는 40만 명이 조금 넘는다고 한다. 그들 중 대부분이 런던 또는 그 근교에 살고 있다. 1996년 내가 첫 유럽여행을 할 무렵, 런던 시내 한복판에 있는 버킹엄궁전을 간다는 것이 엉뚱한 차를 타고 버킹엄셔Buckinghamshire주의 버킹엄이라는 작은 마을에 간 적이 있다. 인터넷도 없고, 핸드폰도 없고, 일본책을 대충 번역한 노란색 여행가이드북 하나 들고 무작정 떠돌아다니던 때였다.

인적조차 드문 그 마을에서도 식당을 하는 중국인 이민자를 만나볼 수 있었다. 그 역시 오랜 고민을 하다가 반환을 1년 앞두고 태어나고 자란 홍콩을 떠나 가족과 함께 이민을 왔다고 했다. 이처럼 영국에 사는 중국계 이민자들은 90퍼센트 이상이 홍콩 출신 또는 홍콩 출신의 후손이다. 런던과 런던 근교에 전체 영국 거주 중국계 이민자의 4분의 3인 30여 만 명이 거주하고 있고, 제러드 거리를 비롯한 소호 주변에 그 인원의 3분의 1인 10만 명가량이 살고 있는데, 그들 중 못해도 8만 명 이상이 홍콩계 중국인이라는 것이 정설이다. 그래서 제러드 거리 주변을 런던 사람들은 '리틀 홍콩Little Hongkong'이라고 부르기도 한다. 홍콩에서의 삶의 방식에 익숙한 이들이 다수이지만, 대륙에서 바로 건너온 유학생 또는 이민자도 늘고 있어 이들 간의 소소한 감정 다툼, 정서적 충돌 등이 빚어지고 있다는 소식이 종종 외신 뉴스를 통해 들린다.

각설하고, 영국에서 잘 보존하고 있는, 돼지고기를 튀겨 열대과일과 함께 새콤달콤하게 볶아낸 음식, 일명 '광둥식 탕수육'을 맛보기 위해 방문한 첫 번째 런던 차이나타운의 식당은 '웡키Wong Kei'였다. 한자로는 旺記(왕기)라고 입구에 쓰여 있다. 1980년대 초반에 문을 연, 런던 차이나타운의 터줏대감 격인 중화요리집이다. 하지만 그런 역사가 무색하게도, 이 식당을 인터넷에 검색하면 이런 무시무시한 문장이 보인다. "런던에서 가장 불친절한 식당The rudest restaurant in London".

실제로 한때 런던 여행객들 사이에서는 이런 우스개가 유행했다고 한다. "웡키를 참고 먹을 수 있으면, 전 세계 어떤 곳에서도 기분 좋은 식사를 할 수 있다." "내가 웡키를 먼저 알았더라면, 전 부인과 그리 쉽게 이혼하지는 않았을 텐데." "평양 여행을 떠나기 전 마지막 식사를 웡키에서 했다. 이후, 평양 사람들이 천사로 느껴졌다."

난생처음 본 사람과 합석을 시키는 것은 기본, 국물에 손가락을 담

런던 차이나타운의 터줏대감, 웡키의 입구.

근 채 서빙한 음식을 먹어야 했다는 경험담도 있고, 테이블을 잘못 찾아가 앉았다고 고함을 지르며 나가라고 했다거나, 팁을 주지 않으면 문 밖까지 따라 나와 중국어로 욕설을 내뱉는다는 믿기 어려운 증언들이 수두룩했다. 그럼에도 불구하고 웡키에 사람들이 몰려드는 까닭은 살인적인 런던 물가에 비하면 어마어마하게 싼 가격의 음식을 배부르게 먹을 수 있기 때문이다. 게다가 맛도 꽤 괜찮다. 한 가지 다행인 것은 얼마 전 주인이 바뀌고 종업원도 싹 물갈이되면서 과거의 명성(?)은 찾아보기 힘들 정도로 깨끗하고 친절한 식당으로 탈바꿈했다는 사실이다.

과거 이곳을 찾은 수많은 사람은 하나같이 완탕면을 먹었다. 담백한 닭육수가 일품이었다. 나 역시 배낭여행객으로 이곳을 들렀을 때는 그 음식 한 그릇을 일면식도 없었던 세 부류의 무리와 한 테이블에서 먹었다. 하지만 이번에는 목적이 따로 있었기 때문에 완탕면은 건너뛰고, 자리에 앉기 무섭게 미리 물색했던 음식들을 일사천리로 주문했다. 먼저, 닭고기튀김을 새콤달콤한 소스에 버무려낸 '고로계古老鷄(구라오지)'를 주문했다. '고로육'과 거의 흡사한 돼지고기 요리인 '고저古猪, Sweet and Sour Pork Hong Kong Style'와 새콤달콤한 소스로 버무려낸 돼지갈비튀김인 '고골古骨, Sweet and Sour Ribs'도 하나씩 주문했다.

영국 차이나타운에 정통한 지인이 "해선장海鮮醬(하이시엔장)을 사용해 맛을 낸 오리 요리인 압즙압鴨汁鴨(야즈야)이 일품이다. 꼭 먹어라!" 하고 추천하기에 그것도 하나 주문했다. 베트남식 쌀국숫집에 가면 테이블마다 놓인 짙은 갈색의 걸쭉한 소스, 그게 바로 해선장이다. 추가로, 같이 식사를 하게 된 일행이 간절히 원해서 구색 갖추기용으로 두부와 채소 요리 몇 가지를 주문했고, 밥을 빼먹으면 아쉬우니까 달걀볶음밥인 '단반蛋飯(단판)'을 한 접시만 시켰다.

음식들의 맛은 딱 내가 예상했던 대로였다. 일반적으로 고로육이나 고로계라는 음식의 한자 표기는 咕嚕 또는 咕咾라고 하는 데 반해, 윙키에서는 古老를 고집한다. 일본에서 활약하는 광둥 출신 요리사들의 식당에 가면 古老라는 표기를 어렵지 않게 발견할 수 있는

데, 그와는 무슨 상관관계가 있는지 무척이나 궁금했다. '고古' 또는 '고로古老'가 붙은 메뉴들에 대한 영어 설명에 한결같이 '홍콩 스타일Hong Kong Style'이라는 표현이 있었다는 것도 흥미로웠다. 자신들 요리의 정체성을 홍콩에 두고 있다는 말이렷다. 내 영국행의 목적이 조금씩 달성되는 순간이었다.

예상과 달리 친절하고 화기애애한 분위기에서 (과거만큼 과격하게는 아니지만) 그래도 일반적인 런던 물가에 견주면 파격적으로 저렴한 가격을 지불하고 맛있는 식사를 마칠 수 있었다.

런던의 다른 곳을 몇 군데 돌아보며 배를 꺼트린 뒤, 다음 끼니를 챙기기 위해 차이나타운으로 돌아가(!) 찾아간 식당은 한자로 金龍軒(금룡헌)이라고 쓰인 그 유명한 '골든 드래건Golden Dragon'이었다. 대형 연회장을 갖춘 골든 드래건은 광둥식과 베이징식 요리를 함께 제공하는 식당으로, 특히 수많은 종류의 딤섬으로 특화된 곳이다. 메뉴판을 달라고 하면 공식 메뉴판과 딤섬 종류만 담긴 별도의 메뉴판을 가져다줄 정도다. 영국의 수많은 유명 연예인이 즐겨 찾는 식당으로도 유명하고, 중화권 스타들이 영국을 방문할 때에도 자주 들르는 곳으로 알려져 있다. 특히 데이비드 캐머런David William Donald Cameron 전 영국 수상이 자신의 보좌진과 후원자 등을 데리고 자주 식사하러 온다고 한다.

골든 드래건의 메뉴 구성은 웡키와 크게 다르지 않다. 자신들 요리의 정체성을 광둥요리에 두고 있는 듯하면서도 굉장히 많은 베이징

요리와 쓰촨요리를 메뉴에 올려두었으며, 연회장을 잘 갖춘 식당답게 코스 요리가 다양하게 마련되어 있다. 먼저 이 식당에서 대표 메뉴로 밀고 있는 Roast Peking Duck, 즉 북경편피압北京片皮鴨(베이징 펜피야)을 반 마리만 주문하고 같은 방식으로 조리한 돼지갈비 요리인 Capital Spare Ribs, 경도배골京都排骨(징두파이구)도 한 접시 주문했다. 그러고 나서 원래의 방문 목적대로 여러 가지 광둥요리(혹은 광둥요리에서 유래한 것으로 보이는 요리)를 주문했다. 달콤새콤하게 조리한 새우[Sweet and Sour Prawns] 요리인 '고로하구咕嚕蝦球(구루샤추)', 같은 방식으로 조리한 닭고기[Sweet and Sour Chicken] 요리인, '고로계구咕嚕雞球(구루지추)', 그리고 메인 주인공은 역시 Sweet and Sour Pork이라고 표기한 고로육이었다. 새우와 닭 요리의 이름 끝에 '공 구球' 자를 붙인 데서 알 수 있듯이, 이 음식들 역시 고로육과 마찬가지로 (접시에서 '데굴데굴' 구를 정도는 아니지만) 포크로 찍어 한입에 넣기 좋은 크기로 동글동글하다. 이 집만의 독특한 무언가를 느낄 수는 없었지만, 기분 좋게 식사를 마칠 수 있는 정도로는 충분했다.

이외에도, 런던에 머무르는 동안 아침을 제외한 점심식사와 저녁식사 중 80퍼센트 이상을 포 시즌스Four Seasons, 덤플링스 레전드Dumpling's Legend, 조이 킹 라우Joy King Lau, 리도Lido 등의 중화요리 집에서 해결했다. 피시 앤 칩스fish and chips나 장어 젤리jellied eels 같은, 영국이 자랑하는 요리는 이 여정에서 단 한 번도 먹지 않… 아니, 먹지 못했다.

영국요리가 나빴어!
심각한 탕수육 무기력증에 빠지다

흔히 영국인은 자신의 나라를 '미식의 천국'이라고 말한다. 당연히 농담 혹은 역설적인 표현으로 그렇게 말하는 것이다. 어떤 음식을 들여오든 영국에서 먹으면(영국 음식과 비교하면) 맛있게 느껴지기 때문에 자조적인 표현으로 그리 이야기하곤 한다. 실제로 과거의 영국 음식은 맛이 없었다. 맛이 없어도 너무나 없어서 다양한 방식으로 유럽 이웃들의 조롱을 당했고, 영국 사람 자신도 딱히 반박하기보다는 그에 수긍하고 자조적인 유머를 만들어 즐겨왔다.

파이 반죽에 정어리 등의 생선을 통째로 넣어서 구운, 그런데 굳이 생선 머리를 파이 반죽 밖으로 삐죽 튀어나오게 해서 구운 스타게이지 파이stargazy pie는 괴식怪食의 대명사로 여겨졌고, 맥주 이스트를 농축해 잼처럼 만든 마마이트marmite는 해외 유명 유튜버들이 '냄새와 맛을 참고 한 숟가락 퍼먹기 챌린지'를 영상물로 만들 정도다. 양의 방광이나 대창에 다른 양고기 부산물과 오트밀을 섞은 소를 넣고 쪄낸 요리인 하기스haggis는, 설명만 들으면 우리가 흔히 즐기는 소시지나 순대 같지만 비주얼과 맛은 천지차이다. 민물장어를 삶은 뒤 굳혀 묵처럼 만들어 먹는 장어 젤리는 영국인의 무딘 입맛과 발전하지 못한 음식문화를 비꼴 때 사용하는 '필수 예시'다.

영국요리가 이처럼 사람들의 조롱을 받게 된 이유에 관해 많은 사

런던 차이나타운의 상징 역시 패루다.

람이 다양한 이유를 들어 설명한다. 지리학자들은 다양한 생태환경이 조성되기 어려운(때문에 다채로운 식재료를 구하기 힘든) 브리튼섬에서 그 이유를 찾는다. 재료가 부실하니 다양한 요리를 시도해보지 못했고, 결국 구하기 쉬운 몇 가지 재료 위주의 단조로운 음식만 먹게 되었다는 분석이다.

종교학자들은 17세기 이후 영국에 확고하게 자리 잡은 청교도문화의 영향이라고 주장한다. 철저한 금욕을 강조했던 청교도들은 음식은 신이 주신 선물로, 역시 신이 주신 육체를 겨우 지탱할 만한 수준으로만 섭취하면 그만이라고 생각했다. 다양한 조리 방식을 통해 보다 나은 맛을 추구하거나 보기 좋게 차려내는 것은 모두 육체적 쾌락을 탐하는 행위라 생각하고 멀리했다. 그로 인해 현재와 같은 무미건조하고 투박한 조리 방식만이 남게 되었다는 것이 종교학자들의 분석이다.

한편, 다수의 역사학자는 전쟁에서 그 이유를 찾았다. 제2차 세계 대전 당시 막대한 전쟁 비용을 감당할 여력이 없었던 영국 정부는 한 사람이 일주일에 살 수 있는 식료품의 종류와 수량을 정해 배급제를 실시했다. 배급이 되는 품목은 배를 채우는 것을 목적으로 하는 싸고 보관이 용이하고 양이 많은 것들이었고, 호사스럽게 맛을 추구할 만한 것은 없었다. 런던 하늘 위로 나치 독일의 폭격기가 날아드는 상황에서 마스카포네 치즈나 엑스트라 버진 올리브오일을 배급할 리가 만무했다. 물론, 그냥 영국 사람들의 유전자가 무언가 이상해서라고 주장하는 사람도 있다.

물론 영국에는 전 세계적으로 가장 유명한 유리사의 반열에 오른 고든 램지Gordon Ramsay 같은 요리사도 있다. 불과 서른세 살의 나이로 미슐랭 별 세 개를 따낸 천재 요리사 마르코 피에르 화이트Marco Pierre White도 있다. 그는 아랍 부호 만수르가 프리미어리그 축구팀 맨시티를 인수하고 난 뒤 가장 먼저 취했던 조치인 '팀 전속 주방장 교체' 시 채용된 주방장으로 한동안 뉴스에 이름이 자주 오르내렸다. 우리에게는 영국 프로축구팀 노리치 시티Norwich City FC의 구단 주로 더 유명한 델리아 스미스Delia Smith 여사 역시 영국을 대표하는 여성 요리사이며, 이외에도 헤스턴 블루먼솔Heston Blumenthal, 에인즐리 해리엇Ainsley Harriott 등 영국과 유럽을 넘어 전 세계적으로 유명세를 떨치고 있는 스타 요리사가 수두룩하다. 그럼에도, 인터넷에 '영국 음식'으로 검색하면 '음식food'이나 '요리cooking' 관련 사이트 못지않게 '유머'나 '진기명기', '무모한 시도'와 관련한 콘텐츠를 주로 다루는 사이트에서도 관련 내용을 심심치 않게 다루고 있음을 발견하게 된다.

그래서일까? 영국은 전 세계의 미식문화를 편견 없이, 적극적으로 받아들이는 국가로도 유명하다. 런던에는 자그마치 70여 곳의 미슐랭 스타 레스토랑이 있는데, 이는 유럽에서 파리 다음으로 많은 숫자다. 과거 '해가 지지 않는 나라'로 불렸을 정도로 전 세계 곳곳에 식민지를 보유했던 나라답게, 영국에는 전 세계 대부분 국가를 대표하는 요리 혹은 그런 요리를 만들어내는 식당들이 즐비하다. 동유럽의 이름 없는 신생 국가 요리를 내는 레스토랑부터 아프리카 토속음식을 제공하는 레스토랑까지, 그 종류는 이루 셀 수 없을 정도다. 이는 중화요리에 대해서도 마찬가지다. 이미 식민 지배가 끝난 지 수십 년 이상이 흘러가버렸고, 중국에서 건너온 화교들도 몇 세대를 더 내려오며 영국문화에 동화돼, 영국의 중화요리 레스토랑들은 더이상 과거 홍콩을 통해 들어온 광둥요리의 흔적을 완벽하게 재현하지는 못하고 있다. 하지만, 그래도 중국 요리문화가 서양인을 만나,

그들을 매혹시키기 위해 적극적으로 변화해온 모습을 런던에서 마주할 수 있었다.

런던 한복판에 위치한 차이나타운 곳곳에서 팔고 있던, 돼지갈비를 토막 내거나 갈빗살을 발라내 먹기 좋은 크기로 잘라 튀겨 새콤달콤한 소스로 볶거나 조려낸 '고로육'이라는 요리에서, 나는 제천 송학반장의 '돼지갈비'가, 인천 파라다이스시티 호텔Hotel Paradise City의 중화요리집 임페리얼 트레져의 '새콤달콤한 돼지고기'가, 대려도의 '광동 탕수육'이 생각났다. 이쯤 되니, 내 기억 속 최고로 맛있었던 탕수육을 찾겠다는 생각이 과연 가당키나 한 것인지 의심이 들기 시작했다.

탕수육에 들어간 고기튀김에서 돼지갈비뼈가 좀 씹히면 어떻고, 소스에 파인애플, 피망, 망고, 오렌지가 좀 들어가면 어떤가. 비록 그것이 통조림 과일이라 해도, 그걸 재료로 썼다고 해서 그렇게 욕먹어야 하는 일인가? (사실, 욕은 내가 가장 많이 했지만.) 문득, 이제는 여정을 마무리해야겠다는 생각이 들었다.

마지막 퍼즐 파인애플 그리고 남중국

파인애플은 그냥 싸서 들어간 것일까?

1980년대 이전에 태어난 세대에 속하는 다른 이들도 마찬가지겠지만, 어려서부터 내게 편식은 죄악이었다. 주로 채소 종류였던 반찬을 살짝 미뤄두고 입에 맞는 햄, 소시지, 고기만 먹으려다 혼찌검이 나기 일쑤였고 잡곡밥에서 유독 식감이 튀었던 콩을 골라내며 밥을 먹으려다 아예 저녁 밥상에서 쫓겨났던 경험도 있다. 그래서인지 모르겠지만, 사회통념상 다수가 거부감을 갖고 있는 파충류나 특정 포유류 등 극소수의 식재료를 제외하면 가리는 음식 없이 뭐든지 잘 먹는 사람으로 성장했다. 그리고… 살이 쪘다. 그럼에도 절대로 용서 못 하는 식재료가 있었으니, 탕수육 소스에 들어 있는 파인애플과 체리다. 그렇다고 내가 무조건 통조림 파인애플과 체리를 싫어하느냐 하면, 그렇지는 않다. 그냥 먹는 것도 좋아하지만, 특히 술에 들어가면 순식간에 극호감으로 넘어간다.

1658년, 동인도회사에 근무하던 한 영국인 주재원은 자신의 사무실에서 허드렛일을 돕는 인도인이 점심마다 그릇에 담아 와 마시는 음료에 관심이 생겼다. 향긋한 과일 냄새도 나고 달콤한 벌꿀 향도 나고 또 때로는 전혀 알 수 없는 향신료 내음도 났다. 몇 날 며칠 동안 궁금증만 가지고 있다 어렵사리 체면을 잠시 접어두고 한 모금 얻어 마셔보았다. 그 맛은 이제껏 경험하지 못한 신세계였다.

아마도 현재의 라씨lassi* 비슷한 음료를 맛봤을 이 영국인 주재원은 여기에 자신이 좋아하는 술을 넣으면 더 맛있을 거라는 생각에 (럼으로 추정되는) 술, 물, 설탕, 과일 그리고 시나몬을 섞어 자신만의 음료를 만들어냈다. 이 음료를 먹어본 이들은 너나 할 것 없이 엄지손가락을 추켜세우며 음료의 레시피와 이름을 물어보았다. 음료를 처음으로 고안한 영국인은 별다른 고민 없이 산스크리트어로 '다섯'을 뜻하는 폰추panc의 발음을 차용해 '펀치punch'를 이름이라고 알려

---

* 물소 젖으로 만든 요구르트에 물, 설탕, 소금 그리고 향신료를 넣어 만든 펀자브 지방의 전통 음료로, 이후 다른 지방에서도 즐기는 '인도 국민음료'가 되었으며 지역, 계층에 따라 다양한 과일을 잘게 썰어 섞어서 내기도 한다.

졌다. 이로부터 펀치라는 음료가 세상에 알려지기 시작했다.

물론 다른 학설도 있다. 자메이카에 옛날부터 과일에 럼을 섞고 물을 타서 시원하게 마시는 음료가 유행했는데, 서인도제도를 방문한 서양인 선원들이 이 음료를 맛본 뒤 반해 전 세계에 퍼뜨렸다는 설이다. 어떤 설이 더 일리가 있는지는 잘 모르겠으나, 탕수육 이야기를 하는데 펀치의 유래를 따지는 것은 좀 에너지 낭비인 듯하니 넘어가자. 아무튼, 이후 펀치는 영국을 통해 전 유럽 대륙으로 퍼져나갔다. 이베리아반도로 흘러 들어가면서는 들어가는 술의 종류가 레드와인으로 바뀌고, 물이 탄산수로 바뀌었으며, 만든 뒤 바로 마시지 않고 하루나 이틀 숙성시켜 과일이 와인에 절여지고 와인에는 과일 향이 배어나게 해서 마시는 음료로 바뀌었다. 그 색깔이 마치 동물의 피와 같아서 피를 뜻하는 스페인어 상그레sangre를 활용해 상그리아sangria라 이름 붙여진 음료가 만들어졌다.

한편, 펀치 역시 급속도로 퍼져나갔다. 그 과정에서 술의 종류가 럼에서 브랜디, 화이트와인, 보드카 등으로 다양해졌고, 들어가는 과일 역시 라임 정도에서 오렌지, 사과, 레몬 등으로 다채로워졌다(사실, 집에 있는 과일 아무거나 때려 넣는 것으로 바뀌었다고 보는 게 맞을 것 같다). 음료 역시 물과 탄산수는 물론, 아예 사이다나 체리코크 같은 탄산음료를 섞기도 했다. 말 그대로 "대한민국에 폭탄주(혹은, 과거 신입생 환영회 등에서 사용된 사발주)가 있다면 서양에는 펀치가 있었다."

펀치는 만들기 쉽고, 먹기에 부담 없으며, 일반적으로 술에 대한 내공이 세지 않다고 알려진 젊은이나 여성이 편하게 마실 수 있기에 입학이나 졸업 기념 파티 등에 빼놓을 수 없는 음료로 대접받았다. 그러다 보니 언제 어디서라도 펀치를 만들 수 있는 재료들이 각광받았는데, 원래는 군대나 항해에 나선 선원들에게 필수 비타민을 제공하기 위한 용도로 개발된 과일 캔 통조림, 그중에서도 여러 가지 과일을 잘게 썬 통조림이 펀치의 재료로 인기를 끌기 시작했다. (혹자는 이런 형태의 통조림이 애초에 펀치에 사용할 용도로 만들어졌다고 주장한다. 일리 있는 말이다.)

우리 어린 시절 병문안 갈 때의 필수품이었던 '후루츠 칵테일' 혹은 '프루츠 펀치'의 유래다. 그런데 도대체 왜, 이 통조림이 탕수육에까지 들어가게 된 것일까? 천년만년 펀치와 엮일 일이 없어 보였던 탕수육이라는 음식에 왜 '후루츠 칵테일'이라는 이름의 캔에 든 과일이 왕창 들어가게 된 것일까?

다시 중국으로

2019년 말, 아직 코로나가 중국 우한武漢과 그 주변 일부 지역에서 유행하는 독감 정도였을 무렵. 푸젠성의 취안저우로 내 기억 속 바로 그 맛의 탕수육을 찾기 위한, 혹은 우리 삶 속 탕수육의 맛에 얽힌 마지막 비밀을 풀기 위한 여행을 떠났다. 여행은 뜻밖의 계기로 시

작됐다. 그해, 나는 말 그대로 '되는 일 하나도 없고, 안 되는 일은 더 안 되는' 최악의 상황에 처해 있었다. 여러모로 업무는 업무대로 꼬이고, 사람관계 역시 엉망으로 뒤엉켰다. 그러다 보니 개인적인 에너지가 고갈되면서 삶의 활력이라고는 눈 씻고 찾아보려야 볼 수 없는, 그런 상황이었다. 그때 또다시 등장한 사람이 평강공주, 아니 내 사랑하는 아내였다.

저간의 내 상황과 심리상태를 어떻게 간파했는지, 푸젠성의 중심 도시 샤먼을 왕복할 수 있는 비행기 티켓과 숙박권을 내밀었다. 내가 힘이 빠져하면서도 계속해서 푸젠성과 그곳의 중국요리 이야기를 하고, 그 이야기를 할 때면 그나마 눈이 반짝거렸다나. 아무튼, 탕수육에 미쳐 사는 바보 온달 남편은 연말이 되자 좋다고 짐을 싸서는 푸젠성을 향해 날아갔다.

아마도 현재와 과거 사이에 위상이 가장 극적으로 바뀐 도시를 꼽으라면 취안저우가 세 손가락 안에 들어갈 것이다. 과거 이 도시는 전 세계적으로 막대한 영향력을 끼쳤다. 특히 원나라 시절에는 '세계 해양무역의 수도'로 불릴 정도였다. 저 멀리 유럽에서부터 북아프리카, 서남아시아, 중동, 일본으로부터 수많은 상인이 돈과 물건을 싣고 취안저우로 몰려들었고, 이들과 무역을 하려는 사람들도 중국 대륙 전역에서 찾아왔다. 늘 배와 수레, 사람들로 붐볐고, 그들이 만들어내는 다양한 삶의 모습은 그대로 하나의 독특한 문화가 되었다. 때문에 마르코 폴로Marco Polo, 이븐 바투타Ibn Battuta 등의 여행가들은 취안저우를 '아시아의 진주', '중국의 보배'라 칭하며 감탄을 아끼지 않았다.

때문에 이곳은 전통 중국요리가 세계인을 어떤 모습으로 만나왔는지를 살피기에 제격인 도시다. 어린 시절 내 '인생 최고의 순간에 늘 함께했던', '최상의 파티 음식' 탕수육, 그것과 똑같은 맛의 탕수육을 찾겠다는 생각은 이미 접었지만, 통조림 과일이나 파프리카 등의 채소가 우리 음식 탕수육에 어떤 연유로 더해지고 활발하게 사용되었는지만큼은 꼭 밝히고 싶었다. 그 연결고리만 풀어내면, 우리 음식 탕수육의 맛이, 어떤 연유로, 왜 이렇게 변질(?)되었는지를 파악할 수 있을 것 같았다. 또, 이미 마음을 접었다고는 했지만, 그래도 혹시 내가 그토록 애타게 찾고 있는 그 탕수육을 찾는 데 도움이 될 거라는 생각도 했다. 사전 문헌조사를 거쳐 취안저우, 푸저우, 샤먼을 일단 먼저 살피고, 이후 여력이 되면 가까운 시일 내에 바다 건너 대만을 다녀오기로 했다.

번외편:
탕수육의 영혼의 짝꿍, 그 술의 역사

푸젠성은 과거 외세에 쫓겨 도망쳐 온 이들(반청복명 세력을 비롯해 그 이전부터 이주한 수많은 객가 세력)이 자리 잡고 살아온 고장이었다. 당연히

그들에 의해 과거 대륙의 중심 세력들이 가꿔온 음식문화가 함께 흘러 들어왔고, 이전에 먼저 자리 잡고 있던 식문화와 상호 영향을 주고받으면서 새로운 푸젠성의 요리 민차이가 탄생했다. 바로 그 민차이의 중심 도시가 취안저우, 그리고 그로부터 멀지 않은 곳에 위치한 푸저우였다.

푸젠성에는 예로부터 '팔산일수일분전八山一水一分田'이라는 말이 전해져 내려온다. 우리말로 풀이하자면 '(푸젠 땅은) 팔 할(80%)이 산지이고, 일 할(10%)이 강이고, 나머지 일 할(10%)이 논밭이다.'라는 얘기다. 그 정도로 푸젠성은 산지가 발달하고 평지 또는 평지를 따라 흐르는 물이 부족하고, 농작물을 기를 농지 역시 부족한 곳이다. 반면 '의산방해依山傍海'라 하여 예로부터 '산(또는 땅)에 기대어 바다와 긴밀하게 접한다.'는 이야기를 하기도 했다. 그렇기에 푸젠성 출신들은 "푸젠 사람에게는 바다가 곧 밭이다!"라 외치며 일찌감치 바다로 나갔고, 자신들과 교역하기 위해 바다 건너에서 찾아온 사람들을 반가이 맞이했다. 푸젠성 주민들은 멀리는 개척기 시절의 미국까지 뻗어나갔고, 말레이시아, 인도네시아, 필리핀 등 동·서남아시아의 주요 해양국가들로는 수시로 들락날락했다. 반대로 그들을 찾아온 이들은 이탈리아, 스페인, 독일, 영국 등 전 세계 거의 모든 국가였다.

경제활동의 주무대 역시 당연히 해안가를 중심으로 펼쳐졌다. 이러한 교역 방식에서 샤먼 앞바다에 떠 있는 섬 하나가 중요한 존재로 급부상했다. 이 섬은 긴 해상여행의 주요한 보급창고이자 전초기지 역할을 톡톡히 했다. 많은 이가 섬 앞 먼바다*에 배를 대고 작은 배로 긴 항해를 위한 보급물자를 실어 날랐고, 선원을 모집해 오기도 했다. 때로는 섬에 들어가 회포를 풀거나 휴식을 취하기도 했고, 새롭게 배를 건조해 가기도 했다. 하지만 대륙의 주인이 중화인민공화국으로 바뀐 후에는 섬의 의미가 전혀 달라졌다. 이 섬의 이름은 진먼다오金門島. 우리에게는 '금문도'로 익숙한 곳이다.

1958년 8월 23일 저녁 집집마다 가족들이 둘러앉아 막 저녁식사를 할 무렵, 대만령 진먼다오**의 북쪽 하늘에서 천둥소리가 울렸다. 그리고 몇 초 지나지 않아 곳곳에서 폭발음과 함께 연기가 피어올랐다. 요란스러운 사이렌 소리가 울려 퍼졌고 이내 가까운 곳에서 똑같은 천둥소리가 들렸다. 그리고 섬 건너편 바닷가에서도 자욱한 연기가 피어올랐다. 중국 사람들이 '진먼 포전金門砲戰' 또는 '8.23포전八二三砲戰'이라고 부르는 제2차 대만해협 위기의 시작이었다.

진먼다오라는 섬의 위치는 참으로 독특하다. 대만 본섬으로부터는 무려 190여 킬로미터나 떨어져 있는 반면, 푸젠성 샤먼 해안선으로부터는 불과 10킬로미터 거리밖에 되지 않았고, 샤먼의 행정구역에 속하는 섬들과는 불과 4킬로미터밖에 떨어져 있지 않다. 날씨만 좋으면 샤먼과 진먼 양안에서 상대편 지역이 훤하게 내다보일 정도고, 과거에는 어부들이 헤엄쳐 양쪽 바닷가를 왕래하기도 했다. 때문

---

* '이 섬'의 해안선은 넓고 깊숙이 빠지는 갯벌로 유명하다.
** 원래 푸젠성에 속해 있었던 진먼다오는 이후 대만의 영토가 되었다.

대한민국
탕수육 만유기

에, 대만 입장에서는 중국 본토 바로 앞바다에 (울릉도 넓이의 두 배 정도되는) 거대한 항공모함 또는 전초기지를 설치해놓은 셈이었고, 중국 입장에서는 목구멍 바로 앞에 대만의 날카로운 칼날 하나가 쓱 들이밀어진 셈이었다. 당시 중국을 다스리던 마오쩌둥 입장에서는 수사적 표현이 아니라 실제적으로도 '눈엣가시'가 굵직하게 하나 박혀 있는 것과 같았다.

때문에, 1949년 이래로 중국인민해방군은 틈이 날 때마다 진먼다오를 침공해 자신의 영토로 만들고자 했으나 진먼다오에 주둔하고 있던 중화민국군의 목숨을 건 방어에 밀려 번번히 실패했다. 그러다 1958년 8월의 이날, 중국인민해방군이 작심하고 포격전을 전개한 것이었다. 저녁 6시에 시작된 포격은 저녁 8시까지 집중적으로 이어졌다. 단 두 시간 만에 3만 발이 넘는 포탄이 진먼다오 해안에 쏟아졌다. 갑작스러운 공격에 잠시 혼란을 겪던 중화민국군은 저녁 9시를 넘어가며 전열을 정비해 대응 포격에 나섰다. 물량 공세로 밀어붙인 인민해방군에 비해 중화민국군은 정교한 타격으로 샤먼 일대의 해안포들을 집중 공략했다. 무려 6만 발 가까운 포탄이 서로 오간 첫날의 포격전 이후로, 초반에는 인민해방군이 맹렬한 기세로 포격을 이어가며 당장이라도 진먼다오로 건너와 섬을 점령할 듯했지만, 이후 중화민국군이 효율적인 방어에 나서며 팽팽한 공방이 계속되다가 어느 순간부터 갑자기 흐지부지되는 쪽으로 판세가 흘러가기 시작했다.

그 중요한 물꼬는 역시, 미국의 개입이었다. 미국의 아이젠하워Dwight David Eisenhower 대통령은 제7함대를 대만해협으로 보내 '어슬렁거리도록' 했다. 인민해방군과 중화민국군 사이에 미 항모가 왔다 갔다 하는 것만으로도 마오쩌둥 지도부는 엄청난 압박을 느꼈다. 하늘에는 당시로서는 최첨단 기종이었던 스타파이터Lockheed F-104 Starfighter 전투기가 위력 비행을 하며 인민해방군 공군이 제공권을 장악하지 못하도록 했고, 그사이 미국의 미사일 개발업체인 레이시온Raytheon과 항공기 개발업체인 노스아메리칸North American은 재빨리 중화민국군 공군의 주력 전투기인 세이버North American F-86 Sabre의 양 날개를 개조해 아직 미군에도 배치가 덜 된 최첨단 사이드와인더 미사일AIM-9B Sidewinder을 장착해주었다.

결정타는 몇몇 일간지를 통해 보도된 이른바 '제3국을 통한 전술 핵무기 사용 가능' 소식이었다. 즉, 미국이 보유한 전술 핵무기를 자신과 핵 공유 협정을 맺은 국가에 빌려주면 그를 지원받은 국가가 중국인민공화국 본토 또는 예민한 국경지대를 공격해도 미국은 문제 삼지 않겠다는 내용이었다. 중화인민공화국은 발칵 뒤집어졌고, 미국 정가도 들끓었다. 핵무기라니! 사실 미국 정부에서 "아니다." 한마디 하면 끝날 일이었다. 실제로 많은 이가 다급한 중화민국이 퍼뜨린 루머 또는 오보일 거라 생각했다. 전 세계 기자들의 펜촉과 카메라는 백악관을 향했다. 그러나 예상과 달리 백악관은 입을 열지 않았다. 대신 미 국방부가 '아직 확정되지 않은 검토안'임을 전제하면서도 진먼다오 사태를 해결하기 위해 제한적인 지역에 대한 전술핵 공격을 할 수도 있다는 이야기를 내놓았다.

그러자, 이번에는 당시 세계 양대 강국이었던 소비에트연방공화국의 흐루쇼프 서기장이 입을 열었다. "미국이 극동아시아에 전술핵을 사용하면, 소련 역시 가만있을 수만은 없다." 중화인민공화국은 안도의 한숨을 내쉬었다. 그러나 이내 그 엄포의 상대방이 미국이 아닌 자신, 중화인민공화국임을 알고 안도의 한숨은 진짜 한숨으로 바뀌고 말았다. 흐루쇼프는 마오쩌둥 주석과 펑더화이 국방부장을 향해 "더 이상 일을 크게 벌여 소비에트연방과 미국 간에 핵전쟁이 벌어지게 만들지 말고, 자중하라!"며 경고했다.

지금이야 그 처지가 역전된 듯 보이나, 1950년대 말까지만 하더라도 중화인민공화국은 이제 막 나라의 기틀을 잡고 제1차 5개년 경제계획을 실행해나가던 수준이었고, 소비에트연방은 제2차 세계대전의 승전을 발판 삼아 공산권 국가의 맹주로 급부상해 미국과 양대 강국이라는 경쟁구도를 유지하고 있었다.

"중국 인민들 간의 내정에 간섭하지 말라!"

말은 이렇게 했지만, 마오쩌둥은 소비에트연방의 눈치를 살피지 않을 수가 없었다. 결국 10월 5일, 인민해방군의 수장이자 중화인민공화국의 국방부장이었던 펑더화이는 일주일간의 포격 중지를 선언했고, 일주일이 지나자 이번에는 2주간의 포격 중지를 선언했다. 이후로는 거의 포를 쏘지 않거나 쏜다 해도 사람이 거의 살지 않는 해안가 또는 바다 한가운데를 향해 공갈포를 날리는 수준으로, 포격은 흐지부지되고 말았다. 문제는 그 기간이 무려 20년간이나 이어졌다는 것이다. 1978년 말까지도 잠잠하다 싶으면 한 번쯤 진먼다오 앞바다에 인민해방군이 날린 포탄이 거센 물보라를 일으키고는 했다. 그리고 그 포격은 1978년 12월 15일 지미 카터Jimmy Carter 미 대통령과 덩샤오핑 중앙인민협상회의 주석 간의 국교 수립 선언이 발표되면서야 비로소 완전하게 그쳤다.

이 시기 동안 진먼다오의 삶은 팍팍했다. 명청 교체기 정성공이 이끈 멸청복명 운동의 중심지였기에 몇몇 역사적인 유적과 명소가 있었고, 쇠고기와 땅콩기름 정도의 특산품이 있었지만, 진먼다오의 경제를 살리기에는 역부족이었다. 물론 연중 수십 만 명의 군인이 주둔하면서 그들을 대상으로 한 상업활동 등이 가계에 큰 보탬이 되었지만, 반대로 수시로 벌어지는 포격전과 전쟁 직전까지 가는 긴장관계의 지속은 일반인에게 '진먼다오는 사람이 살 만한 곳이 아니다.'라는 생각을 확고하게 자리 잡도록 했다. 이때 진먼다오를 지탱해준 것이 바로 그 술이었다.

1913년 3월, 아직 네덜란드의 식민통치를 받던 인도네시아 수마트라에서 태어난 예화청葉華成은 푸젠성 출신 객가족의 후예였다. 두뇌가 명석했던 그는 중국어, 영어, 네덜란드어, 일어 등 8개 국어를 구사하는 어학 천재였다. 1936년에 아버지의 고향인 푸젠성 진먼다오에서 친지에게 소개받은 여성과 결혼을 하고 가정을 꾸린 그는 싱가포르로 건너가 잠시 사업을 하다가 다시 진먼다오로 되돌아왔다. 그곳에서 그는 운명적인 만남을 갖는다. 아버지의 고향으로 돌아오기는 했지만, 무슨 일을 해서 먹고살지가 막막했던 그에게 누군가가 랴오광중廖光中이라는 사람을 소개해주었다. 같은 객가족이었던 랴오광중은 퇴역한 직업군인이었다. 그는 예화청에게 자신만의 술 빚는 비법을 전수해주었고, 제대로 된 술을 빚을 수 있다면 군대 내 자신의 인맥을 활용해 판로도 마련해주겠다고 했다.

그러면서 놀라운 정보 하나를 알려주었다. 국민당 군대가 인민해방군에 밀려 퇴각할 때 대륙에서 귀한 누룩도 함께 챙겨 왔는데, 그를 처분하지 못해 곤란한 처지에 빠져 있다는 것이었다. 진먼다오 인근 둥산다오東山島를 거쳐 대만섬으로 오는 길에 배의 공간이 모자라 누룩을 탄약고 등에 몰래 숨겨두었는데, 그를 가져오지도 팔지도 못해 군 수뇌부가 골치를 썩이고 있다는 얘기였다. 모든 것이 귀하던 시기에 최고의 누룩을 구할 수 있다는 소식을 들은 예화청은 앞뒤 재지 않고 군 간부에게 값부터 치렀다. 누룩을 받자마자 수십 가마니가 넘는 쌀을 사 와서 술을 빚은 탓에 수중에는 돈이 한 푼도 남아 있지 않았지만 그는 걱정이 없었다. 술이 제대로 발효되기만 하면 바로 군대에 납품해 떼돈을 벌 수 있을 거라 생각했기 때문이다.

하지만 시간이 흘러 발효조의 뚜껑을 열었을 때 그의 눈앞에 나타난 것은 엄청난 양의 썩은 식초였다. 알고 보니, 국민당 군대가 퇴각하며 허겁지겁 누룩들을 싣다 보니 제대로 밀봉을 하지 않았고, 그

사이로 바닷물이 스며 들어와 누룩을 푹 적신 것이었다. 대충 말리긴 했지만, 예화청이 양조장으로 가져올 때 이미 누룩은 발효제의 기능을 완전하게 상실한 뒤였다. 한마디로, 군납 브로커에게 속은 것이었다. 그런데 역설적으로 이 비극이 그와 진먼다오의 운명을 180도 달라지게 만들었다.

모든 것을 잃어버린 예화청은 먹고살기 위해 좡톈더莊天德이라는 사람이 운영하는 양조장에서 인부로 일했다. 말이 양조장이지 시장 한 귀퉁이의 작은 식당에서 상표도 없이 밀주를 빚어 팔던 곳이었다. 당연히 술의 재료도 그때그때 구할 수 있는 것을 사용했다. 그곳에서 다양한 재료를 활용해 술 빚는 방법을 배운 그는 다시 한 번 자신만의 양조장을 만들어보고자 했다. 문제는 자본이었다. 어렵사리 누룩은 구했지만, 섬에서 귀한 대접을 받던 쌀을 사기에는 돈이 터무니없이 부족했다. 대신 그는 섬에 비교적 흔했던 수수, 즉 고량高粱(가오량)을 택했다.

중국 남부 지방에서는 주로 쌀을 이용해 만든 누룩을 사용하는 반면, 북부 지방에서는 밀을 빻아서 가루를 만든 다음 그를 큰 떡처럼 빚어 띄운 병국餅麴을 사용했다. 병국을 잘 만들어서 사용하면 섬에서 수확한 고량을 발효시킬 때 나는 묘한 냄새를 잡을 수 있고 발효 속도를 조절하기도 편했다. 이를 알아낸 예화청은 1950년부터 본격적으로 술 양조에 들어갔다. 그가 만든 고량주는 날개 돋친 듯 팔려나갔다. 특히, 인민해방군을 압박하기 위해 좁은 섬에 빼곡하게 주둔해 있던 부대에 근무하던 13만여 명의 군인들이 그가 만든 고량주에 푹 빠졌다. 당시 대부분의 군인은 장제스를 따라 대륙에서 이동해 온 이들이었기에, 섬에서 제대로 된 고량주를 마시지 못해 불만이었 다. 묘하게 이국적인 풍미이기는 하지만 대륙 방식의 고량주와 흡사 한 맛과 향을 구현한 예화청의 고량주는 이 군인들에게 큰 인기를 끌었다.

그러나 그의 성공은 이번에도 오래가지 못했다. 진먼다오에 주둔 한 진먼방위사령부를 이끄는 총 책임자였던 후롄胡璉 장군이 예화청 과 그의 양조장을 못마땅하게 여긴 것이다. 군 보급품의 무단 반출 이나 면세 혜택을 받는 주류의 무분별한 유통을 감시하겠다는 이유 로, 매일 아침 간부와 사병 서너 명이 예화청의 양조장을 찾아와 경 비를 섰다. 말이 경비지, 양조장으로 들어가는 재료들을 일일이 검 수하고, 출하되는 술의 양이 얼마나 되며 어디로 출고되는지를 따지 는, 엄연한 영업 방해였다. 하지만 막강한 군부 실력자였던 후 장군 의 뜻을, 게다가 전시 상태에 가까웠던 진먼다오에서 거역할 수 있 는 사람은 그 어디에도 없었다.

결국 예화청은 자신의 양조장 문을 닫고 후롄 장군이 새롭게 문을 연 군 산하 양조장의 직원으로 취업하게 되었다. 앉은 자리에서 목 숨과도 같았던 양조장을 빼앗기고 전현직 군인들이 운영하는 양조 장의 기술과장을 맡게 되었지만, 예화청은 최선을 다해 일했다. 양조 장의 터를 정하고, 기초공사를 하고, 발효조를 들여놓았으며, '빌려준다'는 명분이기는 했으나 자신이 보유하고 있던 각종 기자재와 귀한 누룩을 군대가 지은 양조장에 상납했다. 술의 주재료가 되는 좋은 수수를 확보하는 데에도 힘썼다. 수수의 안정적인 확보를 위해, 그는 후롄 장군에게 진먼다오 주민들이 수수 농사를 지을 수 있도록 하고 그 수수를 높은 가격에 군대에서 매입하겠다 약속해달라고 요청했다. 장군은 흔쾌히 그 청을 받아들였고, 그로부터 진먼다오는 수수의 주산지로 명성을 날리게 되었다.

이렇듯 최선을 다해 군 양조장의 오픈을 돕는 듯했지만, 예화청의 마음 한구석에는 군대를 향한 원망과 자신의 양조장에 대한 미련이 깊이 남아 있었다. 1월 중순 무렵 이미 양조장의 가동 준비를 모두 마친 그였지만, 이런저런 이유를 대며 생산 착수 시기를 차일피일 미뤘다. 그리고 얼마 안 가 1953년 2월 1일, 드디어 양조장은 '첫 술' 생산에 들어가며 공식적으로 문을 열었다.

이날은 예화청의 생일이었다. 그는 이런 식으로라도 이 양조장의 실질적인 주인이 자신이며, 이곳에서 만든 술이 자신이 만든 것임을 알리고 싶었다. 예화청이 만든 술은 날개 돋친 듯 팔려나갔다. 시판을 시작한 지 불과 석 달도 지나기 전부터 품귀현상이 빚어질 정도였다. 양조장에는 매일 아침마다 수수를 싣고 온 차량과 술을 싣고 나가는 차들이 뒤엉켜 한바탕 난리가 났다. 그러나 신기하게도 수입은 변변치 않았다. 분명 술은 엄청나게 잘 팔리는 듯한데, 이상하게 장부에는 적자가 쌓여갔다. 알아보니 양조장에 근무하고 있는 군 인사들이 개인적으로 착복하거나 윗선에 상납하면서 새는 돈이 어마어마했다. 그 정점에 후롄 장군이 있었다.

사람들은 "감히 후 장군을 건드렸다가 어떻게 되려고 그러냐."면서 예화청에게 모른 척하라고 권유했지만 꼿꼿한 성격에, 가뜩이나 멀쩡한 양조장을 빼앗겨 군에 대해 감정이 좋지 않았던 예화청은 모든 사실을 공개했다.

결과는 예화청이 양조장에서 쫓겨나는 것이었다. 그것으로 끝난 것이 아니었다. 양조장을 나온 예화청은 생계를 위해 돼지농장을 세웠다. 그런데 그가 키운 돼지가 첫 출고될 무렵, 후롄 장군이 이끄는 진먼방위사령부는 고기 값 안정을 이유로 대만에서 엄청난 양의 돼지고기를 들여왔다. 예화청은 다시 한 번 빈털터리가 되고 말았다. 이후 사업에서는 완전히 손을 털고 진먼중학교에서 교편을 잡고 영어를 가르쳤지만, 그에 대한 군부의 감시와 견제는 그가 1958년 대만섬으로 이주할 때까지 계속 이어졌다.

그러는 동안에도 군 양조장에서 만든 고량주의 인기는 사그러들지 않았다. 군 복무 시 군 양조장의 술을 맛본 군인들이 제대하고 대만으로 돌아가고 나서도 이 술을 찾았고, 덕분에 별다른 홍보를 하지 않아도 대만 전역에 그 명성이 널리 알려지게 되었다. 그에 맞춰 대량생산체계를 마련한 양조장은 1956년 '금문주창金門酒廠(진먼주창)'으로 간판을 바꿔 달았다. 우리가 잘 아는 '금문고량주'의 역사가 본격적으로 시작되었다. 그리고 이 술은 이후 내 탕수육 여정에 늘 함께하는 술이 되었다.

이 술은 58도라는 제법 높은 도수임에도 목 넘김이 편안하고 잔잔한 뒤끝이 혀끝과 입안에 여운을 남긴다. 우리가 흔히 아는 고량주에 비해 향이 진하지 않은 술로, 아무리 많이 마셔도 다음 날 갈증이 나지 않는 것으로 유명하다.

중국에서 고량주를 만드는 방법에는 여러 가지가 있지만 크게는 세 가지로 분류한다. 고태법固態法은 천연재료에 물을 넣지 않고 고체 상태 그대로 발효시키는 방법으로, 불필요한 물질을 첨가하지 않고 최대한 자연 그대로의 방식으로 술을 빚는 방법이다. 다른 두 가지 방식에 비해 술맛이 압도적으로 좋긴 하나 발효에 시간이 많이 걸려 생산 효율이 좋지 않고 당연히 가격이 비싸다. 우리가 이름을 들으면 알 만한 값비싼 명주名酒들이 주로 이 방법으로 생산한 것이다. 액태법液態法은 곡물에 물을 넣어 발효해 식용 주정을 생산한 뒤 물을 넣어가며 원하는 도수를 맞추고, 그로 인해 변한 맛은 감미료나 향신료 등을 더해 술을 빚는 방법이다. 발효 시간이 짧아 생산 효율이 좋고 그로 인해 저렴하지만, 맛이 그리 좋지 못한 술이 많다. 과거 우리가 중화요리집에 가서 간단히 즐겼던 '빼갈'*들이 대부분 이 방법으로 만든 술이다.

* 중국 허베이성河北省 헝수이현衡水縣(현재의 헝수이시 타오청구)의 양조장에서 생산되던 백주의 상표였던 '백간白干'에 발음을 부드럽게 하는 얼화儿化가 일어나 불리게 된 이름으로, 우리나라에서는 중국 백주를 일컫는 일반명사로 사용되고 있다.

대한민국
탕수육 만유기

고태법으로 만든 술은 워낙 귀하고, 그렇다고 액태법으로 만든 술만 마실 수도 없는 노릇이고. 이런 고민 끝에 사람들이 만들어낸 방법이 바로 세 번째 방법인 고액법固液法 또는 고액결합법固液結合法이다. 일단 액태법으로 알코올 농도 90도 이상의 주정을 만든 뒤 물로 희석해 도수를 맞추고, 액태법만큼은 아니지만 약간의 감미료를 첨가해 기본적인 맛을 낸 뒤 고태법으로 만든 술을 30퍼센트 이상 섞어서 만드는 방식이다. 일종의 블렌디드 위스키와 유사한 방식인 셈이다.

금문고량주는 고태법을 사용하되 '삼고이저일번三高二低一翻'이라는 고유의 방식으로 빚는 것으로 알려져 있다. 여기서 '삼고'는 '높은 온도'에서 누룩을 빚고, '높은 압력'의 증기로 수수를 쪄낸 뒤, 누룩과 찐 수수를 뭉쳐 고체상태로 만들어놓은 것을 '높은 온도'로 증류시켜 원주原酒를 뽑아내는 것을 의미한다. '이저'는 누룩과 쪄낸 수수를 빚어 만든 술밑을 '낮은 온도'를 유지하며 발효시키는 것과 최종 증류까지 마친 술을 사시사철 '낮은 온도'를 유지하는 화강암 동굴에서 숙성시키는 것을 말한다. 마지막으로 '일번'은 술밑을 발효시킬 때 계속해서 저어 '완전하게 발효'시키는 것을 의미한다.

진먼다오 곳곳에 위치한 화강암 지층은 금문고량주에는 물론, 진먼다오 전체 주민의 삶에도 매우 큰 영향을 끼쳤다. 단단한 화강암 암반층에 형성된 동굴은 중화인민공화국의 수많은 포격과 도발 속에서도 진먼다오 주민들의 방어 거점이 되어주었다. 또한 그 암반을 타고 흐르며 깨끗하게 정화된 물은 섬 주민들에게 맛 좋은 식수로 제공되었고, 금문고량주가 수수를 전통 방식으로 가공해 만든 백주임에도 깔끔한 맛과 향의 술이라는 평가를 듣게 만들어주었다. 그 깔끔한 맛 덕분에 다양한 중화요리에 잘 어울리는 백주로 칭송을 받고 있지만, (지극히 내 개인적인 취향이기는 한데) 다른 중화요리에 비해 유독 '단맛'이 강조된 탕수육과 정말로 궁합이 잘 맞는 술이다.

푸젠성의 일부인 대만, 대만의 일부인 푸젠성

아! 통조림 과일이 잔뜩 들어간 탕수육이 우리나라에서 탄생한(혹은, 우리나라로 전래된) 이유를 찾기 위해 푸젠성으로 떠난 이야기를 하다가 진먼다오와 금문고량주까지 빠져버리고 말았다. 이제 본격적으로 탕수육 또는 그 부류 음식들의 남중국 버전의 변신을 맛보기 위해 취안저우 관광의 중심지이자 과거 가장 번화가였던 시제西街 거리로 나섰다.

조선시대를 거치며 주요 절들이 인적이 드문 산속으로 들어가버린 우리나라에 비해 중국과 일본의 대형 불교 사찰이나 도교 사원은 하나같이 시내 한복판에 있다. 그곳에서 열리는 행사에 필요한 제물을 납품하는 상점들이 그 앞에 포진했고, 참배객들을 대상으로 공물과 먹을거리를 파는 가게들 역시 진입로 주변에 속속 자리를 잡았다. 덕분에 어느 도시에서나 사찰과 사원은 시내의 중심이었고, 그 주위로는 시장 또는 상점가가 형성되었다. 일본 도쿄 아사쿠사 센소지 앞으로 펼쳐진 나카미세 상점가, 교토 기요미즈데라 앞 상점 거리인 기요미즈자카, 산넨자카, 니넨자카, 그리고 대만 타이베이에 있는 룽산스龍山寺 옆으로 펼쳐진 화시제華西街 시장, 홍콩 웡타이신 템플黃大仙祠 바로 옆으로 붙어 있는 템플 몰Temple Mall 등이 대표적이다. 유럽 주요 도시의 중앙에 성당이 있고, 그 앞으로 펼쳐진 광장 주위로 상점가 또는 주기적인 시장이 형성되는 것도 같은 이치다.

취안저우의 시제 거리 역시 시내에서 가장 큰 사찰인 카이위안스開元寺에 맞닿아 있다. 서기 686년, 당나라 황제 예종睿宗은 건국 70주년을 맞이해 남쪽 해안 실크로드의 중심지인 취안저우에 연화도창延華道昌이라는 이름의 절을 지었다. 불교의 양식을 기본으로 하되 힌두 양식도 다양하게 접목한 연화도창은 민족과 종교를 막론하고 많은 이의 사랑과 존경을 한 몸에 받았고, 금방 취안저우는 물론 푸젠성 전체를 대표하는 사찰로 성장했다. 예종의 뒤를 이은 제6대 황제이자 '개원의 치開元之治'라 일컬어지는 당나라의 전성기를 열었던 현종玄宗은 이 절에 자신의 연호인 '개원'을 하사했다.

그렇게 현판을 바꿔 단 카이위안스는 현재까지 취안저우 사람들의 영혼의 안식처이자 대표적인 관광지로 성장해왔다. 그 카이위안스에 공물을 가져다 바치거나, 오고 가며 식사를 해결하려는 신도들을 위해 형성된 상점가가 시제 거리다. 이름 그대로 절의 서쪽으로 뻗어 있는 거리다. 카이위안스에서 시작해 종탑까지 뻗어 있는 거리는 다른 유명 상점가에 비해 그 길이가 긴 편은 아니다.

재미있는 것은 이 거리에서 만나볼 수 있는 대부분의 맛있는 음식을 바다 건너 대만에서도 맛볼 수 있다는 사실이다. 그도 그럴 것이 푸젠성이 곧 대만이고, 대만이 곧 푸젠성이기 때문이다. 이게 무슨 뜻인가?

취안저우에 가면 '중국민태연박물관中國閩台緣博物館(중궈민타이위안보우관)'이라는 곳이 있다. 많은 분이 생소하다고 하실지 모르겠지만 중국국가문물국과 중국박물관협회가 공동으로 선정한 박물관 등급 상 '국가1급 박물관'에 속하는 곳이다. 우리나라 국립중앙박물관 수준에 버금가는 대형 박물관인데, 이곳의 설립 목적이자 전시하고 있는 물품들이 표현하는 것은 오로지 "대만은 푸젠성의 일부, 푸젠성은 우리(중화인민공화국) 땅, 고로 대만은 우리 땅!"이다. 박물관 이름부터 '민(푸젠성) 지역과 태(대만) 지역의 인연'이니 말 다했다. 즉, 대만을 진먼다오나 둥산다오 같은 푸젠성 내 도서 지역으로 취급하겠다는 굳은 의지를 박물관까지 세워 만천하에 공표하고 있는 것이다.

반면, 앞서 이야기한 금문고량주를 생산하는 진먼다오의 정식 행정구역명은 중화민국 푸젠성 진먼현이다. 대만은 푸젠성을 자신의 영토라 못 박고 명목상 성 정부 청사 소재지 역시 (어찌됐든 자신의 영토라고 굳게 믿고 있는) 중국 대륙에 있는 푸저우시에 두고 있다. 다만, 실제로 푸저우에 대만의 지배를 받는 성 정부를 수립할 수도 없고 대만 공무원들을 직접 파견할 수도 없으니, 실질적인 정부 청사 소재지는 진먼현 진청진金城鎮에 '임시로' 두되, 언제라도 기회가 된다면 대륙 땅 푸저우에 중화민국의 청천백일만지홍기青天白日滿地紅旗[*]를 게양할 것을 호시탐탐 노리고 있는 상황이다.

상황이 이러하다 보니 푸젠성에서 맛보는 음식들 중 상당수는 스린예스士林夜市, 스따예스師大夜市, 랴오허제예스饒河街夜市, 닝샤예스寧夏夜市 등 유명한 대만의 야시장에서 맛볼 수 있는 음식과 상당수가 겹치고, 반대로 대만의 야시장 또는 식당가에서 맛있게 먹은 음식 중 대부분을 푸젠성 여정에서 방문한 여러 도시에서도 같은 맛으로 즐길 수 있다. 샤먼 시내 중심가인 중산루中山路의 맛집 '렌환蓮歡'에서 맛있게 먹은 '샤먼 특선 굴전'인 해려전海蠣煎(하이리젠)은 대만 식당 '위안환벤圓環邊'의 '대만식 굴전'인 하자전蚵仔煎(어쯔젠)의 맛과 너무나도 흡사했다.

반대로, 수많은 방송을 통해 알려져서, 한국 관광객에게는 더 이상 생소한 이름이 아닌 대만 식당 '아쭝몐셴阿宗麵線'의 시그니처 메뉴인 곱창국수 대장면선大腸麵線(따창몐셴)과 취안저우 시내 곳곳에 지점을 두고 현지인들에게 큰 사랑을 받고 있는 '위안쯔몐셴후遠記麵綫糊'의 대창과 굴이 들어간 면 요리 대장하자면선大腸蚵仔麵線(따창허지

멘셴)은 같은 음식이라 봐도 무방할 정도로 맛이 비슷했다. 하지만 그중에서도 나의 관심을 끈 것은 초육, 현지에서는 '추러우'로 불리는 는 요리였다.

뜻밖에 육고기에 안성맞춤이었던 '신맛'

초육醋肉은 이름 그대로 새콤한 식초 맛이 나는 돼지고기튀김 요리다. 겉모습은 그저 대충 튀긴 돼지고기 요리처럼 보이지만 실제로는 손이 제법 많이 가는 요리다. 돼지고기 살코기를 식초에 재운 뒤 고구마 전분을 묻혀 기름에 튀겨 만든다. 갓 조리한 초육은 겉은 바삭하고 속은 부드러우면서 결코 과하지 않은 은은한 식초 향과 잘 익은 마늘 맛까지 덧입혀져 전혀 기름지지 않아, 제법 많이 집어 먹어도 질리지 않는다. 이런 맛 덕분에 취안저우, 장저우漳州, 샤먼 등 푸젠성 남부 지역에서 최초로 탄생한 이래 대만, 싱가포르, 말레이시아, 필리핀 등지로 퍼져나갈 수 있었는데, 이제 이들 지역에서는 매우 친숙한 음식이 되었다. 하지만 제대로 된 식당에서 차려놓고 먹는 요리라기보다는 길거리에서 간단하게 사 먹는 간식에 가까운 음식으로 발달했다. 초육으로 가장 유명한 집 역시 제대로 된 식당이 아닌 노점이었다.

일단, 내가 푸젠성 여정에서 가장 먼저 초육을 맛본 곳은 시제 거

대한민국
탕수육 만유기

리에 위치한 한 식당이었다. 짧은 시간 동안 후다닥 난샤오린스南少林寺*와 카이위안스를 둘러본 터라 허기가 급속도로 밀려왔다. 눈에 보이는 식당 아무 데나 들어가서 보니 그곳 메뉴에도 초육이 있었다. 혼자 들어와 온갖 심오한 표정으로 음식을 뒤적거리고, 정성 들여 사진을 찍고, 입안에 조심스럽게 넣으며 맛을 음미하는 한국 관광객은 사람들의 눈길을 끌 수밖에 없었나 보다. 식당 주인과 잘 아는 사이인 듯한 손님 한 명이 말을 걸어왔다. 진陳씨 성을 가진 50대 남성이었다. "어느 나라에서 왔냐? 근데, 너 뭐하고 있는 거야? 너 요리사야? 아니면 기자?"

그의 물음에, '탕수육에 미쳐 사는 한국인'이라거나 '자칭 한국탕수육협회장'이라 말하기는 뭐해서 중국요리에 대한 책을 쓰기 위해 취재에 나선 작가라고 해두었다. 그러면서 과일까지 넣어 달콤새콤하게 만들어 먹는 푸젠성의 돼지고기 요리 방식에 관심이 많다고 답하자 그는, "그럼 여기에서 초육을 먹으면 안 되지! 여기는 뜨내기 관광객들을 대상으로 하는 식당이라 정통이 아니야!"라며 나에게 두 곳의 초육 전문점을 추천해주었다. 분명 식당 주인과 무척이나 친해 보였는데…. 역시, 음식에 진심인 사람이 이렇게나 무섭다. 두 곳 중 한 곳은 예상대로였는데, 다른 한 곳은 이름조차 전혀 들어보지 못

* 중국 무술 하면 떠오르는 소림사는 허난성 덩펑登封시에 위치한 쑹산嵩山에 있다. 그러나 중국인들은 푸젠성 취안저우에 있는 또 다른 소림사를 '진정한' 소림사(남소림사로 구분)로 인정하는데, 중국인들은 청나라 초기의 복명 운동에도 관여했을 뿐 아니라 개화기에 서양인들의 횡포에 앞장서 저항한 무술인들이 남소림사의 승려 혹은 그 제자들이었기 때문이다.

한 곳이었다. 원래 가보려던 곳부터 먼저 방문하기로 했다.

취안저우 시내 원링루溫陵路 잉진제迎津街에 가면 '차오즈터우추러우橋仔頭醋肉'라는 이름의 노점이 있다(지금은 여러 곳에 같은 이름의 프랜차이즈 점포까지 개설했다고 한다). 공교롭게도 추씨 성을 가진(물론 식초의 초 자가 아닌 '닭을 초肖' 자이긴 하지만) 사람이 1990년에 취안저우로 이주해 투먼途門 거리에 노점을 열고 집에서 즐겨 먹던 방식대로 초육을 만들어 판 것이 그 시작이라고 한다. 상호도 간판도 없는 말 그대로 노점이었지만 사람들은 줄을 서서 초육을 사 먹었고, 금방 취안저우의 명물이 되었다고 한다.

그러나 투먼이 토지개발 대상 지역으로 선정되면서 장사를 접어야 했고, 고민하던 추씨의 눈에 '시티홀리데이호텔城市假日酒店'과 '뉴센추리호텔新世纪酒店' 사이의 작은 다리 하나가 눈에 들어왔다. 현재의 위치다. 그곳에 수레와 튀김기 두 대를 설치하고 다시 장사를 시작했고, 비로소 지금과 같은 상호까지 생겨났다. 직접 먹어본 차오즈터우추러우의 초육은 명성 그대로였다. 비싸지 않은 가격이었음에도 꽤 괜찮은 고기를 썼는지 잡내가 전혀 나지 않았고, 식초 향 역시 크게 거슬릴 정도는 아니었다. 오히려 예상외로 마늘 향이 진하게 나면서 특유의 단맛까지 느껴졌다.

두 번째 가게도 서둘러 찾아 나섰다. 차오즈터우추러우에서 멀지 않은 거리에서 영업 중인 '진장자추러우晉江炸酢肉'라는 가게였다. 이곳 역시 노점이었다. 음식에 진심인 (하지만 단골 가게 주인에게는 놀랍도

대한민국
탕수육 만유기

록 매정한) 진씨 아저씨의 평가에 따르면, 황제 차오즈터우추러우에 비해 명성은 떨어지지만 맛은 오히려 한 수 위로 쳐줄 만한 집이라고 했다. 실제로 진장자추러우의 초육은 차오즈터우추러우의 그것과 비슷한 듯하면서도 묘하게 달랐다. 좀 더 시큼한 맛이 강하면서도 은근한 단맛의 여운 역시 무시 못 할 정도여서 복잡미묘한 깊은 맛을 선사했다. 노점에서 이 정도 수준의 복잡미묘한 맛을 내는 음식을 만나리라고는 상상조차 하지 않았기에, 첫 느낌은 충격 그 자체였다.

맛의 비결을 물어보니 "추부이양러醋不一样了!", 즉 '식초가 다르다.'며 선뜻 통 하나를 보여주는데, 아마도 고기를 재울 때 쓰는 식초인 듯했다. 우리가 주로 먹는 양조 식초와는 비교할 것도 없고, 제대로 된 만둣집 또는 딤섬 전문점에 갔을 때 볼 수 있는 흑초보다 훨씬 더 검고 걸쭉했는데, 식초라기보다는 일본 장어구잇집에 가면 볼 수 있는 오래 묵힌 다레たれ와 비슷한 느낌이었다. 자신만의 방식으로 만든 비법 식초에 돼지고기를 여러 시간 재운 뒤 꺼내 몇 가지 양념을 하고 튀김옷을 입혀 튀기는데, 각기 온도를 다르게 맞춰둔 여러 개의 기름 솥을 옮겨가며 최소한 세 번 이상 튀겨낸다. 아무리 노점상이라도 이 정도 정성이면 인정할 건 인정해줘야 할 듯하다.

우리는 신맛에 대해 스테레오 타입의 인상을 가지고 있다. 어떤 음식이 신맛을 지니면 상큼하고 새콤하다고 느끼기도 하지만, 또 다른 경우 '상했다'고 생각한다. 특히 육류 요리일 경우 신맛이 나면 큰

초육은 육류와 신맛의 조화를 보여주는 요리다.

일난다고 생각하는 경우가 많다. 하지만 뜻밖에도 육류 요리와 식초는 절대로 상극이 아니다. 아니, 오히려 음식의 숨은 맛을 끄집어내는 절묘한 양념 역할을 하는 경우가 많다. 우리가 흔히 '호박산'이라고 부르는 석신산succinic acid의 경우, 원래는 냄새가 없고 신맛이 강한 고체 형태의 산이지만 육류 요리와 맞닿으면 재료의 감칠맛을 극대화해준다.

때문에 프랑스요리 중에서도 최고급으로 치는 산토끼 등살구이 요리인 '하블 드 리에브흐 그리예râble de lièvre grillé'에는 새콤달콤한 사과를 소스에 사용하고, 사슴 갈비 요리인 '코트 드 세흐 호티côte de cerf

대한민국
탕수육 만유기

rôti'에는 설탕에 조린 모과를 곁들임으로 사용하기도 한다. 또 다른 고급요리 축에 속하는 산비둘기 요리 '투흐트헬레 앙 코코트tourterelles en cocotte'에는 상큼한 유자나 오렌지 등으로 만든 소스를 얹어 낸다. 초육 역시 그러하고 우리가 먹는 탕수육도 그러한데, 어?

초육을 허겁지겁 먹다가 몇 가지 프랑스요리를 떠올리는 순간! 잠시 잊고 있었던 통조림 과일이 듬뿍 들어간 탕수육이 생각났다.

문득, 푸젠성에서 마주친 여정의 끝

그렇게 취안저우를 시작으로 푸저우, 샤먼 그리고 장저우 등지를 돌며 탕수육과 유사한 음식, 특히 새콤달콤한 과일이 들어간 탕수육계의 프루츠 칵테일 펀치와도 같은 요리들을 찾아다녔다. 그 일정을 짜며, 그리고 계획했던 식당들을 찾아가 음식을 맛보며 내 생각은 이렇게 정리되었다.

광둥, 푸젠에서 주로 먹던 고기튀김 요리가 서양인들이 먹기 편하게 돼지갈비(또는 삼겹살)를 깍둑썰기한 뒤 튀겨 소스를 끼얹은 요리와 만나 서로 영향을 주고받다가 '고로육'이라는 요리 형태로 굳었다.

→ 육고기 요리에는 새콤달콤한 과일 소스를 얹어 먹는 것을 선호했던 서양인들의 취향을 맞추기 위해 고로육에도 과일이 적극적으로 들

어가기 시작했고

→ 마침, 중국으로 들어온 서양인들이 주로 거주하던 남방 바닷가에는
열대과일(망고, 리치 같은), 그중에서도 파인애플이 유독 풍부했다.

→ 열대과일을 듬뿍 넣은 소스에 볶아낸 돼지갈비튀김 또는 삼겹살튀
김 요리들은 홍콩을 중심으로 광둥성을 대표하는 요리로 각광받게
되었다.

→ 1960~70년대 경제성장과 더불어 대한민국의 중화요리 시장 역시
급속도로 커졌는데, 광둥요리는 연회요리의 대명사이자, 고급 중화
요리로 여겨졌고, 유명 호텔 중식당에서는 홍콩 유명 식당의 요리
사들을 초청해서 갈라 디너, 특선 연회 등을 여는 것이 유행했다.

→ 이때, 그들 요리사를 통해 열대과일이 듬뿍 든 고로육이 소개되었
고, 그를 본 한국의 중화요리사들은 너도나도 비슷한 맛과 형태의
고로육을 만들어 '광둥 탕수육'이라는 이름으로 판매했다.

→ 하지만 당시 우리나라에서 생 열대과일을 구입해 탕수육 소스로 쓸
수 있는 요리집은 특급 호텔이나 고급 중식당 몇 곳을 제외하면 없
었다. 그래서 미군 부대 또는 일명 '도깨비 시장'이라고 부르던 남대

문 수입상품점 등을 통해 들어온 펀치 칵테일용 열대과일 통조림을 구해 대용으로 사용했다.

→ 그렇게 해서 한국의 탕수육 소스에는 통조림 과일이 잔뜩 들어가게 되었다.

특히, 대만을 포함해 푸젠성은 예로부터 파인애플로 유명한 지역이다. 지금까지도 그 명성은 이어지고 있는데, 대만으로 여행을 다녀온 사람치고 파인애플 잼이 들어간 과자 펑리수鳳梨酥를 한두 박스 안 사 온 분이 없다. 말린 파인애플 역시 관광객들에게 인기 기념품인데, 그 맛이 일반적인 말린 과일과는 차원이 다를 정도로 촉촉 달콤 쫄깃하다. 푸젠성 역시 대만 정도는 아니지만 질 좋은 파인애플을 대량으로 생산하는 것으로 유명하다. 파인애플을 鳳梨(봉리)라 쓰고 '펑리'라 읽는 대만과 달리, 중국 본토에서는 菠蘿(파라)라고 쓰고 '보뤄'라 읽는데, 샤먼이나 취안저우 곳곳을 다녀보면 보뤄를 판매한다거나 보뤄가 들어간 요리를 제공한다고 쓴 간판을 흔히 볼 수 있다.

푸젠성 사람들은 음식에 파인애플을 즐겨 사용하는데, 고로육에도 거의 메인처럼 사용되는 재료가 파인애플이었다. 따라서 앞서 했던 유추 중에 '서양인의 취향을 맞추기 위해', '소스에 사용된 새콤달콤한 과일' 중 가장 대표적인 것이 파인애플이었을 것임은 어렵지 않게 알 수 있고, 왜 우리나라에 전래된 과일 들어간 탕수육 소스의 메인 재료가 과거에는 주로 파인애플이었는지에 대한 의문도 자연스럽게 풀렸다.

물론, 샤먼에서 우연히 찾아가게 된 식당이자 일정 중 세 번의 식사를 책임졌던 맛집 '스위민차이思嶼閩菜'에서 인사를 나눈 요리사 덕분에 내 추론이 시작부터 꼬이기도 했다. 그는 제천 송학반장의 그것과 비슷한 크기로 토막 내 튀겨낸 돼지갈비 위에 샛노란 망고 소스를 끼얹은 요리를 내어주며 "우리 민(푸젠성) 사람들은 외세(서양인들)가 들어오기 훨씬 전부터 과일 소스로 버무린 새콤달콤한 돼지갈비 요리를 먹었다."라고 했다. 실제로 몇몇 문헌자료를 살펴보니, 푸젠성 일대에서는 예로부터 고기 요리에 과일을 적극적으로 사용했다는 내용을 발견할 수 있었다. 하지만 우연히 비슷한 음식은 있을지언정, 적어도 내가 수립한 논리의 흐름을 크게 뒤바꿀 만한 증거는 내가 푸젠성 일대에 머무르는 동안 찾아볼 수 없었다.

인류 역사에 큰 영향을 미치거나 중요한 역할을 한 음식이 대부분 그러하듯, 탕수육 혹은 탕수육과 유사한 음식들 역시 전파될 때마다 지역과 지역민에 동화되어 해당 지역의 산물과 생활상, 식습관과 정서 등을 자신의 맛과 향에 그대로 묻혀놓았다. 사람들에 맞게 진화한 것이다. 그리 생각하니 '통조림 과일이 들어간 소스의' 탕수육, '소스를 따로 내서 찍먹을 하도록 하는' 탕수육을 신경질적으로 배척해온 내 고집이 무의미하다는 생각이 들었다. (아, 흔들리면 안 되는

데…)

토마토케첩이 듬뿍 들어간 탕수육이나 통조림 과일이 잔뜩 들어간 소스를 얹은 탕수육은, 어쩌면 광둥식 탕수육의 맛을 우리나라에서 손쉽게 구할 수 있는 재료를 사용해 재현하고자 한 요리사들의 고뇌가 담긴 음식일는지 모른다. 고기튀김과 소스를 따로 내는 '찍먹' 탕수육은 직접 식당에 나오기가 힘들어 배달로나마 탕수육을 맛보고 싶어하는 이들에게 처음 조리했을 때의 그 맛을 그나마 최대한 유지해 대접하고자 하는 요리사들의 귀한 배려가 담긴 음식일지도 모른다. 어느 하나 그냥 만들어진 것이 없는 귀한 탕수육들이다.

생각이 여기까지 미치자, 이제는 '진짜 탕수육', '전통 탕수육'을 찾기 위한 내 여정도 이쯤에서 마무리해도 되겠다는 결심이 섰다.

뉴욕의 베이글, 오사카의 기무치 그리고 서울의 탕수육

매일, 세계에서 가장 많은 '베이글'을 먹는 나라

결국, 기억 속에 남아 있는 '내 인생 최고의 탕수육'을 찾는 시도는 부분적인 실패로 끝나버리고 말았다. 물론 과거부터 대단한 탕수육을 만들어 제공하던 명점들은 명불허전이었고, 그를 운영하고 주방을 책임지고 있는 요리사들의 내공 역시 여전했다. 지금까지 언급

* 달콤한 점 하나'라는 글자의 뜻대로 중국 연회에서 식후요리(디저트) 역할을 하는 음식들. 살구씨와 우유로 만든 두부(싱런동杏仁凍), 뜨거운 물에 삶은 경단(탕위안湯圓), 달걀노른자와 돼지기름으로 만든 푸딩(산부잔三不粘) 등이 대표적이다.

대한민국
탕수육 만유기

한 수많은 중화요리집, 그리고 그곳에서 조리하는 요리사들이 만들어낸 탕수육은 내가 그토록 찾아 헤매던 탕수육의 맛과 크게 다르지 않았다. 앞으로도 나는 그곳들을 찾아다니며 맛있는 탕수육을 즐기는 생활을 계속 이어나갈 것이다. 다만, 여정을 마치기 전에 몇 가지만 더 말씀드리고 싶다.

여러분은 혹시 베이글bagel을 좋아하시는지? '유대인의 음식'으로 널리 알려져 이스라엘에서 탄생한 빵이라고 아는 분이 많은데, 반은 맞고 반은 틀린 사실이다. 동유럽에 거주하던 유대인, 특히 폴란드에 살던 이들로부터 베이글의 역사가 시작되었다고 한다. 유대인들이 음식을 조리할 때나 먹을 때 지켜야 할 율법인 '카슈루트kashrut'는 엄격하기로 유명하다. 율법에 따르면, 도축한 고기의 피를 완전히 제거해야만 요리에 사용할 수 있고, 돼지고기는 불결한 식재료이므로 먹어서는 안 된다. 그에 더해, 중동에서는 비교적 흔한 육류인 토끼고기와 낙타고기도 섭취해서는 안 된다. 해산물의 경우에도 지느러미와 비늘이 있는 것만 먹을 수 있다. 즉, 오징어나 조개 등은 먹을 수 없다. 이러한 카슈루트를 준수해 제조한 음식을 '코셔 푸드kosher foods'라 하는데, 정통 유대인은 반드시 이 코셔 푸드를 먹어야 한다.

그러한 코셔 푸드 중 대표적인 것이 바로 베이글이다. 전통 방식으로 베이글을 만들기 위해서는 밀가루에 소금과 이스트를 넣고 물을 부어가며 반죽한 것을 1차 발효시킨 뒤 반죽을 떼어내 도넛 형태로 만들어 끓는 물에 40~50초 데친다. 그러면 반죽의 바깥은 발효를 멈춰 그대로 있는 반면, 안쪽은 계속해서 발효하며 부풀어 올라 반죽의 밀도가 극도로 높아진다. 특유의 쫄깃쫄깃한 식감이 만들어지는 것이다. 그를 그대로 굽거나 겉에 다양한 시럽 등을 바르거나 씨앗 등을 뿌려 구우면 완성이다. 요즘에는 아예 반죽을 만들 때 온갖 창의적인 재료를 집어넣어 색다른 베이글을 만들어 파는 곳도 많다.

그렇다면 베이글은 누구의 음식일까? 유대인의 본거지 이스라엘에서는 베이글과 모양 또는 맛이 매우 흡사한 두 가지 빵을 쉽게 발견할 수 있다. 하나는 '레헴lehem'이고, 다른 하나는 '할라challah'다. 평상시 식사 때에는 레헴을 먹고 특별한 날에는 할라를 먹는다. 레헴은 '빵'이라는 뜻이다. 즉, 우리나라에서 '밥'이라는 단어가 원래는 '(쌀 등의) 곡식을 끓이거나 찐 뒤 뜸을 들여서 만든 음식'이지만 모든 '식사'를 의미하는 단어로도 사용되는 것처럼, 레헴 역시 우유, 버터, 달걀 등을 넣지 않고 밀가루와 소금, 이스트만 사용해 만드는 전통 빵의 이름이면서 이스라엘 사람들이 빵 종류를 지칭할 때 일반적으로 사용하는 단어다. 할라는 조금 특별한 날에만 식탁에 오르는 빵이다. 반죽에 들어가는 재료는 레헴이나 베이글과 크게 다르지 않지만, 모양이 좀 독특하다. 반죽을 길다란 가닥으로 만들어 마치 어린 소녀의 땋은 머리처럼 빵의 모양을 잡아준다. 그 상태에서 다시 발효를 한 뒤 구우면 완성인데, 다 만든 할라의 맛은 베이글과 너무나도 흡사하다. 그렇다면 베이글은 이스라엘 음식인 것일까?

하지만 이스라엘의 빵들보다 현재의 베이글과 족보상 훨씬 더 가까운 빵은 동유럽에 살던 유대인이 먹던 빵이다. 과거 서유럽에 비해 동유럽 국가들은 유대인에게 관대했다. 거주 및 이전의 자유도 부여했고 제한적이기는 해도 사유재산을 인정하고 경제활동도 할 수 있도록 배려해주었다. 때문에, 14세기 이후부터 동유럽 국가에 유대인의 숫자가 기하급수적으로 늘어났다.

그에 불을 지핀 것은 폴란드 왕국의 국왕 카지미에시 3세Kazimierz III Wielki였다. 폴란드 역사상 최고의 성군으로, 우리로 치자면 세종대왕에 광개토대왕과 정조를 섞은 것과 같은 인물이다. 그는 유대인에 대한 자의적인 처벌을 금지했으며, 기독교인이 되도록 강요하지도 않았다. 지나친 고리로 돈놀이를 할 수 없게 제한하는 대신, 법적으로 유대인이 거둬들인 이자 수입을 보호해주었다. 덕분에 거대한 자산을 보유한 유대인과 상업 활동에 능한 유대인이 대거 이동해 오면서 폴란드의 국력은 단숨에 급상승했다. 이후 서유럽 각국에서 유대인에 대한 여러 번의 박해가 이어졌고 추가적으로 더 많은 유대인이 폴란드를 비롯한 동유럽 지역으로 이주해 살게 되었다.

그를 통해 대규모 분파를 이루게 된 동유럽 유대인들을 이른바 '아슈케나짐Ashkenazim'이라 부른다. 이들은 과거 조상들이 만들어 먹었던 레헴이나 할라의 제조법을 떠올려 비슷한 빵들을 만들어 먹었다. 폴란드에 살던 아슈케나짐은 베이글이라고 부르는 빵을 만들어 먹었고 러시아와 우크라이나의 아슈케나짐은 '부블리크bublik'라는 빵을 만들어 먹었다. 모양도 맛도 현대의 베이글과 거의 흡사한 이 빵을, 지금은 아슈케나짐이 아닌 러시아와 우크라이나의 일반 국민까지도 주식 삼아 먹고 있다. 부블리크와 재료, 제조 기법 등은 동일하지만 크기가 조금 작은 것은 '바랑키baranki'라고 불렀다. 부블리크, 바랑키와 비슷하지만 재료에 달걀이 들어가면 '스시키sushki'라고 했다. 1800년대 초반 아슈케나짐들이 새로운 미래를 꿈꾸며 신대륙, 특히 미국으로의 대규모 이민을 추진하면서 레헴이자 할라, 부블리크이면서 바랑키, 스시키일 수도 있으면서 베이글이라고 보다 많이 알려진 빵도 미국으로 이주하게 되었다. 그렇다면 베이글은 폴란드 혹은 동유럽의 음식인 것일까?

그런데 베이글이 이스라엘이나 폴란드의 음식이라고 하기에는 여전히 따져봐야 할 것이 제법 많다. 베이글의 생산량이나 소비량이 가장 큰 지역은 이스라엘이나 폴란드가 아니다. 규모를 떠나 가장 유명한 베이글 상점이 위치한 지역 역시 그러하며, (아침 출근시간 한정이겠지만) 온 국민을 대상으로 "베이글을 좋아하십니까?"라고 물었을 때 가장 강력하게 좋아한다고 답할 이들 역시 이스라엘 국민이나 폴란드 국민이 아닌 것은 분명하다. 그렇다면, 베이글을 세계에서 가장 많이 만들어 파는, 혹은 만들어 먹는 나라는 어디일까?

정확한 자료가 있는 것은 아니라서 확답할 수는 없지만, 미국 뉴욕이 아닐까 한다. 대충 생각해보더라도, 아슈케나짐의 본산 격인 폴란드의 크라쿠프Kraków나 리투아니아의 빌뉴스Vilnius라 하더라도, 매일 아침 유동인구만 400만 명이 넘는다는 뉴욕보다 더 많은 베이글

대한민국
탕수육 만유기

을 만들어 팔 것 같지는 않으니까. 대부분의 사람이 출근하는 8시 무렵, 도시 곳곳에 지점이 있는 '에싸 베이글Ess A Bagel' 인근에서는 수많은 뉴요커가 한 손에는 베이글, 다른 손에는 커피를 든 채 종종걸음으로 직장을 향해 가는 모습을 볼 수 있다. 세계에서 가장 많은 베이글을 만들어 파는 가게 역시 미국에 있다. 보스턴에서 남서쪽으로 35킬로미터 정도 떨어진 곳에 노우드Norwood라는 도시가 있다. 사실 '도시'라 하기에 조금 민망한 것이, 27제곱킬로미터 정도 되는 면적의 땅에 3만 명이 넘을까 말까 하는 사람들이 살고 있는 조그마한 마을이기 때문이다.

이 노우드 마을 중심가에 있는 노우드 극장 바로 옆에는 '스폿!SPoT!'이라는 상호의 베이글 가게가 있다. 페리 마카리어스Perry Makarious라는 사람이 1993년에 문을 연 이 가게는, 대부분의 베이커리 카페가 그러하듯 베이글 말고도 다양한 종류의 샌드위치, 커피, 기타 음료수는 물론이고 파스타나 샐러드까지 파는 대중 식당 겸 슈퍼마켓에 가깝지만, 어찌됐든 주종목은 베이글이다. 650제곱미터(약 200평) 가까운 넓이의 작업장에서 매일 만들어지는 수천 개의 베이글은 460제곱미터(약 140평) 가까운 넓이의 매장에서 삽시간에 팔려나간다. 그 인기에 힘입어 마카리어스 사장은 자신의 이름 '페리'를 상표로 등록하고, 미 동부 각 지역에 '스폿!'의 분점을 계속 내고 있는데, 문을 연 매장마다 베이글들이 날개 돋친 듯 팔려나가고 있다.

매일, 세계에서 가장 많은 '기무치'를 먹는 나라

그렇다면 '기무치キムチ'를 가장 많이 먹는 나라는 어디일까? 물론, 김치를 가장 많이 먹는 나라는 우리 한국일 것이다. 집집마다 별도의 냉장고를 하나 더 둘 정도로 우리나라 사람들은 김치에 진심이다. 예전만큼은 아니지만 여전히 11월, 12월 찬바람이 불어오면 각 가정에서는 내년 첫 배추, 무가 나오기 전까지 저장해두고 먹을 김치를 마련해두기 위해 김장을 한다. 매일 집에서 식사를 할 때 쌀밥은 라면이나 국수로 대체할 수 있지만, 김치를 빼놓고는 식사가 이뤄지지 않는다. 식당을 가더라도 어지간한 곳에서는 김치를 기본 밑반찬으로 제공한다. 그만큼 김치는 한국인의 삶 속에 깊숙이 들어와 있는, 우리의 식생활 그 자체인 음식이다.

하지만 김치가 아닌, 그로부터 파생된 기무치로 가면 이야기가 조금 달라진다. 아마도 정확하지는 않지만, 오사카 쓰루하시역鶴橋駅 인근에 있는 이쿠노生野 코리아타운일 것이다. 실제로 이곳에 가면 기무치를 산더미처럼 쌓아두고 팔고 있는데, 재일교포는 물론이거니와 수많은 일본인, 심지어 일본에 와서 살고 있는 외국인들까지 와서 기무치를 사 간다. 이런 이야기를 하면 많은 분이 나무라시고는 한다. "아니! 기무치도 결국은 김치잖아!" "일본놈들이 김치를 기무치라고 부르며 자기네 음식이라고 하는데, 그걸 두고 보자는 말이냐!"

물론 정신머리 없는 일부 혐한론자들이나 자문화 중심주의에 사로잡힌 멍청한 우익 중에는 그런 주장을 하는 이도 있다. 김치 자체가 자신들의 쓰케모노漬物*가 임진왜란 시기에 조선으로 넘어가 만들어진 음식이라고 우기는 녀석도 있다. 하지만, '정상적인' 일본 사람들은 기무치는 당연히 한국에서 들여온 한국 음식 '김치'를 자신들의 입맛에 맞춰 변형한 음식으로 알고 있고, 일본 고유의 음식이라 우기지도 않는다. 마치 우리가 가마보코蒲鉾, 지쿠와竹輪, 한펜半片 같은 생선 살을 갈아 찌거나 튀긴 것을 여러 재료와 함께 끓인 요리, 오뎅おでん을 '어묵탕'이라 부르며 즐겨 먹기는 하지만 그렇다고 그것이 일본이 아닌 우리 고유의 음식이라고 우기지 않는 것과 마찬가지다.

그런데도 "일본이 우리 음식 김치를 기무치라 주장하며 자신들의 음식이라고 속이려 한다."는 이야기가 자꾸만 나오는 이유는 10년 주기로 벌어진 두 가지 사건 때문이다. 첫 번째 사건은 1986년으로 거슬러 올라간다. 당시 일본의 몇몇 식품회사가 '기무치'를 세계에 수출하기 위해 생산 라인을 구축했다. 한국에서는 김치를 공장에서 대규모로 만들어 판다는 것은 생각조차 하기 힘들었던 시절이다. 수출을 하려면 국제식품규격위원회CODEX Alimentarius에 등록을 하는 것이 유리했기에 일본은 기무치의 등록 가능 여부를 타진했다. '김치

---

* 오이, 순무, 당근, 가지, 갓 등 각종 채소를 여러 가지 방식으로 절이거나 발효시켜 먹는 일본식 채소 절임. 우리가 다쿠앙(단무지)이라 부르는 무절임 다쿠앙즈케沢庵漬け가 한 종류다.

라는 것이 원래는 기무치이고, 기무치를 먼저 등록해서 김치를 밀어
내겠다!'는 검은 음모 따위와는 전혀 상관없는, 지극히 사업적인 관
점에서의 접근이었다.

하지만 그 소문에 살이 붙고 음모를 좋아하는 사람과 만나서 식품
애국주의에 투철한 사람들에게까지 전해지면서, 이야기가 엉뚱한
방향으로 흘러갔다. "일본이 CODEX 회원국들을 상대로 김치가 자
기들 음식이라고 주장하고 있다."는 기상천외한 주장이 '~라고 들었
다'는 막강한 책임회피성 어미와 함께 여러 언론매체를 통해 퍼져나
간 것이다. 삽시간에 김치는 목숨을 걸고 지켜야 할 존재로 급부상
했다.

그로부터 10년 뒤, 이번에는 앞선 경우와는 조금 다른, 실질적인
다툼과 위협이 있었다. 1996년 제26회 애틀란타 올림픽을 앞두고
선수촌 식당에 납품할 음식을 등록하는 과정에서 일본이 기무치를
공식음식으로 등록해 납품하려 한 것이다. 그렇게 되면 유사한 음
식인 김치는 공식음식으로 등록할 수 없었다. 이번에도 일본은 '김
치=기무치=일본 음식'과 같은 논리는 펼치지 않았다. 지극히 상업
적으로, 자신들이 김치 또는 기무치와 유사한 채소 음식의 세계 수
출 물량 80퍼센트가량을 차지하고 있고, 특히 장거리 배송 경험도
풍부하므로 기무치를 선수촌 공식 메뉴 중 하나로 반영해달라고 한
것이었다.

이 소식을 들은 당시 김영삼 대통령은 격노했다. 심지어 여러 가

지 이유로 한국의 반일감정이 최고조에 다다랐던 시기였다. 2002년 월드컵 유치를 두고 양국이 첨예하게 경쟁하고 있었고, 1996년 2월에는 일본 문부성이 중고등학교 교과서에 독도를 일본 영토로 표기하기 시작했다. 같은 달 이케다 유키히코池田行彦 일본 외무상이 "다케시마竹島는 역사적으로나 국제법상으로나 일본 고유의 영토이니 한국은 즉각 철수하라."는 망언을 했고, 그를 신호로 시마네현島根県 의회는 '다케시마 일본 영토권 확립 요구 특별결의안'을 만장일치로 채택했다.

한국 역시 가만히 있지 않았다. 김영삼 대통령은 높은 국정 지지도를 기반으로, 1995년 광복절을 기념해 국립중앙박물관으로 사용하던 전 조선총독부 건물의 해체에 들어갔다. 같은 해 10월 에토 다카미江藤隆美 총무청 장관이 "일본이 한반도를 식민 통치하던 시기에 그래도 좋은 일도 많이 했다."라는 식의 헛소리를 하자 다음 달인 11월 중국의 장쩌민 주석을 만난 자리에서 김영삼 대통령은 "(일본의) 버르장머리를 고쳐놓겠다."고 으름장을 놓기도 했다. 이제 올림픽 기간 중 식당에서 김치를 제공하냐 기무치를 제공하냐의 문제는 단순히 선수촌 식품 납품 문제가 아닌, 한일 양국 정부의 자존심이 걸린 절체절명의 승부가 되고 말았다.

결국 "무슨 수를 써서라도 애틀랜타 올림픽 공식 메뉴로 김치를 채택시키도록 하고, 더 나아가 전 세계 사람들에게 기무치는 김치의 짝퉁이라는 점을 각인시킬 수 있도록 하라."는 '높은 분'의 지시가 떨어졌고, 관련 부처 공무원들이 영혼과 출장비와 야근 식대까지 몽땅 갈아 넣은 덕분에 애틀란타 올림픽 선수촌에서는 기무치가 아닌 김치를 먹게 되었다.

그러나 여전히 기무치는 일본에서 널리 사랑받고 있다. 우리가 김치를 먹는 양이나 횟수만큼은 아니지만, 상당수의 일본인이 샐러드처럼 가벼운 식전요리로, 야키니쿠燒肉의 곁들임으로, 일본식 백반인 데이쇼쿠定食 반찬 중 하나로 기무치를 즐겨 먹는다. 날마다 세계에서 가장 많이 김치를 소비하는 나라는 한국이지만, 기무치를 많이 먹는 나라는 일본이다. 날마다 오뎅이 가장 많이 소비되는 것은 일본 어느 동네일지 모르지만, 적어도 어묵이 가장 많이 만들어지고 팔리는 곳은 '고래사어묵'이나 '삼진어묵'이 있는 부산이거나 어느 시장의 분식집인 것과 마찬가지다. 음식이라는 것이 그런 것이다.

매일, 세계에서 가장 많은 '탕수육'을 먹는 나라

마지막으로, 세계에서 가장 많은 탕수육을 먹는 나라는 어디일까? 쉽게 예상할 수 있는 것처럼 중국? 물론 중국 음식을 가장 많이 먹는 나라는, 혹은 중국 음식을 먹는 사람들이 가장 많은 나라는 당연히 중국일 것이다. 하지만 정답은 아닐 듯싶다. 아니면 1848년부터 형성되기 시작해 세계에서 가장 오래된 차이나타운이자 가장 큰 차이나타운인 샌프란시스코 차이나타운 등 수많은 차이나타운을 보유하고 있는 미국? 엄청난 숫자의 사람들, 특히 관광객들이 이곳을 찾아 식사를 하지만, 미국 역시 정답은 아닐 것 같다.

그렇다면, 무려 1,250만 명의 화교가 살고 있어 세계에서 가장 많은 화교 인구를 자랑하는 인도네시아? 글쎄, 그 또한 아닐 것이다. 인도네시아 번화가 어느 곳을 가더라도 쉽게 발견할 수 있는 하카 Hakka* 식당마다 손님들이 가득하지만, 현지에서는 '룸피아'라 불리는 스프링롤의 일종인 윤병潤餅, '푸용하이'라고 불리는 달걀 요리 부용단芙蓉蛋, '박미'라 불리며 '국민국수' 대접을 받는 수많은 초면炒麵을 먹을 뿐, 탕수육 혹은 그와 비슷한 음식을 먹는 경우는 보지 못했다.

모르긴 몰라도, 날마다 식당에서 탕수육이 가장 많이 팔리고, 가장 많은 사람이 탕수육을 사 먹는 나라는 바로 한국일 것이다.

특별한 날, 특별한 자리에서만 먹을 수 있었던 최고의 잔치 음식 중 하나였던 탕수육은, 이제 중화요리로 끼니를 때울 때 짜장면이나 짬뽕 같은 면 요리 또는 볶음밥을 각자 하나씩 시킨 뒤 아쉬우니까 같이 나눠 먹을 음식으로 가장 흔하게 주문하는 요리가 되었다. 중요한 모임이 있어 한껏 차려 입고 괜찮은 중식당, 특히 호텔 내 중식

* 객가인이 스스로를 일컬을 때, 자신들의 방언으로 '학가Hàg gá'라 불렀는데, 영국인이 이를 자신들의 발음으로 '하카Hakka'라 옮겼고, 이후 아시아의 영국 식민지들에서 객가와 동일한 뜻으로 쓰이게 되었다.

당이나 차이니스 레스토랑을 표방하는 중식당을 찾아가 식사를 할 때는 왠지 주문하기가 좀 꺼려지는 대중적인 음식으로까지 그 위상이 심히 격하되었다. 그만큼 탕수육은 우리 (중)식문화 깊숙이 들어왔고 가장 친근한 위치에 머무르고 있다.

물론 각종 튀김 위에 달콤새콤한 소스를 끼얹은 '탕초糖醋' 계열 요리는 한국보다 한 배 반 더 넓은 땅에 1억 1,000만 명이 넘는 인구가 사는 중국 산둥성에서 더 많이 먹을 것이다. '궈바오러우'는 대한민국의 여덟 배 면적에 1억이 넘는 인구가 살아가는 동북3성 지역에서 훨씬 더 많이 먹을 것이다. '구라오러우'(중국 표준어로는 咕嚕肉, 광둥어로는 咕咾肉으로 표기)는 중국의 남부는 물론, 홍콩, 말레이시아, 싱가포르 등의 동남아시아 지역과 과거 이 지역을 지배했던 영국, 그리고 영국의 영향을 받은 미국 등지에서 훨씬 더 많이 먹을 것이다.

하지만 탕수육은 '그냥', '북경식', '광동식', '사천식', '찹쌀', '김치피자' 등등 그 앞에 어떤 수식어를 달고 있든지 간에, 우리나라에서 가장 많이, 즐겨 먹을 것이 확실하다.

우리는 '오리지널'이라는 단어를 즐겨 사용한다. 소주에도 '오리지널', 감자칩에도 '오리지널', 스포츠 의류나 신발 브랜드에도 '오리지널', 심지어 마약이나 범죄에까지 '오리지널'을 붙여 쓴다. 오리지널은 원래 '독창성'을 뜻하는 영어 단어 '오리지널리티originality'의 형용사형으로, '독창적인' 정도의 뜻으로 사용되던 단어였다. 다시, 이 오리지널리티는 라틴어 '오리고origo'에서 파생된 단어인데, 기원, 태생, 출처, 유래 등을 뜻하는 단어였다. 사실, 오리지널은 그리 특별한 것이 아니다. '처음 출시된', '최초의 것' 그 이상도 이하도 아니다. 그런 것들이 수많은 사람의 손을 거쳐 조금씩 개선되거나 변화해서 새로운 가치를 지니게 된 것이다.

새로운 것이 무조건 좋다고는 할 수 없지만, 그렇다고 해서 최초의, 태어난 그대로 그 자리를 지키고 있는 것이 더 우월한 무언가라고 볼 수는 없을 것 같다. 오리지널은 오리지널대로, 새로운 곳으로 전해지면서 다양한 모습으로 변한 것들은 변한 그대로 의미와 가치가 있는 것이다. 그런 면에서 보자면 뉴욕의 베이글도, 오사카의 기무치도, 그리고 대한민국 어디에선가 누군가 먹고 있는 탕수육도 그 시초, 유래, 근원이 어찌되었든 현재 그곳에서 가장 사랑받는 의미가 나름대로 있을 것이다.

그러나 현실에서는 점점 더 민족주의(라 쓰고 '자문화 중심주의'라 읽는) 분위기에 경도된 이들의 목소리가 커지고 있다. 말만 민족주의지, 자기 민족에 대한 이해와 애정은 부족하고 오히려 국가주의에 훨씬 더 가까운 이들의 말과 글이 의외로 많은 이에게 먹히고 있다. 문제는 그런 이가 그저 얼뜨기 인플루언서나 키보드로 세상에 맞서는 사람들 중에만 있는 것이 아니라 국가 정책을 입안하거나 여론을 좌지우지하고 다른 나라와 교섭의 장에 나서는 사람들 중에도 있다는 점이다. 나는 그래서, 그 시작은 중국이지만 한반도로 전해진 이래 우리 삶의 즐겁고 행복했던 순간마다 늘 함께했던 진짜 '우리 음식' 탕수육의 가치가 더 소중하게 느껴진다.

산둥성에서, 광둥성에서, 그리고 동북3성에서 탕수육의 시초가 될 음식을 들고 들어온 화교들 역시 마찬가지다. 세계에서 가장 가난했던 왕정 국가가 불과 수십 년 만에 경제적으로 선진국 반열에 올라선 것은 물론, 정치적으로도 가장 민주적인 국가 중 한 곳으로 변모하는 중요한 시기에 우리와 함께 울고 웃었던 그들. 중국인이지만 가장 한국인다웠던 그들과 좀 더 아름답게 어울려서 보다 맛깔나게 살아가는 법을 함께 깨우치면 어떨까.

그래서 결론은 어떻게 되었을까?

나는 과연, 어린 시절 내 '인생 최고의 순간에 늘 함께했던', '최상의 파티 음식'이었던 탕수육, 바로 그 맛의 탕수육을 찾아냈을까? 옛날 이야기를 하나 하며 이 책을 마무리할까 한다.

옛날 옛적에 혼인적령기의 딸을 둔 아버지 쥐가 살고 있었다. 자신은 비록 고양이에게 쫓기고 사람의 눈을 피해 쥐구멍 속에 사는 신세였지만 딸만큼은 떵떵거리며 살게 해주고 싶었다. 아버지 쥐는 최고의 사윗감을 찾는 여정을 시작했다. 그가 처음에 찾아간 것은 늘 하늘 높이 떠 있어 모두가 우러러보는 해님이었다. 그라면 모두가 부러워하는, 딸의 배필이 되어줄 거라 생각했다. 하지만 해님은 결혼 승낙 대신 푸념을 늘어놓았다. "제가 아무리 밝게 높이 떠 있으면 뭐 한답니까. 먹구름이 끼면 말짱 도루묵인걸요."

그 이야기에 쥐는 먹구름을 찾아가 자신의 사위가 되어달라고 부탁했다. 그러자 먹구름은 한숨을 폭 쉬더니 "제가요? 제가 아무리 짙게 드리우면 뭐합니까, 바람만 한번 불어도 산산이 흩어져버리는데…"라며 말을 흐렸다.

그 말을 들은 아버지 쥐는 서둘러 바람을 찾아가 자신의 딸과 혼인해줄 것을 청했다. 하지만 바람 역시 고개를 절레절레 저었다. "제가 웬만한 것들은 다 불어버릴 수 있는데, 저 돌부처는 꼼짝달싹도 하지 않아요. 제가 져요."

바람이 가리킨 곳에는 보기만 해도 든든한, 엄청난 크기의 돌부처가 떡하니 버티고 서 있었다. 마침 돌부처는 원래 아버지 쥐가 살던 곳 바로 근처의 절에 있었다. 이제야 최고의 신랑감을 찾았다는 생각에 쥐는 서둘러 절을 찾아가 돌부처에게 자신의 딸과 결혼해달라고 말했다. 하지만 돌부처는 부끄러운 표정으로 말했다. "덩칫값도 못 한다고 하시겠지만, 제가 앉아 있는 이 좌대를 갉아대는 쥐가 저는 너무 무섭습니다."

돌부처가 가리킨 곳에는 마침 같은 동네에서 딸과 어린 시절부터 함께 자란 쥐 한 마리가 좌대를 갉아먹고 있었다. 그제야 아버지 쥐는 자신들이 세상에서 가장 강한 존재임을, 자기 주변에 늘 함께 있었던 쥐가 가장 훌륭한 딸의 배필이었음을 깨닫고 딸과 혼인하게 했다는 이야기다. 많이 들어본 이야기일 것이다.

어린 시절 내 '인생 최고의 순간에 늘 함께했던', '최상의 파티 음식' 탕수육, 기억 속에 남아 있는 전통의 맛을 그대로 이어가고 있는 그 중화요리집을 찾겠다는 여정은 나를 현재와 과거의 수많은 중화요리 명점으로 이끌었고, 그 여정은 지방 여러 도시와 읍면소재지를 거쳐 중국, 대만, 일본, 동남아시아와 유럽에까지 이르게 했다. 그리고 그곳에서 기억 속에 어렴풋이 남아 있는 그 '최고의 맛'에 근접한 탕수육들을 맛보기도 했지만, 상당수의 경우에는 전혀 엉뚱한, 심지어 탕수육이라고 이름 붙이기조차 민망한 음식을 맛본 적도 있었다. 그 여정을 끝마칠 무렵, 갑자기 '최고의 사윗감을 찾아 헤맨 쥐' 이야기가 떠오른 것은 어쩌면, 그 탕수육이 내 가장 가까운 곳에 있었던 것은 아닌가 하는 생각이 들었기 때문이다.

내 어린 시절까지만 하더라도 중화요리집은 친근하면서도 특별한 존재였다. 엄마가 모처럼 동창회를 나가며 애써 차려 입은 몸에 음식 냄새를_(보다 정확히는 지지고 볶는 삶의 내음을) 묻히고 싶지 않을 때, 전화 한 통에 음식을 배달해주던 곳이었다. 모처럼 받아쓰기를 다 맞춰 옆집 사는 엄친아의 콧대를 눌렀을 때 할머니가 치마 고쟁이 안 주머니에 꼬깃꼬깃하게 접어 넣어둔, 지난 추석 때 고모가 준 용돈으로 음식을 주문해줬던 곳이었다. 독감에 걸려 드러누웠다가 겨우 음식을 넘길 수 있게 되었을 때 어리광을 심하게 부리면 못 이기는 척 형이 배달 주문전화를 걸어주던 그런 곳이었다. 그중에서도 탕수육은 좀 더 특별한 음식이었다. 그걸 먹을 수 있는 날은 늘, 그 무렵 여러 날 중 꼽히도록 중요한 '그 하루'였다. 짜장면까지는 엄마 말을 잘 듣거나 아버지가 시킨 간단한 심부름만 제대로 해내도 먹을 수 있는 음식이었다. 하지만 탕수육은 레벨이 달랐다. 적어도 중간고사나 기말고사 성적을 대폭 올리거나, 집에 반가운 손님이 오셨거나 혹은 좀 더 넓은 집으로 이사 가는 날 정도가 되어야 등장하는 음식이었다. 때문에 탕수육 자체의 맛도 참 좋았지만, 마치 '파블로프의 개'처럼 탕수육을 먹으면 그런 좋은 날, 좋은 사람의 기억이 자연스럽게 연상돼 기분이 좋아졌다. 내게, 아니 그 시절 우리에게 탕수육은 '참 기분 좋은' 음식이었다.

아마도 그 기분 좋음이 내 머릿속에 상상할 수 없을 정도로 맛 좋은 '완벽한 탕수육'이라는 허상을 심어놓았는지도 모른다. 탕수육은 부어 먹으나, 찍어 먹으나, 케첩범벅을 해서 먹으나, 통조림 과일을 부어 먹으나, 함께 어울려 나눠 먹는 것만으로도 기분 좋게 만들어주는 참으로 신비하고 무척이나 품이 넓은 요리였다. 이제는 정신없던 여정을 정말 끝낼 때가 된 것 같다. 복잡한 얘기는 좀 집어치우고, 당분간은 인생 최고의 파티 요리, 탕수육에 좀 푹 빠져 지내볼까 한다.

"우리 함께 탕수육에 바이주나 한잔하실까요?"

21세기가 시작된 지도 어언 스물 몇 해가 훌쩍 넘어가는 해의
봄을 맞으며 대한민국 최고의 탕수육과 금문고량주를 앞에 두고,

심각한 탕성병자가

참고문헌

한국어 자료

- A. N. 윌슨, 《런던의 역사》, 서울: 을유문화사, 2014.
- K. C. CHANG 외, 《중국음식문화사》, 이시재 옮김, 서울: 일조각, 2020.
- 가와이 아사오, 《1904–1910년의 대구이야기: 대구물어》, 영남대학교 일어일문학과 근대사료 번역팀 옮김, 대구: 영남대학교 출판부, 2023.
- 강동균, 〈華商, 동남아 경제 70% 장악…'일대일로' 타고 글로벌 진격〉, 《한국경제》, 2019년 7월 28일자.
- 강인선, 〈[Why] '맛없는 나라' 영국에 '스타 요리사'는 왜 많을까〉, 《조선일보》 2009년 1월 10일자.
- 강재병, 〈JDC공통기획 제주in중국, 중국in제주 (1) '바다로 연결된 제주와 중국의 교류사'〉, 《제주일보》 2017년 8월 9일자.
- 강진아, 〈1930년대 중국의 설탕 전매와 홍콩 태고당방(太古糖房)–대공황에서 살아남기〉, 중국근현대사학회, 《중국근현대사연구》, 2020, 85: 93–130.
- 고광석, 《중화요리에 담긴 중국》, 서울: 매일경제신문사, 2002.
- 구쟁평, 〈상하이시 역사박물관 소장의 옛 와이탄(外灘) 사진을 통해 본 개항 후 상하이의 변화〉, 중국사학회, 《중국사연구》, 2006, 44: 229–244.

- 군산시사편찬위원회, 《군산시사》, 전북 군산: 군산시, 1975.

- 권세진, 〈[대한민국 라이벌 大戰] 롯데호텔과 신라호텔의 龍虎相搏: 매출은 롯데호텔, 서비스와 고객선호도는 신라호텔이 '지존'〉, 《월간조선》 2009년 8월호.

- 권오현, 《舊韓末의 韓獨 外交文書 德案 硏究》, 서울: 서울대학교 출판부, 2008.

- 권혁재, 《한국지리(지방편)》, 경기 파주: 법문사, 2005.

- 기무라 간, 《대한제국의 패망과 그림자》, 김세덕 옮김, 서울: 제이앤씨, 2017.

- 김경혜, 〈청말 해외견문록에 기록된 화교〉, 대한중국학회, 《중국학》, 2023, 84: 175–201.

- 김경화, 〈매 끼니 없으면 서운한 '김치', 매 끼니는 부담되는 '기무치'〉, 《한겨레》 2021년 2월 3일자.

- 김경희, 〈"日 버르장머리 고쳐놓겠다"…더 센 말로 일본 때렸던 YS〉, 《중앙일보》 2019년 8월 3일자.

- 김능우 외, 《소통과 충돌의 공간, 광주에서 상해까지: 중국 개항도시를 걷다》, 서울: 현암사, 2013.

- 김보람, 〈세월을 이기는 맛의 비밀, 서울팔래스호텔 서궁〉, 《매거진 한경》 2013년 4월 23일자.

- 김부식, 《삼국사기2: 백제본기》, 정민호 주해, 서울: 명문당, 2020.

- 김삼웅, 《김대중 평전I: 행동하는 양심으로》, 서울: 시대의창, 2010.

- 金成南, 〈오장경군영(吳長慶軍營)과 그 막료들—조선 견문록 3종을 중심으로〉, 《大東文化研究》, 2011, 74: 321–350.

- 김석배, 〈1938년 서울서 인천 냉면을 시켜다 먹었다?〉, 《인천in.com》 2011년 6월 25일자.

- 김성우 외, 《세운상가 그 이상: 대규모 계획 너머》, 서울: 공간서가, 2015.

- 김시덕, 《서울 선언: 문헌학자 김시덕의 서울 걷기, 2002~2018》, 경기 파주: 열린책들, 2018.

- 김양순, 《사윗감을 찾아나선 쥐》, 경기 파주: 계림닷컴, 2004.

- 김종천, 〈서말레이시아의 종교적 혼종성과 화해의 사자(使者)로서 교회〉, 한국이슬람연구소, 《Muslim–Christian Encounter》, 2023, 16(2): 151–193.

• 김중규, 〈화교의 생활사와 정체성의 변화 과정〉, 《지방사와 지방문화》 10–2호. 2007.

• 김지용, 〈대만과 한반도 유사시 한국의 대응 전망과 과제〉, 《한미일핵전략포럼 2023 발표자료》, 2023, pp. 93–109.

• 김창헌, 〈밭은 헐려서 신작로 되고, 집은 헐려서 정거장 되네〉, 《광주드림》 2012년 8월 27일자.

• 김충식, 〈끝내 제 몸마저 불태운 '主君정치'의 한계〉, 《신동아》 2003년 1월호.

• 김태만, 《내 안의 타자(他者): 부산 차이니스 디아스포라》, 부산: (재)부산발전연구원 부산학연구센터, 2009.

• 김한욱, 〈일제의 대륙진출 야욕이 일으킨 개발의 바람〉, 《제주일보》 2023년 2월 12일자.

• 김현미, 〈한국 중화요리 반세기 산증인 '진진' 왕육성이다〉, 《신동아》 2022년 8월호.

• 김희곤, 《조선공산당 초대 책임비서 김재봉》, 경기 파주: 경인문화사, 2006.

• 남민구 외, 〈중국 산동성에 남은 신라 사신의 흔적–제남시 장천구 효당산석사의 새김글〉, 《역사와 현실》, 2021, 122: 105–139.

• 농촌진흥청 국립농업과학원, 《현대식으로 다시 보는 영접도감의궤》, 경기 파주: 교문사, 2012.

• 대구시, 《대구시사》, 대구: 대구시사편찬위원회, 1995.

• 더글러스 애덤스, 《은하수를 여행하는 히치하이커를 위한 안내서》, 김선형 옮김, 서울: 책세상, 2005.

• 량치차오, 《리훙장 평전》, 박희성 외 옮김, 서울: 프리스마, 2013.

• 류젠후이, 《일본 지식인의 '근대' 체험: 마성의 도시 상하이》, 양민호 외 옮김, 서울: 소명출판, 2020.

• 마스카타 후유코, 《세계가 쇄국 일본에 전해지다: 네덜란드 풍설서》, 이새봄 옮김, 서울: 빈서재, 2023.

• 마이클 스조니, 《냉전의 섬, 전선의 금문도》, 김민환·정영신 옮김, 서울: 진인진, 2020.

• 모종혁, 《술로 만나는 중국, 중국인》, 서울: 서교출판사, 2016.

• 문미라, 《근현대 화교의 제주도 정착과정과 사회적 위상》, 석사학위논문, 제주대학교 사학과, 2009.

• 문지성 외, 《현대중국의 객가인, 객가문화》, 경기 고양: 학고방, 2005.

• 박경용, 《구술자료 집성: 전통의료》, 경기 파주: 경인문화사, 2011.

• 박경용, 〈대구약령시의 부활과 보존 및 활성화〉, 영남대학교 민족문화연구소, 《민족문화논총》, 2001, 23: 79–130.

• 박경은, 〈베이글 전성시대, 서사에서 스캔들까지 사연 참 많네〉, 《경향신문》 2023년 6월 2일자.

• 박대권, 〈[미식기행] 꼭꼭 씹어야 제맛⋯ 뉴욕 최고 '에사베이글'〉, 《주간조선》 2023년 7월 4일자.

• 박미향, 〈화끈한 형님 손맛은 담백⋯여린 아우 요리는 얼얼〉, 《한겨레》 2012년 4월 26일자.

• 박번순, 〈화교의 고향을 찾아① 珠江 삼각주〉, 《ROOTASIA》 2022년 4월 14일자.

• 박보균, 〈[박보균의 현장 속으로] 위안스카이 협박, 조선 근대화의 황금 기회 봉쇄하라⋯한국 외교의 반면교사〉, 《중앙Sunday》 2021년 2월 27일자.

• 방성수, 〈[韓國 組暴의 歷史와 系譜] 돈 있는 곳에 부패 있고, 부패한 곳에 組暴 뀐다〉, 《월간조선》 2001년 11월호.

• 박성우, 〈불모지 제주섬에 의술 싹 틔운 국립 제주대병원 역사〉, 《제주의소리》 2021년 12월 13일자.

• 박영서, 〈[박영서의 니하오 차이나] '카지노王'의 죽음, 한 시대의 종언〉, 《디지털타임즈》 2020년 6월 10일자.

• 박지향, 《작은 섬나라 영국은 어떻게 세계를 지배했는가: 제국의 품격》, 경기 파주: 21세기북스, 2018.

• 박진원, 〈일제 강점기 쌀 수탈의 전진기지 군산〉, 《전북도민일보》 2015년 8월 11일자.

• 박현규, 〈서울 吳武壯公祠의 歷史와 現況 고찰〉, 《중국사연구》, 2011, 74: 207–239.

• 박훈, 《메이지유신을 설계한 최후의 사무라이들: 그들은 왜 칼 대신 책을 들었나》, 경기 파주: 21세기북스, 2020.

• 불상, 〈[남기고 싶은 이야기들] 제66화 화교(42) 진아춘〉, 《중앙일보》 1979년 11월 7일자.

• 불상, 〈회식 시비로 일제 형사 때렸다가 꼬리 밟힌 조선공산당〉, 《동아일보》 1925년 12월 1일자.

- 서진, 〈세계 속의 중국인선교 이야기 II: 일본 도야마 중국인교회 이야기〉, 《중국을 주께로》 2021년 6월호.
- 손가인, 〈명사들 '도원결의' 하는 중식당 명소〉, 《동아일보》 2016년 10월 19일자.
- 손안석, 〈대두하는 중국과 재일 중국인 커뮤니티의 변화〉, 서울대학교 일본연구소, 《일본비평》, 2012, 6: 74–97.
- 손영석, 〈조선시대의 약령시장 구조에 관한 연구〉, 한국전통상학회, 《한국전통상학연구》, 1993, 6: 125–156.
- 손재호, 〈최초 배달 음식은 조선시대 '냉면'… 임금·양반도 시켜 먹어〉, 《국민일보》 2019년 3월 16일자.
- 손정목, 《서울도시계획이야기 3》, 경기 파주: 한울, 2022.
- 신경진, 〈[중국 상방(商幫) 탐방] ③ "돈은 곧 신이다" 광동상방(廣東商幫)〉, 《중앙일보》 2011년 7월 28일자.
- 신계숙, 《역사로 본 중국음식》, 경기 파주: 살림, 2012.
- 신디킴·임선영, 《중국요리 백과사전: 한국인이 좋아하는 진짜 중국 음식》, 서울: 상상출판, 2019.
- 신윤길, 〈1800년 전후 영국령 인도의 확대와 영국 동인도회사〉, 중앙대학교 중앙사학연구소, 《중앙사론》, 1998, 10·11: 443–466.
- 신장섭, 〈청렴 强國 만든 리콴유, 영원한 國父가 되다〉, 《DBR》 174호, 2015년 4월.
- 신재경, 《제주도 화교의 어제와 오늘》, 오사카 한국화교연구회, 2000.
- 아사다 미노루, 《동인도회사》, 이하준 옮김, 서울: 파피에, 2004.
- 아펜젤러, 《한국에 온 첫 선교사》, 이만열 엮음, 서울: 연세대학교 출판부, 1985.
- 안석주, 〈음식 배달부와 귀부인〉, 《조선일보》 1934년 4월 5일자.
- 안충기, 《진진, 왕육성이다》, 서울: 동아시아, 2022.
- 양세영, 〈제주 화교사회의 형성과 생활양상에 관한 연구—초기 입도 과정과 일제 강점기 경제활동을 중심으로〉, 《제주도연구》, 2021, 55: 255–279.
- 연광석 외, 《중국과 비중국 그리고 인터 차이나: 타이완과 홍콩 다시보기》, 서울: 진인진, 2021.
- 왕런샹, 《중국음식문화사》, 주영하 옮김, 서울: 민음사, 2010.

• 왕왕버, 〈주류지만 지배하지 않는 싱가포르 화교〉, 《친디아 저널》 Vol. 71, POSRI, 2012년 7월호.

• 유광종, 〈[다시 보는 중국 중국인] 16. 계투…상생 없는 집단 싸움, 홍위병식 폭력성 이해하는 열쇠〉, 《중앙일보》 2006년 2월 3일자.

• 유동현, 《골목, 살애[사라]지다》, 인천: 인천광역시 대변인실, 2013.

• 유홍준, 《나의 문화유산답사기 일본편1: 규슈》, 경기 파주: 창비, 2020.

• 이규태, 〈청 말기 이홍장의 대조선정책에 대한 분석〉, 한국중국문화학회, 《중국학논총》, 2009, 28: 116–132.

• 이기중, 《일본, 국수에 탐닉하다》, 서울: 따비, 2018.

• 이길남 엮음, 《한국의 셰프들: 진짜 명장들의 특별한 요리 이야기》, 서울: 생각정거장, 2016.

• 이덕훈, 〈근대일본의 산업화과정과 기업가적 역할: 산업자본으로서의 전환과 대기업의 등장을 중심으로〉, 한국일본문화학회, 《日本文化學報》, 2007, 33: 281–305.

• 이병한, 〈세계지도 다시 그리는 이민의 나라 중국〉, 《월간 말》 2007년 7월호.

• 이서경·유재우, 〈개항 이후 상하이 현성 중심지역의 공간 변화 특성 분석〉, 대한건축학회, 《2021년도 춘계학술발표대회논문집》, 41(1): 78–79.

• 이선정, 〈당진–중국 간 해저터널 가능한가〉, 《당진시대》 952호, 2013.

• 이연복, 《사부의 요리: 요리사 이연복의 내공 있는 인생 이야기》, 서울: 웅진지식하우스, 2015.

• 이영석, 〈1666년 런던 대화재: 재난과 수습의 사회사〉, 역사학회, 《역사학보》, 2016, 230: 205–238.

• 이영채, 〈불도장의 전설이 다시 돌아왔다!〉, 《The Neighbor》 2022년 8월호.

• 이인영 외, 〈해동죽지(海東竹枝)에 나타난 한국 음식문화와 사료적 가치〉, 《민속학연구》, 2019, 44: 171–218.

• 이정희, 〈이발소와 양복점으로 본 조선화교의 실태–1890년대~1940년대를 중심으로〉, 《사회와 역사》, 2017, 116: 19–52.

• 이철우 외, 〈대구 약령시의 장소정체성과 장소마케팅〉, 《지역사회연구》, 2005, 13(1): 133–161.

• 이철의, 《신중국과 대만의 탄생: 국공내전》, 서울: 앨피, 2023.

• 이태호, 〈정부가 주도한 '5대그룹 빅딜'…좌초된 '삼성자동차, LG반도체' 꿈〉, 《한국경제신문》 2019년 3월 29일자.

• 이택희, 〈[이택희의 맛따라기] 미식가들 순례지…중화요리 최고참 곡금초 사부의 동탄 '상해루'〉, 《중앙일보》 2016년 12월 30일자.

• 이헌재, 《위기를 쏘다: 이헌재가 전하는 대한민국 위기 극복 매뉴얼》, 서울: 중앙북스, 2012.

• 임석재, 《현대 건축과 뉴 휴머니즘》, 서울: 이화여자대학교 출판부, 2003.

• 임채완 외, 《화교 디아스포라—이주루트와 기억의 역사》, 경기 성남: 북코리아, 2013.

• 자오성웨이·리야오위, 《주르날 제국주의: 프랑스 화보가 본 중국 그리고 아시아》, 서울: 현실문화연구, 2019.

• 장석흥, 《해방후 중국 대만지역 한인의 귀환》, 서울: 역사공간, 2012.

• 장연주, 〈정주영, 구본무 회장의 단골집… 재계 거물들 입맛 사로잡은 '도원'〉, 《헤럴드경제》 2017년 9월 8일자.

• 장해봉, 〈요산 김정한, 그는 누구인가?〉, 《국제신문》 2008년 3월 23일자.

• 전석수 외, 《호텔 중국요리》, 서울: 효일, 2012.

• 전수진, 〈중식 큰형님 곡금초 별세…이연복 "우린 척하면 착하는 사이"〉, 《중앙일보》 2021년 4월 1일자.

• 정광호, 《음식천국, 중국을 맛보다: 이야기 속 중국 음식문화》, 서울: 매일경제신문사, 2008.

• 정승모, 《시장(한국의 전통 사회): 우리 문화의 뿌리를 찾아서 17》, 서울: 이화여자대학교 출판부, 2006.

• 정하연, 〈군산 맛집 빈해원, 백 년 가게가 되겠다〉, 《종합시사매거진》 2021년 9월 13일자.

• 조관희, 《조관희 교수의 중국 현대사: 신해혁명부터 홍콩 반환까지》, 경기 파주: 청아출판사, 2019.

• 조기준, 《한국자본주의성립사론》, 경기 파주: 대왕사, 1985.

• 조성식, 《대한민국 주먹을 말하다》, 서울: 동아일보사, 2009.

- 조세현, 《부산화교의 역사》, 부산: 산지니, 2014.

- 조세현, 〈해양문화의 명장면 〈24〉 항구에서 바라본 부산화교〉, 《국제신문》 2018년 6월 26일자.

- 조원일, 〈동남아시아 화교사회의 조직문화에 관한 연구〉, 《한중사회과학연구》, 2022, 20(2): 34–49.

- 조은정, 《영국과 중국의 공존: 광동어를 통해 홍콩의 문화를 읽다》, 서울: 푸른길, 2019.

- 중리허, 《중리허 단편집》, 고운선 옮김, 서울: 지식을만드는지식, 2011.

- 차현진, 〈중앙은행 오디세이〈22〉 대한해협 건너온 일본인 임원—조선은행 임원직은 3D업종…과로와 풍토병으로 숨지기도〉, 《중앙SUNDAY》 2015년 12월 6일자.

- 채경수, 《明末 淸初 海上勢力의 浮沈과 國家權力의 對應》, 박사학위논문, 서울대학교 대학원 동양사학과, 2020.

- 채만식, 《탁류 (상 · 하)》, 서울: 청목사, 2002.

- 천춘화, 〈반갑다 아시아—'모던 상하이'는 어떻게 만들어졌나?!〉, 《원대신문》, 2019년 12월 4일자.

- 최백순, 《조선공산당 평전: 알려지지 않은 별, 역사가 된 사람들》, 경기 파주: 서해문집, 2017.

- 최진규, 〈客家와 太平天國 老兄弟〉, 《역사학연구》, 2013, 50: 203–243.

- 최치현, 〈[우리가 몰랐던 일본 · 일본인(10)] 목숨 걸고 밀항 · 유학한 조슈의 다섯 청년—두려움? 모험과 호기심으로 극복했다〉, 《월간중앙》 2018년 9월 17일자.

- 취샤오판, 《중국 동북 지역 도시사 연구: 근대화와 식민지 경험》, 박우 옮김, 경기 과천: 진인진, 2016.

- 편집국, 〈한국의 '오랜' 이방인, 화교의 어제와 오늘〉, 《신동아》 2018년 5월호.

- 편집부, 〈[21C 경제전쟁] '김치'냐 '기무치'냐 2년 씨름〉, 《조선일보》 1997년 9월 24일자.

- 평택시사편찬위원회, 《평택시사》, 경기 평택: 평택시사편찬위원회, 2014.

- 하네다 마사시, 《동인도회사와 아시아의 바다》, 이수열 외 옮김, 서울: 선인, 2012.

- 하마우즈 데쓰오, 《영국 동인도회사 1600~1858: 대영제국은 인도를 어떻게 통치하

였는가》, 김성동 옮김, 서울: 심산, 2004.

• 하오옌핑, 《동양과 서양 전통과 근대를 잇는 상인 매판》, 이화승 옮김, 서울: 씨앗을뿌리는사람, 2002.

• 한국일보 정보자료부, 《서울을 걷다, 전통시장: 2030세대를 위한 서울 전통시장 가이드북》, 서울: 한국일보사, 2013.

• 한애란, 〈오피니언: 분수대 – 빅딜의 추억〉, 《중앙일보》 2020년 11월 26일.

• 함기수 《대한제국수난사: 제2의 징비록, 〈경란록〉으로 보는 격동의 한국사》, 서울: 정한책방, 2023.

• 허남설, 《못생긴 서울을 걷는다》, 경기 파주: 글항아리, 2023.

• 홍원선, 〈[新남방정책과 華商역사③] 生存의 '빈손 엑소더스'〉, 《이코노텔링》 2019년 9월 11일자.

• 홍익희, 《유대인 이야기: 그들은 어떻게 부의 역사를 만들었는가》, 서울: 행성B, 2013.

중국어 자료

• Lee, June, "食話實說: 莆田創辦人方志忠為何把三成利潤分給員工", *Michelin Guide*, 2020年 12月 2日.

• Xiao Hongming, Xiao Nanxi, Xiao Jiang, *Battle of Jinmen*, Beijing: China Youth Press, 2016.

• 楊肅民, 『金酒鼻祖葉華成』, 台灣: 秀威資訊. 2011.

• 王曉鈴, 「把酒閒聊—金酒鼻祖 葉華成至死不回鄉」, 『中國時報』 2013年 5月 11日.

• 李家鼎, 『鼎爺廚房: 家傳粤式手工菜』, 香港: 萬里機構出版有限公司, 2017.

• 李增汪, 「紀念金酒鼻祖葉華成金門酒史館揭牌」, 『金門日報』 2009年 11月 8日.

• 崔圭廷, 『中共의軍隊: 그過去와現在와未來』, Los Angeles: 中國研究所, 1974.

• 聚春园. n.d. 聚春园. http://www.jiujia.group/

일본어 자료

• 別冊映画秘宝編集部,『〈保存版〉別冊映画秘宝 東宝特撮女優大全集』, 東京: 洋泉社, 2014.

• 田所龍一,「全国唯一2度も朝ドラの舞台に ゆかりの人物 いしだあゆみから石田三成まで 大阪・池田」,『産経新聞』2023年 11月 17日字.

• 佐藤公彦,『清末のキリスト教と國際關係 太平天國から義和團・露凊戰爭, 國民革命へ』, 東京: 汲古書院, 2010.

• 佐藤孟江・佐藤浩六,『済南賓館物語』, 東京: 春秋社, 2002.

• 中村 喬,『明代の料理と食品―『宋氏養生部』の研究』: 中国芸文研究会, 2004.

• 崔岱遠,『中国くいしんぼう辞典』, 李楊樺 イラスト・川浩二 翻訳, 東京: みすず書房, 2019.

• 編輯部, "スザノから全伯に広がる＝ヤキソバ発祥の地の誇り＝製麺所と文協がタイアップ",『ニッケイ新聞』, 2017年6月13日字.

• 横田文良,『中国の食文化研究(山東編)』, 大阪: 辻学園調理製菓専門学校, 2007.

영어 자료

• Baldwin, Kayla, "Best Bagels in NYC: 10 Local Favorites", https://www. femalefoodie.com.

• Biers, John, "How bagels have schmeared across NYC history", *The Time of Israel*, August 21, 2023.

• Capparell, Stephanie, *The Real Pepsi Challenge*, New York: Simon&Schuster, 2007.

• Grace, Richard J., *Opium and Empire: The Lives and Careers of William Jardine and James Matheson*, Montreal, Quebec: McGill-Queen's University Press, 2016.

- Knapp, Ronald G., *The Peranakan Chinese Home: Art and Culture in Daily Life*, Clarendon, Vermont: Tuttle Publishing, 2013.
- Kozak, Warren, *LeMay: The Life and Wars of General Curtis LeMay*, Washington, D.C: Regnery History, 2011.
- Lipkowitz., Ina, *Words to Eat By: Five Foods and the Culinary History of the English Language*, New York: Macmillan, 2011.
- Meyrick, Kate, *Secrets of the 43 Club*, London: Parkgate Publications Ltd, 1994.
- Monnery, Neil, *Architect of Prosperity: Sir John Cowperthwaite and the Making of Hong Kong*, London: London Publishing Partnership, 2017.
- Stanger, Melissa, "How Authentic New York Bagels Are Made", *Business Insider,* August 30, 2013.
- Veale, Jennifer, "Korea-Japan battle sprouts over cabbage patch", *Financial Review,* December 13, 1999.
- Warde, Alan, "Imagining British Cuisine", *An International Journal of Multidisciplinary Research*, 2009 12(2): 151-171.
- Yap, Sonny, & more, *Men in White: The Untold Story of Singapore's Ruling Political Party*, Singapore: Singapore Press Holdings, 2010.
- Yoon, Hahna, "How a South Korean comfort food went global" *BBC,* 10th June 2020.

프랑스어 자료

- Horlin, Guy, *Compradore - present et futur du commerce en asie du sud-est*, Paris: L'HARMATTAN, 2000.

대한민국
탕수육 만유기

도판 출처

- photoAC: 6쪽 아래

- Shutterstock: 5쪽, 6쪽 위, 7쪽 위, 7쪽 아래, 8~9쪽, 363쪽

- tabibooks: 236쪽, 258~259쪽

- Wikimedia Commons: 125쪽, 141쪽, 226쪽, 249쪽, 262쪽 아래, 263쪽, 264쪽 아래, 296쪽, 302쪽, 304쪽, 311쪽, 336쪽, 367쪽, 400쪽, 405쪽

- Yale Center for British Art: 393쪽

- 국립대만박물관: 173쪽

- 매일경제: 83쪽

- 매일신보: 110쪽, 257쪽

- 바이두: 436쪽

- 서울역사박물관: 35쪽, 47쪽, 62쪽, 70쪽, 195쪽, 262쪽 위

- 제주대학교: 265쪽

- 한국사데이터베이스: 106쪽

- 헤이친로 홈페이지: 313쪽

- 홍보석: 281쪽

- 저자: 29쪽, 94쪽, 100쪽, 158쪽, 178쪽, 189쪽, 212쪽, 217쪽, 245쪽, 260~261쪽, 264쪽 위, 339쪽, 345쪽